Ministerkonferenz für Raumordnung

Entschließungen, Empfehlungen, Beschlüsse, Stellungnahmen
1967–1986

Daten zur Raumplanung

Teil D

CIP-Kurztitelaufnahme der Deutschen Bibliothek

Daten zur Raumplanung. – Hannover: Vincentz.
Bis 1981 im Verl. Schroedel, Hannover

Teil D. Ministerkonferenz für Raumordnung:
  Entschließungen, Empfehlungen, Beschlüsse,
  Stellungnahmen 1967 – 1986 /
  Ministerkonferenz für Raumordnung. – 1987

Ministerkonferenz für Raumordnung:
Entschließungen, Empfehlungen, Beschlüsse,
Stellungnahmen 1967 – 1986 /
Ministerkonferenz für Raumordnung. –
Hannover: Vincentz, 1987

  (Daten zur Raumplanung; Teil D)
  (Veröffentlichungen der Akademie für
  Raumforschung und Landesplanung)
  ISBN 3-87870-905-6

NE: Entschließungen, Empfehlungen,
Beschlüsse, Stellungnahmen
neunzehnhundertsiebenundsechzig bis 1986

VERÖFFENTLICHUNGEN
DER AKADEMIE FÜR RAUMFORSCHUNG UND LANDESPLANUNG

Ministerkonferenz für Raumordnung

Entschließungen, Empfehlungen, Beschlüsse, Stellungnahmen
1967–1986

Daten zur Raumplanung

Teil D

Bearbeitet von Viktor Frhr. von Malchus

CURT R. VINCENTZ VERLAG · HANNOVER · 1987

Best.-Nr. 905
ISBN 3-87870-905-6
ISSN 0173-346 X

Alle Rechte vorbehalten · Curt R. Vincentz Verlag Hannover — 1987
© Akademie für Raumforschung und Landesplanung Hannover
Druck: poppdruck, 3012 Langenhagen
Auslieferung durch den Verlag

VORWORT

Bei der Erarbeitung der Teile A, B und C der "Daten zur Raumplanung" ist immer wieder die große Bedeutung der Beratungsergebnisse der "Ministerkonferenz für Raumordnung (MKRO)" deutlich geworden. Da die bisherigen Empfehlungen der MKRO an vielen Stellen verstreut sowie dort auch nicht immer vollständig veröffentlicht wurden und deshalb auch nur schwer zugänglich sind, hat sich die Akademie zur Herausgabe der "Beratungsergebnisse der Ministerkonferenz für Raumordnung (MKRO)" entschlossen. Der Bundesminister für Raumordnung, Bauwesen und Städtebau (BMBau) hat zu diesem Vorhaben sein Einverständnis erklärt.

Die in diesem Band D abgedruckten und mit einem ausführlichen Stichwortverzeichnis erschlossenen "Beratungsergebnisse der MKRO" enthalten sowohl vielfältige Überlegungen zu grundsätzlichen Fragen der Raumordnung und Landesplanung als auch wichtige Erkenntnisse zum Verhältnis der Raumordnung zum Städtebau und zu vielen Fachplanungsbereichen, wie etwa zum Verkehr, zur Umwelt, Ökologie und Freizeit sowie auch zum Post- und Fernmeldewesen. Soweit schließt sich der Band D folgerichtig an den Band C der Daten zur Raumplanung an, der die "Raumordnung und Fachplanung" behandelt. Der vorliegende Band bietet erstmals die zusammengefaßte und nach Legislaturperioden gegliederte Darstellung aller Empfehlungen der MKRO seit ihrem Bestehen von 1967 bis 1986. Die Akademie setzt damit ihre Bemühungen fort, im Rahmen ihres satzungsgemäßen Auftrages in gewissen Zeitabständen den erreichten Stand an Erkenntnissen und Erfahrungen in der Raumforschung und Landesplanung komprimiert herauszugeben.

Die Beratungsergebnisse der MKRO sollen, wie auch die früher herausgegebenen Bände der "Daten zur Raumplanung", als Materialsammlung einem weiten Personenkreis als Grundlage, Arbeitshilfe und Orientierungsmittel dienen: dem Kommunalplaner, dem Kreisplaner, Regionalplaner sowie allen mit dem Städtebau, der Landesplanung und Raumordnung befaßten Praktikern und Wissenschaftlern. Wie auch die anderen Bände der "Daten zur Raumplanung" sollen sich Raumplaner, Fachplaner, Politiker und Wissenschaftler schnell über das gesamte planerische Wissen orientieren können. Die "Daten zur Raumplanung" sind insgesamt ein unentbehrlicher Ratgeber und ein durch Stichwortverzeichnisse erschlossenes handliches Nachschlagewerk.

Ein besonderer Dank gilt dem Leiter des Redaktionsausschusses, Dr. Viktor Freiherr von Malchus. Er hatte die große Mühe auf sich genommen, das teilweise sehr unterschiedlich zugängliche Material zu sichten, zu sammeln und für den Druck aufzubereiten. Ohne ihn wäre diese systematische Zusammenstellung sämtlicher Beratungsergebnisse der MKRO nicht zustande gekommen.

Mit der Herausgabe des Teiles D der "Daten zur Raumplanung" verbindet die Akademie die Hoffnung auf eine interessierte Aufnahme dieses Materialbandes in der Öffentlichkeit zum Nutzen des Städtebaus, der Landesplanung und Raumordnung.

Akademie für Raumforschung
und Landesplanung

INHALTSVERZEICHNIS

VIII

V.   Achte Legislaturperiode (1976 - 1980)

I. Rechtsgrundlagen, Aufgaben und Tätigkeit der Ministerkonferenz für Raumordnung (MKRO)

von
Viktor Frhr. v. Malchus, Dortmund

Gliederung

1. Rechtsgrundlagen und Aufgaben

2. Arbeitsweise

3. Beratungsergebnisse

4. Anhang

   4.1 Verwaltungsabkommen
   4.2 Geschäftsordnung der Ministerkonferenz für Raumordnung
   4.3 Beschluß der Ministerpräsidentenkonferenz vom 18. bis 20. Oktober 1972
       in Stuttgart: "Koordinierung der Planungen des Bundes und der Länder
       auf dem Gebiet des Umweltschutzes"

5. Literaturverzeichnis

6. Anmerkungen

1. Rechtsgrundlagen und Aufgaben

Grundsatzfragen und Zweifelsfragen der Raumordnung und Landesplanung sollen
von der Bundesregierung und den Länderregierungen gemeinsam beraten werden
(§ 8 Abs. 1 ROG). Diese Vorschrift des ROG ist besonders deshalb bedeutsam,
weil der Bund zur Gesetzgebung über die Raumordnung und Landesplanung nach
Art. 75 Nr. 4 GG nur eine Rahmenkompetenz hat. Nach der Auslegung des Bundesverfassungsgerichts ist jedoch die Raumordnung im Sinne Art. 74 Nr. 4 GG nicht
identisch mit der Raumordnung für den Gesamtstaat, für die dem Bund selbstverständlich eine ausschließliche Vollkompetenz zusteht[1]. Diese Auslegung verdeutlicht, daß in einem Bundesstaat das Nebeneinander von Bund und Ländern mit

unterschiedlichen Kompetenzen in einem Aufgabenbereich ein enges Zusammenwirken erfordert.

Die komplizierten Aufgaben der Raumordnung und Landesplanung, wie etwa die
Erarbeitung von Leitvorstellungen zur Ordnung und Entwicklung des Raumes, die
übergeordnete, überörtliche und zusammenfassende Planung der Länder durch
Aufstellung von Programmen und Plänen sowie die Abstimmung von raumbedeutsamen
Vorhaben mit den Erfordernissen der Raumordnung und Landesplanung, erfordern
mehr als auf anderen Gebieten ständige Fühlungnahme und eine enge Zusammenarbeit zwischen Bund und Ländern. Eine derartige Zusammenarbeit wurde bereits im
Jahre 1957 auf der Grundlage eines Verwaltungsabkommens im Rahmen einer "Konferenz für Raumordnung (KRO)" geregelt. Die Zusammenarbeit in der KRO war jedoch nicht ausreichend.

Der Wunsch nach einer verbesserten Zusammenarbeit zwischen Bund und Ländern
auf dem Gebiete der Raumordnung und Landesplanung war deshalb auch wichtiger
Beratungsgegenstand bei der Erarbeitung des Raumordnungsgesetzes. Als Ergebnis
dieser Beratungen wurde mit dem Raumordnungsgesetz (ROG) vom 8.4.1965 (BGBl I
S. 306) die Rechtsgrundlage für die "Ministerkonferenz für Raumordnung (MKRO)"
geschaffen. In § 8 wurde festgelegt, daß Bundesregierung und Landesregierungen die grundsätzlichen Fragen der Raumordnung und Landesplanung, aber auch
Zweifelsfragen, gemeinsam beraten sollen[2].

Schon während der Beratungen des ROG wurde man sich darüber klar, daß für die
gemeinsame Beratung von Grundsatzfragen und von Zweifelsfragen eine Konferenz
von Bund und Ländern gebildet werden müsse. Aus verfassungsrechtlichen Gründen
konnte eine derartige Konferenz jedoch nicht im ROG institutionalisiert werden, weil das Grundgesetz die Konstruktion solcher vertikal zwischen Bund und
Ländern gebildeten Einrichtungen nicht vorsieht[3].

Deshalb haben Bund und Länder erneut ein "Verwaltungsabkommen zwischen dem
Bund und den Ländern über die "Gemeinsame Beratung" nach § 8 des Raumordnungsgesetzes" abgeschlossen, das am 15.6.1967 in Kraft getreten ist (GMBl
1967 S. 221). Mit diesem Verwaltungsabkommen wurde die rechtliche Grundlage
für die "Ministerkonferenz für Raumordnung (MKRO)" gelegt. Es wurde damit ein
Beratungs- und Abstimmungsinstrument zwischen Bund und Ländern und zugleich
zwischen Bundesraumordnung und Landesplanung geschaffen, das die Einpassung
der Landesplanung in eine möglichst breit getragene Bundesraumordnung ermöglicht. Wichtiges Ziel des Verwaltungsabkommens von 1967 war es darüber hinaus,
gegenüber der früheren "Konferenz für Raumordnung", den positiven Einfluß der
MKRO auf die Raumordnungspolitik zu stärken. Dies geschah durch die Schaffung

Übersicht 1:

§ 8 Gemeinsame Beratung

(1) Grundsätzliche Fragen der Raumordnung und Landesplanung und Zweifelsfragen sollen von der Bundesregierung und den Landesregierungen gemeinsam beraten werden.
Hierzu gehören insbesondere:
1. die Merkmale für die Bestimmung der Gebiete nach § 2 Abs. 1 Nm 3, 4 und 6 Sätze 2 und 3 sowie die Abgrenzung dieser Gebiete nach § 5 Abs. 1 Satz 3,
2. Zweifelsfragen bei der Anwendung der Grundsätze nach § 2 bei wesentlichen raumbedeutsamen Planungen und Maßnahmen des Bundes und der Länder,
3. Zweifelsfragen bei der Abstimmung von raumbedeutsamen Planungen und Maßnahmen (§ 4 Abs. 5) und über die Berechtigung des Widerspruchs einer Behörde des Bundes oder eines bundesunmittelbaren Planungsträgers gegen Programme oder Pläne der Raumordnung und Landesplanung in den Ländern (§ 6),
4. Zweifelsfragen über die Folgen der Verwirklichung der Grundsätze in benachbarten Bundesländern und im Bundesgebiet in seiner Gesamtheit (§ 4 Abs. 4).
(2) Eine gemeinsame Beratung nach Absatz 1 oder deren Möglichkeiten steht der Einleitung und Durchführung gesetzlich geregelter Verfahren nicht entgegen. Soll die Berechtigung eines Widerspruchs nach § 6 beraten werden und hat das Land oder die Gemeinde eine andere Fläche für das Vorhaben bezeichnet, so darf mit der Verwirklichung erst begonnen werden, wenn die Beratung stattgefunden hat; nach Ablauf von 3 Monaten seit Erhebung des Widerspruchs steht die Möglichkeit einer Beratung der Verwirklichung des Vorhabens nicht entgegen.

Quelle: Raumordnungsgesetz (ROG) der Bundesrepublik Deutschland in der Fassung der Bekanntmachung vom 1. Juni 1980 (BGBl. I S. 649).

einer Ministerkonferenz, die ihre Beratungen in der Regel mit Entschließungen beendet, die sich sowohl an die Bundesregierung als auch an die Landesregierungen richten.

Seit 1967 sind Mitglieder der Ministerkonferenz für Raumordnung der für die Raumordnung zuständige Bundesminister, d.h. früher der Bundesminister des Innern und heute der Minister für Raumordnung, Bauwesen und Städtebau, sowie die für die Raumordnung und Landesplanung zuständigen Minister (Senator, Ressortchef) eines jeden Landes. Der Vorsitzende und sein Stellvertreter werden für zwei Jahre gewählt, wobei eine einmalige Wiederwahl zulässig ist. Die Geschäftsstelle der MKRO befindet sich, der Geschäftsordnung vom 8.2.1968 entsprechend[4], bei dem für die Raumordnung zuständigen Bundesministerium, d.h. z.Z. beim Bundesminister für Raumordnung, Bauwesen und Städtebau (BMBau). Aufgabe der Ministerkonferenz ist gem. § 8 Abs. 1 ROG die gemeinsame Beratung von grundsätzlichen Fragen der Raumordnung und Landesplanung sowie von Zweifelsfragen zwischen der Bundesregierung und den Länderregierungen mit dem Ziel

der Klärung offener Fragen der Raumordnung und Landesplanung und ihres Ver-
hältnisses zu den Fachplanungen[5], wie z.B. die von der Ministerpräsidentenkonferenz veranlaßte Koordinierung der raumwirksamen Planungen und Maßnahmen
des Bundes und der Länder auf dem Gebiet des Umweltschutzes (vgl. Kap. I.4.3).
Um diesen Beratungs- und Koordinierungsauftrag wahrnehmen zu können, bedarf es
einer intensiven Abstimmung und Zusammenarbeit zwischen dem Bund und den Ländern einerseits und den Ländern untereinander andererseits.

2. Arbeitsweise

Die Ministerkonferenz für Raumordnung (MKRO) tritt in der Regel ein- bis
zweimal jährlich zusammen. Die Konferenzen werden von einem Hauptausschuß
vorbereitet, der sich aus den für die Raumordnung und Landesplanung zuständigen leitenden Beamten des mit der Raumordnung befaßten Bundesministeriums und
der obersten Landesplanungsbehörden der Länder zusammensetzt. Der Hauptausschuß nimmt die ihm von der Ministerkonferenz für Raumordnung übertragenen
Aufgaben wahr. Er kann zur Vorbereitung seiner Arbeiten weitere Ausschüsse
einsetzen. Zur Zeit gibt es Ausschüsse für "Struktur und Umwelt", "Technische
Infrastruktur und Verkehr", "Recht und Verfahren", "Daten der Raumordnung"
sowie die Arbeitsgruppe "Bundesraumordnungsprogramm"[6]. Auf der Grundlage der
Arbeiten in den verschiedenen Ausschüssen und im Hauptausschuß hat die Ministerkonferenz für Raumordnung seit 1967 ihre Beratungen mit vielen Entschlies-
sungen abgeschlossen, die eine Fülle von fachlichen Informationen beinhalten.

3. Beratungsergebnisse

Die Ministerkonferenz für Raumordnung (MKRO) hat in den Jahren von 1967 bis
einschließlich 1986, also in den mehr als 20 Jahren seit Bestehen des Raumordnungsgesetzes und fast 20 Jahre nach Verabschiedung des Verwaltungsabkommens
von 1967, insgesamt ca. 70 Beratungsergebnisse erzielt, darunter u.a.

45 Entschließungen,
 3 Empfehlungen,
15 Beschlüsse und
 5 Zustimmende Kenntnisnahmen.

Alle Beratungsergebnisse beziehen sich entweder auf grundsätzliche Fragen des
ROG, auf konkrete Gesetzgebungs- und Planungsvorhaben oder auf aktuelle Fragestellungen der Raumordnung und Landesplanung[7].

Die Entschließungen, Empfehlungen, Beschlüsse und Zustimmenden Kenntnisnahmen der MKRO befaßten sich im engeren Rahmen der Raumordnung und Landesplanung vor allem mit:

- Verfahrensfragen, z.B. mit der Abstimmung von Programmen und Plänen zwischen den verschiedenen Planungsebenen;
- der Raum- und Siedlungsstruktur, so etwa mit den Gebietskategorien (Verdichtungsraum - Ländlicher Raum) und mit den Zentralen Orten;
- der Statistik und Raumbeobachtung, wie etwa mit den Großzählungen und mit der Bevölkerungsentwicklung im Hinblick auf die rückläufige Bevölkerungszahl.

Darüber hinaus befaßte sich die MKRO im weiteren Rahmen der Raumordnung und Landesplanung mit dem Verhältnis der Raumordnung und Landesplanung zur Fachplanung und hier insbesondere mit den Fachplanungsbereichen:

- Verkehr (11 Entschließungen);
- Umwelt, Ökologie und Freizeit (5 Entschließungen) und
- Post- und Fernmeldewesen (3 Entschließungen).

Ein besonders wichtiger und langwieriger Beratungsgegenstand in der Zusammenarbeit zwischen Bund und Ländern im Rahmen der MKRO war das Bundesraumordnungsprogramm. Seine Ausarbeitung wurde durch einen einstimmigen Beschluß des Deutschen Bundestages Mitte 1969 veranlaßt. Das Programm konnte dann 1975 von der MKRO als "Raumordnungsprogramm für die großräumige Entwicklung des Bundesgebietes (Bundesraumordnungsprogramm)" endgültig verabschiedet werden[8].

Wie die in den folgenden Texten abgedruckten Arbeitsergebnisse zeigen, befassen sich diese hauptsächlich mit Grundsatzfragen im Zusammenhang mit dem ROG, die vor allem für die Aufstellung der Programme und Pläne in den Bundesländern große Bedeutung hatten, mit Fragenkomplexen der Fachplanungen, hier insbesondere mit der Verkehrsplanung sowie mit aktuellen Fragen, so etwa von Volks- und Berufszählungen oder der Mitarbeit von Bund und Ländern in der Europäischen Raumordnungsministerkonferenz.

Die Arbeitsergebnisse der MKRO werden in den nachfolgenden Kapiteln chronologisch aufgezeigt und nach Legislaturperioden zusammengefaßt. Dabei zeigte es sich insbesondere, daß in den Zeiten des Bundeswahlkampfes und zu Beginn jeder neuen Legislaturperiode des Bundes kaum Arbeitsergebnisse von der MKRO vorgelegt wurden. Auch die Häufung von Landtagswahlen in den Bundesländern wirkte sich negativ auf die Verabschiedung von Beratungsergebnissen aus. Dennoch haben auch in diesen Zeiten der Hauptausschuß und die Fachausschüsse der Ministerkonferenz intensiv gearbeitet, sachliche Abstimmungen der unterschiedlichen Belange von Bund und Ländern vorgenommen und Entschließungen für die MKRO vorbereitet. In den Sitzungen der Ministerkonferenz für Raumordnung selbst geht es dann in der Regel um die Beratung politischer Grundauffassungen über die Raumordnung und Landesplanung und um die Entscheidung offengebliebener Angelegenheiten der Zusammenarbeit. Sie hat aber auch Koordinierungsaufgaben, wie etwa den Umweltschutz, wahrzunehmen (vgl. Anhang 4.3).

Die Ministerkonferenz für Raumordnung hat in den 20 Jahren ihres Bestehens eine Fülle von grundsätzlichen Beschlüssen gefaßt. Diese Entschließungen beinhalten viele grundsätzliche Erwägungen, die für Planer auf allen Planungsebenen von großer Bedeutung sind. Die Beratungsergebnisse der MKRO binden weder den Bund noch die Länder. Sie haben nur rechtliche Wirkungen, wenn sie vom Bund oder von den Ländern in die Ziele der Raumordnung und Landesplanung umgesetzt werden. Wie die Beratungsergebnisse der MKRO zeigen, konnten durch die Beratungen viele Grundsatz- und Zweifelsfragen der Raumordnung und Landesplanung geklärt werden. Viele von ihnen haben Eingang in die Landesentwicklungsprogramme und Landesentwicklungsplanungen gefunden. Nur insoweit konnten die Beratungsergebnisse direkte Wirkungen entfalten[9]. Als Ziele der Raumordnung und Landesplanung müssen sie dann von allen öffentlichen Planungsträgern der verschiedenen Planungsebenen und damit auch von den Fachplanungsträgern beachtet werden.

4. Anhang

4.1 Verwaltungsabkommen

über die gemeinsamen Beratungen nach § 8 des Raumordnungsgesetzes vom 8. April 1965 (Bundesge-setzbl. I S. 306):

§ 1
Ministerkonferenz für Raumordnung

(1) Für die Beratungen nach § 8 des Raumordnungsgesetzes wird eine Ministerkonferenz für Raum-ordnung gebildet.

(2) Mitglieder der Ministerkonferenz sind der für die Raumordnung zuständige Bundesminister und der für die Raumordnung und Landesplanung zuständige Minister (Senator, Ressortchef) eines jeden Landes. Ein Mitglied wird im Falle der Verhinderung durch seinen ständigen Vertreter vertreten.

(3) Die Ministerkonferenz wählt aus ihrer Mitte einen Vorsitzenden und dessen Stellvertreter auf die Dauer von zwei Jahren. Einmalige Wiederwahl ist zulässig.

§ 2
Hauptausschuß

(1) Zur Vorbereitung der Beratungen der Ministerkonferenz wird ein Hauptausschuß gebildet. Die Ministerkonferenz kann ihm weitere Aufgaben übertragen.

(2) Der Hauptausschuß besteht aus den für die Raumordnung und Landesplanung fachlich zuständigen leitenden Beamten (Abteilungsleiter) in dem für die Raumordnung zuständigen Bundesministerium und in den obersten Landesplanungsbehörden der Länder.

(3) Der Vorsitzende des Hauptausschusses und sein Stellvertreter werden von der Ministerkonferenz aus den Mitgliedern des Hauptausschusses auf die Dauer von zwei Jahren gewählt. Einmalige Wieder-wahl ist zulässig.

§ 3
Verfahren

(1) Die Ministerkonferenz für Raumordnung soll ihre Beratungen mit einer Empfehlung abschließen.

(2) Jedes Mitglied der Konferenz kann verlangen, daß eine von ihm bezeichnete Angelegenheit nach § 8 des Raumordnungsgesetzes von der Konferenz behandelt wird. Im Falle des § 8 Absatz 2 Satz 2 Raumordnungsgesetz soll die Beratung möglichst innerhalb von drei Monaten nach Erhebung des Widerspruchs abgeschlossen sein.

(3) Erscheint die mündliche Beratung einer Angelegenheit nicht erforderlich, so kann die Mei-nungsbildung schriftlich herbeigeführt werden, es sei denn, daß ein Mitglied eine mündliche Bera-tung beantragt.

(4) Im übrigen beschließt die Ministerkonferenz eine Geschäftsordnung, in der das Verfahren, insbesondere die Beteiligung anderer Ressorts des Bundes und der Länder, sowie die Vorbereitung der Sitzungen der Ministerkonferenz und des Hauptausschusses geregelt werden.

§ 4

Inkrafttreten, Dauer

Das Verwaltungsabkommen tritt am 15. Juni 1967 in Kraft und wird auf die Dauer von zwei Jahren abgeschlossen. Seine Geltungsdauer verlängert sich jeweils um zwei Jahre, wenn nicht eine der Regierungen spätestens drei Monate vor Ablauf der Geltungsdauer eine Änderung oder Ergänzung des Abkommens beantragt hat.

Bonn, den 29. Mai 1967

Quelle: Bundesanzeiger vom 5. Juli 1967, Nr. 122

4.2 Geschäftsordnung der Ministerkonferenz für Raumordnung vom 3.2.1968

Die Ministerkonferenz für Raumordnung gibt sich gemäß § 3 Abs. 4 des am 15. Juni 1967 in Kraft getretenen Verwaltungsabkommens zwischen dem Bund und den Ländern über die gemeinsamen Beratungen nach § 8 des Raumordnungsgesetzes (veröffentlich im Bundesanzeiger Nr. 122 vom 5. Juli 1967) folgende Geschäftsordnung:

Abschnitt I: Ministerkonferenz

§ 1

Mitglieder

Mitglieder der Ministerkonferenz sind der für die Raumordnung zuständige Bundesminister und der für die Raumordnung und Landesplanung zuständige Minister (Senator, Ressortchef) eines jeden Landes. Ein Mitglied wird im Falle der Verhinderung durch seinen ständigen Vertreter vertreten.

§ 2

Vorsitz

(1) Der Vorsitzende und der stellvertretende Vorsitzende werden von der Ministerkonferenz aus ihrer Mitte für die Dauer von 2 Jahren gewählt. Einmalige Wiederwahl ist zulässig.

(2) Der Vorsitzende, im Falle seiner Verhinderung der stellvertretende Vorsitzende, leitet die Sitzungen der Ministerkonferenz. Sind Vorsitzender und stellvertretender Vorsitzender verhindert, so führt das an Dienstjahren älteste Mitglied den Vorsitz.

§ 3

Beschlußfähigkeit

Die Ministerkonferenz ist beschlußfähig, wenn mehr als die Hälfte der Mitglieder anwesend ist. Sie gilt als beschlußfähig, solange die Beschlußunfähigkeit nicht festgestellt ist.

§ 4

Beschlußfassung

(1) Die Ministerkonferenz bschließt mit einfacher Mehrheit der anwesenden Mitglieder. Jedes Mitglied hat eine Stimme.

(2) Auf Antrag ist auch die Auffassung der Minderheit in der Niederschrift über die Sitzung aufzunehmen.

(3) Die Meinungsbildung der Mitglieder kann im schriftlichen Verfahren herbeigeführt werden, wenn die mündliche Beratung einer Angelegenheit in der Ministerkonferenz nicht erforderlich erscheint oder aus zeitlichen Gründen nicht möglich ist. Jedes Mitglied kann eine mündliche Beratung beantragen (§ 3 Abs. 3 des Verwaltungsabkommens).

Abschnitt II: Hauptausschuß

§ 5
Mitglieder

Der Hauptausschuß besteht aus den für die Raumordnung und Landesplanung fachlich zuständigen leitenden Beamten (Abteilungsleiter) in dem für die Raumordnung zuständigen Bundesministerium und in den obersten Landesplanungsbehörden. Das Mitglied des Hauptausschusses kann sich im Falle seiner Verhinderung vertreten lassen.

§ 6
Vorsitz

(1) Der Vorsitzende des Hauptausschusses und sein Stellvertreter werden von der Ministerkonferenz aus den Mitgliedern des Hauptausschusses auf die Dauer von 2 Jahren gewählt. Einmalige Wiederwahl ist zulässig.

(2) Der Vorsitzende, im Falle seiner Verhinderung der stellvertretende Vorsitzende, leitet die Sitzungen des Hauptausschusses. Sind Vorsitzender und stellvertretender Vorsitzender verhindert, so führt das an Lebensjahren älteste Mitglied den Vorsitz.

§ 7
Aufgaben

Der Hauptausschuß hat die Beratungen der Ministerkonferenz vorzubereiten; er hat ferner die ihm von der Ministerkonferenz übertragenen Aufgaben wahrzunehmen.

§ 8
Beschlußfähigkeit, Beschlußfassung

Auf die Beschlußfähigkeit und die Beschlußfassung des Hauptausschusses finden die §§ 3 und 4 entsprechende Anwendung.

§ 9
Ausschüsse

(1) Der Hauptausschuß kann zur Vorbereitung seiner Arbeit Ausschüsse einsetzen. Diese haben insbesondere die Fragen, die ihnen vom Hauptausschuß gestellt werden, zu beraten.

(2) Die Vorsitzenden und die stellvertretenden Vorsitzenden der Ausschüsse werden vom Hauptausschuß gewählt.

Abschnitt III: Sonstige Vorschriften

§ 10
Sitzungen

(1) Die Ministerkonferenz, der Hauptausschuß und seine Ausschüsse werden von den Vorsitzenden einberufen. Der Einladung ist eine Tagesordnung beizufügen.

(2) Jedes Mitglied der Ministerkonferenz kann verlangen, daß die Ministerkonferenz einberufen oder ein Beratungsgegenstand auf die Tagesordnung der Ministerkonferenz oder des Hauptausschusses gesetzt wird. Die Einberufung ohne Vorbereitung im Hauptausschuß soll nur aus dringlichen Gründen verlangt werden.

(3) Absatz 2 Satz 1 gilt sinngemäß für die Mitglieder des Hauptausschusses.

(4) Die Sitzungen sind nicht öffentlich. Die Ministerkonferenz kann die Öffentlichkeit zulassen.

§ 11
Teilnahme der Fachressorts

(1) An den Sitzungen können Vertreter der Fachressorts von Bund und Ländern teilnehmen.

(2) Über die Teilnahme entscheidet jedes Mitglied für seinen Bereich nach dem jeweiligen Organisationsrecht.

(3) Ist die Teilnahme von Fachressorts vorgesehen, so soll das Mitglied die anderen Mitglieder rechtzeitig unterrichten.

§ 12
Sachverständige

Zu allen Sitzungen können Sachverständige hinzugezogen werden; es können auch schriftliche Stellungnahmen eingeholt werden. Über die Zuziehung wird im Einzelfall beschlossen.

§ 13
Niederschriften

(1) Über die Sitzungen sind Niederschriften zu fertigen; die Niederschriften sollen das Ergebnis der Aussprache und den Wortlaut gefaßter Beschlüsse wiedergeben.

(2) Die Niederschriften sind zu unterzeichnen; sie sind in der nächsten Sitzung zu genehmigen.

§ 14
Aktenführung, Vorbereitung der Sitzungen

(1) Dem für die Raumordnung zuständigen Bundesministerium obliegt die Aktenführung. Es hat mit Zustimmung der Vorsitzenden

a) die laufenden Geschäfte zu führen,
b) Sitzungsunterlagen mit Unterstützung der Mitglieder vorzubereiten.

---

(2) Der Schriftverkehr in Angelegenheit der Ministerkonferenz, des Hauptausschusses und seiner Ausschüsse soll über die aktenführende Stelle geleitet werden. Ist ihre vorherige Beteiligung nicht erforderlich, so sind ihr von allen Vorgängen Abdrucke für die Akten zu übersenden. Beratungsunterlagen sollen von den Mitgliedern in ausreichender Zahl beigefügt werden.

4.3 Beschluß der Ministerpräsidentenkonferenz vom 18. bis 20. Oktober 1972 in Stuttgart: "Koordinierung der Planungen des Bundes und der Länder auf dem Gebiet des Umweltschutzes"

1. a) Die Ministerpräsidentenkonferenz hat von der bisherigen Tätigkeit der Ministerkonferenz für Raumordnung hinsichtlich der Umweltfragen zustimmend Kenntnis genommen.

b) Sie sieht die Bitte, die sie auf der Konferenz vom 13. bis 15. Oktober 1970 ausgesprochen hat, wonach die gegebene Situation sowie die Planungen des Bundes und der Länder auf dem Gebiete des Umweltschutzes darzustellen und zu koordinieren waren, durch die Vorlage der Entschließung und der Denkschrift "Raumordnung und Umweltschutz" als erfüllt an, soweit es sich um die Aufgabe der Darstellung handelt.

c) Die Ministerpräsidentenkonferenz bittet die Ministerkonferenz für Raumordnung, die Koordinierung der raumwirksamen Planungen und Maßnahmen des Bundes und der Länder auf dem Gebiet des Umweltschutzes als eine ihrer ständigen Aufgaben gem. § 8 Raumordnungsgesetz wahrzunehmen.

2. a) Die Ministerpräsidenten begrüßen, daß die für Umweltfragen zuständigen Minister der Länder und des Bundes in einen regelmäßigen Erfahrungsaustausch über grundsätzliche Fragen der Umweltschutzpolitik und überfachliche Fragen des Umweltschutzes eingetreten sind. Sie bitten um einen Bericht darüber bis Ende 1973. Es bleibt vorbehalten, nach Vorlage dieses Berichts über die Einrichtung einer Umweltministerkonferenz zu beschließen.

b) Die Ministerpräsidentenkonferenz bittet die Ministerkonferenz für Raumordnung und die für Umweltfragen zuständigen Minister, im gegenseitigen Einvernehmen ihre Aufgaben festzulegen und gegeneinander abzugrenzen und der Ministerpräsidentenkonferenz hierüber zu berichten. Die Ministerkonferenz für Raumordnung wird dabei sicherzustellen haben, daß die raumbedeutsamen Aspekte des Umweltschutzes in das Planungssystem der Raumordnung einbezogen werden.

5. Literaturverzeichnis

Akademie für Raumforschung und Landesplanung (Hrsg.): Handwörterbuch der Raumforschung und Raumordnung, Hannover 1970, Teil I-III.

Akademie für Raumforschung und Landesplanung (Hrsg.): Daten zur Raumplanung, Teil A, Hannover 1981, Teil B, Hannover 1983, Loseblattsammlung.

Bundesminister des Innern und Bundesminister für Raumordnung, Städtebau und Wohnungswesen (Hrsg.): Ministerkonferenz für Raumordnung, Entschließungen, Beschlüsse und Stellungnahmen, Folge 1 (1971) in der Reihe "betrifft" des Bundesinnenministeriums; Folge 2 (1978); Folge 3 (1983).

Cholewa, W.; Dyong, H.; Heide, H.-J. v.d.: Raumordnung in Bund und Ländern, Kommentar zum Raumordnungsgesetz des Bundes und Vorschriftensammlung aus Bund und Ländern, 2. Auflage, 12. Lfg., Stand Februar 1985, Stuttgart, Berlin, Köln, Mainz 1985.

Kühn, H.; Goener, E.W.: Ministerkonferenz für Raumordnung. In: Straßenbau AZ. Sammlung technischer Regelwerke und amtlicher Bestimmungen für das Straßenwesen, Abschnitt Raumordnung, Berlin/West 1984, Loseblattsammlung.

Niemeier, H.H.: Artikel "Konferenz für Raumordnung". In: Handwörterbuch der Raumforschung und Raumordnung, 1. Auflage, Sp. 896-898, Hannover 1966.

Niemeier, H.G.: Artikel "Ministerkonferenz für Raumordnung". In: Handwörterbuch der Raumforschung und Raumordnung, 2. Auflage, Bd. II, Sp. 1987-1992, Hannover 1970.

Partzsch, D: Artikel "Planungsgrundlagen" in der Bundesrepublik Deutschland. In: Daten zur Raumplanung, Teil B IV.1, Hannover 1983.

Partzsch, D.: Artikel "Ministerkonferenz für Raumordnung (MKRO)". In: Daten zur Raumplanung, Teil B IV. 3, Hannover 1983.

6. Anmerkungen

1) Vgl. David, C.-G.: Artikel "Bundesrepublik Deutschland". In: Daten zur Raumplanung, Teil A, S. A II.2 (2), Hannover 1981.

2) Vgl. Niemeier, H.G.: Ministerkonferenz für Raumordnung. In: Handwörterbuch der Raumforschung und Raumordnung, Bd. II, Sp. 1987-1988, Hannover 1970.

3) Zur Gründung und Arbeit der MKRO bis 1970 vgl. insbesondere H.-G. Niemeier: Artikel "Ministerkonferenz für Raumordnung". In: Handwörterbuch der Raumforschung und Raumordnung, 2. Aufl., Sp. 1987-1992; derselbe: Artikel "Konferenz für Raumordnung". In: Handwörterbuch der Raumforschung und Raumordnung, 2. Aufl., Sp. 895-898, Hannover 1966.

4) Vgl. Cholewa, W.: Dyong, H.; Heide H.-J. von der: Raumordnung in Bund und Ländern, Kommentar zum Raumordnungsgesetz des Bundes und Vorschriftensammlung aus Bund und Ländern, 2. Auflage, 12. Lfg.: Stand Februar 1985, Stuttgart, Berlin, Köln, Mainz 1985, Band V.2.

5) Vgl. hierzu Akademie für Raumforschung und Landesplanung (Hrsg.): Daten zur Raumplanung, Teil C: Raumplanung und Fachplanung, Hannover 1987.

6) Vgl. Partzsch, D.: Artikel "Planungsgrundlagen" in der Bundesrepublik Deutschland, Daten zur Raumplanung, Teil B IV.1 (2), Hannover 1983.

7) Vgl. Partzsch, D.: Artikel "Ministerkonferenz für Raumordnung (MKRO)", Daten zur Raumplanung, Teil B IV 3, Hannover 1983.

8) Vgl. Cholewa, W., Dyong, H., Heide, H.-J. v.d.: Raumordnung in Bund und Ländern, a.a.O., Kommentar zu § 8 ROG. 27-32.

9) Vgl. Niemeier, H.-G.: Artikel "Ministerkonferenz für Raumordnung", a.a.O., Sp. 1992.

1. ENTSCHLIESSUNG: FRAGEN DER FINANZREFORM (23.10.1967)

Für die Änderung des kommunalen Finanzsystems sind die folgenden Zielsetzungen unter dem Blickpunkt von Raumordnung und Landesplanung von besonderer Bedeutung:

- der Ausgleich übergroßer Steuerkraftunterschiede,
- die Verringerung der Konjunkturempfindlichkeit der Gemeindehaushalte in ihrer Abhängigkeit von der Gewerbeertragssteuer,
- die Beseitigung der einseitigen Wirkungen der Gewerbesteuer auf die räumliche Struktur.

Die raumordnerischen Nachteile der Gewerbesteuer liegen insbesondere darin, daß sie

a) einen unverhältnismäßig hohen Anteil an dem gesamten kommunalen Steueraufkommen ausmacht,
b) von allen Gemeinden eine relativ geringe Zahl besonders begünstigt und dadurch unangemessene Steuerkraftunterschiede unter den Gemeinden bewirkt.

Dies führt vielfach zu raumordnerisch unerwünschten Standortentscheidungen und erschwert die gerade im Bereich der Planung notwendige interkommunale Zusammenarbeit. Andererseits ist nicht zu verkennen, daß die Gewerbesteuer dann raumordnerisch positive Eigenschaften hat, wenn sie die Bemühungen um die Ansiedlung von Industrie und Gewerbe an geeigneten Standorten begünstigt.

Eine wesentliche Ermäßigung der Gewerbesteuer ist daher geboten; ein völliger Wegfall würde jedoch - jedenfalls bei Beibehaltung des übrigen Steuersystems - zu räumlichen Strukturschäden und zu einer unangebrachten Zurückhaltung gegenüber den vielfältigen Belangen des produzierenden Gewerbes führen. Innerhalb der Gewerbesteuer sollte für die Zukunft ein ausgewogenes Verhältnis zwischen Ertrag, Kapital und Lohnsumme als den steuerlichen Bemessungsgrundlagen erreicht werden. Insgesamt sollte ein gemeindliches Steuersystem angestrebt werden, das eine ausreichende und gleichmäßige kommunale Grundausstattung der Gemeinden gewährleistet. Neben der Gewerbesteuer sollten andere Steuern einen erheblichen Anteil an dem gesamten Steueraufkommen ausmachen. Eine solche Änderung des kommunalen Steuersystems ist auch deshalb erforderlich, weil erst dadurch die Voraussetzungen für eine raumordnerisch wirksame Gestaltung des kommunalen Finanzausgleichs geschaffen werden. Dieser sollte vornehmlich darauf abgestellt werden, raumordnerische Schwerpunkte, insbesondere die Entwicklung zentraler Orte, zu fördern.

Die Wirkungen der Finanzreform würden wesentlich verstärkt werden, wenn die kommunalen Gebietskörperschaften eine den gewachsenen Aufgaben entsprechende Größe und Verwaltungskraft erhielten.

2. ENTSCHLIESSUNG: RAUMORDNUNG UND FERNSTRASSENPLANUNG (8.2.1968)

Die Ministerkonferenz für Raumordnung ist der Auffassung, daß der Gestaltung des Straßennetzes, insbesondere dem Netz der Fernstraßen, erhebliche raumordnerische Bedeutung zukommt. Sie empfiehlt daher, folgende Leitsätze zu beachten:

1. Rechtsgrundlagen

Rechtsgrundlagen, Aufgaben und Ziele der Bundesfernstraßenplanung und ihr Verhältnis zur Raumordnung ergeben sich aus dem Bundesfernstraßengesetz (FStrG) vom 6.8.1961 (BGBl.I S.1741) und dem Raumordnungsgesetz (ROG) vom 8.4.1965 (BGBl.I S. 306).

2. Raumordnerische Grundvorstellungen

2.1 Die Fernstraßenplanung ist wichtiger Bestandteil einer umfassenden Raumordnungspolitik. Sie muß ebenfalls auf das Ziel ausgerichtet sein, für das Bundesgebiet und seine Teile räumliche Strukturen mit gesunden Lebens- und Arbeitsbedingungen sowie ausgewogenen wirtschaftlichen, sozialen und kulturellen Verhältnissen zu erreichen, zu sichern oder weiterzuentwickeln (§§ 1 und 2 ROG).

2.2 Planung und Bau des Fernstraßennetzes sollen nach Dichte und Leistungsfähigkeit dem vorhandenen und dem zu erwartenden Verkehr Rechnung tragen. Dabei gelten alle in § 2 Abs. 1 ROG genannten Grundsätze und die gemäß § 2 Abs. 3 ROG erlassenen weiteren Grundsätze der Länder.

2.3 Die durch den Bau von Fernstraßen entstehenden Möglichkeiten der Verkehrserschließung und die in dem jeweiligen Gebiet angestrebte Entwicklung sind miteinander in Einklang zu bringen (§ 2 Abs. 1 Nr. 1 ROG); Straßenbau und andere Maßnahmen zur Strukturverbesserung sind aufeinander abzustimmen. Bei der

Planung sind die künftige Raumstruktur und das durch die geplante Flächennutzung zu erwartende Verkehrsaufkommen zu berücksichtigen.

2.4 Bei Planung und Bau von Fernstraßen ist zu beachten, daß zwischen dem Netz der Fernstraßen und dem übrigen Straßennetz sowie den Netzen der übrigen Verkehrsträger (Eisenbahn, Schiffahrt und Luftverkehr) enge wechselseitige Verflechtungen bestehen.

Der zunehmenden Bedeutung des Erholungsverkehrs soll bei der Fernstraßenplanung Rechnung getragen werden.

2.5 Die Bundesautobahnen sollen innerhalb des Fernstraßennetzes schnelle Verbindungen in den Hauptrichtungen des überregionalen Verkehrs im Bundesgebiet und zu den benachbarten Wirtschaftsräumen gewährleisten. An die Bundesautobahnen sollen vor allem die besonderen bedeutenden zentralen Orte (Oberzentren) angeschlossen sein. Alle anderen größeren zentralen Orte (mindestens vom Mittelzentrum an aufwärts) sollen an das Netz der Fernstraßen angeschlossen sein. Die zentralen Orte unterer Stufe sollen zumindest über leistungsfähige Zubringerstraßen verfügen.

2.6 In den Verdichtungsräumen sollen Netz, Linienführung und Leistungsfähigkeit der Fernstraßen in Abstimmung mit der umfassenden räumlichen Gesamtplanung dazu beitragen, daß gesunde Lebens- und Arbeitsbedingungen sowie ausgewogene Wirtschafts- und Sozialstrukturen erhalten oder nötigenfalls wiederhergestellt werden. Hierzu dienen vor allem Ortsumgehungen, gut ausgebaute Ortsdurchfahrten und Verbindungen zwischen dem Netz der Fernstraßen und dem Stadtstraßennetz, die sich durch Zubringerstraßen oder durch anbaufreie Straßen und Autobahnen im Stadtgebiet herstellen lassen. Entlastungsorte sollen durch leistungsfähige Straßen mit dem Kern des Verdichtungsraumes verbunden sein.

Wo in Verdichtungsräumen der Fernstraßenbau, z.B. bei Autobahnanschlüssen, unerwünschte Siedlungsentwicklungen auslösen kann, soll durch planerische Maßnahmen, besonders der Bauleitplanung, die geordnete Entwicklung des Raumes gesichert werden. Die Verbesserung der Verkehrsverhältnisse in den Verdichtungsräumen darf die Verwirklichung der Grundsätze der Raumordnung in den anderen Gebieten nicht beeinträchtigen (§2 Abs.1 Nr.6 Satz 5 ROG).

2.7 In den ländlichen Gebieten, insbesondere dort, wo die Lebensbedingungen hinter der allgemeinen Entwicklung zurückbleiben, steht der Entwicklungsgesichtspunkt im Vordergrund. In solchen Gebieten sollen auch Planung und Bau von Fernstraßen dazu beitragen, daß die Wirtschaftskraft gesteigert und die Entwicklung von Schwerpunkten (zentralen Orten) gefördert wird.

2.8 Das Ziel der Wiedervereinigung Deutschlands ist bei der Planung und dem Bau von Fernstraßen stets zu berücksichtigen. Dies gilt insbesondere bei Planungen und Maßnahmen im Zonenrandgebiet. Dabei ist zu beachten, daß das Zonenrandgebiet durch die Umorientierung der Verkehrsströme in vielen Teilen erheblich benachteiligt ist. Diesen wirtschaftlichen und finanziellen Erschwernissen sollte im Straßenbau auch dadurch Rechnung getragen werden, daß dort erforderlichenfalls Straßen ausgebaut werden, die dies unter vergleichbaren Verhältnissen sonst nicht rechtfertigen würden.

2.9 Planung und Bau von Fernstraßen sind rechtzeitig mit den landespflegerischen Erfordernissen abzustimmen.

3. Hinweise zum Verfahren

Die wechselseitige Berücksichtigung der Belange der Raumordnung und der Landesplanung einerseits sowie des Fernstraßenbaues andererseits erfordert eine frühzeitige gegenseitige Unterrichtung. Zu diesem Zweck beteiligen sich die für die Raumordnung und Landesplanung zuständigen Behörden und die Straßenbaubehörden gegenseitig bei der Aufstellung ihrer Programme und Pläne. Die obersten Landesplanungsbehörden unterrichten den Bundesminister des Innern über aufzustellende übergeordnete und zusammenfassende Programme und Pläne im Sinne des § 5 Abs. 1 ROG; der Bundesminister für Verkehr informiert den Bundesminister des Innern, dieser die obersten Landesplanungsbehörden über aufzustellende Ausbau- oder Mehrjahrespläne für Bundesfernstraßen.

Die Unterrichtung soll so rechtzeitig erfolgen, daß eine Abstimmung der Belange von Raumordnung und Landesplanung sowie der Fernstraßenplanung - auch hinsichtlich der Gesamtkonzeption der Pläne - erfolgen kann. Die Unterrichtung soll sich auch auf die Planungsgrundlagen erstrecken. In die Abstimmung soll möglichst auch der voraussichtliche Zeitraum der Verwirklichung einbezogen werden.

3. ENTSCHLIESSUNG: BERÜCKSICHTIGUNG DER ERFORDERNISSE DER RAUMORDNUNG UND LANDESPLANUNG BEI DER VOLKSZÄHLUNG 1970 (8.2.1968)

I. Die Ministerkonferenz für Raumordnung empfiehlt, bei der Volks-, Berufs- und Arbeitsstättenzählung 1970

1. die Voraussetzungen für eine Ermittlung von Zählungsergebnissen auch nach regionalen, von der Verwaltungsgliederung unabhängigen Einheiten zu schaffen;

2. die offene Angabe des Wirtschaftszweigs der Erwerbspersonen nach bis zu 99 Positionen zu signieren und möglichst mit den ersten Ergebnissen der Aufbereitung der Zählung verfügbar zu machen;

3. zur Verbesserung der Pendlerstatistik für den Haushaltsvorstand zu ermitteln, ob die Wohnung (Haus), in der (dem) er lebt, sein Eigentum ist;

4. für Personen mit getrennter Wohn- und Arbeits- bzw. Ausbildungsstätte Angaben über den Weg zur Arbeits- bzw. Ausbildungsstätte (überwiegend benutztes Verkehrsmittel, benötigter Zeitaufwand, Entfernung) zu erfragen;

5. für Personen mit Wohnsitz in mehr als einer Gemeinde den Namen der Gemeinde und die Periodizität der Wanderung zwischen den Wohnungen zu erfragen.

II. Die Ministerkonferenz für Raumordnung legt Wert darauf, daß die Ergebnisse der Volkszählung möglichst schnell ausgewertet werden. Sollte die Auswertung der Ergebnisse der Frage 5 erst zu einem späteren Zeitpunkt erfolgen können, so würde diese Verzögerung in Kauf genommen. Auf die Aufnahme dieser Frage in den Fragebogen sollte jedoch nicht verzichtet werden, da die Angaben über die Pendlerbewegung für die Raumordnung und Landesplanung von erheblicher Bedeutung sind.

III. Die Ministerkonferenz für Raumordnung bittet, im Volkszählungsgesetz 1970 zu bestimmen, daß die Weitergabe und Veröffentlichung von Einzelangaben, die bei der Aufbereitung von Beschäftigtenzahlen in tieferer regionaler Gliederung auftreten, für die Zwecke der Raumordnung und Landesplanung von den Geheimhaltungsbestimmungen des § 12 Stat.Ges. nicht betroffen werden.

4. ENTSCHLIESSUNG: ZENTRALE ORTE UND IHRE VERFLECHTUNGSBEREICHE (8.2.1968)

Die Ministerkonferenz für Raumordnung ist der Auffassung, daß das im ROG festgelegte Prinzip der Förderung von Gemeinden mit zentralörtlicher Bedeutung für das gesamte Bundesgebiet und für alle Stufen zentraler Orte gilt, um sämtliche Verflechtungsbereiche entsprechend ihren vorhandenen ausschöpfbaren Möglichkeiten zu entwickeln. Sie empfiehlt, bei der Entwicklung zentraler Orte und ihrer Verflechtungsbereiche folgende Leitsätze zu beachten:

1. Die Siedlungsstruktur des Raumes ist gekennzeichnet durch Bereiche, in denen Gemeinden unterschiedlicher Größe und Bedeutung in wechselseitiger Abhängigkeit stehen (Verflechtungsbereiche) und in denen sich Gemeinden mit zentralörtlicher Bedeutung (zentrale Orte) herausgebildet haben. Diese zentralen Orte übernehmen als Versorgungskerne über ihren eigenen Bedarf hinaus Aufgaben für die Bevölkerung des Verflechtungsbereiches. Sie sollen soziale, kulturelle und wirtschaftliche Einrichtungen besitzen, die über die eigenen Einwohner hinaus die Bevölkerung des Verflechtungsbereiches versorgen. In Einzelfällen gibt es auch Verflechtungsbereiche mit mehreren zentralen Orten in Funktionsteilung.

2. In der Stufenfolge der zentralen Orte soll den Raumordnungsprogrammen und -plänen in den Ländern folgendes Gliederungsschema zugrundegelegt werden: Oberzentrum, Mittelzentrum, Unterzentrum, Kleinzentrum.

3. Die beiden unteren Stufen haben die Aufgabe, die Einrichtungen zur Deckung des allgemeinen Bedarfs der Bevölkerung in sozialer, kultureller und wirtschaftlicher Hinsicht (Grundversorgung) bereitzustellen. Zwischen diesen beiden Stufen ist eine deutliche Trennung nicht immer möglich, da die Unterzentren nicht immer Aufgaben höherer Zentralität (überlagernde Funktionen) für den Bereich von Kleinzentren wahrnehmen. Unterzentren und Kleinzentren unterscheiden sich oft nur dadurch, daß die Unterzentren für die Grundversorgung besser ausgestattet sind. In Kleinzentren sollen eine Mittelpunktschule (Hauptschule), Spiel- und Sportstätten sowie gewisse Einrichtungen der gesundheitlichen Betreuung (Arzt, Apotheke), ferner Einzelhandels-, Handwerks- und Dienstleistungsbetriebe vorhanden sein.

4. Mittel- und Oberzentren haben neben der Aufgabe der Grundversorgung für ihren Nahbereich (Ziff. 5 a) vor allem die Aufgaben höherer Zentralität (überlagernde Funktionen). Mittelzentren sollen die Deckung des gehobenen Bedarfs ermöglichen (Ziff.5 b); dazu gehören zum Abitur führende Schulen und Berufs-

schulen, ferner Krankenhäuser, größere Sportanlagen und vielseitige Einkaufsmöglichkeiten.

Oberzentren sollen Einrichtungen zur Deckung des spezialisierten höheren Bedarfs bereitstellen (Ziff.5 c); dazu gehören an das Abitur anschließende
Bildungsstätten, Sportstadien, Großkrankenhäuser (Spezialkliniken), Theater,
Großkaufhäuser sowie spezialisierte Einkaufsmöglichkeiten, Dienststellen höherer Verwaltungsstufen sowie größere Banken und Kreditinstitute.

5. Als Verflechtungsbereiche (Ziffer 1 Satz 1) sind entsprechend der Zentral-
funktion zu unterscheiden:

a) Bereiche um jeden zentralen Ort zur Deckung der Grundversorgung: Nahbereiche,
b) Bereiche um des Mittel- und Oberzentrum zur Deckung des gehobenen Bedarfs:
   Mittelbereiche,
c) Bereiche um jedes Oberzentrum zur Befriedigung des spezialisierten höheren
   Bedarfs: Oberbereiche.

Jedes höhere Zentrum hat zugleich auch die Aufgaben der zentralen Orte niedrigerer Stufe.

6. In großflächigen Verdichtungsgebieten sowie in Umlandsgebieten der größeren
Städte sind die Zentralitätsfunktionen der beiden unteren Stufen nicht immer
voll ausgeprägt, da hier die Gemeinden oder aus mehreren Gemeinden bestehende
Siedlungseinheiten über die Einrichtungen zur Grundversorgung bereits selbst
verfügen.

7. Die Einwohnerzahl der Verflechtungsbereiche (Ziffer 5) ist bedeutsam, da
davon eine genügende Auslastung der zentralen Einrichtungen abhängt. Für die
Einwohnerzahl können allerdings nur Richtwerte angegeben werden; für den
Nahbereich sollen mehr als 5 000 und für den Mittelbereich mehr als 20 000
Einwohner zugrundegelegt werden.

8. Außer der Einwohnerzahl ist auch die zumutbare Entfernung, in der die
Einrichtungen im Sinne der Ziffern 1, 3 und 4 für die Bevölkerung erreichbar
sein sollen (§ 2 Abs. 1 Nr. 3 Satz 3 ROG), zu berücksichtigen. Die zumutbare
Entfernung richtet sich nach der Zentralitätsstufe und damit nach der Häufigkeit, in der die Bevölkerung die zentralen Einrichtungen aufsuchen muß. Der
Aufwand des Einzelnen für den Weg zum zentralen Ort soll zeitlich und kosten-
mäßig zumutbar sein; mit öffentlichen Verkehrsmitteln sollen Nahbereichszen-

tren möglichst in einer halben Stunde, Mittelzentren in einer Stunde erreichbar sein.

9. Die Verflechtungsbereiche sollen unabhängig von der gegenwärtigen Verwaltungsgliederung abgegrenzt werden. Die Nahbereiche sollen bei einer kommunalen Neugliederung und der interkommunalen Zusammenarbeit, darunter auch der gemeinsamen Bauleitplanung, berücksichtigt werden.

5. Stellungnahme zum verkehrspolitischen Programm der Bundesregierung (8.2.1968)

Die Ministerkonferenz für Raumordnung hat zustimmend davon Kenntnis genommen, daß ihr Hauptausschuß vor Einleitung des Gesetzgebungsverfahrens zum Verkehrspolitischen Programm der Bundesregierung eine im Grundsatz zustimmende Äußerung aus raumordnerischer Sicht erarbeitet hatte, die in der Stellungnahme des Bundesrates ihren Niederschlag gefunden hat.

In Übereinstimmung mit Bundesregierung und Bundesrat ist die Ministerkonferenz für Raumordnung der Auffassung, daß die sinnvolle Aufgabenteilung der einzelnen Verkehrszweige einen Schwerpunkt bei der Verwirklichung des Verkehrspolitischen Programms bildet. Sie beauftragt daher ihren Hauptausschuß, zu Einzelfragen, wie der Bildung von Knotenpunktbahnhöfen und insbesondere den Streckenstillegungen, grundsätzliche raumordnerische Aspekte aufzuzeigen.

6. Entschliessung: Fragen der Verdichtungsräume – § 2 Abs. 1 Nr. 6 ROG – (21.11.1968)

Die Ministerkonferenz für Raumordnung hält es für erforderlich, raumordnerische Grundvorstellungen für die großflächigen Räume mit stärkerer Verdichtung von Wohn- und Arbeitsstätten festzulegen. In diesen Verdichtungsräumen lebt fast die Hälfte der Bevölkerung auf nur 7 % der Fläche des Bundesgebietes. Diese Räume werden bei zunehmender Verdichtung wachsende Bedeutung für die räumliche Entwicklung des Bundesgebietes haben. Um die künftige Entwicklung dieser Räume nach übereinstimmenden raumordnerischen Grundvorstellungen zu gewährleisten, soll die folgende Entschließung bei raumbedeutsamen Planungen und Maßnahmen einschließlich der Aufstellung von Programmen und Plänen nach § 5 Abs. 1 ROG beachtet werden.

1. Als Räume mit bestehender stärkerer Verdichtung von Wohn- und Arbeitsstätten in der Bundesrepublik sind folgende Gebiete anzusehen:

1 Rhein-Ruhr	9 Bremen	17 Kassel
2 Rhein-Main	10 Saar	18 Lübeck
3 Hamburg	11 Aachen	19 Koblenz-Neuwied
4 Stuttgart	12 Bielefeld-Herford	20 Münster
5 München	13 Karlsruhe	21 Osnabrück
6 Rhein-Neckar	14 Augsburg	22 Freiburg
7 Nürnberg	15 Kiel	23 Siegen
8 Hannover	16 Braunschweig	24 Bremerhaven

Bei der Abgrenzung sind unter Zugrundelegung statistischer Merkmale als Verdichtungsraum die Gemeinden, bei denen im Jahre 1961 die Summe der Einwohner und Beschäftigten in nicht landwirtschaftlichen Arbeitsstätten je Quadratkilometer (Einwohner - Arbeitsplatzdichte) 1 250 übersteigt, sowie die angrenzenden Gemeinden mit einer geringeren Einwohner-Arbeitsplatzdichte, aber überdurchschnittlichem Bevölkerungswachstum in den Jahren 1961 bis 1967 erfaßt worden. Insgesamt muß der Raum mehr als 150 000 Einwohner und eine Bevölkerungsdichte von mindestens 1 000 je qkm aufweisen.

Innerhalb dieser Verdichtungsräume befinden sich Gebiete mit gesunden räumlichen Lebens- und Arbeitsbedingungen; hier können sich jedoch auch in raumbedeutsamen Umfang Anzeichen nachteiliger Verdichtungsfolgen sowie unausgewogener Wirtschafts- und Sozialstrukturen zeigen (§2 Abs. 1 Nr. 6 Satz 1 bis 3 ROG).

Anzeichen nachteiliger Verdichtungsfolgen sind insbesondere:

- eine im Verhältnis zu Verkehrsflächen und notwendigen Freiflächen überhöhte bauliche Nutzung,
- im Verhältnis zum Verkehrsbedarf unzureichende Verkehrsflächen,
- unangemessen hoher Zeitaufwand für die Zurücklegung von Entfernungen im Stadtverkehr,
- außergewöhnlich hohe Aufwendungen für notwendige Infrastrukturmaßnahmen,
- Gesundheitsgefährdung durch Lärm und Luftverschmutzung.

2. Das Fortschreiten des allgemeinen Verdichtungsprozesses erfordert, auch die Randgebiete um die Verdichtungsräume durch Maßnahmen der Raumordnung und Landesplanung vorausschauend so zu ordnen, daß bei einer Verdichtung von Wohn-

und Arbeitsstätten gesunde räumliche Strukturen sichergestellt werden. Diese Randgebiete haben zugleich notwendig werdende Entlastungsaufgaben für den Verdichtungsraum zu übernehmen. In ihnen sind deshalb, soweit erforderlich, auch Entlastungsorte gemäß § 2 Abs. 1 Nr. 6 Satz 4 ROG auszuweisen.

3. Diese Randgebiete bilden zusammen mit dem Verdichtungsraum einen Ordnungsraum besonderer Art, in dem für die weiter zu erwartende Verdichtung eine planerische Gesamtkonzeption zu entwickeln ist.

Die Ausdehnung dieses Ordnungsraumes richtet sich nach der Größe des Verdichtungsraumes und nach den in den Raumordnungsplänen auszuweisenden Planungszielen, besonders nach der angestrebten Bevölkerungs- und Wirtschaftsentwicklung. Einer ringförmigen Ausbreitung des Verdichtungsraumes ist eine Entwicklung von Schwerpunkten in der Tiefe des Ordnungsraumes vorzuziehen, um die verkehrs- und versorgungsmäßige Integration des Gesamtraumes durch Anlehnung der Schwerpunkte an vorhandene Hauptverkehrslinien zu erleichtern und um die Freihaltung von dem Verdichtungsraum zugeordneten Naherholungsgebieten zu ermöglichen. Entlastungsorte sollen dabei an den Hauptverkehrslinien in einer für die Erhaltung kommunaler Eigenständigkeit hinreichend großen Entfernung zum Verdichtungsraum ausgewiesen werden.

Bei dieser Konzeption werden auch in größerer Entfernung vom Verdichtungsraum Entwicklungsimpulse wirksam, die eine raumordnerisch erwünschte Umstrukturierung und eine Stärkung der Wirtschaftskraft zur Folge haben.

Im Rhein-Ruhrgebiet besteht, entsprechend der landesplanerischen Festlegung, eine weitgehende Identität von Verdichtungsraum und Ordnungsraum; hier kommt eine Ausweisung von Entlastungsorten auch im Verdichtungsraum in Betracht.

7. ENTSCHLIESSUNG: ZU DEN GESETZENTWÜRFEN ÜBER DIE GEMEINSCHAFTSAUFGABEN NACH ART. 91A GG - REGIONALE WIRTSCHAFTSSTRUKTUR, VERBESSERUNG DER AGRARSTRUKTUR UND DES KÜSTENSCHUTZES, HOCHSCHULBAUFÖRDERUNG - (21.11.1968)

Die Ministerkonferenz für Raumordnung ist der Auffassung, daß die beiden Entwürfe der Ausführungsgesetze zu den Gemeinschaftsaufgaben "Regionale Wirtschaftsstruktur" sowie "Verbesserung der Agrarstruktur und des Küstenschutzes" den Aufgabenbereich von Raumordnung und Landesplanung in stärkstem Maße berühren. Es muß deshalb sichergestellt sein, daß die im Rahmen dieser Gesetze zu beschließenden Maßnahmen mit den Zielen und Erfordernissen der Raumordnung und Landesplanung in Übereinstimmung gebracht werden.

Diese raumordnerischen Gesichtspunkte sind bisher in den vorliegenden Entwürfen nicht berücksichtigt worden. Außer einer Ergänzung der allgemeinen Grundsätze für die beiden Aufgaben bedarf es einer Einschaltung der Ministerkonferenz für Raumordnung, der nach § 8 ROG die Behandlung zahlreicher Fragen obliegt, über die auch die vorgesehenen Planungsausschüsse befinden sollen. Wenn eine Beteiligung der für Raumordnung und Landesplanung zuständigen obersten Dienststellen in den beiden Planungsausschüssen nicht möglich ist, ist zumindest vor Beschlußfassung dieser Planungsausschüsse über Angelegenheiten mit stärkerem raumordnerischem Einschlag eine Stellungnahme der Ministerkonferenz für Raumordnung einzuholen. In entsprechender Handhabung ist für den Bereich des Hochschulbauförderungsgesetzes sogar eine Einschaltung des Wissenschaftsrats, noch dazu für alle dort anstehenden Fragen, vorgesehen.

Die Ministerkonferenz für Raumordnung hält daher die folgenden Änderungen der bisher bekannt gewordenen Entwürfe zu den beiden eingangs genannten Ausführungsgesetzen (Stand: September 1968) für erforderlich:

1. Zum Gesetzentwurf über die Gemeinschaftsaufgabe "Verbesserung der regionalen Wirtschaftsstruktur" (Ausführungsgesetz zu Artikel 91 a GG)
a) § 2 Abs. 1 erhält eingangs folgende Fassung:
   "(1) Die Förderung der in § 1 genannten Maßnahmen muß mit den Grundsätzen der allgemeinen Wirtschaftspolitik sowie den Zielen und Erfordernissen der Raumordnung und Landesplanung übereinstimmen."
b) § 6 erhält zusätzlich folgenden Absatz 2:
   "(2) Vor Entscheidungen nach § 5 Abs.1 Buchstabe a und b nimmt die nach § 8 ROG gebildete Ministerkonferenz für Raumordnung Stellung; ihre Empfehlungen sind Beratungsgrundlage des Planungsausschusses."

2. Zum Gesetzentwurf über die Gemeinschaftsaufgabe "Verbesserung der Agrarstruktur und des Küstenschutzes"
a) In § 2 Abs. 1 wird folgender neuer Satz hinzugefügt:
   "Dabei sind die Ziele und Erfordernisse der Raumordnung und Landesplanung zu beachten."
b) § 6 erhält zusätzlich folgenden Absatz 2:
   "Vor Entscheidungen nach § 5 Abs. 1 über Maßnahmen von wesentlicher raumordnerischer Bedeutung nimmt die nach § 8 ROG gebildete Ministerkonferenz für Raumordnung Stellung; ihre Empfehlungen sind Beratungsgrundlage des Planungsausschusses."

8. Entschliessung: Förderung des Gleisanschlussverkehrs (21.11.1968)

1. Die Ministerkonferenz für Raumordnung ist der Auffassung, daß die Förderung des Gleisanschlußverkehrs durch Stammgleise und Privatgleisanschlüsse für Industrie- und Gewerbegebiete im Interesse der Raumordnung und Landesplanung liegt. Eine Vermehrung der Gleisanschlüsse und eine Steigerung des Gleisanschlußverkehrs dienen einer besser ausgewogenen Verteilung des Verkehrs auf die verschiedenen öffentlichen Wegenetze und damit der Entlastung der Straßen, auch der Gemeindestraßen.

Es wird deshalb in Übereinstimmung mit dem Bericht der Sachverständigenkommission über die Untersuchung von Maßnahmen zur Verbesserung der Verkehrsverhältnisse der Gemeinden (BT-Drucksache IV/2661 zu Frage 1 unter D, Ziff.5) für erforderlich gehalten, namentlich solchen Betrieben, bei denen Massen- oder Schwerguttransporte anfallen, die Möglichkeit zu geben, einen Gleisanschluß einzurichten.

2. Raumordnung und Landesplanung sollen in Programmen und Plänen nach § 5 Abs. 1 ROG und in landesplanerischen Stellungnahmen nach § 1 Abs. 3 BBauG auf einen guten Anschluß der Industrie- und Gewerbegebiete an das öffentliche Schienennetz hinwirken.

3. Die Ministerkonferenz für Raumordnung empfiehlt dazu folgende Leitsätze:

3.1 Industrie- und Gewerbebetriebe sollten bestehenden oder geplanten Eisenbahnanlagen zugeordnet werden, insbesondere wenn Massen- oder Schwerguttransporte zu erwarten sind.

3.2 Flächen für die Gleisverbindung zum öffentlichen Schienennetz und für die Gleise im Industriegelände sollten von einer Bebauung freigehalten oder als Verkehrsflächen oder Flächen für Bahnanlagen ausgewiesen werden.

3.3 Die in der Nachbarschaft eines Stammgleises (gemeinsamen Zuführungsgleises) gelegenen Flächen sollten in den Bauleitplänen als Zone für gleisanschlußbedürftige Betriebe ausgewiesen werden.

3.4 Durch ein Stammgleis sollte möglichst mehreren Betrieben die Möglichkeit gegeben werden, sich an das öffentliche Schienennetz anzuschließen. Darüber hinaus sollte schon bei der Erschließung darauf Bedacht genommen werden, daß wenigstens ein Teil des Stammgleises so frühzeitig hergestellt wird, daß interessierte Betriebe sofortige Anschlußmöglichkeiten haben.

4. Die Träger der Regionalplanung und Bauleitplanung sollten möglichst frühzeitig mit den Eisenbahnverwaltungen zusammenarbeiten, um konkrete Vorschläge
zu entwickeln, wo gleisanschlußfähige Industrie- und Gewerbegebiete auszuweisen sind und wie gleisanschlußbedürftigen Industrie- und Gewerbebetrieben bei
der Planverwirklichung eine Anbindung an das Schienennetz ermöglicht werden
kann.

5. Die vorstehenden Empfehlungen haben im gegenwärtigen Zeitpunkt besondere
Bedeutung, weil - zusätzlich zu den bisherigen Hilfen - die Bundesregierung
und die Deutsche Bundesbahn beabsichtigen, den Bau von Stammgleisen wirtschaftlich zu fördern, und weil das Vorhandensein von Gleisanschlüssen bei
ausreichender Benutzung geeignet sein kann, Streckenstillegungen zu vermeiden.

9. ENTSCHLIESSUNG: RAUMORDNERISCHE GESICHTSPUNKTE ZUR FRAGE DES SITZES UND ZUSTÄNDIGKEITSBEREICHES VON GRÖSSEREN VERWALTUNGS- DIENSTSTELLEN (21. 11.1968)

1. Die Bestimmung des Standortes und des räumlichen Zuständigkeitsbereiches
von Verwaltungsdienststellen (Behörden und sonstigen Stellen der öffentlichen
Verwaltung) ist von raumordnerischer Bedeutung.

Vor allem ist die Tätigkeit der Verwaltungsdienststellen je nach ihrem Aufgabenbereich und je nach der räumlichen Ausdehnung ihrer Zuständigkeit ein
wichtiger Beitrag zur Versorgung der Bevölkerung und der Wirtschaft eines
größeren Bereiches mit Dienstleistungen. Von Bedeutung kann auch das Angebot
an Arbeitsplätzen, ebenso der von ihnen ausgehende Einkommenseffekt sein. Das
gilt insbesondere für zurückgebliebene Gebiete, Bundesausbaugebiete und das
Zonenrandgebiet. Schließlich kann die raumordnerische Bedeutung einer Verwaltungsdienststelle auch darin liegen, daß sie nach ihrer sachlichen Zuständigkeit raumordnerische Ziele zu verwirklichen hat. Daher ist das Thema auch von
besonderer Aktualität für die Überlegungen zur Verwaltungsreform.

2. Aus raumordnerischen Erwägungen sollte der Standort einer Verwaltungsdienststelle einfache und schnelle Fühlungnahmen mit solchen Stellen anderer
Verwaltungen und der Wirtschaft ermöglichen, mit denen nach ihrem Aufgabenbereich Kontakte zu pflegen sind. Der Standort einer Verwaltungsdienststelle,
die von der Bevölkerung in stärkerem Maße aufgesucht wird, soll verkehrsgünstig erreichbar sein.

Einfache und schnelle Fühlungnahme sowie Erreichbarkeit werden in der Regel bei einer zentralen Lage der Verwaltungsdienststelle innerhalb ihres räumlichen Zuständigkeitsbereichs gewährleistet. Wo dieses wegen der gegebenen räumlichen Situation, insbesondere in Ermangelung eines zentral gelegenen Standorts in einer der betreffenden Verwaltungsdienststelle gemäßen Zentralitätsstufe oder im Hinblick auf die geschichtliche Entwicklung nicht möglich ist, sollte der Standort unter dem Gesichtspunkt einer möglichst guten Verkehrsanbindung und -bedienung ausgewählt werden. Das raumordnerische Interesse an der Standortbestimmung steigt regelmäßig mit der Ausdehnung des räumlichen Zuständigkeitsbereichs über den rein örtlichen Bereich hinaus.

Alle Behörden, denen nicht nur örtliche Aufgaben obliegen, sollten demnach in Raumordnungsprogrammen und -plänen festgelegte Zentrale Orte als Behördensitz haben. Bei Verwaltungsdienststellen mit Publikumsverkehr sollte die Zentralitätsstufe des zentralen Ortes regelmäßig um so höher sein, je weiträumiger die Zuständigkeit der Verwaltungsdienststelle ist.

Zur raumordnerisch richtigen Bestimmung des Standorts einer Verwaltungsdienststelle gehört in der Regel, daß er in eine Zentralitätsstufe eingeordnet wird, in der nach dem Beschluß der Ministerkonferenz für Raumordnung über "Zentrale Orte und ihre Verflechtungsbereiche" Behörden und Einrichtungen der Wirtschaft mit vergleichbaren räumlichen und sachlichen Zuständigkeitsbereich ihren Sitz haben.

Soweit Verwaltungsdienststellen ihrer Aufgabe und Wirkungsweise nach nicht von bestimmten Standortvoraussetzungen abhängig sind, sollten sie zur wirtschaftlichen Stärkung in geeigneten zentralen Orten strukturschwacher Gebiete errichtet werden.

3. Entspricht der Zuständigkeitsbereich einer Verwaltungsdienststelle nach Funktion und räumlicher Ausdehnung nicht dem Verflechtungsbereich des für den Sitz in Erwägung gezogenen Zentralen Ortes, so kann sich ein anderer Standort empfehlen. Dafür kommen zentrale Orte niedrigerer Stufe oder Entlastungsorte vor allem dann in Betracht, wenn eine Verstärkung ihrer Zentralität raumordnerisch erwünscht ist.

Raumordnerisch besonders bedeutsam ist auch die Abgrenzung des Zuständigkeitsbereichs von Dienststellen, die wichtige Entscheidungen in struktureller, insbesondere wirtschaftlicher oder verkehrsmäßiger Hinsicht für große Gebietsteile zu treffen haben. So sollten z.B. auch die Bereiche der Bundesbahndirektionen so abgegrenzt werden, daß große Wirtschaftsräume und Verkehrsverflechtungen möglichst nicht durchschnitten werden. Im Rahmen dieser Erwägung sollte auch bedacht werden, daß die Abgrenzung der Zuständigkeitsbereiche nicht zur Aufteilung eines Flächenlandes auf eine Vielzahl von Direktionsbezirken dergestalt führt, daß die Teile des Landes im wesentlichen Randgebiete dieser Zuständigkeitsbereiche wären. Entspreches gilt auch für andere Behörden der Bundesverwaltung in der Mittelinstanz, soweit sie Aufgaben mit raumstrukturellen und wirtschaftlichen Auswirkungen haben, wie die Wehrbereichsverwaltungen, Oberpostdirektionen und Landesarbeitsämter.

10. ENTSCHLIESSUNG: BERÜCKSICHTIGUNG RAUMORDNERISCHER GESICHTS- PUNKTE BEIM KOMMUNALEN FINANZAUSGLEICH (16.4.1970)

Raumordnerische Forderungen und Ziele werden weitgehend im kommunalen Bereich realisiert. Daher ist aus der Sicht der Raumordnung und Landesplanung eine angemessene und aufgabengerechte Finanzausstattung der Gemeinden und Gemeinde- verbände dringend erforderlich. Dabei kommt der Schaffung und Unterhaltung zentralörtlicher Einrichtungen der Daseinsvorsorge entscheidene Bedeutung zu.

Zu diesem Zweck scheint es geboten, in den Finanzausgleichsgesetzen der Länder

a) bei den schlüsselmäßigen Zuweisungen Sonderregelungen für zentrale Orte vorzusehen, die die laufenden Aufwendungen für Einrichtungen, die diese Ge- meinden für die Gemeinden des Versorgungsbereichs vorhalten, angemessen be- rücksichtigen oder die spezifischen Aufgaben der zentralen Orte in einzelnen Bereichen zur Grundlage eines Sonderansatzes zu machen (z.B. Schulkinder- Ansatz);

b) einen Investitionsfonds oder Investitionsbeihilfen vorzusehen, mit denen eine Teilfinanzierung zentralörtlicher Einrichtungen sichergestellt wird; die Auswahl der hiermit zu fördernden Objekte sollte in räumlicher wie in zeitli- cher Beziehung nach Maßgabe der Raumordnungsprogramme und -pläne und unter Beteiligung der Landesplanungsbehörden erfolgen.

11. Entschliessung: Verbesserung der regionalstatistischen Informationen (16.4.1970)

I. Angesichts der Aufgaben auf den Gebieten der Raumordnung und Landesplanung sowie der Regionalpolitik und für die Regionalforschung reicht es nicht aus, nur alle 10 Jahre eine statistische Bestandserhebung in tiefer regionaler Gliederung vorzunehmen.

Vorgeschlagen wird deshalb, neben der im 10jährigen Abstand stattfindenden Volks- und Berufszählung mit einer ausführlichen Arbeitsstättenzählung und einigen Angaben über die Wohnung jeweils in der zeitlichen Mitte, also nach 5 Jahren, im Rahmen der Wohnungszählung auch Angaben über die Bevölkerung, die Arbeitsstätten (nach der Zahl der Beschäftigten) sowie insbesondere die Pendler zu erfassen. Die anderen Großzählungen, z.B. Landwirtschaftszählung, Handelszensus, Industriezensus, sollten in ihrer Regionalisierung mit den Volks-, Berufs-, Arbeitsstätten- und Wohnungszählungen abgestimmt werden. Die statistischen Bedürfnisse der Raumordnung und Landesplanung sowie der Regionalpolitik sind im übrigen durch die Großzählungen allein nicht zu befriedigen. Es werden auch Ergebnisse aus Statistiken kürzerer Periodizität, vor allem aus Jahresstatistiken, benötigt. Diese Notwendigkeit entsteht nicht nur daraus, daß Ergebnisse von Großzählungen für bestimmte Zwecke (z.B. für die Erfassung der Pendler) zu schnell an Aktualität verlieren; es kommt hinzu, daß verschiedene, für Zwecke der Raumordnung und Landesplanung sowie der Regionalpolitik bedeutsame Daten in Großzählungen nicht erfaßt werden.

Die Ministerkonferenz für Raumordnung wird die Anforderungen an Statistiken kürzerer Periodizität - die im Zusammenhang mit dem aus Großzählungen zu erwartenden Material gesehen werden müssen - noch näher präzisieren. Das gleiche gilt für Anforderungen, die sich auf nicht-administrative Raumeinheiten beziehen.

II. Damit die Regionalstatistik ihren Zweck voll erfüllen kann, werden - auch im Hinblick auf kommunale Neugliederungen - folgende Maßnahmen für notwendig erachtet:

1. Die wichtigsten Ergebnisse früherer Erhebungen, insbesondere des Zählungswerkes 1960/61 und die Bevölkerungsfortschreibung, sollten aus Vergleichsgründen auf den Gebietsstand der neugeordneten Verwaltungseinheiten gebracht werden.

2. Bei Zusammenlegungen mehrerer Gemeinden sollte die Aufbereitung der kommenden Großzählungen auch für die Gemeindeteile vorgenommen werden, die bei der letzten vorausgegangenen Großzählung noch selbständig waren, sofern es sich nicht um aufgelöste Zwerg- und Kleinstgemeinden handelt und sofern das aufgrund der siedlungsstrukturellen Gegebenheiten sinnvoll ist.

3. Entsprechend dieser für Gemeindeteile vorgesehenen Regelung sollte auch die Behandlung der Teile schon bestehender großer Gemeinden geprüft werden (z.B. Oldenburgische Großgemeinden einschließlich Kreis Eutin und Großstädte im Rhein-Ruhr-Gebiet).

4. Die Gemeindeteile (Ziffern 2 und 3) sollten alsbald von den zuständigen Landesbehörden festgelegt werden.

12. Zustimmende Kenntnisnahme: Beitrag des Verkehrsausschusses der MKRO: Fragen der Raumordnung zur Verbesserung der Verkehrsverhältnisse in den Gemeinden (16.4.1970)

Beitrag des Ausschusses für Verkehrsfragen der Ministerkonferenz für Raumordnung zu den im Ersten und Zweiten Abschnitt des "Berichts der Sachverständigenkommission nach dem Gesetz über eine Untersuchung von Maßnahmen zur Verbesserung der Verkehrsverhältnisse der Gemeinden" angesprochenen Fragen der Raumordnung

I. Vorbemerkung

Der Ausschuß für Verkehrsfragen der Ministerkonferenz für Raumordnung, erweitert durch Vertreter der Verkehrsressorts des Bundes und der Länder sowie der kommunalen Spitzenverbände, hat zu den im "Bericht der Sachverständigenkommission nach dem Gesetz über eine Untersuchung von Maßnahmen zur Verbesserung der Verkehrsverhältnisse der Gemeinden" (Sachverständigenkommission "Verkehr") vom 24. August 1964 (Bundestagsdrucksache IV/2661) angesprochenen Fragen der Raumordnung in dem nachstehend veröffentlichten Beitrag Stellung genommen. Der Beitrag ist von der Ministerkonferenz für Raumordnung (MRKO) auf ihrer 4. Sitzung am 16. April 1970 gebilligt worden. Der gemeinsame Ausschuß des Bundes, der Länder und der kommunalen Spitzenverbände zur Verbesserung der Verkehrsverhältnisse der Gemeinden (GA) hat sich in seiner Entschließung Nr. 8 vom 2. Oktober 1970 zu dem Beitrag wie folgt geäußert:

"Der gemeinsame Ausschuß des Bundes, der Länder und der kommunalen Spitzenverbände zur Verbesserung der Verkehrsverhältnisse der Gemeinden

1. begrüßt die in dem Beitrag enthaltene Darstellung

- der Grundsätze, Ziele und Mittel der Raumordnung und Landesplanung in ihrer Bedeutung für die Verkehrsplanung,
- der Möglichkeiten der Raumordnung zur Verbesserung der Struktur des Gesamtraumes und seiner Teilräume, insbesondere in bezug auf die Verkehrsverhältnisse der Gemeinden,
- der Verfahren zur wechselseitigen Unterrichtung und Abstimmung zwischen Raumordnung und Verkehrsplanung;

2. stellt fest, daß die darin enthaltenen Leitsätze und Empfehlungen wesentlich zur Verbesserung der gemeindlichen Verkehrsverhältnisse beitragen können;

3. fordert deshalb alle mit Raumordnung, Landesplanung, Bauleitplanung und Verkehrsplanung befaßten Stellen des Bundes, der Länder, der Gemeinden (Gemeindeverbände) sowie die Verkehrsträger auf, im Rahmen ihrer Zuständigkeiten und Möglichkeiten diese Leitsätze und Empfehlungen in enger Zusammenarbeit zu verwirklichen."

II. Beitrag des Ausschusses für Verkehrsfragen der MKRO

1. Bedeutung von Raumordnung und Landesplanung für die Verkehrsplanung

1.1 Grundsätze, Ziele und Mittel der Raumordnung und Landesplanung

(1) Nach Erstattung des Berichts der Sachverständigenkommission "Verkehr" ist das Raumordnungsgesetz des Bundes (ROG) vom 8. April 1965 (BGBl.I S. 306) in Kraft getreten. Es enthält Aufgaben und Ziele (§ 1) sowie allgemeine Grundsätze (§ 2) der Raumordnung.

(2) Die Länder sichern im Rahmen der Landesplanung die Verwirklichung der Grundsätze der Raumordnung insbesondere durch die Aufstellung von Programmen und Plänen (§ 4 Abs. 3 ROG). Diese langfristigen Programme und Pläne für die räumliche Entwicklung müssen - mindestens - diejenigen Ziele der Raumordnung und Landesplanung enthalten, die räumlich und sachlich zur Verwirklichung der Grundsätze nach § 2 ROG erforderlich sind (§ 5 Abs. 2 ROG). Die Wirkung der

Programme und Pläne erstreckt sich auch auf die raumwirksamen Investitionen
(§ 3 Abs. 2 Satz 3 ROG).

(3) Die Programme und Pläne der Länder werden für Teilräume durch regionale
Raumordnungspläne (Regionalpläne) ergänzt bzw. konkretisiert.

(4) Alle diese Programme und Pläne sollen die angestrebte räumliche Entwicklung und dabei vornehmlich das künftige Siedlungsgefüge und die wichtigsten
raumbedeutsamen Maßnahmen für die Infrastruktur aufzeigen. Sie werden mit
allen Planungsträgern abgestimmt und bilden daher eine richtungsweisende
Grundlage auch für die Verkehrsplanung.

1.2 Wirkung der Grundsätze und Ziele der Raumordnung und Landesplanung

(5) Die Grundsätze der Raumordnung (§ 2 ROG) gelten unmittelbar für die Behörden des Bundes, die bundesunmittelbaren Planungsträger und im Rahmen der ihnen
obliegenden Aufgaben für die bundesunmittelbaren Körperschaften, Anstalten und
Stiftungen des öffentlichen Rechts bei Planungen und sonstigen Maßnahmen,
durch die Grund und Boden in Anspruch genommen oder die räumliche Entwicklung
eines Gebietes beeinflußt wird (raumbedeutsame Planungen und Maßnahmen); diese
Grundsätze gelten ferner unmittelbar für die Landesplanung in den Ländern (§ 3
Abs. 1 und 2 ROG).

(6) Die in den Programmen und Plänen der Länder festgelegten Ziele der Raumordnung und Landesplanung sind von den Behörden des Bundes und der Länder, den
Gemeinden und Gemeindeverbänden, den öffentlichen Planungsträgern sowie im
Rahmen der ihnen obliegenden Aufgaben von den bundesunmittelbaren und den der
Aufsicht eines Landes unterstehenden Körperschaften, Anstalten, Stiftungen des
öffentlichen Rechts bei allen raumbedeutsamen Planungen und Maßnahmen zu
beachten (§ 5 Abs. 4 ROG). Ausnahmen regelt § 6 ROG. Den Zielen der Raumordnung und Landesplanung sind die Bauleitpläne nach § 1 Abs. 3 des Bundesbaugesetzes vom 23. Juni 1960 (BGBl.I S. 341) anzupassen.

(7) Die landesplanerischen Programme und Pläne (einschließlich der Regionalpläne) sollen - unabhängig von der rechtlichen Bindung - auch durch Überzeu-
gung wirken. Sie sollen öffentliche und private Planungsträger zur Mitarbeit
bei ihrer Verwirklichung anregen.

(8) Die Programme und Pläne sollen die erwünschte räumliche Entwicklung im
Bereich der Wirtschaft dadurch erreichen, daß sie durch eine langfristige

Abstimmung der Investitionspolitik der öffentlichen Hand zuverlässigere Grundlagen für die unternehmerische Standortwahl schaffen. Sie bieten der Wirtschaft damit eine Orientierungshilfe für deren Investitionsentscheidungen,
indem sie die von der Raumordnungspolitik angestrebte strukturelle Entwicklung
darstellen.

2. Möglichkeiten der Raumordnung zur Verbesserung der Struktur des Gesamt-
raumes und damit der Verkehrsverhältnisse der Gemeinden

(9) Der Raumordnung und Landesplanung obliegt eine bedeutende Aufgabe zur
Ordnung des Verkehrs, schon weil das Siedlungsgefüge den Verkehr wesentlich
beeinflußt. Hierbei ist für die Verkehrsplanung und damit die langfristige
Verkehrsverbesserung die geordnete und planmäßige Entwicklung des Siedlungsge-
füges wesentliche Voraussetzung. Die Raumordnung kann mit ihren Programmen und
Plänen vor allem in zwei Hauptrichtungen zur Verbesserung der Verkehrsverhältnisse der Gemeinden beitragen:

- durch Ausweisung von Schwerpunkten, die eine Konzentration verkehrserzeu-
  gender Einrichtungen bewirken,
- durch Förderung von Entwicklungskräften, die zu einer Entlastung von Verdichtungsräumen beitragen, die verkehrsmäßig überlastet sind, oder bei
  denen eine solche Überlastung zu erwarten ist.

2.1   Ordnung und Entlastung von Verdichtungsräumen

2.1.1 Begriff des Verdichtungsraumes und seine räumliche Abgrenzung

(10) Das Bundesgebiet weist eine Anzahl stark verstädterter Räume mit einer
erheblichen Verdichtung von Wohn- und Arbeitsstätten auf. Hier lebt fast die
Hälfte der Bevölkerung der Bundesrepublik Deutschland auf nur 7 % der Fläche
des Bundesgebietes (vgl. Entschließung der MKRO vom 21. November 1968 "Abgrenzung und Entwicklung von Verdichtungsräumen"; GMBI. 1968 S. 430 und BAnz. 1968
Nr. 234). In diesen Verdichtungsräumen konkurrieren die vielfältigsten Rauman-
sprüche miteinander; hier sind mit der Motorisierung schwerwiegende Verkehrsprobleme entstanden, die vielfach das Ausmaß von Notständen erreichen.

(11) Der Verdichtungsraum muß stets - auch für seine verkehrsmäßige Gestaltung
- im Zusammenhang mit seinen Randgebieten gesehen werden. Da in ihnen ein
großer Teil der im Verdichtungsraum tätigen Arbeitskräfte wohnt, findet eine

lebhafte verkehrliche Fluktuation zwischen dem Verdichtungsraum und seinen Randgebieten statt.

Die Randgebiete haben Entlastungsaufgaben für den Verdichtungsraum zu übernehmen. Sie bilden deshalb zusammen mit dem Verdichtungsraum einen "besonderen Ordnungsraum". Diese Ordnungsräume werden von den Ländern in ihren Raumordnungsprogrammen und -plänen festgelegt.

2.1.2 Maßnahmen zur Ordnung und Entlastung

2.1.2.1 Raumordnerische Möglichkeiten und Maßnahmen

(12) Ordnungs- und Entlastungsmaßnahmen müssen nachteiligen Folgen der Verdichtung auch auf dem Gebiet des Verkehrs entgegenwirken. Gute Verkehrsbedingungen können durch folgende Maßnahmen der Raumordnung erhalten oder wiederhergestellt werden:

- Ausweisung und Entwicklung von Siedlungsschwerpunkten an vorhandenen, noch nicht ausgelasteten Verkehrseinrichtungen von Schiene und Straße;
- Ausweisung neuer Siedlungsschwerpunkte dort, wo sie durch den Verkehr leicht und möglichst wirtschaftlich erschlossen und mit dem Verdichtungskern verbunden werden können;
- flächenintensive Anlage neuer Wohn- und Arbeitsstätten, um eine ausreichende Bedienung mit öffentlichen Verkehrsmitteln zu vertretbaren Kosten zu ermöglichen;
- sinnvolle Verteilung und Zuordnung von Wohn- und Arbeitsstätten.

(13) Der Entlastung von Verdichtungsräumen dient in besonderem Maße auch die Festlegung und Förderung von Entwicklungsschwerpunkten, die eigenes Gewicht und eigene Zentralität erhalten sollen. Dabei ist ein Ausbau von Schwerpunkten in der Tiefe des Ordnungsraumes, d.h. von Entlastungsorten, sowie die Bildung von Entwicklungsachsen einer ringförmigen Ausbreitung des Verdichtungsraumes vorzuziehen. Hierdurch wird die notwendige Anlehnung der Schwerpunkte an vorhandene radiale Hauptverkehrslinien erleichtert. Außerdem ermöglicht dies auch die Freihaltung von Naherholungsgebieten, die dem Verdichtungsraum zugeordnet sind.

(14) Es muß darauf geachtet werden, daß die Entlastungsorte einen hinreichenden Grad von Eigenständigkeit behaupten oder entwickeln können. Deshalb sollte

ihre Entfernung vom Verdichtungsraum nicht zu gering sein. Außerdem müssen sie mit guter eigener Infrastruktur ausgestattet werden.

2.1.2.2 Verkehrliche Ordnungsmaßnahmen

(15) Mit der Durchführung dieser raumordnerischen Maßnahmen sollen - räumlich und zeitlich aufeinander abgestimmt - die erforderlichen Maßnahmen des Verkehrs einhergehen, insbesondere

- der Neu- und Ausbau der öffentlichen Nahverkehrsmittel, die Geschäftszentren und größere Industriezonen mit den Randgebieten des Verdichtungsraumes verbinden und die - zumindest in Verdichtungskernen - soweit erforderlich eigene Fahrspuren haben; dabei ist grundsätzlich der Einrichtung eines Nahschnellverkehrs auf der Schiene der Vorzug zu geben;
- die Schaffung von Autobahnen oder autobahnähnlichen Verteilerstraßen oder -ringen vor allem im Bereich der Großstädte;
- die enge Verknüpfung des Schienennetzes mit dem Straßennetz; hierbei sind die Verknüpfungspunkte so zu wählen und mit Auffang- bzw. Umsteigeparkplätzen ("park and ride") auszustatten, daß das innerörtliche Straßennetz nach Möglichkeit entlastet wird; entsprechendes gilt für die See- und Binnenhäfen sowie für alle Flughäfen;
- die möglichst weitgehende Verlagerung von Massen- oder Schwerguttransporten über Gleisanschlüsse von der Straße auf die Schiene und der Ausbau des sonstigen Haus-Haus-Verkehrs der Eisenbahnen (Wagenladungsverkehr, Huckepackverkehr, Behälterverkehr). Zur Förderung des kombinierten Verkehrs gehört auch die Anlage von Container-Umschlagplätzen. Diese sollten in den Randzonen der Verdichtungsräume an verkehrsgünstiger Stelle so an das Straßennetz angeschlossen werden, daß sie sowohl dem Verdichtungsraum als auch seinem Verflechtungsbereich dienen und daß die zu- und abgehenden Container den Straßenverkehr möglichst wenig beeinträchtigen. Entsprechendes gilt für den gebrochenen Wagenladungsverkehr.

2.2 Entwicklung des ländlichen Raumes und der zurückgebliebenen Gebiete

2.2.1 Begriff des ländlichen Raumes und der zurückgebliebenen Gebiete und ihre räumliche Abgrenzung

(16) Als ländliche Räume werden hier solche Gebiete bezeichnet, die nicht zu den Verdichtungsräumen und deren Randzonen (Ordnungsräumen) zählen. Zu den

ländlichen Gebieten gehören deshalb auch mittlere und kleinere Verdichtungen von Wohn- und Arbeitsstätten, deren Verkehrsprobleme denen der Verdichtungsräume und deren Randzonen ähneln. Andere Probleme ergeben sich insbesondere in den "zurückgebliebenen Gebieten" der ländlichen Räume (§2 Abs. 1 Nr. 3 ROG).

2.2.2 Maßnahmen im ländlichen Raum

2.2.2.1 Raumordnerische Möglichkeiten und Maßnahmen

(17) In den ländlichen Räumen, insbesondere in deren zurückgebliebenen Gebieten, ist eine ausreichende Bevölkerungsdichte anzustreben. Dazu müssen die Gesamtausstattung dieser Räume verbessert und ausreichende nichtlandwirtschaftliche Erwerbsmöglichkeiten geschaffen werden.

(18) Die landesplanerischen Programme und Pläne schaffen in diesen Räumen für die Verkehrsplanung wesentliche Grundlagen. Da nicht in allen Gemeinden die für die Verbesserung der Verkehrsverhältnisse erforderliche Ausstattung mit Verkehrs- und Versorgungseinrichtungen geschaffen werden kann und da die Standortvoraussetzungen für die nichtlandwirtschaftlichen Arbeitsplätze in diesen Räumen nicht überall vorliegen, müssen die Programme und Pläne räumliche Schwerpunkte festlegen, in denen sich Wohn- und Arbeitsstätten konzentrieren sollen und daher Verkehrs- und Versorgungseinrichtungen vorrangig auszubauen sind.

(19) Durch das Zusammenwirken aller Planungsträger bei der Aufstellung der landesplanerischen Programme und Pläne muß das Risiko von Vorleistungen beim Ausbau der Verkehrseinrichtungen weitestgehend vermindert werden. Die Ausrichtung der Verkehrsplanung auf die angestrebten räumlichen Schwerpunkte kann die strukturverbessernde Wirkung und die Wirtschaftlichkeit der Verkehrseinrichtungen erhöhen.

(20) Ansatzpunkte für eine Schwerpunktbildung bei der Entwicklung der ländlichen Gebiete sind zentrale Orte. Sie sollen Arbeits- und Dienstleistungszentren sowie bevorzugte Standorte für Kultur- und Bildungseinrichtungen sein und damit über die eigenen Einwohner hinaus die Bevölkerung des Verflechtungsbereichs versorgen. Dabei ist davon auszugehen, daß der Verflechtungsbereich bei den zentralen Orten der beiden Grundversorgungsstufen - Kleinzentren und Unterzentren - in der Regel mindestens 5 000 Einwohner und bei den Mittelzentren mindestens 20 000 Einwohner haben sollte (vgl. Entschließung der MKRO vom 8.

Februar 1968 "Zentrale Orte und ihre Verflechtungsbereiche", GMB1. 1968 S. 58
und BAnz. 1968 Nr. 234)

(21) Die zentralen Orte können ihre Versorgungsaufgaben für den Verflechtungsbereich nur dann voll wahrnehmen, wenn sie mit ihm durch gute Verkehrseinrichtungen verbunden sind und zugleich schnelle Verkehrsverbindungen zu den benachbarten übergeordneten Zentren haben.

(22) Das Verkehrsangebot im öffentlichen Personennahverkehr entspricht nicht
immer den Zielsetzungen, die die landesplanerischen Programme und Pläne für
die Siedlungsentwicklung der ländlichen Räume vorzeichnen. Vor allem schaffen
die Linienführung und -bedienung oft nicht den Netzzusammenhang, der zur
Verknüpfung der zentralen Orte untereinander und mit ihren Verflechtungsbereichen erforderlich ist. Die Landesplanung muß auf eine entsprechende Netzbildung und Verkehrsbedienung hinarbeiten und dafür in ihren Programmen und
Plänen die gegenwärtigen und die angestrebten Verflechtungen des Siedlungsge-
füges aufzeigen. Werden Entwicklungsachsen ausgewiesen, so muß das so rechtzeitig geschehen, daß sich die Verkehrsplanung darauf einstellen kann.

2.2.2.2 Maßnahmen im Bereich des Verkehrs

(23) Die besonderen Verhältnisse des ländlichen Raumes und seiner zurückgebliebenen Gebiete erfordern u.a. folgende besondere Maßnahmen im Bereich des
Verkehrs:

Die Genehmigungsbehörden für den öffentlichen Personennahverkehr sollen auf
eine raumordnungsgerechte Netzbildung hinwirken und dabei die bestehenden
rechtlichen Möglichkeiten zur Verbesserung der Verkehrsbedienung voll ausnut-
zen. Zu fördern ist vor allem die leistungssteigernde freiwillige Zusammenarbeit der Verkehrsunternehmen, die geeignet ist, das Entstehen von zusammenhän-
genden Verkehrsnetzen mit aufeinander abgestimmten Anschlüssen, Fahrplänen und
durchgehenden Tarifen zu verwirklichen. Hierfür bietet sich u.a. der sogenannte Verkehrsverbund an. Soweit die derzeitigen Rechtsvorschriften zur Erreichung der gesteckten Ziele nicht ausreichen, werden sie weiterzuentwickeln
sein. Eine besondere Bedeutung kann in diesem Zusammenhang der Einführung der
Gebietsgenehmigung zukommen[*].

---

*) Anmerkung siehe nächste Seite.

(24) Eine weitgehende Übereinstimmung der Schuleinzugsbereiche bei den Verflechtungsbereichen der zentralen Orte ist anzustreben. Wo bei der Verwirklichung der Schulplanung eine regelmäßige Schülerbeförderung neu eingerichtet werden muß, sollte diese von vornherein mit einer Verbesserung der Bedienung im öffentlichen Personennahverkehr gekoppelt werden, um dadurch eine Verbesserung der Verkehrsbedienung allgemein zu erreichen.

(25) Im Güterverkehr ist durch verstärktes Zusammenwirken von Schiene und Straße eine optimale Verkehrsbedienung zu gewährleisten.

(26) In den ländlichen Räumen haben Eisenbahnstrecken auch heute noch entwicklungspolitisch, insbesondere für die Schaffung nichtlandwirtschaftlicher Arbeitsplätze, eine größere Bedeutung, als dies allein aus den Verladezahlen zu folgern ist. Zur Verbesserung der Struktur des Gesamtraumes wird es deshalb in bestimmten Fällen notwendig sein, Stillegungsabsichten der Eisenbahnen die Genehmigung zu versagen. Dies gilt insbesondere dann, wenn keine entsprechende Ersatzbedienung gewährleistet werden kann oder wenn wichtige Netzzusammenhänge zerstört würden.

(27) Zur vorgesehenen Förderung des Gleisanschlußverkehrs sollen Raumordnung und Landesplanung auf einen guten Anschluß der Industrie- und Gewerbegebiete an das öffentliche Schienennetz hinwirken. Dadurch und durch vorausschauende Maßnahmen der kommunalen Bauleitplanung - verbunden mit den von der Bundesregierung zu gewährenden wirtschaftlichen Hilfen - können für gleisanschlußbedürftige Industrie- und Gewerbebetriebe auch im ländlichen Raum verbesserte Ansiedlungsvoraussetzungen geschaffen werden (Entschließung der MKRO vom 21. November 1968 "Förderung des Gleisanschlußverkehrs", GMBl. 1968 S. 430 in BAnz. 1968 Nr. 234).

(28) Neben dem für die Erschließung und Entwicklung des ländlichen Raumes wichtigen Ausbau des Fernstraßennetzes und des übrigen Straßennetzes kann in einzelnen Fällen, insbesondere bei Verkehrsferne, auch die Anlegung von regelmäßig bedienten Landeplätzen für den Regionalluftverkehr zu einer besseren verkehrsmäßigen Aufschließung führen.

---

*) Vgl. Entschließung des Deutschen Bundestages vom 26. März 1969 zum Zweiten Gesetz zur Änderung des Personenbeförderungsgesetzes (Bundestagsdrucksache V/3964) zu Ziff. 6 b, die folgenden Wortlaut hat: "Der Deutsche Bundestag hat von der gesetzlichen Einführung der Gebietsgenehmigung abgesehen; er wird jedoch die Entwicklung der kommenden Jahre sorgfältig beobachten. Sollten sich die an die Vorschriften des §8 PBefG geknüpften Erwartungen nicht erfüllen, so wird er zusätzliche gesetzgeberische Maßnahmen prüfen.

2.2.3 Besondere Maßnahmen in Fremdenverkehrsgebieten

(29) In den ländlichen Räumen befinden sich Fremdenverkehrsgebiete, in denen
während der Urlaubssaison und an Wochenenden ein starker Urlaubs- und Aus-
flugsverkehr zu bewältigen ist. Dies führt zum Teil zu erheblichen Überlastungen der Verkehrseinrichtungen.

(30) Durch Ausweisung weiterer Fremdenverkehrsgebiete in den Raumordnungsprogrammen und -plänen kann diesen Überlastungserscheinungen entgegengewirkt
werden.

(31) Zur Ordnung der Verkehrsverhältnisse in den Fremdenverkehrsgebieten kann
die Raumordnung auch dadurch beitragen, daß sie in ihren Programmen und Plänen
Vorstellungen und Orientierungsdaten für die weitere Entwicklung des Erholungsverkehrs aufzeigt; dadurch werden auch der Verkehrsplanung Grundlagen
geboten. Ferner kann mit den Programmen und Plänen auch auf eine Koordinierung
der kommunalen Planungen, zum Beispiel zur Bereitstellung von Parkplätzen,
hingewirkt werden.

(32) Zur Förderung der Entwicklung der ländlichen Fremdenverkehrsgebiete ist
anzustreben, daß die Verkehrseinrichtungen die Spitzenbelastungen im Fremdenverkehr berücksichtigen.

2.3 Entwicklung des Zonenrandgebiets

(33) Das Zonenrandgebiet umfaßt 107 Stadt- und Landkreise der Länder Schleswig-Holstein, Niedersachsen, Hessen und Bayern entlang des Ostrandes des
Bundesgebiets. Es hat eine Fläche von 46 800 qkm, das sind 19 % des Bundesgebiets. Im Gegensatz zu den übrigen im Raumordnungsgesetz aufgeführten Gebietskategorien verfügt das Zonenrandgebiet über keine einheitlichen strukturellen
Merkmale. In ihm liegen sowohl Räume mit erheblicher Verdichtung als auch
ländliche und zurückgebliebene Gebiete.

(34) Zur Verbesserung der Wirtschaftsstruktur sind im Zonenrandgebiet teils
Maßnahmen zur Ordnung und Entlastung von Verdichtungsräumen (s.o. Tz. 2.1),
teils Maßnahmen zur Entwicklung der ländlichen Räume und ihrer zurückgebliebenen Gebiete (s.o. Tz. 2.2) erforderlich. Darüber hinaus ergeben sich u.a.
besondere Probleme durch die Randlage und durch die Umorientierung der Verkehrsströme.

(35) Um den besonderen raumordnungspolitischen Problemen des Zonenrandgebiets (§2 Abs. 1 Nr. 4 ROG) gerecht zu werden, soll hier auch in der Verkehrspolitik von besonderen Orientierungsdaten ausgegangen werden. Die Verkehrsplanungen sollen für weite Teile des Zonenrandgebietes dazu beitragen, der Gefahr der Abwanderung der Bevölkerung zu begegnen. Die Verkehrswege werden oft so anzulegen sein, als ob eine politische und wirtschaftliche Grenze nicht bestünde.

(36) Den besonderen Belangen des Zonenrandgebietes tragen im Bereich des Verkehrs folgende Ausnahmeregelungen Rechnung

- die besonderen Verfahren bei den Rationalisierungsmaßnahmen der Deutschen Bundesbahn,
- die Möglichkeit, im Straßengüterverkehr von einem angenommenen Standort auszugehen,
- der erweiterte Verkehrswegeplan für das Zonenrandgebiet,
- die Steuerermäßigungen im Straßengüterverkehr,
- die Umwegfrachthilfen.

3. Verfahren zur wechselseitigen Unterrichtung und Abstimmung zwischen Verkehrsplanung und Raumordnung

3.1 Abstimmungs-, Unterrichtungs-, Mitteilungs- und Auskunftspflichten im Raumordnungs- und Landesplanungsrecht

(37) Das nach Erstattung des Berichts der Sachverständigenkommission "Verkehr" am 22. April 1965 in Kraft getretene Raumordnungsgesetz des Bundes sowie die Raumordnungs- bzw. Landesplanungsgesetze der Länder enthalten Vorschriften über Abstimmungs-, Unterrichtungs-, Mitteilungs- und Auskunftspflichten. Die Erfüllung dieser Pflichten dient der Koordinierung raumbedeutsamer Planungen einschließlich der Verkehrsplanungen.

(38) Schwierigkeiten bei der Abstimmung entstehen allerdings noch dadurch, daß vielfach Gesamtpläne fehlen und nur Einzelmaßnahmen abgestimmt werden können. Als Ziel muß deshalb angestrebt werden, daß Gesamtverkehrspläne und Raumordnungspläne aufgestellt werden und zu einer integrierten Planung führen.

3.2 Sonstige Abstimmungs- und Mitteilungspflichten

3.2.1 Bundesfernstraßen

(39) Nach § 16 Abs.1 des Bundesfernstraßengesetzes (FStrG) in der Fassung der
Bekanntmachung vom 6. August 1961 (BGBl.I S. 1742) bestimmt der Bundesminister
für Verkehr "im Einvernehmen mit den an der Raumordnung beteiligten Bundesmi-
nistern und im Benehmen mit den Landesplanungsbehörden der beteiligten Länder
die Planung und Linienführung der Bundesfernstraßen". Nach § 16 Abs. 2 S. 3
FStrG hat grundsätzlich die Bundesplanung den Vorrang vor der Orts- oder
Landesplanung. Diese Vorschrift ist durch § 5 Abs. 4 ROG dahingehend modifi-
ziert worden, daß in bestimmten Fällen gegenüber dem Bund verbindlich festgelegte Ziele der Raumordnung und Landesplanung Vorrang haben können.

3.2.2 Eisenbahnen

(40) Für die Planungen der Eisenbahnen bestehen keine dem § 16 FStrG vergleichbaren gesetzlichen Regelungen. Deshalb kommt der in § 4 Abs. 5 ROG
festgelegten Abstimmungsverpflichtung eine besondere Bedeutung zu. Bei Rationalisierungsmaßnahmen der Deutschen Bundesbahn nimmt der Bundesminister des
Innern aufgrund einer entsprechenden Absprache mit dem Bundesminister für
Verkehr in dem Genehmigungsverfahren Stellung und hat dadurch Gelegenheit,
auf die Beachtung raumordnerischer Ziele und Grundsätze sowie ggf. auf die
Anwendung des § 28a des Bundesbahngesetzes (BbG) vom 13. Dezember 1951 (BGBl.I
S. 955), zuletzt geändert durch Gesetz zur Änderung des Bundesbahngesetzes vom
6. März 1969 (BGBl.I S. 191), hinzuwirken. Die obersten Landesverkehrsbehörden
sollten bei Stellungnahmen nach §§ 44, 49 BbG regelmäßig die Landesplanungsbehörden beteiligen.

3.2.3 Öffentlicher Personennahverkehr

(41) Auf dem Gebiet des öffentlichen Personennahverkehrs ist die Genehmigungs-
behörde nach § 8 Abs. 4 des Personenbeförderungsgesetzes (PBefG) vom 21. März
1961 (BGBl. I S. 241), zuletzt geändert durch das Zweite Gesetz zur Änderung
des Personenbeförderungsgesetzes vom 8. Mai 1969 (BGBl.I S. 348), gehalten,
bei ihren Maßnahmen zur Förderung der Verkehrsbedienung und zum Ausgleich der
Verkehrsinteressen auch die Ziele der Landesplanung zu beachten.

3.2.4 Luftverkehr

(42) Vor Erteilung der Genehmigung für die Anlegung bzw. wesentliche Erweiterung oder Änderung eines Flugplatzes (Flughafen, Landeplatz, Segelfluggelände)
ist insbesondere zu prüfen, ob die geplante Maßnahme die Erfordernisse der
Raumordnung und Landesplanung und des Städtebaus angemessen berücksichtigt;
ist das in Aussicht genommene Gelände ungeeignet, ist die Genehmigung zu
versagen. Die Genehmigung eines Flughafens, der dem allgemeinen Verkehr dienen
soll, ist außerdem zu versagen, wenn durch die Anlegung und den Betrieb des
Flughafens die öffentlichen Interessen in unangemessener Weise beeinträchtigt
werden; vgl. § 6 des Luftverkehrsgesetzes (LuftVG) in der Fassung der Bekanntmachung vom 4. November 1968 (BGBl.I S. 1113).

3.2.5 Bundeswasserstraßen

(43) Der Bundesminister für Verkehr bestimmt nach § 13 des Bundeswasserstras-
sengesetzes (WaStrG) vom 2. April 1968 (BGBl.II S. 173) im Einvernehmen mit
der zuständigen Landesbehörde die Planung und Linienführung der Bundeswasserstraßen; hierbei sind, auch soweit keine rechtsverbindlichen Programme oder
Pläne nach § 5 ROG vorhanden sind oder diese keine Bestimmungen über die
Planung und Linienführung enthalten, die Erfordernisse der Raumordnung und
Landesplanung zu beachten. §6 ROG ist sinngemäß anzuwenden.

13. EMPFEHLUNG: ZUR FRAGE DER IN IHRER ENTWICKLUNG ZURÜCKGE-BLIEBENEN GEBIETE (§ 2 ABS. 1 NR. 3 ROG) UNTER BERÜCKSICHTI-GUNG DER BILDUNG VON SCHWERPUNKTEN IM LÄNDLICHEN RAUM - ALS ERSTE ARBEITSGRUNDLAGE FÜR KÜNFTIGE ABGRENZUNGEN (16.4.1970)

Die Ministerkonferenz für Raumordnung hält es für erforderlich, daß künftig die Gebiete, in denen im Sinne des §2 Abs.1 Nr. 3 ROG die Lebensbedingungen in ihrer Gesamtheit im Verhältnis zum Bundesdurchschnitt wesentlich zurückgeblieben sind oder in denen ein solches Zurückbleiben zu befürchten ist (im folgenden zusammenfassend "zurückgebliebene Gebiete" genannt), nach übereinstimmenden raumordnerischen Grundvorstellungen entwickelt werden. Eine wesentliche Voraussetzung dafür ist eine bundeseinheitliche Abgrenzung dieser Gebiete. Die Ministerkonferenz für Raumordnung gibt der Erwartung Ausdruck, daß diese Abgrenzung bei den raumbedeutsamen Planungen und Maßnahmen des Bundes und der Länder berücksichtigt wird.

I. Bei den zurückgebliebenen Gebieten handelt es sich um Teilräume des Bundesgebietes, in denen die gegenwärtige räumliche Struktur keine ausreichenden Voraussetzungen bietet, um gleichwertige Lebensverhältnisse im Vergleich mit dem Durchschnitt des Bundesgebietes zu ermöglichen. Diese Gebiete sind durch folgende Merkmale gekennzeichnet:

Niedrige Bevölkerungsdichte, durch starke Abwanderung Verschlechterung der Bevölkerungsstruktur, unzureichende Ausstattung mit nichtlandwirtschaftlichen Arbeitsplätzen, geringe Realsteuerkraft und geringe wirtschaftliche Leistungskraft.

Die beiden in § 2 Abs. 1 Nr. 3 ROG genannten Gruppen der zurückgebliebenen Gebiete unterscheiden sich wie folgt:

1. In den Gebieten, die hinter der allgemeinen Entwicklung bereits zurückgeblieben sind, werden für die Mehrzahl dieser Merkmale die Werte des Bundesdurchschnitts aller Landkreise merklich unterschritten; deshalb ist dort eine wesentliche Verbesserung des gegenwärtigen Entwicklungsstandes nur durch besondere Maßnahmen zu erwarten.

2. Als Gebiete, in denen zu befürchten ist, daß die Lebensbedingungen in ihrer Gesamtheit im Verhältnis zum Bundesdurchschnitt wesentlich zurückbleiben, sind solche Räume anzusehen, für die die unter 1. genannten Kriterien zwar nur teilweise zutreffen, in denen aber der Industriebesatz, das Bruttoinlandsprodukt und die Realsteuerkraft eine ungünstigere Entwicklung aufweisen, als dies

im Durchschnitt aller Landkreise des Bundesgebietes der Fall ist. Hier sind Maßnahmen erforderlich, um einem weiteren Zurückbleiben vorzubeugen.

Die für die Abgrenzung der Gebiete im einzelnen angewandte Methode wird im Anhang erläutert.

II. Die Abgrenzung der zurückgebliebenen Gebiete ist vorerst nach der bestehenden Verwaltungsgliederung auf Kreisebene vorgenommen worden. Aus raumstrukturellen Gründen ist eine Abgrenzung nach den sozialökonomischen Verflechtungsbereichen notwendig (vgl. Entschließung der MKRO vom 8. 2. 1968 über "Zentrale Orte und ihre Verflechtungsbereiche"). Eine Umstellung der Berechnungsgrundlage wird deshalb vorzunehmen sein, sobald in den Ländern diese Bereiche nach einheitlichen Kriterien bestimmt sind. Bis dahin sollen, wenn Kreise im Zuge der Verwaltungsreform vergrößert werden, weiterhin die jetzigen Kreisgrenzen zugrundegelegt werden. Es wird zu überprüfen sein, ob bei einer Umstellung der Berechnungsgrundlage auf Verflechtungsbereiche auch andere Abgrenzungsmerkmale und eine andere Bewertungsmethode gewählt werden sollen. Veranlassung zu einer Überprüfung der vorliegenden Abgrenzung ergibt sich ohnehin daraus, daß diese wegen Veränderungen, die aufgrund längerfristiger Entwicklung eintreten können, in einem mehrjährigen Zeitraum fortgeschrieben werden muß. Dabei wird auch zu prüfen sein, ob und inwieweit zusätzliche raumordnerische Gesichtspunkte, wie die Berücksichtigung räumlich-funktionaler Verflechtungen, zu einer Änderung der zuvor aufgeführten Abgrenzung führen.

III. Angesichts der bestehenden und mit Sicherheit in Zukunft weiter steigenden Anforderungen der Bevölkerung an die Ausstattung auch des ländlichen Raumes mit infrastrukturellen Anlagen und Einrichtungen und der Notwendigkeit, hier in größerem Umfange außerlandwirtschaftliche Arbeitsplätze zu schaffen, ist eine Schwerpunktbildung erforderlich. Dafür kommen die Mittelzentren, in geeigneten Fällen auch Ober- und Unterzentren, in Betracht. Dabei ist das Schwergewicht auf den Ausbau derjenigen zentralen Orte zu legen, deren Entwicklung auf längere Sicht den zurückgebliebenen Räumen zugute kommt, auch wenn im Einzelfall diese Orte selbst nicht in diesen Gebieten liegen.

Vorleistungen der öffentlichen Hand für die Infrastruktur sind auf die Entwicklungsschwerpunkte zu konzentrieren. Wo in Ausnahmefällen aus raumstrukturellen Gründen eine Entwicklung von Kleinzentren oder von Standorten im engeren räumlichen Zusammenhang mit zentralen Orten angebracht ist, sollen diese Orte gleichfalls gefördert werden.

Die Abgrenzung nach I. hat folgendes Ergebnis:

1. Die hinter der allgemeinen Entwicklung bereits zurückgebliebenen Gebiete umfassen ca. 37 % der Fläche des Bundesgebietes mit 14 % der Bevölkerung, das sind 8,5 Mio. Einwohner; von der Fläche liegen ca. 30 % mit 2,3 Mio. Einwohnern zugleich im Zonenrandgebiet. Es sind die folgenden Kreise:

Schleswig–Holstein

Dithmarschen	Ostholstein	Schleswig
Flensburg L.	Plön	Segeberg
Nordfriesland	Rendsburg–Eckernförde	

Niedersachsen

Grafschaft Diepholz	Bremervörde	Emden St.
Grafschaft Hoya	Land Hadeln	Aurich (Ostfriesland)
Duderstadt	Osterholz	Leer
Northeim	Rotenburg (Wümme)	Norden
Zellerfeld	Wesermünde	Wittmund
Harburg	Aschendorf-Hümmling	Ammerland
Lüchow-Dannenberg	Bersenbrück	Cloppenburg
Soltau	Lingen	Oldenburg (Oldenburg) L.
Uelzen	Meppen	
Cuxhaven St.	Wittlage	

Nordrhein–Westfalen

Monschau	Büren	Wittgenstein
Schleiden	Warburg	

Hessen

Alsfeld	Usingen	Witzenhausen
Büdingen	Frankenberg	Wolfshagen
Lauterbach	Hofgeismar	Ziegenhain
Oberlahnkreis	Hünfeld	
Schlüchtern	Rotenburg	

Rheinland–Pfalz

Cochem-Zell	Bernkastel-Wittlich	Alzey-Worms
Oberwesterwaldkreis	Bitburg	Donnersbergkreis
Rhein-Hunsrück-Kreis	Daun	Kusel
Rhein-Lahn-Kreis	Prüm	
Trier St.	Trier-Saarburg	

Baden–Württemberg

Crailsheim	Buchen

Bayern

Landsberg a. Lech St.	Straubing L.	Staffelstein
Aichach	Viechtal	Eichstätt St.
Erding	Vilsbiburg	Rotenburg o.d.Tauber St.
Garmisch-Partenkirchen	Vilshofen	Dinkelsbühl
Landsberg a. Lech L.	Wegscheid	Eichstätt L.
Laufen	Wolfstein	Feuchtwangen
Schrobenhausen7	Neumarkt i.d. OPf. St.	Gunzenhausen
Wasserburg a. Inn	Beilngries	Hipoltstein
Deggendorf St.	Cham	Neustadt an der Aisch
Passau St.	Eschenbach i.d. Opf.	Rotenburg o.d.Tauber L.
Straubing St.	Kemnath	Scheinfeld
Bogen	Nabburg	Uffenheim
Deggendorf L.	Neumarkt i.d. OPf. L.	Bad Kissingen St.
Dingolfing	Neunburg vorm Wald	Bad Kissingen L.
Eggenfelden	Oberviechtal	Bad Neustadt a.d. Saale
Grafenau	Parsberg	Brückenau
Griesbach im Rottal	Riedenburg	Ebern
Kötzting	Roding	Gemünden a. Main
Landau a.d. Isar	Tirschenreuth	Gerolzhofen
Mainburg	Vohenstrauß	Hammelburg
Mallersdorf	Waldmünchen	Haßfurt
Passau L.	Ebermannstadt	Hofheim i. UFr.
Pfarrkirchen	Kronach	Karlstadt
Regen	Pegnitz	Königshofen i. Grabfeld
Rottenburg a.d. Laaber	Stadtsteinbach	Marktheidenfeld
Mellrichstadt	Nördlingen St.	Nördlingen L.
Ochsenfurt	Mindelheim	Weretingen
Dillingen a.d. Donau St.	Dillingen a d. Donau L.	
Neuburg a.d. Donau St.	Neuburg a.d. Donau L.	

Saarland

Ottweiler	St. Wendel

Beispiel: Realsteuerkraft

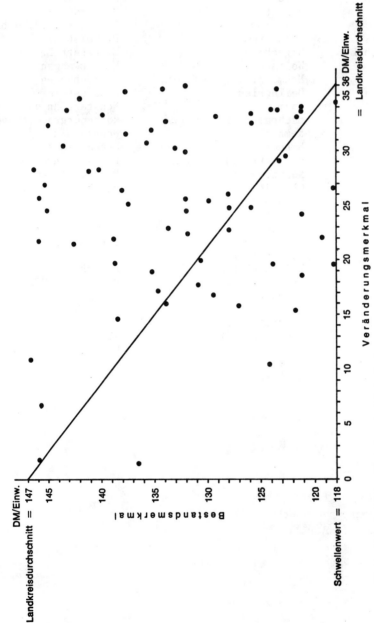

2. Die Gebiete, in denen ein Zurückbleiben hinter der allgemeinen Entwicklung zu befürchten ist, umfassen ca. 7 % der Fläche des Bundesgebietes mit 4 % der Bevölkerung; das sind 2,3 Mio. Einwohner. Es sind die folgenden Kreise:

Schleswig-Holstein
Herzogtum Lauenburg

Niedersachsen

Alfeld (Leine)	Fallingbostel	Wolfenbüttel
Einbeck	Gifhorn	Vechta
Münden	Gandersheim	
Osterode am Harz	Helmstedt	

Nordrhein-Westfalen
Selfkantkreis Geilenkirchen-Heinsberg   Ahaus

Hessen
Gelnhausen

Rheinland-Pfalz

Ahrweiler	Zweibrücken St.
Altenkirchen (Westerwald)	Zweibrücken L.

Baden-Württemberg
Stockach

Bayern

Miesbach	Amberg L.	Kitzingen St.
Weilheim i.OB	Marktredwitz St.	Kitzingen L.
Amberg St.	Wunsiedel	Miltenberg

Saarland

Merzig-Wadern	St. Ingbert

Erläuterung zur Abgrenzungsmethode

1. Für die Abgrenzung der bereits hinter der allgemeinen Entwicklung zurückgebliebenen Gebiete wurden folgende Kriterien und Schwellenwerte (Bestandsmerkmale) zugrunde legt:

	Schwellenwert
Wanderungssaldo 1961 - 1967	± 0
Bevölkerungsdichte 30.6.1968 (Einwohner je qkm)	100
Industriebesatz 30.6.1968 (Industriebeschäftigte je 1000 Einwohner)	70
Realsteuerkraft 1967 (DM je Einwohner)	118,-
Bruttoinlandsprodukt 1966 (DM je Kopf der Wirtschaftsbevölkerung)	6 080,-

Für die Ermittlung der Schwellenwerte war maßgebend, daß die zurückgebliebenen Gebiete zusammen nicht mehr als 1/3 der Fläche des Bundesgebietes ausmachen sollten. Grundsätzlich wurden als zurückgebliebene Gebiete diejenigen Kreise erfaßt, die bei mindestens 3 der 5 Merkmale die Schwellenwerte nicht über-schreiten. Um Härtefälle im Grenzbereich der festgelegten Schwellenwerte zu vermeiden, sind regionalstatistische Zufälligkeiten bereinigt worden. Im Hin-blick auf die bestehenden engen sozioökonomischen Verflechtungen und aus Gründen bundeseinheitlicher Vergleichbarkeit wurden die statistischen Grundda-ten der kreisfreien Städte mit unter 60 000 Einwohnern mit denen der angren-zenden Landkreise zusammengerechnet und einheitlich bewertet. Landkreise im Ausstrahlungsbereich von kreisfreien Städten mit 60 000 und mehr Einwohnern, deren Entwicklung wegen der strukturellen Verflechtungen mit der Stadt positiv zu beurteilen ist, sind grundsätzlich nicht erfaßt.

Für die Ermittlung der Gebiete, in denen zu befürchten ist, daß die Lebensbe-dingungen in ihrer Gesamtheit im Verhältnis zum Bundesdurchschnitt wesentlich zurückbleiben, sind als Indikatoren für die Entwicklung ein negativer Wande-rungssaldo und folgende weitere Veränderungsmerkmale zugrunde gelegt worden:

Landeskreisdurchschnitt

Veränderung des Industriebesatzes
1961-1966 (Industriebeschäftigte
auf 1 000 Einwohner)   -4

Veränderung der Realsteuerkraft
1961-1966 (DM je Einwohner)   36,-

Veränderung des Bruttoinlands-
produktes 1961-1966 (DM je Kopf
der Wirtschaftsbevölkerung)   1 890,-

2. Als Maßstab für die Veränderung wurde die durchschnittliche Entwicklung der Landkreise (Landeskreisdurchschnitt) zugrunde gelegt. Bei der Berechnung wurden die kreisfreien Städte unter 60 000 Einwohner mit einbezogen.
Als Gebiete, in denen ein Zurückbleiben zu befürchten ist, sind alle Kreise erfaßt worden, die

a) 2 Bestandsmerkmale und 2 Veränderungsmerkmale oder
b) 1 Bestandsmerkmal und 3 Veränderungsmerkmale

unter dem jeweiligen Grenzwert aufweisen. Bei der Bewertung der Veränderungsmerkmale muß der Bezug zum jeweiligen Bestandsmerkmal hergestellt werden, d.h. ein Veränderungsmerkmal gilt als erfüllt (z.B. Veränderung der Realsteuerkraft 1961-1966 geringer als 36,- DM), wenn das adäquate Bestandsmerkmal unter dem Schwellenwert liegt (in unserem Beispiel: Realsteuerkraft 1967 niedriger als 118,- DM). Das Veränderungsmerkmal kann aber auch als erfüllt gelten, wenn der Wert des adäquaten Bestandsmerkmals zwischen dem Schwellenwert und dem Landkreisdurchschnitt liegt (z.B. Realsteuerkraft zwischen 118,- DM und 147,- DM); in diesem Falle werden aber nur die Kreise berücksichtigt, deren Veränderungswert einen proportionalen Ausschließungswert nicht überschreitet. Die Ermittlung des Ausschließungswertes ist am Beispiel der Realsteuerkraft in der Graphik erläutert.

Hinsichtlich der Bereinigung regionalstatistischer Zufälligkeiten unter Berücksichtigung bestehender enger sozioökonomischer Verflechtungen sowie aus Gründen bundeseinheitlicher Vergleichbarkeit wurde auch bei der Ermittlung der

Gebiete, in denen ein Zurückbleiben zu befürchten ist, ebenso verfahren wie bei der Abgrenzung der bereits zurückgebliebenen Gebiete.

3. Zum besseren Verständnis und um den Vergleich zu erleichtern, sind die Schwellenwerte und die Durchschnittswerte in der folgenden Tabelle zusammengestellt worden.

Merkmale	Bestandsmerkmal		Veränderungsmerkmal	
	Schwellenwert	Durchschnitt[*]	Zeitraum	Durchschnitt[*]
Wanderungssaldo 1961–1967	±0	44,1		
Bevölkerungsdichte 30.6.1968	100	162		
Industriebesatz 30.6.1968	70	113,5 (1968)	1961/66	–4,0
		123,1 (1966)		
Realsteuerkraft 1967	118,–	147,–	1961/66	36,–
Bruttoinlandsprodukt 1966	6 080,–	6 930,–	1961/66	1890,–

[*] Der Landkreise einschl. kreisfreier Städte unter 60 000 Einwohner.

14. ZUSTIMMENDE KENNTNISNAHME: BESCHLUSS DES HAUPTAUSSCHUSSES ZUM AUSBAUPLAN FÜR DIE BUNDESFERNSTRASSEN IN DEN JAHREN 1971-1985 (16.4.1970)

Der Hauptausschuß der Ministerkonferenz für Raumordnung

- hat mit Genugtuung davon Kenntnis genommen, daß Vertreter des Bundesministeriums für Verkehr ebenso wie Sachverständige, die an den Vorarbeiten zur Erstellung des Neuen Ausbauplanes für die Bundesfernstraßen (1971-1985) mitwirken, die Ausschüsse der Ministerkonferenz für Raumordnung, vor allem den Ausschuß für Verkehrsfragen, über den Fortgang dieser Arbeiten laufend unterrichten, so daß einschlägige Anliegen der Raumordnung und Landesplanung rechtzeitig beigetragen werden können;

- begrüßt, daß in dem Neuen Ausbauplan Ziele und Erfordernisse von Raumordnung und Landesplanung in weitem Umfang berücksichtigt werden sollen und das auch der Bundesminister für Verkehr auf eine ständige enge Zusammenarbeit mit der Ministerkonferenz für Raumordnung, den für die Raumordnung und Landesplanung zuständigen Behörden und dem Institut für Raumordnung Wert legt;

- ist befriedigt, daß neben der Entlastung des vorhandenen Straßennetzes neue Verbindungen und Netzergänzungen geschaffen werden sollen, die auch der Strukturförderung, der wirtschaftlichen Durchdringung und Belebung einzelner Räume sowie der Verbindung mehrerer Wirtschaftsräume untereinander und zum Ausland dienen sollen;

- ist der Auffassung, daß mit dem Neuen Ausbauplan und seinen drei Fünf-Jahresplänen langfristige raumwirksame Maßnahmen des Bundes von überragender Bedeutung festgelegt werden, die in ihrer weiteren Planung und Durchführung auch künftig eine enge, vertrauensvolle Zusammenarbeit und ständige Abstimmung zwischen den für die Raumordnung und Landesplanung und den für die Verkehrsplanung zuständigen Stellen erforderlich machen.

15. Stellungsnahme: Berufsbild und Ausbildung des Raumplaners für den höheren Dienst (16.4.1970)

Der Deutsche Bundestag hat durch Beschluß vom 3.Juli 1969 (Bundestags-Drucksache V/4372) die Bundesregierung aufgefordert, zusammen mit den Ländern ein Berufsbild des Raumplaners und gesicherte Grundlagen für die Aus- und Fortbildung in diesem Bereich zu erarbeiten.

Die folgende Stellungnahme der Ministerkonferenz für Raumordnung bezieht sich aus Gründen der Zuständigkeit lediglich auf den in der Raumordnung und Landesplanung, nicht aber auf den in der Stadtplanung tätigen Planer.

I. Zum Berufsbild des Raumplaners

In der Bundesrepublik Deutschland gibt es zur Zeit noch kein geschlossenes, eigenständiges Berufsbild des Raumplaners. Es kann jedoch aus den Aufgabenstellungen abgeleitet werden. Ausgangspunkt dafür ist der verwaltungsmäßige Vollzug des Raumordnungsgesetzes des Bundes und des Landesplanungsgesetzes der Länder sowie die landesplanerische Mitwirkung beim Vollzug der Fachplanungsgesetze. Danach ist die Aufgabe des Raumplaners, durch übergeordnete Gesamtplanung und Koordination raumbedeutsamer Fachplanungen auf eine den wirtschaftlichen, sozialen und kulturellen Erfordernissen entsprechende Ordnung des Raumes hinzuwirken. Als Tätigkeitsbereiche können im einzelnen beispielhaft aufgeführt werden:

- Aufstellung von Raumordnungs- (Entwicklungs-)programmen und -plänen
- Mitwirkung bei Investitionsplanungen
- Mitwirkung bei Fachplanungen
- Mitwirkung an der Erarbeitung von Gesetzesvorlagen mit landesplanerischem Bezug
- Aufstellung von Strukturanalysen und Entwicklungsprognosen
- Beratung von Planungsträgern
- Beurteilung von Einzelvorhaben.

Diese Aufzählung macht deutlich, daß die Aufgabe des Planers im Bereich der Raumordnung und Landesplanung nicht vorwiegend technischer Natur ist, sondern weitgehend von volkswirtschaftlichen, soziologischen und geographischen Grundlagen her bestimmt wird.

II. Zur Ausbildung des Raumplaners

1. Hochschulausbildung

1.1 Bisher war ein eigenständiger Hochschulabschluß für den Raumplaner nicht möglich. Der Studierende, der eine Tätigkeit im Bereich der Raumplanung anstrebt, muß auch heute noch in der Regel eine der traditionellen wissenschaftlichen Disziplinen - wie Architektur, Bauingenieurwesen, Betriebswirtschaftslehre, Forstwirtschaftslehre, Gartenbaukunde, Geodäsie, Geographie, Landwirtschaftswissenschaft, Nationalökonomie, Politologie, Rechtswissenschaft, Soziologie - studieren und darin die Diplomprüfung oder das Erste Staatsexamen ablegen. Er ist darauf angewiesen, sich die über sein Grundstudium hinaus notwendigen Kenntnisse für eine Tätigkeit in der Raumplanung autodidaktisch anzueignen. In Anbetracht der steigenden Anforderungen kann dies für die Zukunft nicht mehr als ausreichend angesehen werden.

1.2 Die in Abschnitt I dargestellten Aufgaben und Tätigkeitsmerkmale des Raumplaners im höheren Dienst oder einer vergleichbaren Vergütungsgruppe erfordern einen für das Gebiet der BRD eigenständigen und möglichst einheitlichen Ausbildungsgang mit Hochschulabschluß und Referendarausbildung.

Gegenwärtig sind folgende Reformmöglichkeiten, mit denen die Nachteile des ausschließlich disziplinären Studiums für den Raumplaner überwunden werden sollen, in der Diskussion, aber nur teilweise in der experimentellen Durchführung:

a) Anschluß eines eigenständigen interdisziplinären Raumplanerstudiums (auch Aufbaustudium genannt) über mehrere Semester nach einem abgeschlossenen Grundstudium einer der in Punkt 1.1 genannten wissenschaftlichen Disziplinen;

b) Abspaltung eines interdiszplinären Raumplanerstudiums (auch Vertiefungsstudium genannt) von einer der in Punkt 1.1 genannten wissenschaftlichen Disziplinen, etwa nach der halben Dauer des Gesamtstudiums;

c) Eigenständigkeit eines interdisziplinären Raumplanerstudiums als Vollstudium. (Diese Studienform wird bislang nur an der Universität Dortmund angeboten, die im Herbst 1969 begonnen hat, in ihrer Abteilung Raumplanung Diplom-Ingenieure (Fachrichtung Raumplanung) auszubilden. Als Studiendauer sind acht Semester vorgesehen).

d) Kombination eines eigenständigen interdisziplinären Raumplanerstudiums im Range eines Nebenfaches oder eines zweiten Hauptfaches mit einem gleichzeitig und als Hauptfach zu absolvierenden Grundstudium einer der in Punkt 1.1 genannten wissenschaftlichen Disziplinen.

1.3 Diese vier Ausbildungsmöglichkeiten sind wie folgt zu bewerten:

Zu a):
Das Anschlußstudium nach einem planerisch ausgerichteten Grundstudium gewährleistet eine umfassende und sachgerechte Ausbildung; allerdings erscheint die nicht unerhebliche Verlängerung der Studienzeit auf etwa 12 bis 16 Semester kaum zumutbar. Diese Studienform dürfte daher nur in Ausnahmefällen in Betracht kommen.

Zu b):
Der Nachteil der übermäßigen Studiendauer tritt zwar beim Vertiefungsstudium nicht auf; es erscheint jedoch zweifelhaft, ob dem Studenten in der Studienzeit bis zur "Abspaltung" die Grundkenntnisse in der Basiswissenschaft vermittelt werden können, die für ein anschließendes interdisziplinäres Studium erforderlich sind.

Zu c):
Das Ergebnis des in Dortmund beschrittenen Weges eines eigenständigen Studiums kann heute noch nicht abschließend beurteilt werden. Es sollte erwogen werden, den Studierenden die Möglichkeit einer stärkeren fachlichen Schwerpunktausbildung zu geben.

Zu d):

Diese Ausbildungsform erscheint für den Raumplaner nach den derzeitigen Erkenntnissen besonders geeignet, weil dieser Studiengang am besten den Möglichkeiten der Hochschule und der späteren Berufstätigkeit entsprechen würde. Der
künftige Raumplaner könnte sich nach wie vor in freier Wahl für das Studium
einer der genannten wissenschaftlichen Disziplinen als Hauptfach entscheiden;
er wäre jedoch verpflichtet, als zweites Fach ein interdisziplinäres Studium
der Raumplanung zu betreiben. Dem Raumplaner könnten so neben einer umfassenden Ausbildung in einer der Basiswissenschaften bereits während des Studiums
die theoretischen Grundlagen, Methoden und Techniken der Raumplanung vermittelt werden, die ihn in die Lage versetzen, das Aufgabegebiet der Raumplanung
zu überschauen und in seinen strukturellen Zusammenhängen zu erkennen.

Darüber hinaus würde durch das vollwertige wissenschaftliche Grundstudium gewährleistet, daß der Raumplaner später auch auf diesem Fachgebiet eine Berufs-
möglichkeit findet, falls eine Tätigkeit im Bereich der Raumplanung nicht
möglich sein sollte.

2. Referendarausbildung

Es ist weiterhin erforderlich, dem Raumplaner eine angemessene laufbahnrecht-
liche Einordnung zu ermöglichen. Hierzu ist nach der gegenwärtigen Rechtslage
die Einrichtung eines besonderen Vorbereitungsdienstes mit anschließender
Zweiter Staatsprüfung anzustreben.

Nach § 11 Abs. 1 des Beamtenrechtsrahmengesetzes (BRRG) ist Voraussetzung einer eigenen Laufbahn, daß eine "gleiche Vorbildung und Ausbildung" vorliegt.

Im Falle des eigenständigen Studiums (c) werden keine besonderen rechtlichen
Probleme für die Schaffung einer neuen Laufbahn des Raumplaners gesehen. Das
gleiche gilt auch für die Fälle des Aufbaustudiums (a) und der Kombination
(d), wo durch das nachfolgende Studium bzw. das zweite Hauptfach eine "gleiche
Vorbildung" gewährleistet ist. Hingegen könnten im Falle des Vertiefungsstu-
diums (b) Bedenken bestehen, ob eine "gleiche Vorbildung" im Sinne des § 11
BRRG gegeben ist. Aus der Sicht der Raumordnung sollte jedoch auch in diesem
Falle der Zugang zu einem einheitlichen Vorbereitungsdienst und einer eigenen
Laufbahn des Raumplaners ermöglicht werden.

16. ZUSTIMMENDE KENNTNISNAHME: BINDUNGSWIRKUNG DER ZIELE UND DER ERFORDERNISSE DER RAUMORDNUNG UND LANDESPLANUNG NACH DEM ROG (16.4.1970)

1. Ziele der Raumordnung und Landesplanung und ihre Bindungswirkung

1.1 Ziele der Raumordnung und Landesplanung

Die Länder stellen für ihr Gebiet übergeordnete und zusammenfassende Programme oder Pläne auf, bei denen es sich auch um räumliche oder sachliche Teilprogramme und Teilpläne handeln kann (§ 5 Abs. 1 ROG). Aus diesen - nach Maßgabe der Landesgesetze über Raumordnung und Landesplanung - rechtswirksamen Programmen oder Plänen (vgl. die Übersicht Anlage 1) ergeben sich die Ziele der Raumordnung und Landesplanung, dazu gehören gemäß § 5 Abs. 2 ROG auch diejenigen Ziele der Raumordnung und Landesplanung, die räumlich und sachlich zur Verwirklichung der Raumordnungsgrundsätze (§ 2 ROG) erforderlich sind.

1.2 Entstehen und Umfang der Bindungswirkung

1.2.1 Nach § 5 Abs. 4 ROG sind die Ziele der Raumordnung und Landesplanung von den in § 4 Abs. 5 ROG genannten Stellen bei Planungen und allen sonstigen Maßnahmen, durch die Grund und Boden in Anspruch genommen oder die räumliche Entwicklung eines Gebietes beeinflußt wird, zu beachten. Die Pflicht zur Beachtung bedeutet eine Bindung. Diese Bindungswirkung verpflichtet die Länder, die berührten Planungsträger des Bundes (vgl. Tz 1.3) zu beteiligen. Die Bindungswirkung tritt bei Vorhaben im Sinne des § 6 Abs. 1 ROG jedoch nur ein, wenn der Planungsträger des Bundes nicht widersprochen hat (vgl. Tz. 2).

1.2.2 In welchem Maße solche Erfordernisse der Raumordnung und Landesplanung, die aus der Konkretisierung der "Grundsätze" der Raumordnung (§ 2 ROG) sowie der bestehenden rechtswirksamen Programme und Pläne in einem förmlichen Verfahren, insbesondere in einem Raumordnungsverfahren oder raumplanerischen Verfahren ermittelt werden, den Zielen der Raumordnung und Landesplanung hinsichtlich der Bindungswirkung (§ 5 Abs. 4, § 6 ROG) gleichzusetzen sind, bedarf im Einzelfall der Prüfung. Eine Übersicht über die Raumordnungsverfahren enthält die Anlage 2.

55

1.3 Die gebundenen Behörden und sonstigen Stellen

§ 5 Abs. 4 ROG nimmt auf § 4 Abs. 5 ROG Bezug. In § 4 Abs. 5 ROG ist der Kreis der gebundenen Stellen bestimmt. Es sind dies, soweit der Bund in Betracht kommt:

a) die Behörden des Bundes,

b) die bundesunmittelbaren Planungsträger,

c) im Rahmen der ihnen obliegenden Aufgaben die bundesunmittelbaren Körperschaften, Anstalten und Stiftungen des öffentlichen Rechts.

Diese Behörden und Stellen werden im folgenden "Planungsträger des Bundes" genannt.

1.4 Beteiligung und Abstimmung

Nach § 4 Abs. 5 ROG haben die unter Tz. 1.3 genannten Planungsträger des Bundes und die Behörden der Länder, die Gemeinden und Gemeindeverbände, die anderen öffentlichen Planungsträger und im Rahmen der ihnen obliegenden Aufgaben die der Aufsicht eines Landes unterstehenden Körperschaften, Anstalten und Stiftungen des öffentlichen Rechts ihre Planungen und Maßnahmen abzustimmen. Das bedeutet in bezug auf die Planungsträger des Bundes:

a) die zuständige Landesplanungsbehörde beteiligt den für ein raumbedeutsames Vorhaben zuständigen Planungsträger des Bundes und bemüht sich um eine Abstimmung, insbesondere bei der Aufstellung von Programmen und Plänen oder in Raumordnungs- oder raumplanerischen Verfahren. Darüber hinaus beteiligt die zuständige Landesplanungsbehörde den Bundesminister des Innern, wenn die beabsichtigten Ziele der Raumordnung und Landesplanung für die Raumordnung im Bundesgebiet von wesentlicher Bedeutung sind. Die Bedeutung für die Raumordnung im Bundesgebiet kann auch darin liegen, daß allgemeine raumordnerische Grundsätze berührt sind.

b) Der Planungsträger des Bundes bemüht sich seinerseits bei einer Meinungsverschiedenheit auch mit der zuständigen Landesplanungsbehörde um eine übereinstimmende Auffassung.

c) Bei einer Meinungsverschiedenheit mit der Landesplanung kann auch vor Erhebung eines Widerspruchs gemäß § 6 ROG eine gemeinsame Beratung nach § 8

ROG in Betracht kommen; denn nach § 8 Abs. 1 Nr. 3 ROG können auch Zweifelsfragen bei der Abstimmung gemeinsam beraten werden.

2. Widerspruch nach § 6 ROG zur Vermeidung der Bindungswirkung

2.1 Grundsätzliche Bindung

Grundsätzlich sind die in § 6 Abs. 1 ROG genannten Planungsträger des Bundes
an die Ziele und Erfordernisse der Raumordnung und Landesplanung gem. § 5 Abs.
4 ROG gebunden. § 6 ROG regelt einen Sonderfall im Rahmen der Bindung der
Planungsträger des Bundes. Die in § 6 ROG genannten Planungsträger des Bundes
sind von der Bindung unter den gesetzlich bestimmten Voraussetzungen freige-
stellt.

2.2 Die besonderen Vorhaben nach § 6 Abs. 1 ROG

2.2.1 Das Vorhaben muß nach seiner besonderen öffentlichen Zweckbestimmung
einen bestimmten Standort oder eine bestimmte Linienführung erfordern oder

2.2.2 es soll auf Grundstücken durchgeführt werden, die nach dem Gesetz über
die Landbeschaffung für Aufgaben der Verteidigung oder nach dem Gesetz über
die Beschränkung von Grundeigentum für die militärische Verteidigung in Anspruch genommen werden können oder

2.2.3 über das Vorhaben ist in einem Verfahren nach dem Bundesfernstraßengesetz, dem Bundesbahngesetz, dem Telegrafenwegegesetz, dem Luftverkehrsgesetz
oder dem Personenbeförderungsgesetz zu entscheiden.

2.2.4 Bei der Planung und Linienführung von Bundeswasserstraßen gilt § 6 ROG
nach § 13 Abs. 2 Satz 2 des Bundeswasserstraßengesetzes sinngemäß.

2.3 Freistellung von der Bindung durch Widerspruch

Der zuständige Planungsträger des Bundes kann sich bei Vorhaben nach Tz. 2.2
von der Bindung an die Ziele und Erfordernisse der Raumordnung und Landesplanung dadurch freistellen, daß er innerhalb angemessener Frist bei der zuständigen Landesplanungsbehörde Widerspruch gem. § 6 ROG erhebt und die Gründe für
den Widerspruch darlegt.

57

Der Widerspruch ist nur dann zulässig, wenn die Ziele und Erfordernisse der Raumordnung und Landesplanung (Tz. 1.1 und 1.2)

a) mit den Grundsätzen der Raumordnung nach § 2 ROG nicht übereinstimmen oder
b) mit der Zweckbestimmung des Vorhabens nicht in Einklang stehen und das Vorhaben nicht auf einer anderen geeigneten Fläche durchgeführt werden kann. Sofern auf einer Ersatzfläche die Zweckbestimmung des Vorhabens in gleicher Weise erreicht werden kann, kann der Widerspruch nicht damit begründet werden, daß die Durchführung auf einer Ersatzfläche erhöhte Kosten verursachen würde, es sei denn, diese würden unverhältnismäßig hoch.

2.4. Gemeinsame Beratung

Ist der Widerspruch gemäß Tz. 2.3 erhoben, so soll gem. § 8 ROG bei Zweifelsfragen über seine Berechtigung gemeinsam beraten werden. Zuständig hierfür ist die durch das Verwaltungsabkommen vom 15.6.1967 zwischen Bund und Ländern gebildete Ministerkonferenz für Raumordnung. Die gemeinsame Beratung soll zu einer Empfehlung in der strittigen raumordnerischen Angelegenheit führen. Als Empfehlung stellt sie zwar keine hoheitliche Entscheidung mit Bindungswirkung dar, sollte jedoch von den Betroffenen regelmäßig beachtet werden.

2.5 Wirkung der Erhebung des Widerspruchs

2.5.1. Nach Erhebung des Widerspruchs gemäß Tz. 2.3 tritt keine Bindung nach § 5 Abs. 1 ROG ein, d.h., bei der späteren eigenen Planung oder Durchführung des Vorhabens sind die zuständigen Stellen nicht an die Ziele und Erfordernisse der Raumordnung und Landesplanung in den Ländern gebunden. Ferner ist eine befristete Untersagung von Maßnahmen oder Planungen nach § 7 ROG in Verbindung mit dem Landesrecht insoweit nicht zulässig (vgl. § 7 Abs. 1 Satz 2 ROG).

2.5.2 Ist eine gemeinsame Beratung gemäß § 8 ROG (vgl. Tz 2.4) über einen Widerspruch möglich oder bereits eingeleitet, so sollten gesetzlich geregelte Verfahren (z.B. Planfeststellungsverfahren) dann nicht eingeleitet oder durchgeführt werden, wenn die betroffende Gemeinde oder das Land eine andere Fläche für das in Frage stehende Vorhaben bezeichnet hat. In diesem Falle sollten diese gesetzlich geregelten Verfahren erst 3 Monate nach Erhebung des Widerspruchs eingeleitet oder durchgeführt werden. Diese Frist endet vorher, wenn die gemeinsame Beratung vor Ablauf der 3 Monate zum Abschluß gekommen ist. Das Verwaltungsabkommen zwischen Bund und Ländern vom 15. 6. 1967 sieht vor, daß die gemeinsame Beratung möglichst innerhalb von 3 Monaten nach Erhebung des Widerspruchs abgeschlossen ist.

2.6 Abschluß des Widerspruchsverfahrens

Die zuständige Landesplanungsbehörde soll dem Planungsträger des Bundes, der Widerspruch nach Tz. 2.3 erhoben hat, mitteilen, inwieweit dem Widerspruch abgeholfen wird. Bleiben Fragen streitig, wären diese durch richterliche Entscheidung zu klären.

2.7 Widerspruch bei nachträglicher Änderung der Sachlage

Haben sich die raumbedeutsamen Verhältnisse verändert, die die Grundlage für die Ziele und Erfordernisse der Raumordnung und Landesplanung oder für die bisherigen Fachplanungen bildeten, so kann sich nach § 6 Abs. 2 ROG der zuständige Planungsträger des Bundes mit Zustimmung der nächsthöheren Behörde innerhalb angemessener Frist nach Eintritt der veränderten Sachlage hierauf berufen.Dies geschieht durch Erhebung eines Widerspruchs gemäß Tz. 2.2 und 2.3 mit der Maßgabe, daß die Veränderung der Sachlage zusätzlich begründet wird.

Anlage 1: Ziele der Raumordnung und Landesplanung in den Bundesländern

Baden-Württemberg:
Die Ziele der Raumordnung und Landesplanung im Sinne des § 5 Abs. 4 ROG ergeben sich in Baden-Württemberg aus verbindlich erklärten Entwicklungsplänen nach §§ 13, 16 des Landesplanungsgesetzes vom 19. Dezember 1962 (Ges.Bl. 1963 S. 1). Es handelt sich um den Landesentwicklungsplan, um Gebietsentwicklungspläne und um fachliche Entwicklungspläne.

Bayern:
In dem derzeit noch geltenden Landesplanungsgesetz vom 21. 12. 1957 (GVBl. S. 323) ist keine Vorschrift enthalten, die eine Festsetzung von Zielen der Raumordnung und Landesplanung ausdrücklich vorschreibt. Es ist daher rechtlich zweifelhaft, ob die in Art. 11 des Gesetzes vorgesehenen Raumordnungspläne, die nach Art. 12 für verbindlich erklärt werden können, solche Ziele enthalten können. Die Frage dürfte indessen nicht mehr zu entscheiden sein, weil in den nächsten Monaten mit dem Erlaß eines neuen bayer. Landesplanungsgesetzes gerechnet werden kann, das die Festsetzung von Zielen der Raumordnung und Landesplanung ausdrücklich vorschreibt.

Bremen:
Die Ziele der Raumordnung und Landesplanung ergeben sich im Lande Bremen gemäß § 5 Abs. 1 ROG aus den Flächennutzungsplänen (§ 5 BBauG) der Stadtgemeinden Bremen und Bremerhaven.

Hamburg:

In der Freien und Hansestadt Hamburg ist das Gesetz über den Aufbauplan der Freien und Hansestadt Hamburg vom 16.12.1960 maßgebend (Hbg Gesetz- und Verordnungsblatt S. 463). Der Aufbauplan ersetzt nach § 5 (1) ROG den Raumordnungsplan.

Hessen:

a) Entwurf eines Landesraumordnungsprogramms (wird vom Landtag beraten, noch nicht verabschiedet)
b) Teilplan zum regionalen Raumordnungsplan der Regionalen Planungsgemeinschaft Untermain, Entwurf 1968 (noch nicht rechtswirksam).

Niedersachsen:

Nach § 3 des Nieders. Gesetzes über Raumordnung und Landesplanung (NROG) vom 30. März 1966 (GVBl. S. 69) werden die Ziele der Raumordnung in Raumordnungs-Programmen festgelegt und zwar:

- Landes-Raumordnungsprogramm (§ 3 Abs. 2 NROG) Raumordnungsprogramme der Be   zirke (§ 3 Abs. 3 NROG).
  Hinweis: Der Verbandsplan des Verbandes Großraum Hannover ist für den Ver   bandsbereich Bestandteil der Raumordnungsprogramme der Bezirke i.S. des § 3 Abs. 3 NROG (§ 19 Abs. 1 NROG)

Nordrhein-Westfalen:

Nach § 11 des Landesplanungsgesetzes vom 7. Mai 1962 (GV.NW. S. 229) werden die Ziele der Landesplanung im Landesentwicklungsprogramm, in Landesentwicklungsplänen und in Raumordnungsplänen dargestellt.

Rheinland-Pfalz:

Ziele der Raumordnung und Landesplanung in Rheinland-Pfalz sind gemäß dem Landesgesetz für Raumordnung und Landesplanung (Landesplanungsgesetz - LPlG) vom 14. 6. 1966 (GVBl.S. 177):

    Landesentwicklungsprogramm (§§ 10 und 11 LPlG)
    Regionale Raumordnungspläne(§§ 12 und 13 LPlG)
    Landesplanerische Gutachten(§ 9 Abs. 2 LPlG).

Saarland:

Ziele der Raumordnung und Landesplanung im Saarland sind gemäß dem Saarländischen Landesplanungsgesetz (SLPG) vom 27. 5. 1964 (Amtsbl. d. Saarl. 1964 S. 525):

    Raumordnungsprogramm und Raumordnungsplan bzw. Raumordnungsteilprogramme
    und -teilpläne (§§ 2,3,4 SLPG).

Schleswig-Holstein:

Gemäß § 1 Abs. 2 des Gesetzes über die Landesplanung (Landesplanungsgesetz) vom 5. 7. 1961 (GVOBl. S. 119) werden Raumordnungsprogramme, Raumordnungspläne und Regionalpläne aufgestellt. Bisher liegen vor:

a) Raumordnungsprogramm für das Land Schleswig-Holstein vom 10.4.1967 (Amtsbl.Schl.-H.S. 151);
b) Entschließungen des Gemeinsamen Landesplanungsrates Hamburg/Schleswig-Holstein über die Entwicklung der Aufbauachsen im Hamburg-Randgebiet; diese sind durch Erlaß vom 12. November 1963 (Amtsbl.Schl.-H.S.587) als Raumordnungsplan gemäß § 9 Abs. 3 Lapla-G. Schl.H. festgestellt worden. Die Entschließungen sind in Heft 3 der Schriftenreihe "Landesplanung in Schleswig-Holstein" veröffentlicht;

c) Regionalplan für den Planungsraum IV vom 27.2.1967 (Amtsbl. Schl.-H. S.107);
d) Regionalbezirksplan Nordfriesische Inseln vom 6.3.1967 (Amtsbl. Schl.-H. S.115).

Anlage 2: Raumordnungs- und raumplanerische Verfahren in den Bundesländern

Baden-Württemberg:

Das Landesplanungsgesetz von Baden-Württemberg kennt derartige Verfahren nicht.

Bayern:
Raumordnungsverfahren gemäß Art. 10 des Landesplanungsgesetzes i.V. m. der Bek. vom 27.10. 1960 (WVMBl. S. 207).

Bremen:
keine

Hamburg:
keine

Hessen:
Raumordnungsverfahren gemäß § 7 d des Hessischen Landesplanungsgesetzes (wird vom Landtag beraten, noch nicht verabschiedet).

Niedersachsen:
Raumordnungsverfahren nach § 15 NROG.

Nordrhein-Westfalen:
Das Landesplanungsgesetz von Nordrhein-Westfalen kennt derartige Verfahren nicht. Es sieht allerdings die Möglichkeit eines Flächensicherungsplanes (§ 19), eines Widerspruchs und einer landesplanerischen Veränderungssperre (§ 21) wie die Zurückstellung von Baugesuchen (§ 22) vor.

Rheinland-Pfalz:
Raumplanerisches Verfahren nach § 18 LpeG

Saarland:
Das SLPG kennt kein besonderes raumplanerisches Verfahren.

Schleswig-Holstein:
Raumordnungsverfahren gemäß § 8 Lapla-G.Schl.-H.

17. Entschliessung: Raumordnung und Regionalluftverkehr (16.6.1971)

Die Ministerkonferenz für Raumordnung ist der Auffassung, daß schnelle, den wirtschaftlichen Erfordernissen ebenso wie den privaten Reisebedürfnissen dienende Verkehrsverbindungen eine wichtige Voraussetzung für die Schaffung und Erhaltung ausgewogener wirtschaftlicher, sozialer und kultureller Strukturen in allen Teilräumen des Bundesgebietes bilden. Um das Bundesgebiet auch durch den Luftverkehr intensiver zu erschließen, hält sie es deshalb für geboten, über die vorhandenen Verkehrsflughäfen hinaus weitere, für den Regionalluftverkehr geeignete Flugplätze zu schaffen. Ohne den Bau oder Ausbau solcher Flugplätze würde in Zukunft die steigende Nachfrage nach Leistungen im Luftverkehr kaum befriedigt werden können. Regionalluftverkehr soll als öffentlich und regelmäßig durchgeführter Fluglinienverkehr betrieben werden. Als eigenständiger Verkehr soll er Gebiete miteinander verbinden, die bisher nicht in das innerdeutsche Flugliniennetz einbezogen sind. Im Anschlußverkehr soll er diese Gebiete über die regionalen Flugplätze mit den großen Flughäfen verbinden, um den Zugang zu den kontinentalen und interkontinentalen Verbindungen zu verbessern und zu beschleunigen. Ferner erscheinen direkte grenzüberschreitende Verbindungen im Regionalluftverkehr wünschenswert.

Der Regionalluftverkehr unterscheidet sich vom übrigen Fluglinienverkehr dadurch, daß er in der Regel mit kleinerem, deswegen aber nicht weniger modernem Fluggerät über kürzere Entfernungen abgewickelt wird. Er soll den erdgebundenen Verkehr nicht ersetzen, sondern ergänzen und einen nicht unerheblichen Zeitvorsprung gegenüber den übrigen Verkehrsmitteln bringen. Deshalb ist er mit den Verkehrssystemen auf Schiene und Straße möglichst frühzeitig abzustimmen.

Die Ministerkonferenz für Raumordnung empfiehlt, bei der Standortwahl von Flugplätzen und dem Betrieb des Regionalluftverkehrs die folgenden raumordnungspolitischen Erwägungen zu beachten:

1. Die Einrichtung von Regionalluftverkehrsverbindungen kann die Bemühungen um eine sinnvolle Raumordnung nachhaltig unterstützen. Der Regionalluftverkehr kann insbesondere auch die Verbindung verkehrsferner Gebiete mit den großen Verdichtungsräumen und die Standortbedingungen zurückgebliebener Gebiete verbessern. Die Zunahme der an regionalen Flugverbindungen interessierten Wirtschaftsunternehmen unterstreicht die Bedeutung dieser Verbesserung bei der Standortwahl in verkehrsfernen und zurückgebliebenen Gebieten.

2. Trotz des oft verständlichen Wunsches vieler Städte und Gemeinden, in das Regionalluftverkehrsnetz einbezogen zu werden, muß eine Konzentration der Regionalflugplätze auf Schwerpunkte angestrebt werden. Diese Konzentration ist unter Gesichtspunkten der Raumordnung vor allem deshalb notwendig, weil die ständig fortschreitende Verdichtung von Wohn- und Arbeitsstätten eine planmässige Bündelung der regionalen und überregionalen Infrastruktur erfordert.

3. Eine solche Konzentration der Regionalflugplätze ist darüber hinaus zur Vermeidung übermäßiger Lärmbeeinträchtigungen größerer Gebiete, aus Gründen der Sicherheit des Luftverkehrs sowie aus Gründen der Wirtschaftlichkeit und einer möglichst geringen Inanspruchnahme von Grund und Boden geboten.

4. Nur eine Beschränkung auf relativ wenige Flugplätze gewährleistet, daß diese auch regelmäßig angeflogen werden. Das wiederum ist Voraussetzung für die erwünschte Wirkung des Flugplatzes als Mittel zur Strukturverbesserung. Ein im Linienverkehr bedienter Flugplatz sollte in der Regel innerhalb einer Entfernung von 50 km erreichbar sein; die Entfernung kann größer sein, wenn sie innerhalb einer Pkw-Stunde zurückgelegt werden kann.

5. Die Raumordnung hat die Aufgabe, die langfristigen raumbedeutsamen Entwicklungen aufzuzeigen, um so die Standortentscheidungen vorzubereiten. Sie muß den Flächenbedarf bestehender und geplanter Flugplätze sowie die sonstigen für die Sicherheit des Luftverkehrs notwendigen räumlichen Erfordernisse mit der baulichen Entwicklung in der Umgebung der Flugplätze so abstimmen, daß sowohl die Sicherheit der Luftfahrt als auch ein ausreichender Schutz der Bevölkerung gegen die Auswirkungen des Flugbetriebes gewährleistet ist. Daher müssen die für die Raumordnung zuständigen Stellen frühzeitig Kenntnis von den voraussichtlichen Bereichen größerer Lärmbelästigung erhalten.

6. Über den bundesgesetzlich vorgesehenen Schutz gegen Fluglärm in der Umgebung von Flughäfen hinaus sieht es die Ministerkonferenz für Raumordnung als notwendig an, daß die Freihaltung der Zonen größerer Lärmbelästigung von ungeeigneter Bebauung auch für Regionalflugplätze in der Form sichergestellt wird, die nach dem jeweiligen Landesrecht möglich ist; hierbei ist die vorauszusehende Endkapazität des Flugplatzes zugrunde zu legen.

7. Um die auch für den Regionalluftverkehr wichtigen Grundsätze der Sicherheit, Zuverlässigkeit und Pünktlichkeit gewährleisten zu können, sollten alle Regionalflugplätze die Durchführung eines Schlechtwetterflugbetriebes ermöglichen. Ein Regionalflugplatz sollte daher die für einen Verkehrsflughafen notwendigen Einrichtungen der Flugsicherung erhalten.

8. Es sollte für den Regionalluftverkehr im Bundesgebiet eine Trägerorganisation angestrebt werden, die sicherstellt, daß wirtschaftliche Erträge und Risiken der einzelnen Linien intern ausgeglichen werden.

18. ENTSCHLIESSUNG: RAUMORDNUNG UND ROHRFERNLEITUNGEN (16.6.1971)

Die Ministerkonferenz für Raumordnung ist der Auffassung, daß Rohrfernleitungen zum Transport von Gas, Wasser, Mineralöl und anderen Gütern besonders geeignet sind, weil

- in Gebieten, die an Rohrfernleitungen angeschlossen sind, die Entwicklungsbedingungen und damit die Voraussetzungen für die Verwirklichung raumordnerischer, landesplanerischer und strukturpolitischer Aufgaben verbessert werden können,
- ein Teil des wachsenden Verkehrsaufkommens bei gleichzeitiger Entlastung der vorhandenen Fernverkehrswege, insbesondere des Straßennetzes, in eine andere Ebene verlagert wird,
- Beeinträchtigungen und Gefahren für die Umwelt bei raumordnerisch sinnvoller Leitungsführung und technisch einwandfreier Gestaltung vermindert werden.

Die Ministerkonferenz für Raumordnung empfiehlt deshalb, beim Bau oder Ausbau von Rohrfernleitungen die folgenden raumordnungspolitischen Erwägungen zu beachten:

1. Die Planung von Rohrfernleitungen erfordert wegen der davon berührten vielfältigen Interessen eine möglichst frühzeitige Beteiligung der für die Raumordnung und Landesplanung zuständigen Stellen. Für die Trassierung und Dimensionierung sollen außer den Gesichtspunkten der Wirtschaftlichkeit die fachplanerischen Belange sowie die weiteren Erfordernisse der Raumordnung und Landesplanung berücksichtigt werden.

2. Für die landesplanerische Beurteilung ist die Kenntnis der Mindestvoraussetzungen für Anschlüsse an eine Rohrfernleitung wie Bevölkerungszahlen und -dichte, Wirtschaftsstruktur, Abnahmequoten wichtig.

3. Rohrfernleitungen sollen nach Möglichkeit im Verlaufe von Entwicklungsachsen bzw. -bändern trassiert werden. Soweit dies raumordnerisch und fachplanerisch erwünscht ist, soll darauf hingewirkt werden, daß

- die in Frage kommenden Betreiber bzw. Eigentümer gleichartiger Rohrfernleitungen eine gemeinsame Leitung erstellen,
- die dafür geeigneten Rohrfernleitungen parallel geführt oder gebündelt werden.

4. Im Hinblick auf den Flächenbedarf und die damit verbundene Einschränkung
anderer Nutzungen entspricht ein Fernleitungsprojekt in der Regel dann den
Zielen und Erfordernissen der Raumordnung und Landesplanung, wenn der Betreiber sein Einverständnis für eine Inanspruchnahme der Schutzstreifen für weitere Leitungen und im Rahmen des Möglichen und Zumutbaren seine Anschlußbe-
reitschaft erklärt. In diesem Fall liegt das Projekt regelmäßig im öffentlichen Interesse und erfüllt damit eine der Voraussetzungen für die Zulässigkeit
von Grundstücksenteignungen.

5. In Gebieten, in denen das Zusammenwachsen und die Ausdehnung von Siedlungen
oder die voraussehbare Verdichtung der Bebauung eine spätere Leitungsführung
erschweren würde, sollen Korridore für Rohrfernleitungen freigehalten werden,
wenn in diesem Raum der Bau von Rohrfernleitungen zu erwarten oder wünschenswert ist.

6. In schwächer besiedelten, nach den Zielen der Raumordnung und Landesplanung
zu entwickelnden Gebieten sollen geeignete Rohrfernleitungen so trassiert
werden, daß zentrale Orte (vorwiegend Ober- und Mittelzentren) und Entwicklungsschwerpunkte günstig angeschlossen werden können.

7. Rohrfernleitungen sollen so trassiert werden, daß sie in ausreichendem
Abstand von vorhandenen oder geplanten Siedlungsbereichen verlaufen. Damit
soll sowohl dem Sicherheitsbedürfnis der Bevölkerung als auch einer eventuell
erforderlichen Erweiterung der Siedlungsbereiche Rechnung getragen werden.

19. EMPFEHLUNG: RAUMORDNUNG UND LANDSCHAFTSORDNUNG (16.6.1971)

Die Ministerkonferenz für Raumordnung ist der Auffassung, daß bei der räumlichen Entwicklung des Bundesgebietes künftig der Landschaftspflege im weiteren
Sinne wachsende Bedeutung zukommt. Die Aktualität der anstehenden Sachfragen,
die in den Grundsätzen des § 2 Abs. 1 ROG zum Ausdruck kommt und die auch bei
der Beratung der Bundesraumordnungsberichte der Bundesregierung im Bundestag
erörtert worden ist, läßt es zweckmäßig erscheinen, festzustellen, welcher
Beitrag aus der Sicht der Raumordnung von dem betreffenden Fachbereich Landschaftspflege erwartet wird.

1. Begriffliche Klärung

Für die Zusammenfassung der drei Teilbereiche "Natur- und Landschaftsschutz", "Landschaftspflege" und "städtebauliche Grünordnung" wird z.Zt. aus Kreisen dieser Fachbereiche der Oberbegriff "Landespflege" vorgeschlagen. Darüber hinaus stehen noch weitere Begriffe in der Diskussion wie "Landschaftsordnung", "Landschaftspflege", "Freiraumplanung".

Die Ministerkonferenz für Raumordnung verwendet im folgenden zur Kennzeichnung der Teilbereiche den Oberbegriff "Landschaftsordnung". Hiermit wird verdeutlicht, daß sich der Sachbereich auf alle Aspekte der Landschaft einschließlich der städtebaulichen Grünordnung erstreckt, aber auch zum Ausdruck gebracht, daß sich die Aufgaben nicht auf eine "Pflege" der Natur beschränken, sondern auch – und mit Schwerpunkt – das Gestalten einbeziehen. Zugleich wird mit dem Oberbegriff "Landschaftsordnung" das Verhältnis zur Raumordnung zutreffender angegeben, nämlich als landschaftsbezogener Fachbereich, der innerhalb der überörtlichen Gesamtplanung mit zu erfassen ist.

2. Der Beitrag der Landschaftsordnung zur Raumordnung

Nach der Generalklausel des § 1 ROG sind bei der Entwicklung der räumlichen Struktur des Bundesgebietes u.a. "die natürlichen Gegebenheiten zu beachten". In den Grundsätzen der Raumordnung (insbes. § 2 Abs. 1 Nr. 7 ROG) wird hervorgehoben, daß dafür Sorge zu tragen ist, einen ökologisch leistungsfähigen Naturhaushalt als Lebensgrundlage der Bevölkerung zu erhalten, zu pflegen und zu gestalten, um gesunde Lebens- und Arbeitsbedingungen zu gewährleisten. Dabei kommt der Erhaltung bzw. Schaffung und pfleglichen Nutzung der Landschaftselemente, die sich z.B. auf Klima und Wasserhaushalt wesentlich auswirken, wie Wald, andere Vegetationsformen und Gewässer, besondere Bedeutung zu. Die natürlichen Elemente der Kulturlandschaft sind so zu gestalten, daß sie dem Wohlbefinden der Menschen und ihrer Erholung bestmöglich dienen.

Bei Eingriffen in die Landschaft müssen noch mehr als bislang durch vorherige Untersuchungen die Auswirkungen auf den Naturhaushalt analysiert und mit zur Planungs- und Entscheidungsgrundlage gemacht werden. Ziel dabei ist, Beeinträchtigungen des Naturhaushalts auf das unvermeidbare Maß zu beschränken. Die Grenzen der Belastbarkeit des Naturhaushaltes oder einzelner seiner Faktoren dürfen auch bei unvermeidbaren Eingriffen nicht überschritten werden. Durch landschaftsordnerische Maßnahmen sind soweit wie möglich Beeinträchtigungen des Naturhaushalts auszugleichen und seine Leistungsfähigkeit zu erhöhen.

Damit auch in Fällen, in denen vor Einleitung raumbeanspruchender Maßnahmen Detailuntersuchungen über die Folgen für den Naturhaushalt nicht möglich sind, die Belange der Landschaftsordnung in dem notwendigen Umfang berücksichtigt werden können, sind landschaftsökologische Richtwerte beschleunigt unter Einschaltung der Wissenschaft zu erarbeiten.

Zum Schutz der Menschen vor Umweltschäden, zur Gesunderhaltung und Erholung des Menschen ist die Landschaft, vor allem in ihren Elementen Gewässer, Pflanzendecke, Oberflächenform und Geländeklima, so zu gestalten, daß sie die für ihre Erholungswirksamkeit erforderliche biologische und optische Vielfalt aufweist. In der Nachbarschaft großer Siedlungsbereiche oder zentraler Orte ist die Sicherung, Erschließung und Ausstattung geeigneter Landschaftsräume und Wälder von besonderer Bedeutung für die Naherholung.

Die Aufgaben der Landschaftsordnung, das natürliche Potential der Landschaft den Ansprüchen der Gesellschaft entsprechend zu schützen, zu pflegen und zu verbessern, sind in Verdichtungsräumen ebenso wie in ländlichen Gebieten zu erfüllen:

In ländlichen Gebieten löst der Umstrukturierungsprozeß der Landwirtschaft zahlreiche Probleme für die Landschaftsordnung aus. Einerseits wächst ständig der Umfang der Flächen, die aus standörtlichen, strukturellen oder sozialen Gründen aus der landwirtschaftlichen Nutzung ausscheiden. So erschweren nicht mehr bewirtschaftete Flächen u.a. die Bewirtschaftung benachbarter Nutzflächen; sie mindern zumeist auch die Erholungseignung der Landschaft. Die Maßnahmen der Landschaftsordnung sollen hierbei darauf gerichtet sein, die Weiterbewirtschaftung und Gestaltung der Kulturlandschaft in dem für ihre ökologischen und Erholungsfunktionen erforderlichen Ausmaß zu steuern. Andererseits hat die fortschreitende Rationalisierung der Produktion auf den in landwirtschaftlicher Nutzung verbleibenden Böden ebenfalls erhebliche Auswirkungen auf den Naturhaushalt und das Landschaftsbild. Landschaftsordnerische Maßnahmen sollen in diesen Bereichen auf die für die Sicherung der Erträge und der ökologischen Funktionen notwendige Landschaftsstruktur abzielen.

Für Verdichtungsgebiete und zentrale Orte liegt die Bedeutung landschaftsordnerischer Maßgaben darin, unter Ausnutzung der landschaftlichen Gegebenheiten eine systematische Durchgrünung der Siedlungsbereiche zu erzielen. Damit soll vor allem ein enger Zusammenhang zwischen der umgebenden Landschaft und den innerörtlichen Grünflächen erreicht werden. Ihre Funktionen hygienischer Art - gegen Lärm und Luftverunreinigung -, als gliederndes Element - zur Trennung, Verbindung oder Erschließung von Baugebieten - und für Erholung, Spiel und

Sport können auf diese Weise verstärkt in der städtebaulichen Gestaltung eingesetzt werden. Je intensiver ein Siedlungsraum baulich genutzt wird, desto wichtiger ist ein räumlich und funktionell geordnetes System von Grünflächen - soweit möglich, auch von Wasserflächen - für das Wohlbefinden seiner Bewohner.

In den nach den Zielen der Raumordnung und Landesplanung ausgewiesenen Erholungsräumen sind alle landschaftsordnerischen Maßnahmen darauf auszurichten, daß diese Gebiete die ihnen zugedachten Funktionen (Kurzzeiterholung, Ferienerholung) erfüllen können. Die Erholungsfunktion ist meist nur eine von mehreren Nutzungsmöglichkeiten, die sich innerhalb eines Raumes überlagern.

3. Die Form der Zusammenarbeit zwischen Raumordnung und Landschaftsordnung

Aufgabe der Raumordnung ist es, zwischen den Anforderungen, die an einen leistungsfähigen Naturhaushalt gestellt werden, und den vielfältigen Ansprüchen der modernen Zivilisation, die den natürlichen Bestand und die Struktur des Naturhaushalts negativ beeinflussen können, einen sachgerechten Ausgleich zu finden. Dieser wird dadurch angestrebt, daß aus einer überfachlichen Gesamtschau unter Anwendung der Raumordnungsgrundsätze die raumbedeutsamen Planungen in Raumordnungsprogrammen und -plänen für den jeweiligen Planungsraum zu einer integrierten Planungskonzeption zusammengefaßt werden.

Um in diesen Programmen und Plänen den vielfältigen ökologischen Anliegen entsprechen zu können, ist eine verstärkte koordinierende Zusammenarbeit zwischen dem Fachbereich Landschaftsordnung und der überfachlichen Landesplanung erforderlich. Da den Erfordernissen der Landschaftsordnung nicht immer in vollem Umfang Rechnung getragen werden kann, bedarf es einer sachgerechten Abwägung aller raumbedeutsamen Anforderungen aus überfachlicher Sicht.

In der Regel vollzieht sich diese in den Raumordnungsprogrammen und -plänen, in denen die langfristigen Ziele der Raumordnung und Landesplanung aufgestellt werden. Für die damit befaßten Behörden, Körperschaften und sonstigen Stellen ist es von Nutzen, daß ihnen bei Arbeitsbeginn die für die Sicherung und Gestaltung eines leistungsfähigen Naturhaushalts notwendigen Grunddaten und Maßnahmen mitgeteilt werden. Wenn in Form einer gutachtlichen Stellungnahme die Belange der Landschaftsordnung bekanntgegeben werden, wird es möglich sein, sie bei der Aufstellung einer landesplanerischen Gesamtkonzeption in Abstimmung mit allen anderen raumbedeutsamen Maßnahmen zu berücksichtigen. Ein geeignetes Instrument dazu sind die Landschaftsrahmenpläne oder Landschaftspläne. In ihnen können insbesondere die zu schützenden Landschaftsteile,

vorgesehene Grünzüge, die regional bedeutsam sind, sowie landschaftsordneri-
sche Maßnahmen zum Schutz vor oder zur Behebung von Landschaftsschäden (z.B.
Immissionen, Bodenerosion, ungeordneter Rohstoffabbau) und zur Sicherung oder
Verbesserung des Naturhaushaltes und des Landschaftsbildes ausgewiesen werden.
Diese Pläne kommen auch dann noch in Betracht, wenn ein Raumordnungsprogramm
oder -plan bereits aufgestellt worden ist. Damit können die sich aus der
Gesamtkonzeption ergebenden Auswirkungen für die Erhaltung, Pflege und Gestal-
tung des Naturhaushaltes vertiefend dargestellt werden.

Landschaftspläne, die im Zusammenhang mit vorbereitenden Bauleitplänen (Flächennutzungspläne), insbesondere mit gemeinsamen Flächennutzungsplänen i.S.
des § 3 BBauG, ausgearbeitet und mit ihrem Inhalt in diese übernommen werden
und damit an ihren Rechtswirkungen teilnehmen, sollen bei der Aufstellung der
Raumordnungsprogramme oder -pläne berücksichtigt werden.

4. Bindungswirkung

Die sachliche Verknüpfung der Landschafts- und Landschaftsrahmenpläne mit den
Raumordnungsprogrammen und -plänen liegt auch im Interesse der Landschaftsordnung. Gesetzlich ist für Landschafts- und Landschaftsrahmenpläne allein keine
Bindungswirkung gegeben. Als integrierte Bestandteile von Raumordnungsprogrammen und -plänen nehmen sie jedoch an deren Bindungswirkung teil; denn aus diesen rechtswirksamen Programmen und Plänen, bei denen es sich auch um räumliche
oder sachliche Teilprogramme und Teilpläne handeln kann (§ 5 Abs. 1 ROG),
ergeben sich die Ziele der Raumordnung und Landesplanung. Sie sind von den in
§ 4 Abs. 5 ROG genannten Stellen bei allen raumbedeutsamen Planungen und
Maßnahmen nach § 5 Abs. 4 ROG zu beachten.

Auch für förmliche Verfahren, insbesondere Raumordnungsverfahren oder raumplanerische Verfahren, ist es von Bedeutung, die Fachvorstellungen der Landschaftsordnung zu kennen; denn in diesen Verfahren werden für Einzelvorhaben
die Erfordernisse der Raumordnung und Landesplanung ermittelt, wie sie sich
aus der Konkretisierung der Raumordnungsgrundsätze (§ 2 ROG) sowie der rechtswirksamen Programme und Pläne ergeben.

Eine solche Zusammenarbeit wird nach Auffassung der Ministerkonferenz für
Raumordnung bewirken, daß den landschaftsordnerischen Anliegen im Rahmen der
in Bund und Ländern geltenden Gesetze optimal Rechnung getragen wird.

20. ZUSTIMMENDE KENNTNISNAHME: STELLUNGNAHME DES HAUPTAUSSCHUSSES ZUR STANDORTBESTIMMUNG VON KERNKRAFTWERKEN (16.6.1971)

An dem ständigen Anstieg des Energieverbrauchs in der Bundesrepublik Deutschland wird die elektrische Energie einen wachsenden Anteil haben. Es wird erwartet, daß die derzeitige Kraftwerkskapazität von rd. 50 000 Megawatt (MW) sich bis zum Jahre 1980 etwa verdoppeln und bis zum Jahre 2000 auf schätzungsweise 300 000 MW ansteigen wird. An dieser Kraftwerksleistung wird die Kernenergie aufgrund ihrer Wettbewerbsüberlegenheit gegenüber den herkömmlichen Energieträgern in immer größerem Umfange beteiligt sein. Nach neuesten Schätzungen werden in der Bundesrepublik im Jahre 1980 etwa 20 000 MW-Leistung in Kernkraftwerken installiert sein. Nach 1980 dürften neue Kraftwerke vorwiegend als Kernkraftwerke gebaut werden.

Die sich aus dieser Entwicklung auf dem Gebiet der Energieerzeugung ankündigenden Fragen sind für die Raumordnung, nicht zuletzt auch mit Rücksicht auf den Schutz der Umwelt und der Bevölkerung vor schädlichen Auswirkungen, von großer Tragweite.

Der Hauptausschuß der Ministerkonferenz für Raumordnung ist der Auffassung, daß bei der Standortbestimmung von Kernkraftwerken von folgenden Erwägungen ausgegangen werden sollte:

I. Bedeutung von Kernkraftwerken aus der Sicht der Raumordnung

1. Die elektrizitätswirtschaftliche Erschließung ist für die strukturelle Entwicklung von Wirtschaftsräumen von erheblicher Bedeutung. Als Faktor der raumwirtschaftlichen Standortorientierung kommt ihr, ebenso wie dem Verkehrswesen und der Wasserwirtschaft, maßgebliche Bedeutung zu.

2. Kernkraftwerke mit niedrigen Stromerzeugungskosten können in der Nähe gelegene Abnehmer mit großem elektrischen Leistungsbedarf und hoher Benutzungsdauer preisgünstig beliefern und bieten damit Anreize für die Neuansiedlung stromintensiver Großverbraucher; dies gilt jedoch nicht für andere Betriebe mit geringerer Benutzungsdauer und Leistung, die nur zu den Strompreisen vergleichbarer Abnehmer des jeweiligen Versorgungsunternehmens beliefert werden können. Ferner kommen Kernkraftwerke auch als Lieferanten von Prozeßwärme für Wärmegroßverbraucher (Chemie und Metallurgie) in Betracht. Infolgedessen können Kernkraftwerke über die Stromerzeugung hinausgehende preisgünstige Energielieferungen bewirken, sofern entsprechende Industrieunternehmen in unmittelbarer Nähe vorhanden sind oder sich unter Berücksichtigung eines jeweils festzulegenden Sicherheitsabstandes ansiedeln.

3. In welchem Umfang darüber hinaus schwach strukturierten Gebieten durch Errichtung von Kernkraftwerken ein Impuls gegeben werden kann, hängt davon ab, inwieweit diese Gebiete die in einem Kraftwerk erzeugte Energie abnehmen können, da eine Fortleitung der Energie zusätzliche Kosten und Energieverluste verursacht. Der Anreiz niedriger Strompreise darf nicht überschätzt werden, weil die Kosten der elektrischen Energie in der verarbeitenden Industrie im Durchschnitt nur 1,5 % des Umsatzes betragen. Lediglich einige stromintensive Zweige der Grundstoffindustrie und der Großchemie kommen auf wesentlich höhere Anteile.

4. Für den Betrieb von Kernkraftwerken sind verhältnismäßig wenig Arbeitsplätze erforderlich. Dementsprechend besteht nur ein geringer Folgebedarf an Infrastruktureinrichtungen (Wohnungen, Schulen, Einkaufsmöglichkeiten, Einrichtungen des Sozialwesens usw.). Insofern gehen von Kernkraftwerken unmittelbar - anders als von personalintensiven Unternehmen und Einrichtungen - nur relativ geringe strukturverbessernde Impulse aus.

II. Standortfaktoren

1. Kernkraftwerke können heute in der Regel erst mit einer Blockleistung ab 600 MW wirtschaftlich betrieben werden. Für diese großen Leistungen besteht Bedarf vor allem an Verbrauchsschwerpunkten. Bei Anlagen, die vorwiegend oder ausschließlich der Erzeugung von Prozeßwärme dienen, können unter Umständen auch Einheiten geringerer Leistung bereits wirtschaftlich arbeiten.

Da Kernkraftwerke standortmäßig nicht an Vorkommen von Bodenschätzen oder günstigen Transportmöglichkeiten für den Brennstoff gebunden sind, kann das Kriterium der verbrauchsnahen Orientierung und damit der Einsparung von Energietransportkosten im Rahmen der Standortwahl stärker berücksichtigt werden als bei konventionellen Kraftwerken. Anlagen zur Heiz- oder Prozeßwärme kommen aus technischen Gründen ohnehin nur in der Nähe des Verbraucherortes in Betracht.

Ein weiterer wichtiger Standortfaktor ist die günstige Lage zum elektrischen Verbundnetz. Im Hinblick auf die Größe der Blockleistung ist ein Anschluß an das im Ausbau befindliche 380 kV-Netz erforderlich. Hierdurch kann auch bei etwaigen Ausfällen eines Kernkraftwerkes die Reserveleistung aus dem Verbundnetz zur Verfügung gestellt werden. Standorte in der Nähe eines vorhandenen oder in absehbarer Zeit zur Verfügung stehenden Knotenpunktes im 380 kV-Netz werden sich daher kostensparend auswirken.

2. Die Frage des Schutzes der Bevölkerung gegen schädliche Auswirkung ist für die raumordnerische Beurteilung eines Standortes von besonderer Bedeutung. Die Ausweisung eines Sicherheitsabstandes zwischen Kernkraftwerken und bebauten Gebieten aufgrund der Anforderungen durch die dafür zuständigen Stellen hat raumstrukturelle Folgen, die bei der Standortauswahl eines Kernkraftwerkes zu berücksichtigen sind.

Ferner ist darauf zu achten, daß Kernkraftwerke nicht in der Nähe von wichtigen Verteidigungsanlagen und Flugplätzen sowie Anlagen liegen, die bei Unglücksfällen eine Beschädigung der Sicherheitsanlagen des Kernkraftwerkes verursachen könnten.

3. Beim Bau und Betrieb von Kernkraftwerken sind, wie auch bei anderen Kraftwerken, die ökologischen Belange der Landschaft zu berücksichtigen. Bei nicht vermeidbaren Eingriffen in den Landschaftshaushalt sind Maßnahmen der Landschaftsordnung erforderlich.

4. Von erheblicher Bedeutung ist die Verfügbarkeit von Kühlwasser. Kernkraftwerke benötigen heute noch mehr Kühlwasser als gleichgroße Kraftwerke konventioneller Bauart. Wegen des hohen Kühlwasserbedarfs und der technischen und wirtschaftlichen Vorteile der Frischwasserkühlung werden Kraftwerke, sofern keine anderen Gesichtspunkte überwiegen, vorzugsweise an größeren Gewässern errichtet. Rückkühlverfahren erlauben es jedoch - wenngleich unter höheren Kosten für die Stromerzeugung -, auch Standorte abseits größerer Gewässer zu wählen bzw. die Wärmeabführung zu reduzieren, wenn die Frischwassermengen nicht ausreichen oder durch die Einleitung größerer Kühlwassermengen ein Gewässer geschädigt werden könnte.

Bei der Ableitung des entnommenen Kühlwassers ist die Belastbarkeit des Gewässers durch Wärme und radioaktive Stoffe zu berücksichtigen, wobei die thermische Belastung der Gewässer besonders gefährlich ist. Sie bringt eine Gefährdung des biologischen Gleichgewichts in den Gewässern und damit ihrer Selbstreinigungskraft mit sich, die vermieden werden muß. Maßgeblich für die Belastbarkeit des Gewässers ist nicht die Einleitung durch das einzelne Kraftwerk, sondern die Summe sämtlicher Belastungen. Es wird sich empfehlen, Vorfluterlastpläne und Richtlinien für die thermische Emission in die Gewässer aus industriellen Anlagen sowie zum Zwecke des Gesundheitsschutzes vor schädlichen Stoffen aufzustellen, wie sie z.B. für den Rhein bereits vorbereitet werden.

5. Die meteorologischen Verhältnisse sollen eine gute Durchlüftung der Landschaft gewährleisten; die Einflüsse von Inversionswetterlagen dürfen nur gering sein. Kernkraftwerke sollten nicht in der Hauptwindrichtung großer Siedlungsgebiete errichtet werden. Allerdings sollte auch nicht verkannt werden, daß Kernkraftwerke beim Betrieb nur kontrollierte und für die Bevölkerung ungefährliche Mengen von Radioaktivität abgeben, im Gegensatz zu konventionellen Kraftwerken, die die Umwelt mit mehr oder weniger großen Mengen Schwefeldioxyd und Kohlendioxyd belasten.

III. Folgerungen und Maßnahmen der Raumordnung

1. Zusammenfassend kann gesagt werden, daß sich die besonderen Probleme der Standortbestimmung von Kernkraftwerken gegenüber konventionellen Kraftwerken oder sonstigen emittierenden Industrieanlagen bei den Fragen des Schutzes der Bevölkerung gegen Einwirkungen durch möglicherweise freigesetzte radioaktive Stoffe sowie der Belastbarkeit der Gewässer durch radioaktive Abwässer stellen. Damit eine Verstärkung dieser Problematik bei Standorthäufung von Kernkraftwerken vermieden wird, sind vor der Festlegung des Standortes für eine einzelne Anlage die Anliegen des größeren Raumes zu beachten.

2. Mit der Einleitung des Kühlwassers in Gewässer sind in der Regel Probleme verbunden, die über den regionalen Rahmen hinausgehen. In solchen Fällen ist eine Erörterung zwischen den beteiligten Bundesländern, evtl. auch zwischen Bund und Ländern und/oder Nachbarstaaten, notwendig.

3. Im Hinblick auf die sich abzeichnende energiewirtschaftliche Entwicklung sollte bei der Aufstellung von Programmen und Plänen der Raumordnung und Landesplanung auf die zunehmende Bedeutung von Kernkraftwerken Bedacht genommen werden.

4. In welchem Umfang spezifische raumplanerische Maßnahmen bei Genehmigung der einzelnen Kernkraftwerke durchzuführen sind, läßt sich nur anhand des einzelnen Falles beurteilen. Die Entscheidung hierüber obliegt den im Genehmigungsverfahren zu beteiligenden Landesplanungsbehörden.

5. Es ist nicht zu verkennen, daß die Auswirkungen der Kernkraftwerke noch nicht genügend erkannt sind. Deshalb sollte die Forschung sich stärker als bisher den unmittelbaren und mittelbaren Folgen von Kernkraftwerken annehmen und insbesondere versuchen, die technischen Einrichtungen so zu gestalten, daß schädliche Auswirkungen auf ein Mindestmaß herabgesetzt werden.

21. Entschliessung: Raumordnung und Umweltschutz (15.6.1972)

1. Die Ministerkonferenz für Raumordnung hält es für notwendig, daß die Erfordernisse des Umweltschutzes bei allen raumbedeutsamen Planungen und Maßnahmen noch stärker als bisher berücksichtigt werden. Wirtschaftliches Wachstum und das Streben nach höherem Lebensstandard dürfen nicht allein die Maßstäbe für unsere gesellschaftliche Entwicklung sein; Wirtschaftswachstum und Wohlstand können ohnehin auf lange Sicht nur in einer gesunden Umwelt gewährleistet werden.

2. Elementare Lebensbedürfnisse, notwendige Verbesserungen der Infrastruktur, selbst Maßnahmen zum Schutz der Umwelt werden auch künftig Eingriffe in den Naturhaushalt und in die Landschaft unabweisbar machen. Um so wichtiger ist es, daß der Umweltschutz in der Gesetzgebung, beim Gesetzesvollzug, bei Planungen und Maßnahmen der öffentlichen Hand und bei der Aufstellung der öffentlichen Haushalte stärker als bisher berücksichtigt wird. Hierfür bieten die Umweltprogramme und -berichte von Bund und Ländern Grundlagen.

I. Aufgaben und Möglichkeiten der Raumordnung und Landesplanung

3. Zur Sicherung und Verbesserung der Lebensbedingungen des Menschen einschließlich der Leistungsfähigkeit des Naturhaushaltes ist eine zweckmäßige Ordnung und Gestaltung des Raumes unerläßlich. Raumordnung schafft somit wichtige Voraussetzungen für einen wirksamen Umweltschutz.

4. Auch zur Erfüllung dieser Aufgabe haben Raumordnung und Landesplanung in langfristiger Vorausschau überörtliche und überfachliche Entwicklungsziele festzulegen und dabei alle raumbedeutsamen Planungen und Maßnahmen auf diese Ziele zu koordinieren. Die Raumordnungsprogramme und -pläne der Länder sowie das in Vorbereitung befindliche Bundesraumordnungsprogramm setzen den Rahmen für alle raumbedeutsamen fachlichen Planungen und Maßnahmen und erleichtern durch ihre Bindungswirkungen auch den Umweltschutz.

5. Der zusätzliche Aufbau eines ebenfalls raumbezogenen überfachlichen Planungssystems nur für den Bereich des Umweltschutzes widerspräche dem Raumord-

nungsgesetz, wonach für jeden Planungsraum sinnvollerweise nur eine übergeordnete und zusammenfassende verbindliche Planung möglich ist. Deshalb müssen – auch um eine Zersplitterung der Kräfte, unterschiedliche Zielfestlegungen und damit Nachteile für den Umweltschutz zu vermeiden – die raumbedeutsamen Aspekte der Umweltfachplanungen in das Planungssystem der Raumordnung einbezogen werden, wo alle Ansprüche an den Raum gegeneinander abzuwägen sind. Nur so kann der umfassende Koordinierungsauftrag des Raumordnungsgesetzes (§ 4 ROG) auch zur Sicherung oder Schaffung der räumlichen Voraussetzungen für den Umweltschutz erfüllt werden.

II. Ziele der Raumordnung und Landesplanung zum Umweltschutz

6. Die Ziele der Raumordnung und Landesplanung werden in Programmen und Plänen festgelegt; für den Umweltschutz sind vor allem folgende Zielvorstellungen von Bedeutung:

7. – Geordnete Verdichtung der Siedlungsentwicklung; dadurch sollen besonders die Zersiedlung der Landschaft vermieden, ökologische Ausgleichsräume für die Regeneration des Naturhaushaltes und Räume für die Erholung erhalten werden;

8. – Erhaltung und Verbesserung der Funktionsfähigkeit der Verdichtungsräume und ihrer Randgebiete; ihre Umweltbedingungen können verbessert und Überlastungen verringert oder vermieden werden, wenn durch den Ausbau von Entwicklungsschwerpunkten im Zuge von Entwicklungsachsen einer ringförmigen Ausbreitung des Verdichtungsraumes entgegengewirkt wird und zwischen den Entwicklungsachsen Freiräume erhalten bleiben;

9. – Ausbau von zentralen Orten in den ländlichen Räumen; durch schwerpunktmäßige Zusammenfassung von Dienstleistungseinrichtungen sowie von Wohn- und Arbeitsstätten sollen die Lebensbedingungen in den ländlichen Räumen verbessert und einer unerwünschten Abwanderung in überlastete Räume entgegengewirkt werden;

10. – Funktionsgerechte Zuordnung von Wohnstätten, Arbeitsstätten, Infrastruktureinrichtungen und Freiflächen; dadurch lassen sich Einwirkungen durch Lärm und Luftverunreinigung verringern und durch Entstehen ökologisch nicht mehr funktionsfähiger Räume oft vermeiden; durch Ausrichtung der Wohn- und Arbeitsstätten auf den bedarfsgerecht auszubauenden öffentli-

chen Personennahverkehr können Umweltbelastungen durch den Individualverkehr verringert werden;

11. - Sicherung von Erholungsgebieten und Ausbau von Freizeit- und Erholungs-
einrichtungen innerhalb und vor allem in der Nähe von Verdichtungsräumen
für die Tages- und Wochenenderholung;

12. - Ausweisung von Bereichen, in denen belästigende Anlagen und Einrichtungen in Betracht kommen können.

13. Bei Zielkonflikten muß dem Umweltschutz dann Vorrang eingeräumt werden,
wenn eine wesentliche Beeinträchtigung der Lebensverhältnisse droht oder die
langfristige Sicherung der Lebensgrundlagen der Bevölkerung gefährdet ist.
Wirtschaftliche Gesichtspunkte dürfen vor denen des Umweltschutzes keinen
Vorrang haben, wenn Umweltbelastungen durch technische Lösungen oder Maßnahmen
der Landschaftspflege, bei einem anderen Standort oder bei einer anderen Trasse mit zumutbarem Mehraufwand vermieden werden können. Dies kann aber auch
bedeuten, daß in Gebieten, in den unzumutbare Umweltbedingungen nicht verbessert oder vermieden werden können, Nutzungsbeschränkungen und Begrenzungen des
Bevölkerungs- und Wirtschaftswachstums in Kauf genommen werden müssen.

III. Forderungen zur besseren Durchsetzbbarkeit des Umweltschutzes

14. - Die Grundsätze und Ziele der Raumordnung und Landesplanung sind nach
Maßgabe des Rechts der Raumordnung für die öffentlichen Stellen bindend.
Die Verwirklichung dieser Grundsätze und Ziele für den Bereich des
Umweltschutzes erfordert eine konsequente Anwendung aller dafür in Be-
tracht kommenden Rechtsvorschriften. Darüber hinaus ist es erforderlich,
insbesondere den folgenden Forderungen noch Rechnung zu tragen:

15. - Die Neuordnung des Bodenrechts soll Flächennutzungen erleichtern, die
den Anliegen des Umweltschutzes entsprechen.

16. - Um Naturhaushalt und Landschaft besser zu schützen, sollten Abgrabungen
und Aufschüttungen im Außenbereich der Regelung des Bundesbaugesetzes
über Vorhaben im Außenbereich unterstellt werden. Durch Ergänzung berg-
rechtlicher oder anderer Regelungen für Abgrabungen und Aufschüttungen
muß sichergestellt werden, daß Vorhaben verhindert werden können, wenn
Ziele der Raumordnung und Landesplanung oder andere öffentliche Belange

dies erfordern; Bedingungen und Auflagen, insbesondere um spätere Rekultivierungen zu sichern, müssen möglich sein.

17. - Der immer wieder angestrebten Lockerung des § 35 des Bundesbaugesetzes wird entschieden entgegengetreten.

18. - Die Pflege des Waldes muß sichergestellt werden; nachteilige Eingriffe in den Bestand von Wäldern mit besonderer Wohlfahrtswirkung müssen auf das Unvermeidbare beschränkt werden, insbesondere in Verdichtungsräumen und ihren Randzonen, in Erholungsräumen, in Wasserschutz- und Quellschutzgebieten und in erosionsgefährdeten Gebieten.

19. - Den Belangen von Freizeit und Erholung ist stärker Rechnung zu tragen. Der freie Zugang zu Seen, Flußufern und Wäldern muß in angemessenem Umfang ermöglicht werden. Der Gesetzgeber muß sicherstellen, daß die raumbezogenen Zielsetzungen der Landschaftsplanung in die Programme und Pläne der Raumordnung integriert werden, weil darin die konkurrierenden Ansprüche an den Raum abzustimmen und zusammenfassend darzustellen sind.

20. - Es sind ergänzende Regelungen erforderlich, die eine Sicherung der für künftige Wasserversorgung, Abwasserreinigung und Wasserabfluß notwendigen Flächen ermöglichen.

21. - Bei Umweltbeeinträchtigungen und -gefährdungen sollte das Verursacherprinzip eingeführt werden, weil es auch zur Verwirklichung der Ziele von Raumordnung und Landesplanung wesentlich beiträgt.

IV. Zusammenwirken der Raumordnung und Landesplanung mit anderen Stellen

22. Die Ministerkonferenz für Raumordnung hält eine enge Zusammenarbeit mit den Fachgremien, die sich mit Fragen des Umweltschutzes auf der Bund-Länderebene befassen, für erforderlich.

23. Eine wesentliche Voraussetzung für die konkrete Festlegung von raumordnerischen Zielen für den Umweltschutz sowie für die Erfüllung des Koordinierungsauftrages der Raumordnung sind regional gegliederte Daten über die derzeitigen und künftigen Umweltbelastungen sowie über die zu erwartenden Anforderungen an die Umwelt. Auf ihrer Grundlage lassen sich Entscheidungskriterien erarbeiten, die die Abwägung der verschiedenen Ansprüche an den Raum erleichtern helfen.

24. Die Bemühungen der Raumordnung und Landesplanung zum Schutz der Umwelt können nur erfolgreich sein, wenn alle für raumbedeutsame Planungen und Maßnahmen zuständigen öffentlichen und privaten Stellen auch in Zukunft mitwirken. Die Zusammenarbeit über die Grenzen hinweg ist zu verstärken.

22. Entschliessung: Berücksichtigung der Richtfunkverbindungen der Deutschen Bundespost in der Regional- und Bauleitplanung (15.6.1972)

I.

Die Deutsche Bundespost unterhält für den Fernmeldeverkehr und für das Fernsehen ein dichtes Richtfunknetz, das sich über das gesamte Bundesgebiet erstreckt und weiter ausgebaut werden muß. Für die Funkübertragung müssen hohe Frequenzen verwendet werden, die sich wie Lichtquellen gradlinig ausbreiten. Hierzu werden Antennen benutzt, die scharfgebündelte und genau ausgerichtete Funkstrahlen auf die Antenne der Gegenseite aussenden. Wegen der Erdkrümmung müssen bei größeren Entfernungen etwa alle 50 km Relaisstationen eingefügt werden, welche die empfangenen Funksignale verstärkt wieder abstrahlen. Wie bei einer Nachrichtenübermittlung durch Lichtblinkzeichen muß der Raum zwischen Sender und Empfänger frei von Hindernissen sein. Anderenfalls können sich Funkschatten ergeben, welche die Ausbreitung der Funkstrahlen verhindern. Dies bedeutet im Regelfall keine völlige Freihaltung von Bebauung, sondern nur eine Einschränkung der Bauhöhe.

Wegen ihrer Wellenausbreitung ist für eine Richtfunkverbindung nicht nur die Lichtlinie wichtig, sondern auch eine um die Lichtlinie durch ein Rotationsellipsoid begrenzte Zone (die sogenannte Fresnelzone), die frei von Hindernissen zu halten ist. Der Schutzbereich einer solchen Zone beträgt etwa 100 m beiderseitig der Lichtlinie zwischen zwei Richtfunkstellen.

II.

Aufgrund dieser technischen Gegebenheiten sind die Richtfunkverbindungen als in besonderem Maße schutzbedürftige Einrichtungen anzusehen. Sie sind wegen ihrer Versorgungsfunktion raumbedeutsam und von überörtlicher Bedeutung.

1. Es ist daher erforderlich, die betroffenen Planungsträger, insbesondere die Träger der Regionalplanung und der Bauleitplanung, frühzeitig und umfassend über die Planung von Richtfunkverbindungen zu unterrichten. Nur bei ausreichender Kenntnis der bestehenden und geplanten Richtfunkverbindungen ist es möglich, bei der Aufstellung von Regionalplänen und von Bauleitplänen sowie bei der planerischen Beurteilung von Einzelbaumaßnahmen die Belange der Deutschen Bundespost und der Planungsträger ausreichend·abzuwägen und miteinander abzustimmen.

Der Deutschen Bundespost wird daher empfohlen, die vorhandenen und geplanten Richtfunkverbindungen den obersten Landesplanungsbehörden bekanntzugeben. Diese werden in geeigneter Weise dafür Sorge tragen, daß insbesondere die Gemeinden bei der Vorbereitung ihrer Bauleitplanung möglichst frühzeitig über die bestehenden und geplanten Richtfunkverbindungen in dem Plangebiet unterrichtet werden.

2. Den obersten Landesbehörden wird empfohlen, in ihren Programmen oder Plänen festzulegen, daß insbesondere bei der Darstellung von Siedlungsbereichen die Richtfunkverbindungen der Deutschen Bundespost gebührend zu berücksichtigen sind.

3. Es wird empfohlen, im Rahmen der von den einzelnen Landesplanungsgesetzen eröffneten Möglichkeiten die Richtfunkverbindungen der Deutschen Bundespost in die Regionalpläne mit dem Hinweis aufzunehmen, daß sich die Gemeinden um eine Abstimmung mit der Deutschen Bundespost bemühen. Dabei ist es den Trägern der Regionalplanung unbenommen, im Rahmen der landesrechtlich gegebenen Möglichkeiten die Richtfunkstellen und Richtfunkstrecken der Deutschen Bundespost auch als Ziele der Raumordnung und Landesplanung in ihren Raumordnungsplänen darzustellen.

III.

Soweit in den einzelnen Ländern ein Verzeichnis aller raumbeanspruchenden und raumbeeinflussenden Planungen und Maßnahmen geführt wird, die für landesplanerische Entscheidungen von Bedeutung sind (Raumordnungskataster o.ä.), sollen die Richtfunkverbindungen der Deutschen Bundespost in dieses Raumordnungskataster aufgenommen werden.

23. Entschliessung: Zentralörtliche Verflechtungsbereiche mittlerer Stufe in der Bundesrepublik Deutschland (15.6.1972)

1. Die Raumordnung und Landesplanung in Bund und Ländern verfolgt das Ziel einer gegliederten Siedlungsstruktur. Gliederungselemente sind insbesondere die zentralen Orte (Gemeinden mit zentralörtlicher Bedeutung gemäß § 2 Abs. 1, Ziff.3 ROG) und Entwicklungsachsen.

2. Die zentralen Orte und ihre Verflechtungsbereiche sind durch eine Entschließung der Ministerkonferenz für Raumordnung vom 8. Februar 1968 (vgl. Raumordnungsbericht 1968, Drucksache V/3958, S. 149) bundeseinheitlich definiert. Danach wird zwischen 4 Stufen von zentralen Orten unterschieden:

  Oberzentren
  Mittelzentren
  Unterzentren
  Kleinzentren.

Die Länder haben danach entsprechende zentrale Orte im Rahmen der Landesplanung (Landesentwicklungspläne und -programme gemäß § 5 Abs. 1 ROG) und im Rahmen der Regionalplanung weitgehend festgelegt.

3. Gebietsabgrenzungen im Sinne des § 5 Abs. 1 Satz 3 ROG sind bisher z.T., Abgrenzungen für sektorale Maßnahmen des Bundes und der Länder sind in der Regel, soweit ein größerer räumlicher Bezugsrahmen als der der Gemeinde erforderlich war, auf der Basis von Land- und Stadtkreisabgrenzungen erfolgt, ohne daß die sozioökonomischen Verflechtungen der zentralen Orte mit ihrem Umland hinreichend berücksichtigt werden konnten. Dies lag vor allem daran, daß bisher eine bundeseinheitliche Abgrenzung der Verflechtungsbereiche unter Berücksichtigung sozioökonomischer Verflechtungen nicht vorlag.

Die Abgrenzung von Gebieten auf der Basis von Kreisgrenzen hat vor allem den Nachteil, daß die oft unterschiedlichen strukturellen Bedingungen innerhalb eines Landkreises zu für Vergleichszwecke ungeeigneten statistischen Durchschnittswerten führen.

Für die vorgenannten 4 Stufen von zentralen Orten hat die Ministerkonferenz für Raumordnung 3 Kategorien von Verflechtungsbereichen festgelegt. Für Gebietsabgrenzungen kommt den Verflechtungsbereichen mittlerer Stufe besondere Bedeutung zu.

Diesen Verflechtungsbereichen vergleichbar sind diejenigen sozioökonomischen Raumeinheiten, die zwar keinen oder keinen wesentlichen über eine Gemeindegrenze hinausgehenden Betreuungsbereich haben, die jedoch - veranlaßt etwa durch Zusammenlegung im Zuge der Verwaltungsreform - für einen nach Einwohnerzahl und Fläche den Verflechtungsbereichen ähnlichen Raum eine entsprechende Versorgungsaufgabe besitzen.

4. Im Hinblick auf eine möglichst vollständige und gleichmäßige Versorgung der Bevölkerung in allen Teilräumen des Bundesgebietes sind innerhalb dieser Verflechtungsbereiche die zentralen Orte mittlerer Stufe, denen eine über die Grundversorgung hinausgehende Versorgungsaufgabe für die Bevölkerung des Verflechtungsbereiches[*] zugedacht ist, besonders wichtig.

5. Damit die zentralen Orte mittlerer Stufe ihre Funktion erfüllen können, müssen sie über eine gewisse Mindestausstattung verfügen; diese ist vordringlich, zumindest aber innerhalb eines Jahrzehnts, zu schaffen. Für die Mindestausstattung werden wesentliche Punkte in dem folgenden Katalog aufgezeigt, der nur die über die Grundversorgung hinausgehende anzustrebende Ausstattung einbezieht. Je nach der zu versorgenden Einwohnerzahl müssen die Einrichtungen entsprechend dimensioniert oder mehrfach vorhanden sein.

6. Für die Auslastung der Einrichtungen des zentralen Ortes ist eine bestimmte Größenordnung des Verflechtungsbereiches erforderlich. Diese Einrichtungen müssen in zumutbarer Entfernung erreichbar sein.

- Im allgemeinen soll die Einwohnerrichtzahl des Verflechtungsbereiches möglichst etwa 40 000 und mehr betragen. In dünn besiedelten Gebieten sollte die Mindesteinwohnerzahl eines Verflechtungsbereiches 20 000 erreichen.

- Als zumutbare Entfernung im Verflechtungsbereich zum zentralen Ort mittlerer Stufe wird die 1-Stunden-Grenze bei Benutzung öffentlicher Verkehrsmittel (einschließlich Wegzeiten von bzw. zu entsprechenden Haltepunkten) angesehen.

- Der wesensmäßig für zentrale Orte notwendige Betreuungsbereich soll bei zentralen Orten mittlerer Stufe, die nicht zugleich Oberzentren sind, in

---

[*] Als Verflechtungsbereiche werden hier aus Vereinfachungsgründen lediglich die Verflechtungsbereiche der zentralen Orte mittlerer Stufe bezeichnet. Die Verflechtungsbereiche für andere Kategorien zentraler Orte werden dadurch nicht berührt.

der Regel etwa ebensoviel oder mehr Einwohner als der zentrale Ort mittlerer Stufe selbst aufweisen. In verdichteten Gebieten gibt es Gemeinden, die zwar keinen derartigen Verflechtungsbereich besitzen, jedoch in Größenordnung und Ausstattung mit zentralen Orten mittlerer Stufe weitgehend vergleichbar sind (Selbstversorgungsorte). Um die Chancen der Funktionsteilung auszunutzen, sollen ihre Ausstattung und planerische Gestaltung mit den benachbarten Zentren und vergleichbaren Orten abgestimmt werden,

7. Bei der Einrichtung von Verwaltungsdienststellen sollen die in Betracht kommenden zentralen Orte mittlerer Stufe berücksichtigt werden.

Zentrale Orte mittlerer Stufe sollen in der Regel auch Standorte für die Schaffung gewerblicher Arbeitsplätze sein. In besonderen Fällen können dafür andere geeignete Standorte in Frage kommen.

8. Eine Übereinstimmung von Grenzen der Verflechtungsbereiche mit den Grenzen der Gebietseinheiten für das Bundesraumordnungsprogramm ist wünschenswert, kann aber erst im Rahmen der Fortschreibung des Bundesraumordnungsprogramms voll realisiert werden.

9. Die jetzt vorgenommene Abgrenzung der Verflechtungsbereiche ist nur als eine vorläufige Abgrenzung anzusehen, weil sich insbesondere durch den Fortgang der Verwaltungsgebietsreform in den Ländern, aber auch durch die strukturellen Entwicklungen Änderungen ergeben können, die jetzt noch nicht vorhersehbar sind.

10. Die Verflechtungsbereiche sollten sowohl als räumlicher Bezugsrahmen für die Abgrenzung der nach § 1 Abs. 2 des Gesetzes über die Gemeinschaftsaufgabe "Verbesserung der regionalen Wirtschaftsstruktur" zu fördernden Gebiete dienen (vgl. Drucksache VI/2451,S.8), als auch bei anderen raumwirksamen Förderungsmaßnahmen des Bundes und der Länder berücksichtigt werden.

Dies erfordert eine Aufbereitung der Regionalstatistik in der räumlichen Gliederung der Verflechtungsbereiche.

Katalog für die anzustrebende Ausstattung von zentralen Orten mittlerer Stufe

1. Bildungseinrichtungen:

a) Zur allgemeinen Hochschulreife führende Schule mit mehreren Ausbildungsgängen;

b) Schule zur Erfüllung der Berufsschulpflicht mit mehreren Ausbildungsgängen und sonstige berufsbildende Schulen;

c) Sonderschule für Lernbehinderte;

d) Einrichtungen der differenzierten Erwachsenenbildung/Volkshochschule;

e) Öffentliche Bücherei mit Leseraum (je Einwohner etwa 1 Band).

2. Gesundheitswesen:

a) Krankenhaus für Akutkranke mit drei Fachabteilungen

- Chirurgie,

- Innere Medizin,

- Gynäkologie (in einwohnerschwachen Verflechtungsbereichen 2 Fachabteilungen) mit etwa 6 Betten auf 1000 Einwohner;

b) Fachärzte verschiedener Sparten.

3. Sport:

a) Größere Sportanlage mit einer Hauptkampfbahn für Feldspiele und Leichtathletik (400-m-Bahn) sowie Nebenanlagen;

b) Sporthalle mit mindestens 27 x 45 m;

c) Hallenbad mit Mehrzweckbecken (10x25m);

d) Freibad mit beheizbarem Becken (21x50 m);

e) Spezialsportanlagen (z.B. Tennisplätze).

4. Handel - Banken:

a) Vielseitige Einkaufsmöglichkeiten, z.B. größeres, städtebaulich integriertes Einkaufszentrum; Kauf- oder Warenhaus bzw. Fachgeschäfte mit vergleichbarem Angebot;

b) Großhandelszentrum;

c) Vielschichtiges handwerkliches Dienstleistungsangebot für den gehobenen Bedarf;

d) Mehrere größere Kreditinstitute.

5. Verkehr:

a) Direkter Anschluß an das Bundesfernstraßennetz;

b) Anbindung an das Eisenbahnnetz; nach Möglichkeit sollte jeder zentrale Ort mittlerer Stufe Eilzugstation sein.

24. ENTSCHLIESSUNG: AUFGABENABGRENZUNG UND ZUSAMMENARBEIT VON RAUMORDNUNG UND UMWELTPOLITIK (30.5.1973)

Die Ministerpräsidentenkonferenz vom 18./20.Oktober 1972 hat die Ministerkonferenz für Raumordnung (MKRO) und die für allgemeine Fragen des Umweltschutzes zuständigen Minister und Senatoren der Länder und des Bundes gebeten, im gegenseitigen Einvernehmen ihre Aufgaben festzulegen und gegeneinander abzugrenzen.

I.

Die MKRO hat die Aufgaben von Raumordnung und Landesplanung auf dem Gebiet des Umweltschutzes in ihrer Entschließung vom 15. Juni 1972 dargestellt und in der Denkschrift des Hauptausschusses näher erläutert. Unter Berücksichtigung der der Raumordnung obliegenden Aufgabe, alle auf den Raum einwirkenden Planungen und Maßnahmen abzuwägen und in Raumordnungsplänen zu koordinieren, ist die MKRO in Übereinstimmung mit der Entschließung der für allgemeine Fragen des Umweltschutzes zuständigen Minister und Senatoren der Länder und des Bundes vom 6. April 1973 der Auffassung, daß zwischen den beiderseitigen Aufgaben keine konkurrierende Überschneidung vorliegt. Die MKRO wird sicherstellen, daß die raumbedeutsamen Erkenntnisse und Zielvorstellungen des Umweltschutzes entsprechend den in der Entschließung vom 15. Juni 1972 niedergelegten Abwägungsgesichtspunkten in das Planungssystem der Raumordnung einbezogen werden.

II.

Die MKRO stimmt mit den für allgemeine Fragen des Umweltschutzes zuständigen Ministern und Senatoren der Länder und des Bundes darin überein, daß die beiderseitigen Aufgabenbereiche eine enge Zusammenarbeit erfordern. Auch die MKRO ist der Meinung, daß sich als Formen der Zusammenarbeit die gegenseitige Beteiligung von Vertretern in Ausschüssen und Arbeitskreisen beider Gremien und die Bildung gemeinsamer Ausschüsse aus Vertretern dieser Gremien anbie-

ten. Die MKRO ist zu solcher Zusammenarbeit bereit. Auch sie ist der Meinung, daß gemeinsame Ministerkonferenzen oder gemeinsame Sitzungen ganzer Ausschüsse oder Arbeitskreise nur in Ausnahmefällen in Betracht gezogen werden sollen.

25. Beschluss: Das Verhältnis zwischen den Verdichtungsräumen und anderen Räumen (30.5.1973)

Um mit dem zu erwartenden begrenzten Zuwachs an Entwicklungspotential eine ausgewogene Verdichtung in allen Teilräumen des Bundesgebietes zu ermöglichen, soll eine weitere Verdichtung der Bevölkerung und der Arbeitsplätze in den bestehenden Verdichtungsräumen in der Regel nicht gefördert werden. Hingegen bedarf es einer qualitativen Verbesserung der Struktur- und Umweltbedingungen in den Verdichtungsräumen. Dies soll vor allem durch eine Anpassung der Flächennutzung, durch Maßnahmen des Umweltschutzes und Beseitigung störender Gemengelagen von Industrie- und Wohnbebauung durch städtebauliche Sanierungs- und Entwicklungsmaßnahmen, durch den Ausbau von Entlastungsorten und durch Verbesserung der Verkehrsverhältnisse geschehen.

In Verdichtungsräumen mit stagnierender oder rückläufiger Entwicklung sollen zudem solche Maßnahmen gefördert werden, die

- zu einer Verbesserung der Wirtschaftsstruktur beitragen und gewerbliche Monostrukturen abbauen,
- die großräumigen Standortvorteile verbessern,
- bestimmte Sektoren des Infrastrukturangebotes erweitern,
- die städtebauliche Situation verbessern und
- den Ersatz-Wohnungsbau fördern.

In expandierenden Verdichtungsräumen ist der weiteren Zunahme von Bevölkerung und Arbeitsplätzen entgegenzuwirken. Die Förderung soll sich auf Ordnungsmaßnahmen mit dem Ziel der Beseitigung nachteiliger Verdichtungsfolgen beschränken.

26. BESCHLUSS:

1. DIE KENNZEICHNUNG VON GEBIETEN, DENEN BESTIMMTE FUNKTIONEN VORRANGIG ZUGEWIESEN WERDEN SOLLEN

2. AUSGLEICH FÜR NACHTEILE, DIE EINZELNE RÄUME AUS GRÜNDEN DES UMWELTSCHUTZES ODER ANDERER HÖHERRANGIGER ZWECKE HINNEHMEN SOLLEN (30.5.1973)

Über die Verdichtungsräume hinaus sind - soweit regional erforderlich - Gebiete festzulegen, die im Rahmen der raumstrukturellen Aufgabenteilung entsprechend ihrer jeweiligen Eignung bestimmte Funktionen - gegebenenfalls auch kumulativ - bevorzugt erfüllen sollen, nämlich

1. Gebiete mit besonders günstigen Voraussetzungen für die Landwirtschaft oder die Forstwirtschaft;

2. Gebiete mit besonders günstigen Voraussetzungen für natur- bzw. landschaftsbezogene Freizeit und Erholung;

3. Gebiete zur langfristigen Sicherstellung der Wasserversorgung;

4. Gebiete mit weiteren ökologischen Ausgleichsfunktionen.

Die Festlegung solcher Gebiete mit bevorzugten Funktionen kann auch in Verdichtungsräumen erforderlich sein.

In diesen Gebieten sind unter Berücksichtigung ihrer sonstigen Funktionen die Voraussetzungen dafür zu schaffen, daß sie ihre bevorzugten Funktionen erfüllen können.

Durch die Festlegung solcher Gebiete können sich Beschränkungen ihrer ökonomischen Entwicklung ergeben. Diese Beschränkungen sind so gering wie möglich zu halten und sollen durch Maßnahmen der Landesentwicklung ausgeglichen werden.

27. Zustimmende Kenntnisnahme: Zum Beschluß des Hauptausschusses der Ministerkonferenz für Raumordnung zur Raumordnung und Umweltverträglichkeitsprüfung (28.2.1974)

Vorbemerkung:

(1) Die gesetzlich verankerte Koordinierungstätigkeit von Raumordnung und Landesplanung schließt eine Umweltverträglichkeitsprüfung ein, da in die Abstimmung aller raumbedeutsamen Planungen und Maßnahmen auch die Belange des Umweltschutzes einbezogen werden. Das Bemühen um langfristige Planungen, um Interessenabwägung und um räumlichen Ausgleich ist der spezifische und wichtigste Beitrag der Raumordnung zum Umweltschutz.

I. Grundsätze der Raumordnung als Grundlagen für die Prüfung der Umweltverträglichkeit durch Raumordnung und Landesplanung

(2) Das Raumordnungsgesetz vom 8. April 1965 (BGBl.I S. 306) -ROG- enthält in § 2 Abs. 1 Grundsätze der Raumordnung. Diese gelten unmittelbar für die Behörden des Bundes, die bundesunmittelbaren Planungsträger und im Rahmen der ihnen obliegenden Aufgaben für die bundesunmittelbaren Körperschaften, Anstalten und Stiftungen des öffentlichen Rechts bei Planungen und sonstigen Maßnahmen, durch die Grund und Boden in Anspruch genommen oder die räumliche Entwicklung eines Gebietes beeinflußt wird (raumbedeutsame Planungen und Maßnahmen). Die Grundsätze gelten unmittelbar auch für die Landesplanung in den Ländern sowie für die Flächennutzungsplanung in den Stadtstaaten (§ 3 Abs. 2 Sätze 1 und 2 ROG).

(3) Viele Probleme des Umweltschutzes haben räumlichen Bezug, weshalb eine Reihe von Grundsätzen der Raumordnung im Raumordnungsgesetz von unmittelbarer Bedeutung für den Umweltschutz ist. Diese Grundsätze sind in der Denkschrift des Hauptausschusses der Ministerkonferenz für Raumordnung "Raumordnung und Umweltschutz" bei Randnummer 1.07 aufgeführt.

(4) Die Bundesländer haben von der Möglichkeit, weitere Grundsätze der Raumordnung, auch mit Bezug auf den Umweltschutz, aufzustellen, Gebrauch gemacht (Fundstelle: Denkschrift "Raumordnung und Umweltschutz", Randnummer 3.01).

II. Mittel der Raumordnung für die Prüfung der Umweltverträglichkeit

(5) Die Abwägung der umweltbezogenen Raumordnungsgrundsätze untereinander und mit den anderen Raumordnungsgrundsätzen sowie den Belangen der einzelnen Fachbereiche führt zwangsläufig zu einer Prüfung der Umweltverträglichkeit der Planungen und Maßnahmen. Die Abwägung erfolgt:

a) In den Programmen und Plänen der Raumordnung gemäß § 5 Abs. 1 ROG

(6) Bei der Aufstellung und Fortschreibung ihrer Programme und Pläne ist die Raumordnung verpflichtet, die vorgesehenen Zielvorstellungen auf ihre Auswirkungen, auch auf die Umwelt zu prüfen. Für den Umweltschutz sind die in der Entschließung der Ministerkonferenz für Raumordnung "Raumordnung und Umweltschutz" vom 15. Juni 1972 genannten Zielvorstellungen von Bedeutung.

(7) Bei der Erarbeitung raumordnerischer Zielvorstellungen ist der Umweltschutz ein wichtiger Abwägungsmaßstab. Absoluter Vorrang kann ihm allerdings nicht eingeräumt werden, denn viele für die Entwicklung eines Raumes unabdingbare Einrichtungen, etwa Verkehrsbauten, können ohne Belastung der Umwelt nicht errichtet oder betrieben werden. Auch die Schaffung von Arbeitsplätzen kann, vor allem in strukturschwachen Räumen oder in Räumen mit einseitiger Wirtschaftsstruktur, eine solche unabdingbare Maßnahme sein. Absoluter Vorrang muß dem Umweltschutz jedoch gegenüber solchen Vorhaben eingeräumt werden, durch die eine wesentliche Beeinträchtigung der Lebensverhältnisse drohen würde oder durch die die langfristige Sicherung der Lebensgrundlagen der Bevölkerung gefährdet wäre. Gesichtspunkte des Umweltschutzes, die nach dieser Abwägung durch die Raumordnung in die Programme und Pläne der Raumordnung eingehen, nehmen an der gesetzlichen Bindungswirkung dieser Programme und Pläne teil (§ 5 Abs. 4 ROG). Dies ist ein wesentlicher Vorteil für die Durchsetzbarkeit der Umweltbelange.

(8) In den Raumordnungsprogrammen und Plänen der Länder werden die Grundzüge der anzustrebenden räumlichen Ordnung und der Entwicklung des gesamten Gebietes des jeweiligen Landes in Grundsätzen und Zielen der Raumordnung und Landesplanung festgelegt. Obwohl sich die Programme und Pläne der Landesplanung für das ganze Gebiet eines Landes wegen ihres großräumigen Charakters im wesentlichen auf allgemein gehaltene Aussagen beschränken, ist auch eine Umweltverträglichkeitsprüfung der in den Programmen und Plänen enthaltenen Planungen und Maßnahmen eingeschlossen. Als Beispiele seien genannt:

- Entwicklungsachsen (Leitbild für eine gegliederte Verdichtung; durch Freihaltung von Grünflächen und eine möglichst sparsame Inanspruchnahme von
  Freiräumen für Siedlungszwecke kann wesentlich zur Umweltverträglichkeit
  der weiteren Siedlungsentwicklung beigetragen werden);
- Ziele für die verschiedenen Gebietskategorien (die Umweltverträglichkeitsprüfung im Rahmen dieser Zielsetzungen wird bei Verdichtungsräumen von
  anderen Kriterien auszugehen haben als in Gebieten mit geringer Siedlungsdichte);
- Gesichtspunkte der Umweltverträglichkeit unter bestimmten Nutzungsvoraus-
  setzungen (z.B. für Erholungsgebiete);
- überregionale Verkehrsplanung (Straßenverkehr, Schienenverkehr, Luftverkehr).

(9) Zuständig für die Erstellung der Raumordnungsprogramme und -pläne der
Länder sind die obersten Landesplanungsbehörden.

(10) In den Ländern Berlin, Bremen und Hamburg ersetzt gemäß § 5 Abs. 1 ROG
ein Flächennutzungsplan die Raumordnungsprogramme und Pläne der Länder. Auch
in diesen Flächennutzungsplänen sind nach Abwägung mit sonstigen Belangen die
Gesichtspunkte des Umweltschutzes berücksichtigt.

b) In den Regionalplänen

(11) Infolge ihres Rahmencharakters bedürfen die Raumordnungsprogramme und
Pläne der Länder einer Vertiefung und Ergänzung; dies ist die Aufgabe der
Regionalpläne. Auch für ihre Aufstellung und Fortschreibung gilt Ziff. 6.
Ihre Zielsetzungen sind ebenfalls verbindliche Ziele der Raumordnung und Lan-
desplanung. Soweit sie den Umweltschutz betreffen, handelt es sich um die
räumlich konkretesten und daher auch wichtigsten Aussagen der Raumordnung zum
Umweltschutz; sie stellen das Ergebnis einer Prüfung der Umweltverträglichkeit
auch der in die Regionalpläne integrierten Fachplanungen dar.

(12) Die Umweltverträglichkeitsprüfung im Rahmen der Erstellung von Regionalplänen kann sich bei überörtlich bedeutsamen Planungen bereits auf einzelne
Flächenausweisungen oder Standortüberlegungen erstrecken.

(13) Zuständig für die Aufstellung von Regionalplänen sind als Träger der
Regionalplanung öffentlich-rechtliche Planungsverbände oder Landesplanungsbehörden. Das Verfahren bei der Aufstellung von Regionalplänen ist in den Landesplanungsgesetzen der Länder geregelt.

(14) Inwieweit Belangen des Umweltschutzes bei der Umweltverträglichkeitsprüfung im Rahmen der Regionalplanung Priorität eingeräumt werden muß, hängt von den jeweiligen Gegebenheiten in der Region und ihren Teilräumen ab. Es gelten die Abwägungskriterien wie bei Ziffern 7 und 8.

c) Bei der landesplanerischen Beurteilung von raumbedeutsamen Einzelplanungen und -maßnahmen

(15) Bei allen raumbedeutsamen Einzelplanungen und Maßnahmen ist aufgrund von § 4 Abs. 5 ROG, zumeist auch aufgrund von Raumordnungsklauseln in den einschlägigen Fachgesetzen, eine landesplanerische Beurteilung erforderlich. Diese erfolgt in den Flächenländern in der Regel in einem förmlichen Verfahren(z.B. Raumordnungsverfahren, raumplanerisches Verfahren) und stellt auf der Grundlage der Grundsätze und Ziele der Raumordnung und Landesplanung das Ergebnis der Abwägung aller Ansprüche an den Raum im Bereich des geplanten Vorhabens dar. In einzelnen Flächenländern ist es in das Ermessen der Landesplanungsbehörden gestellt, ob sie für die landesplanerische Beurteilung von Einzelvorhaben die Durchführung eines förmlichen Verfahrens für notwendig erachten. Die bisherige Erfahrung in den Ländern hat gezeigt, daß diese Verfahren die objektivste Beurteilung der Auswirkungen von Einzelvorhaben auf die Umwelt ermöglichen.

(16) In den Stadtstaaten werden die landesplanerische und die städtebauliche Beurteilung gleichzeitig vorgenommen.

(17) Auch bei der landesplanerischen Beurteilung raumbedeutsamer Einzelplanungen und -maßnahmen gelten die Abwägungskriterien bei Ziff. 7 und 8. In vielen Fällen wird sich die Raumordnung als Ergebnis der Prüfung der Umweltverträglichkeit im Einzelfall gegen Vorhaben wenden müssen, die aus umfassender raumordnerischer Sicht am beabsichtigten Standort oder auf der beabsichtigten Trasse untragbare Umweltbelastungen mit sich bringen würden.

III. Mitteilungs- und Auskunftspflicht gegenüber der Raumordnung

(18) Der für die Raumordnung zuständige Bundesminister und die Landesplanungsbehörden können ihre Aufgaben, auch im Hinblick auf die Belange des Umweltschutzes nur dann wirksam erfüllen, wenn sie von allen beabsichtigten raumbedeutsamen Planungen und Maßnahmen rechtzeitig Kenntnis erhalten. Aus diesem Grunde sehen sowohl das Bundesraumordnungsgesetz als auch die einschlägigen

Gesetze der Länder eine umfassende Mitteilungs- und Auskunftspflicht vor. Die Berücksichtigung der Umweltbelange bei der Aufstellung von Zielen im Rahmen der Programme und Pläne der Raumordnung sowie bei der landesplanerischen Beurteilung von Einzelvorhaben macht es notwendig, die Umweltfragen in einem möglichst frühen Stadium in die landesplanerischen Überlegungen einzubeziehen.

IV. Zusammenfassung und Folgerung

Die Programme und Pläne der Raumordnung und die in Vollzug des § 4 Abs. 5 ROG von den Landesplanungsgesetzen der Länder vorgesehenen landesplanungsrechtlichen Abstimmungsverfahren, die der Koordinierung aller fachlichen Belange unter Gesichtspunkten der Raumordnung dienen, bieten insoweit ein ausreichendes Instrumentarium für eine Umweltverträglichkeitsprüfung. Deshalb bedarf es hier keiner weiteren gesetzlichen Regelungen.

Auch materiell besteht kein Bedürfnis für ein neues Gesetz. Die bisher erwogenen Grundsätze des Umweltschutzes haben alle einen räumlichen Bezug und sind bereits im § 2 Abs. 1 ROG bzw. in den ergänzenden Grundsätzen der Länder enthalten; allenfalls müßten sie dort ergänzt werden.

28. Entschliessung: Sicherung bzw. Wiedergewinnung kleinräumiger Informationen bei der Bevölkerungsfortschreibung (28.2.1974)

I.

Kleinste Raumeinheit für die Fortschreibung der Bevölkerung war seit jeher die Gemeinde. Vor der gegenwärtig sich vollziehenden kommunalen Gebietsreform hat der auf dieser Ebene gewonnene Informationsraster für die Befriedigung der regionalstatistischen Bedürfnisse der für Raumordnung und Landesplanung zuständigen Behörden sowie der Regionalforschung betreibenden Institute in der Regel ausgereicht. Für die Arbeit dieser Stellen nachteilige Informationslücken traten bis zu diesem Zeitpunkt nur innerhalb größerer Städte auf.

Durch die Bildung von Großgemeinden, die sich in der Regel aus mehreren, bisher selbständigen Gemeinden zusammensetzen, wird der aus der Bevölkerungsfortschreibung gewonnene Informationsraster so sehr vergröbert, daß die landesplanerische Arbeit darunter leiden muß. Ein solcher Informationsverlust kann nur verhindert bzw. beseitigt werden, wenn die Daten der Bevölkerungsfortschreibung (Geburten, Sterbefälle, Umzüge, Änderung des Familienstandes) auch für Gemeindeteile zur Verfügung gestellt werden.

II.

Die Ministerkonferenz für Raumordnung hält es in Ergänzung ihrer Entschließung zur Verbesserung der regionalstatistischen Informationen vom 16. April 1970 daher für erforderlich, daß

1. auch künftig Umzüge innerhalb der Gemeinde meldepflichtig sind;
2. auf den melderechtlichen Unterlagen (Meldeschein, Austauschdatensatz) die Gemeindeteile angegeben und unter Verwendung eines dreistelligen Gemeindeteilschlüssels in Ergänzung der amtlichen Gemeindekennziffer signiert werden;
3. in den landesmelderechtlichen Regelungen sichergestellt wird, daß die entsprechenden Fälle und Daten für statistische Zwecke ausgewertet werden können;
4. die Bestimmung der Gemeindeteile in Abstimmung mit den Landesplanungsbehörden vorgenommen wird.

29. Entschliessung: Stückgutverkehr (16.1.1975)

1. Die Ministerkonferenz für Raumordnung ist der Auffassung, daß der Stückgutverkehr zu den gemeinwirtschaftlichen Aufgaben gehört und daß es sich bei der geplanten Konzentration der Stückgutabfertigungen der Deutschen Bundesbahn um raumbedeutsame Planungen und Maßnahmen im Sinne des Raumordnungsgesetzes handelt. Aus diesem Grunde ist eine Berücksichtigung raumordnerischer Gesichtspunkte, hier insbesondere der zentralörtlichen Gliederung, erforderlich. Um dem Gebot gleichwertiger Lebensverhältnisse in allen Gebietsteilen Rechnung zu tragen, sollte grundsätzlich in dem Einzugsbereich eines jeden Mittelzentrums jedenfalls eine Stückgutabfertigung erhalten bleiben.

2. Im Stückgutverkehr muß es für das ganze Bundesgebiet eine annahmepflichtige Institution geben, hierfür hat sich die Deutsche Bundesbahn als am besten geeignet erwiesen. Sie sollte Stückgutabfertigungen in allen Teilen des Bundesgebietes, insbesondere auch in den hinter der allgemeinen Entwicklung zurückgebliebenen Gebieten, unterhalten

- für alle Selbstverlader
- mit genügend kurzen Anfahrwegen
- zu gleichen tariflichen Bedingungen.

3. Hierüber sollte die Deutsche Bundesbahn ein Gesamtkonzept – auch über die
Einbeziehung von Speditionen und Transportunternehmen – darlegen. Für die
Festlegung der verbleibenden Stückgutabfertigungen ist eine rechtzeitige Ab-
stimmung mit den Obersten Landesplanungsbehörden unerläßlich.

30. Bundesraumordnungsprogramm (14.2.1975)

Inhaltsverzeichnis

Einleitung

Der Deutsche Bundestag hat die Bundesregierung mit seinem einstimmigen Beschluß vom 3. Juli 1969 ersucht, "auf der Grundlage einer konkreten räumlichen
Zielvorstellung für die Entwicklung des Bundesgebietes die regionale Verteilung der raumwirksamen Bundesmittel in einem Bundesraumordnungsprogramm festzulegen".

Die Ministerpräsidenten der Länder haben es in ihrer Konferenz vom 13.-15.
Oktober 1970 für dringend geboten gehalten, "daß die aufgrund des § 8 des
Raumordnungsgesetzes zwischen Bund und Ländern gebildete Ministerkonferenz für
Raumordnung alsbald ein solches Programm ausarbeitet". Dabei sollen sich
wesentliche Grundlagen aus den von den Ländern aufgestellten Zielen der Raum-
ordnung und Landesplanung ergeben.

Nach eingehender Beratung hat die Ministerkonferenz für Raumordnung über das
vorliegende Programm Übereinstimmung erzielt. Mit diesem Programm werden

- die qualitativen Zielsetzungen, die sich aus dem Raumordnungsgesetz ablei-
  ten lassen,
- die Zielsetzungen der verschiedenen Fachplanungen der Bundesressorts und
- die Zielsetzungen der Landesentwicklung

erstmals in den Rahmen einer Konzeption für die gesamträumliche Entwicklung
der Bundesrepublik Deutschland gestellt.

1. Verbesserung der Lebensqualität durch eine langfristige Strategie für die großräumige Entwicklung des Bundesgebiets

1.1 Ausgangspunkt und Grundlage dieses Programms ist das Raumordnungsgesetz
(ROG) vom 8. April 1965 (BGBl. I S. 306). Es enthält für Bund und Länder den
Auftrag, in allen Gebieten der Bundesrepublik Deutschland gesunde Lebens- und
Arbeitsbedingungen sowie ausgewogene wirtschaftliche, soziale und kulturelle
Verhältnisse zu schaffen, zu sichern und weiterzuentwickeln. Durch eine langfristig angelegte Raumordnungspolitik, welche die Erfordernisse des Gesamt-
staates zur Geltung bringt, wollen Bund und Länder ihren Beitrag dazu leisten,
daß in allen Teilen des Bundesgebietes die räumlichen Voraussetzungen für ein
ausreichendes Niveau als Mindestmaß an Lebensqualität gewährleistet und die
Lebensbedingungen verbessert werden. Die Länder wirken bereits durch Programme
und Pläne auf dieses Ziel hin. Das Bundesraumordnungsprogramm soll als gemein-

same Konzeption von Bund und Ländern für die gesamträumliche Entwicklung des Bundesgebiets gleichwertige Lebenschancen für alle Bürger unseres Landes schaffen und auf Dauer sichern.

Zur Lebensqualität gehören ein ausreichendes Angebot an Wohnungen, Erwerbsmöglichkeiten und öffentlichen Infrastruktureinrichtungen in zumutbarer Entfernung und eine menschenwürdige Umwelt. Diese Bestandteile der Lebensqualität müssen gleichzeitig gewährleistet werden, sie sind nicht austauschbar. Voraussetzung hoher Lebensqualität und gleichwertiger Chancen in allen Teilräumen des Bundesgebiets ist eine langfristige Sicherung der Ressourcen.

Das Bundesraumordnungsprogramm vertritt die Politik eines differenzierten und qualitativen Wachstums.

Das gewollte quantitative Wachstum des Sozialprodukts ist nicht alleiniger Maßstab wirtschaftlichen, gesellschaftlichen und politischen Handelns und Fortschritts, sondern es müssen auch die Fragen des Wo, Wie und Wofür des wirtschaftlichen Wachstums berücksichtigt werden. Was einzelnen Gruppen oder Teilräumen relative ökonomische Vorteile bringt, die Allgemeinheit aber unverhältnismäßig stark belastet, muß unterbleiben. Umgekehrt muß das Wachstum in jenen Teilräumen gesteigert werden, in denen Angebot und Nachfrage an Gütern und Dienstleistungen bisher unter dem Niveau liegt, das für ein qualitativ befriedigendes Leben erforderlich ist.

Das Ziel, die Lebensqualität in allen Teilräumen des Bundesgebiets zu verbessern und zu sichern, ist sowohl in Verdichtungsräumen als auch im ländlichen Raum bedroht:

- In einigen Verdichtungsräumen nähern sich die Umweltbedingungen einer kritischen Belastungsgrenze; durch den starken Zustrom von Menschen werden
  Einrichtungen der Infrastruktur und die natürlichen Lebensgrundlagen bis an
  die Grenze der Belastbarkeit beansprucht, zum Teil bereits überlastet.
- In weiten Teilen des ländlichen Raumes fehlen funktionsfähige Siedlungsstrukturen; die Ausstattung mit Einrichtungen der Infrastruktur ist ungenügend, ausreichende Erwerbsmöglichkeiten sind nicht vorhanden.

Die Raumordnungspolitik hat diesen Fehlentwicklungen entgegenzuwirken, damit die räumlichen Disparitäten sich in der Zukunft nicht weiter verschärfen, vielmehr nach Möglichkeit abgebaut werden können.

1.2 Auf der Grundlage der Grundsätze und Ziele der Raumordnung und Landespla-

nung muß der Abbau großräumiger Disparitäten vor allem durch die Fachplanungen
mit ihren die Raum- und Siedlungsstruktur beeinflussenden Maßnahmen im Rahmen
des vorliegenden Programms bewirkt werden. Auch die Verteidigungspolitik,
deren Erfordernisse mit anderen Erfordernissen der Raumordnung vielfach nicht
im Einklang stehen, leistet im Rahmen ihrer Möglichkeiten einen Beitrag zur
angestrebten Raum- und Siedlungsstruktur.

Das Bundesraumordnungsprogramm stellt den gesamträumlichen und überfachlichen
Orientierungsrahmen dar, der es dem Bund und den Ländern ermöglichen oder
erleichtern soll, für raumbedeutsame Planungen und Maßnahmen eine größere
Effizienz zu erreichen. Dies gilt auch für den Einsatz raumwirksamer Bundes-
mittel. Auf entsprechende Anpassung der raumwirksamen Planungen und Maßnahmen
an die Zielaussagen des Programms werden der Bund und die Länder in eigener
Verantwortung hinwirken. Als ein Programm der Koordinierung sollen es die
Fachplanungen der Bundesressorts sowie die Landesplanung in den Ländern beach-
ten. Aussagen des Programms, die in den Ländern als Ziele der Raumordnung und
Landesplanung aufgestellt werden, sind von den Behörden des Bundes und der
Länder, den Gemeinden und Gemeindeverbänden sowie den sonstigen in § 4 Abs. 5
ROG genannten Planungsträgern zu beachten (§ 5 Abs. 4 ROG).

Die Notwendigkeit, den Einsatz raumwirksamer Mittel zu koordinieren, ergibt
sich aus Analysen und Prognosen von Entwicklungstendenzen für die einzelnen
Teilräume des Bundesgebiets. Die dabei zutage tretenden Disparitäten weisen
darauf hin, daß dieser Mitteleinsatz mangels eines Konzepts für die großräumige Entwicklung der Bundesrepublik Deutschland bisher nicht ausreichend unter
Gesichtspunkten der Verbesserung der Raum- und Siedlungsstruktur abgestimmt
war. Prognosen zeigen, daß sich die räumlichen Fehlentwicklungen in Zukunft
verstärken können, wenn die von Bund und Ländern gemeinsam entwickelten Zielvorstellungen nicht rechtzeitig verwirklicht werden. Das Vorliegen des Bundesraumordnungsprogramms wird in Staat und Gesellschaft die Einsicht und die
Bereitschaft zum koordinierten Einsatz raumwirksamer Mittel verstärken.

2. Der Ansatz für das Programm

Das Bundesraumordnungsprogramm soll auf raumbedeutsame Planungen und Maßnahmen
so einwirken, daß gleichwertige Lebensbedingungen in allen Teilen des Bundesgebiets geschaffen und erhalten werden. Dazu soll nach dem Prinzip einer
schrittweisen, kontinuierlichen Engpaßbeseitigung die Struktur derjenigen
Teilräume des Bundesgebiets schwerpunktmäßig verbessert werden, die in ihrer
Entwicklung am weitesten unter dem Bundesdurchschnitt liegen. Nur so kann ver-

hindert werden, daß als Folge besonderer Strukturschwächen größere Teilräume
sich in zunehmenden Maße entleeren und für die verbleibende Bevölkerung die
soziale Benachteiligung zunimmt.

2.1 Unterschiede im Entwicklungsstand zwischen Teilräumen des Bundesgebiets
bestehen in

- der Ausstattung mit Einrichtungen der Infrastruktur,
- dem Angebot von Erwerbsmöglichkeiten,
- der Umweltsituation sowie in
- der Siedlungsstruktur.

Das Bundesraumordnungsprogramm weist als raumordnungspolitische Schwerpunkträume diejenigen Teilräume des Bundesgebiets aus, die infrastrukturell am
weitesten unter dem Bundesdurchschnitt liegen. Hierbei ist in einem ersten
Ansatz versucht worden, zur Ermittlung großräumiger Strukturunterschiede raumbezogene gesellschaftliche Indikatoren heranzuziehen.

Sinn und Zweck der Ausweisung dieser Schwerpunkträume ist es, den Einsatz
raumwirksamer Mittel künftig so zu gestalten, daß er in stärkerem Maße als
bisher diesen Räumen zugute kommt.

2.2 Als wesentliches Instrument dieses Programms für die räumliche und fachliche Bündelung der jeweiligen Förderungsmaßnahmen und zugleich für die Verbesserung der Siedlungsstruktur dienen Entwicklungszentren und großräumig bedeutsame Achsen. Das Konzept der Entwicklungszentren geht von dem System der
zentralen Orte aus.

Der Ausbau solcher Zentren und Achsen ist insbesondere in den vom Programm
ausgewiesenen raumordnungspolitischen Schwerpunkträumen erforderlich, um dort
nachhaltige und weiträumige Entwicklungsimpulse auszulösen. Aber auch außerhalb von Schwerpunkträumen kommt eine Förderung von Entwicklungszentren dort
in Betracht, wo es zum Abbau erheblicher Disparitäten einer stärkeren räumlichen Schwerpunktbildung bedarf.

Das Bundesraumordnungsprogramm enthält keine Zielaussagen für zentrale Orte
und für die Siedlungsstruktur außerhalb der Entwicklungszentren und großräumig
bedeutsamen Achsen. Die Entwicklungszentren werden wie die zentralen Orte von
den Ländern festgelegt. Das gleiche gilt für Achsen, soweit sie nicht wegen
ihrer großräumigen Bedeutung im Bundesraumordnungsprogramm auf der Grundlage
der Programme und Pläne der Länder ausgewiesen sind.

3. Bedeutung des Programms

Mit dieser langfristigen Strategie für die großräumige Entwicklung des Bundesgebiets sollen Abwanderungen der Bevölkerung aus einzelnen Teilräumen nach
Möglichkeit verhindert und gleichzeitig die zum Ausgleich der Disparitäten
erforderliche Konzentration der verfügbaren Mittel gewährleistet werden. Das
Bundesraumordnungsprogramm bietet somit eine Grundlage für die Verwirklichung
langfristiger und großräumiger, qualitativer und quantitativer Zielsetzungen
im Rahmen einer differenzierenden Gesellschafts- und Wachstumspolitik.

Das Bundesraumordnungsprogramm verwertet die Erkenntnisse des Raumordnungsbe-
richtes 1972 der Bundesregierung und der Raumordnungsberichte der Länder sowie
die Entschließungen und Empfehlungen der Ministerkonferenz für Raumordnung,

- geht von den Eckwerten der gesamtwirtschaftlichen Entwicklung bis 1985 aus,
- berücksichtigt Programme und Pläne der Länder nach § 5 Abs. 1 ROG,
- enthält die Zielsetzungen und Schwerpunkte für die großräumige und langfristige Entwicklung des Bundesgebiets,
- deckt sich in seinen umweltbezogenen Zielsetzungen mit dem Umweltprogramm
  der Bundesregierung und den entsprechenden Zielvorstellungen der Länder,
- berücksichtigt im Ansatz Entwicklungstendenzen im europäischen Ausland,
  insbesondere in den Nachbarstaaten, sowie Ergebnisse der internationalen
  Kooperation auf dem Gebiet der Raumordnung,
- gibt insbesondere mit seinen Zielaussagen wesentliche Daten und Anhaltspunkte für die grenzüberschreitende Zusammenarbeit mit den Nachbarstaaten
  sowie für die Konzipierung der angestrebten gemeinsamen europäischen Raum-
  ordnungs- und Regionalpolitik.

Es informiert darüber hinaus Gruppen und Institutionen unserer Gesellschaft
sowie den einzelnen Bürger. Politische, soziale und wirtschaftliche Entscheidungen auf der örtlichen und überörtlichen Ebene können vor dem Hintergrund
dieser räumlichen Gesamtschau im Sinne der raumordnungspolitisch wünschbaren
Entwicklung verbessert werden.

Der Bund und die Länder haben mit diesem Programm den Weg einer koordinierten
Raumordnungspolitik für die großräumige Entwicklung des Bundesgebiets in sei-
ner Gesamtheit eingeschlagen. Das Programm dient einer zukunftsorientierten
Gestaltung der Lebensbedingungen für die Menschen in unserem Lande. Neue
Erkenntnisse und Erfahrungen werden zu einer Fortschreibung des Programms
führen.

I. Ziele für die gesamträumliche Entwicklung des Bundesgebiets

1. Raumordnerische Konzeption im Rahmen der Gesamtpolitik

Die Ziele der Raumordnungspolitik sind Teil des gesellschaftspolitischen Leit-
zieles "Verbesserung der Lebensqualität" für alle Bürger. Dazu sind alle
Teilräume der Bundesrepublik so zu entwickeln, daß ihre räumliche Struktur der
freien Entfaltung der Persönlichkeit in der Gemeinschaft am besten dient. Dies
setzt gleichwertige Lebensbedingungen in allen Teilräumen als eine wesentliche
Grundlage der Chancengleichheit für alle Bürger voraus.

Gleichwertige Lebensbedingungen im Sinne dieses Programms sind gegeben, wenn
für die Bürger in allen Teilräumen des Bundesgebiets ein quantitativ und qualitativ angemessenes Angebot an Wohnungen, Erwerbsmöglichkeiten und öffentlichen Infrastruktureinrichtungen in zumutbarer Entfernung zur Verfügung steht
und eine menschenwürdige Umwelt vorhanden ist; in keinem dieser Bereiche soll
ein bestimmtes Niveau unterschritten werden.

Dieses Programm enthält Ziele für die großräumige Entwicklung des Bundesgebiets. Sie konkretisieren die in §§ 1 und 2 ROG enthaltenen Ziele und Grundsätze der Raumordnung unter Berücksichtigung der Programme und Pläne der Länder. Das Programm soll dazu beitragen, daß im Rahmen der angestrebten Gesamtentwicklung langfristig

- die jeweiligen räumlichen Entwicklungsmöglichkeiten unter Wahrung einer gesunden Umwelt bestmöglich genutzt werden,
- großräumige Disparitäten in den Lebensbedingungen abgebaut werden. Das gilt
  insbesondere für solche Teilräume, die in ihrer allgemeinen Entwicklung wesentlich zurückgeblieben sind oder zurückzubleiben drohen, bzw. für das Zonenrandgebiet. Diese Teilräume sollen verstärkte Mittelzuweisungen erhalten.

Die Zielvorstellungen des Bundesraumordnungsprogramms sollen dementsprechend
in räumlicher Differenzierung verwirklicht werden durch

- Verbesserung der Infrastruktur (einschließlich des Wohnungsbaus),
- Verbesserung der Umweltqualität,
- Verbesserung der regionalen Wirtschaftsstruktur.

Den räumlichen Bezugsrahmen hierfür bilden in diesem Programm insbesondere die
Gebietseinheiten (vgl.II.1).

Das Bundesraumordnungsprogramm stellt in erster Linie auf den Abbau großräumiger Disparitäten zwischen den Gebietseinheiten ab. Darüber hinaus trägt es mit seinen allgemeinen Zielvorstellungen auch zum Abbau innergebietlicher Disparitäten bei.

1.1 Verbesserung der Infrastruktur

Eine ausreichende Ausstattung aller Teilräume des Bundesgebiets mit öffentlichen und privaten Infrastruktureinrichtungen einschließlich Wohnungen ist eine wesentliche Voraussetzung für gleichwertige Lebensbedingungen. Die Infrastruktur

- dient zur Versorgung der Bevölkerung mit Einrichtungen der Daseinsfürsorge,
- bildet eine wesentliche Grundlage für die regionale Wirtschaftsentwicklung und beeinflußt vielfach auch die Umweltsituation.

Es sollen daher

- die großräumigen Disparitäten in der Infrastruktur in der Weise abgebaut werden, daß verstärkte Infrastrukturinvestitionen in solchen Gebietseinheiten vorgenommen werden, in denen die Ausstattungsdefizite besonders groß sind,
- innerhalb der Gebietseinheiten die größtmögliche Leistungsfähigkeit und Erreichbarkeit der Infrastruktureinrichtungen dadurch angestrebt werden, daß die Investitionen hierfür räumlich konzentriert eingesetzt werden.

Daraus ergibt sich: In den Gebietseinheiten soll für alle Infrastrukturbereiche eine quantitativ und qualitativ ausreichende Ausstattung angestrebt werden. Der Ausstattungsgrad ist auf einem Niveau anzustreben, das dem steigenden Lebensstandard der Bevölkerung Rechnung trägt. Mit Einrichtungen des Bildungs-, Gesundheits- und Sozialwesens, der Freizeit, des Sports und der Erholung, des Verkehrswesens, Wohnungswesens und mit sonstigen Einrichtungen soll für alle Gebietseinheiten eine Gleichwertigkeit der Versorgung erreicht und gesichert werden.

1.2 Verbesserung der Umweltqualität

Grundlage der Umweltpolitik sind das Umweltprogramm der Bundesregierung und die Umweltprogramme und -berichte der Länder.

Diese zielen darauf ab

- dem Menschen eine Umwelt zu sichern und zu entwickeln, wie er sie für seine
  Gesundheit und für ein menschenwürdiges Dasein braucht,
- Boden, Wasser, Luft, Pflanzen und Tierwelt vor nachteiligen Einwirkungen
  zu schützen,
- Schäden oder Nachteile aus solchen Einwirkungen zu beseitigen und
- die prägende Gestalt der Landschaft vor Zerstörungen zu bewahren.

Einerseits sind die Zielsetzungen und Erfordernisse des Umweltschutzes für die
Raumordnung von erheblicher Bedeutung, andererseits gelten die Grundsätze und
Ziele der Raumordnung auch für räumlich wirksame Maßnahmen des Umweltschutzes.
Derartige Wechselwirkungen bestehen ebenfalls bei der Verwirklichung der
Ziele: Durch Ordnung und Gestaltung des Raumes trägt die Raumordnung wesent-
lich zu einem wirksamen Umweltschutz, mit seinen raumbezogenen Maßnahmen
trägt der Umweltschutz wesentlich zur Zielerfüllung für die räumliche Entwick-
lung bei.

Zur Verbesserung der natürlichen Lebensgrundlagen und ihrer Regenerationsfä-
higkeit soll sowohl in verdichteten als auch in ländlichen Räumen ein
möglichst wirksames ökologisches und landschaftliches Potential erhalten bzw.
geschaffen werden. Zwischen den Nutzungsanforderungen der Gesellschaft an den
Raum und seiner begrenzten Belastbarkeit soll ein Ausgleich erzielt und damit
erreicht werden, daß die physische, psychische und soziale Belastung des
Menschen möglichst gering gehalten wird (vgl. § 1 Abs. 1 ROG).

Die Siedlungsstruktur soll künftig in der Weise entwickelt werden, daß bei
ihrer Ausrichtung auf Zentren und Achsen genügende Regenerationsräume gesichert und Siedlungsräumen zugeordnet sowie ausreichende Ver- und Entsorgungs-
einrichtungen bereitgestellt werden können. Insbesondere im Bereich dichtbe-
siedelter Räume und ökologisch stark belasteter Gebiete sollen Flächen für
ökologische Ausgleichsfunktionen sowie für Freizeit- und Erholungsfunktionen
bereitgestellt oder gesichert werden; die Flächennutzung soll zur Verwirklichung dieser Funktionen beitragen. Diese Regenerationsflächen sollen nach
Möglichkeit land- und forstwirtschaftlich genutzt werden.

Brachfallende landwirtschaftliche Flächen sollen grundsätzlich so weiterver-
wendet werden, daß ihre ökologische Ausgleichswirkung bzw. ihre Freizeit- und
Erholungseignung erhalten bleibt oder verbessert wird.

In stark belasteten Räumen ist ein weiterer Anstieg der Gesamtbelastung der Umwelt zu verhindern. Einem weiteren Bevölkerungswachstum und einer weiteren Arbeitsplatzzunahme, durch die die Qualität der Lebensbedingungen nachhaltig beeinträchtigt würde, soll entgegengewirkt werden. Weiterer Bedarf an bebaubaren Flächen soll grundsätzlich nur dann befriedigt werden, wenn ausreichende Regenerationsflächen erhalten bleiben oder geschaffen werden können. Auch in Räumen mit geringer ökologischer Belastung sollte grundsätzlich dann keine erhebliche Mehrbelastung der Umwelt hingenommen werden, wenn diese Räume Regenerationsfunktionen für die stärker belasteten Räume übernehmen.

Unter raumstrukturellen Aspekten ist zur Sicherung und Verbesserung der Umweltqualität insbesondere von folgenden Zielsetzungen auszugehen:

- Sicherung ausreichender Regenerationsflächen einschließlich der infrastrukturellen Ausgestaltung von Räumen für Freizeit und Erholung; Flächen für Zwecke der Bebauung einschließlich der Verkehrswege sollen nur dann bereitgestellt werden, wenn insgesamt ausreichende und im einzelnen genügend große und funktionsfähige Regenerationsflächen in geeigneter räumlicher Zuordnung erhalten bleiben oder geschaffen werden,
- Sicherung geeigneter Flächen und Bereitstellung ausreichender Einrichtungen zur Wasserversorgung und zur umweltfreundlichen Beseitigung von Abwasser und Abfallstoffen einschließlich ihrer Weiter- und Wiederverwendung.

Die Raumordnung soll gewährleisten, daß bei allen raumbedeutsamen Planungen und Maßnahmen im Rahmen der Abwägung konkurrierender Anforderungen an den Raum die Erfordernisse des Umweltschutzes angemessen berücksichtigt werden. Grundlage hierfür ist die Entschließung der Ministerkonferenz für Raumordnung vom 15. Juni 1972 und die darauf aufbauende Denkschrift des Hauptausschusses der Ministerkonferenz für Raumordnung vom 9. August 1972[1)*].

1.3 Verbesserung der regionalen Wirtschaftsstruktur

Mit der Verbesserung der regionalen Wirtschaftsstruktur wird eine ausgewogene regionale Wirtschaftsentwicklung im Bundesgebiet angestrebt. Dabei sollen Vollbeschäftigung, Stabilität und gesamtwirtschaftliches Wachstum nicht beeinträchtigt, sondern langfristig unterstützt werden. Zugleich soll in allen

---

*) Die Anmerkungen befinden sich am Schluß des Beitrages, S. 163 f.

Teilräumen des Bundesgebiets eine möglichst vielseitige Wirtschafts- und Beschäftigtenstruktur entwickelt werden.

Eine ausgewogene regionale Wirtschaftsentwicklung im Sinne dieses Programms
ist verwirklicht, wenn eine wirtschaftliche Leistungskraft erreicht ist, die
ein bestimmtes Niveau nicht unterschreitet, und ein Absinken der wirtschaftlichen Leistungskraft in absehbarer Zeit nicht zu erwarten ist. Zur Verbesserung
der Arbeits- und Einkommensmöglichkeiten sollen verstärkt zusätzliche und
qualitativ hochwertige Arbeitsplätze in solchen Gebietseinheiten geschaffen
werden, die größere Teilräume umfassen:

a) des Zonenrandgebiets,
b) die in ihrer Wirtschaftskraft erheblich hinter dem Bundesdurchschnitt zurückgeblieben sind oder zurückzubleiben drohen.

Zur Mobilisierung noch ungenutzter bzw. nicht ausreichend genutzter Produktionsfaktoren sollen dort Anreize

- zur Schaffung neuer Arbeitsplätze durch Ansiedlung neuer und/oder Erweiterung bestehender Gewerbebetriebe,
- zur Sicherung vorhandener Arbeitsplätze durch Rationalisierung und Umstellung geschaffen werden.

Dies bezieht sich auf

- Investitionshilfen an Unternehmen,
- den Ausbau von Infrastruktureinrichtungen und
- die Bereitstellung von Flächen für Industrie und Gewerbe.

Damit sollen das Einkommensniveau als eine Voraussetzung für die Verbesserung
der Lebensbedingungen in den betreffenden Gebietseinheiten angehoben sowie
nachteilige Auswirkungen des Strukturwandels gemildert werden.

In industriell bereits stark entwickelten Gebieten soll jedoch einer Expansion
der Wirtschaft entgegengewirkt werden, wenn dadurch eine Überlastung der
Umwelt bzw. der Infrastruktur einzutreten droht. Eine Förderung der Wirtschaft
kommt hier nur insoweit in Betracht, als sie einer notwendigen Umstrukturierung oder Rationalisierung dient.

Es sind die räumlichen und siedlungsstrukturellen Voraussetzungen dafür zu
schaffen und zu sichern, daß die land- und forstwirtschaftliche Bodennutzung

als wesentlicher Produktionszweig der Gesamtwirtschaft im erforderlichen Umfang erhalten bleibt (vgl. § 2 Abs. 2 Ziff. 5 ROG).

Auch der Strukturwandel in der Land- und Forstwirtschaft soll durch die Förderung ihrer Anpassungsfähigkeit (Mobilität der Produktionsfaktoren) weiterhin unterstützt werden. Außerdem ist zu berücksichtigen, daß die land- und forstwirtschaftliche Bodennutzung auch Wohlfahrtswirkungen, insbesondere im Bereich der natürlichen Lebensgrundlagen und für den Erholungswert der Landschaft, entfalten kann. Deshalb sind die Maßnahmen zur Förderung der Land- und Forstwirtschaft auch auf diese Funktionen im Rahmen der angestrebten Raum- und Siedlungsstruktur durch eine räumlich differenzierte Strukturpolitik abzustellen.

2. Zielsetzungen für die Entwicklung der Raumstruktur des Bundesgebiets

2.1 Großräumig ausgewogene Raumstruktur

Mit dem zukünftig verfügbaren Entwicklungspotential soll eine ausgewogene Verdichtung von Wohn- und Arbeitsstätten in allen Teilräumen des Bundesgebiets angestrebt werden. Dabei gilt es, insbesondere in ländlich geprägten Gebieten, Mängel der Raum- und Siedlungsstruktur auszugleichen. Diese Verdichtung, im ROG (§ 2 Abs. 1 Ziff. 2) vorgeschrieben, ist notwendig, um auch im ländlichen Raum "städtische Lebensformen" an bestimmten Standorten zu erreichen. Dadurch sollen, um eine großräumige Abwanderung aus schwach strukturierten Räumen zu verhindern, auch hier in erreichbarer Nähe Voraussetzungen für städtische Lebensformen gewährleistet werden, die den in diesen Gebieten lebenden Menschen ein Verbleiben in der Heimat ermöglichen.

In Gebieten, in denen ein ausreichendes Maß von Verdichtungsvorteilen noch nicht erreicht ist, sollen hierfür besonders geeignete Siedlungsräume vorrangig verdichtet werden, vornehmlich durch den Ausbau von Entwicklungszentren (siehe Ziff. 2.2).

In Gebieten, in denen eine ausreichende Verdichtung erreicht ist und noch keine unerwünschten Verdichtungsfolgen eingetreten sind, ist dieses Maß an Verdichtung zu halten. Die Kernräume dieser Gebiete sollen in ihrer Funktion als leistungsfähige Wirtschafts- und Versorgungszentren erhalten bleiben.

Einem Wachstumsdruck in Räumen mit hoher Verdichtung soll insbesondere durch Maßnahmen, die hauptsächlich ländlichen und zurückgebliebenen Gebieten sowie dem Zonenrandgebiet zugute kommen, entgegengewirkt werden. Um eine weitere Schwächung der ländlich geprägten Räume vor allem durch großräumige Abwanderung zu verhindern, sollen diese Räume durch Schaffung von qualifizierten Arbeitsplätzen und Infrastrukturausbau sowie durch die Gewährleistung eines bestimmten Niveaus wirtschaftlicher Leistungsfähigkeit in ihrer Attraktivität deutlich verbessert werden.

Das Ziel, großräumige Disparitäten abzubauen, kann im Einzelfall zu Konflikten führen. Ein solcher Zielkonflikt kann auftreten zwischen dem Streben nach einem möglichst hohen gesamtwirtschaftlichen Wachstum, das sich vor allem in Räumen mit hoher Verdichtung konzentrieren würde, und dem Ziel, insbesondere in ländlich geprägten Gebieten eine ausgewogene Wirtschaftsstruktur aufzubauen. Die Erwerbstätigen würden zwar durch Abwanderung in die stark verdichteten Gebiete dort kurzfristig einen größeren Beitrag zum Bruttoinlandsprodukt erbringen; dennoch müssen die Voraussetzungen für ihr Verbleiben in den ländlich geprägten Gebieten geschaffen werden, zumal dadurch - längerfristig gesehen - ein höherer sozialer Nutzen und damit zugleich ein Beitrag zur Verbesserung der Lebensqualität für alle Bürger erzielt werden können. Eine Abwanderung aus ländlichen Gebieten hätte eine unerwünschte Minderauslastung der vorhandenen Infrastruktur und eine soziale Erosion zur Folge, während in den Verdichtungsräumen eine Erhöhung des Wachstumsdrucks mit einer weiteren Verschlechterung der Umweltsituation, weiteren Verknappung von Grund und Boden usw. eintreten würde. Dieser Wanderungstendenz soll vor allem in ländlichen Gebieten durch die Förderung von qualifizierten Arbeitsplätzen und den Abbau des Infrastrukturgefälles entgegengewirkt und damit zugleich ein Beitrag zum langfristigen und ausgewogenen Wirtschaftswachstums geleistet werden.

Probleme einer sozialen Erosion können auch in Verdichtungsräumen auftreten. Sofern ihre Leistungsfähigkeit dadurch gefährdet wird, muß dem durch strukturverbessernde Maßnahmen entgegengewirkt werden.

2.2 Entwicklung der Siedlungsstruktur

Gleichwertige Lebensbedingungen erfordern in allen Teilräumen der Bundesrepublik eine leistungsfähige Siedlungsstruktur. Hierzu gehören als wesentliche Voraussetzung ein ausreichendes Maß an Verdichtung von Wohnungen und Arbeitsstätten sowie vielfältige Infrastruktureinrichtungen und Kommunikationsmöglichkeiten und eine bedarfsgerechte Versorgung der Bevölkerung mit Wohnraum.

Dies soll durch räumliche Schwerpunktbildung im Rahmen der zentralörtlichen Gliederung erreicht werden, um

- eine bedarfsgerechte Versorgung der Bevölkerung mit Infrastruktureinrichtungen in den jeweiligen Verflechtungsbereichen unter Berücksichtigung zumutbarer Entfernung zu gewährleisten,
- vielseitig differenzierte Güter und Dienstleistungen anbieten zu können,
- die Entstehung ausreichend großer und differenzierter Arbeitsmärkte zu fördern,
- die Einbindung in das Fernverkehrsnetz zu unterstützen,
- die wirtschaftlichen Voraussetzungen für leistungsfähige öffentliche Personennahverkehrssysteme, insbesondere auf der Schiene, zu verbessern,
- zur Sicherung von ökologischen Ausgleichsräumen und Erholungsgebieten, insbesondere für Naherholung, beizutragen und einer Zersiedlung der Landschaft entgegenzuwirken.

Für das Bundesraumordnungsprogramm werden die Ziele für eine Verbesserung der Siedlungsstruktur auf die übergeordneten Entwicklungsaspekte zum Abbau großräumiger Disparitäten beschränkt.

Das wesentliche Instrument hierfür ist der Ausbau von Entwicklungszentren und Achsen.

In Gebieten, in denen ein ausreichendes Maß an räumlicher Schwerpunktbildung fehlt, sollen Förderungsmaßnahmen so eingesetzt werden, daß dieses strukturelle Defizit abgebaut wird, vor allem durch räumliche und funktionale Zusammenfassung von Wohn- und Arbeitsstätten sowie Infrastruktureinrichtungen in Entwicklungszentren.

Diese Entwicklungszentren sollen für größere Teilräume nachhaltige Entwicklungsimpulse auslösen. Sie kommen in erster Linie in Gebietseinheiten, in denen die Strukturschwächen besonders groß sind, in Betracht, um großräumige Disparitäten abzubauen. In anderer Gebietseinheiten können Entwicklungszentren auch zum Abbau größerer innergebietlicher Teildisparitäten ausgewiesen werden (vgl. III. 2.1).

Bei der den Ländern obliegenden Festlegung der Entwicklungszentren sind die durch die angestrebte Entwicklung der Siedlungsstruktur vorgegebenen räumlichen Verflechtungen entsprechend zu berücksichtigen, die sich zeichnerisch schematisiert als Achsen darstellen lassen, nach denen sich Art, Leistungsfähigkeit und räumliche Bündelung der Verkehrswege und möglichst auch von Ver-

sorgungsleitungen richten sollen. Entwicklungszentren können als Teil einer
großräumigen und langfristig angelegten Konzeption für die Entwicklung der
Raumstruktur des Bundesgebiets ihre Funktionen nur erfüllen, wenn innerhalb
der Gebietseinheiten ein ausreichend ausgebautes Netz solcher Achsen zur
Verfügung steht.

Eine wichtige Voraussetzung für die gesamträumlichen Verflechtungen innerhalb
der Bundesrepublik und mit dem Ausland bilden die großräumig bedeutsamen
Achsen (vgl. Karte 16), die vor allem dem großräumigen Leistungsaustausch dienen. Ihnen kommt im Rahmen des Bundesraumordnungsprogramms besondere Bedeutung
zur Beseitigung von Kommunikationsmängeln zwischen den Gebietseinheiten und
zur Verbesserung der Raum- und Siedlungsstruktur zu.

Entwicklungszentren werden jeweils nur solange und insoweit bevorzugt gefördert, als es notwendig ist, großräumige Disparitäten in der Raum- und Siedlungsstruktur zu beseitigen. Entsprechendes gilt für den Ausbau von Achsen.

Das Konzept der Entwicklungszentren geht von dem System der zentralen Orte[2]
aus, das den Programmen und Plänen der Länder zugrunde liegt. Dieses System
wird durch die raumstrukturellen Zielvorstellungen dieses Programms nicht
eingeengt, sondern gestärkt. Im übrigen soll eine Reihe raumbedeutsamer Maßnahmen des Bundes oder mit Bundesbeteiligung weiterhin zur Erhaltung der
Funktionsfähigkeit der zentralen Orte beitragen.

2.3 Räumlich-funktionale Aufgabenteilung

Großräumige Disparitäten lassen sich nur ausgleichen, gleichwertige Lebensbedingungen in gesunder Umwelt nur realisieren, wenn in allen Teilräumen des
Bundesgebiets auch eine den räumlichen Gegebenheiten und Entwicklungszielen
entsprechende Funktionsvielfalt erhalten, verbessert oder geschaffen wird.

Diese Funktionsvielfalt erfordert im Rahmen der angestrebten Raumstruktur eine
funktionale Aufgabenteilung zwischen dichter besiedelten Räumen und Freiräumen. Aufgabe der dichter besiedelten Gebiete, insbesondere der Oberzentren ist
es, vielseitige Arbeitsplätze und hochwertige Infrastruktureinrichtungen zur
Versorgung der Bevölkerung eines größeren, funktional verflochtenen Raumes
bereitzustellen. Als Freiräume kommen vor allem Gebiete mit besonderer Bedeutung für die nachfolgenden Funktionen (Vorranggebiete) in Betracht:

- Gebiete mit besonders günstigen Voraussetzungen für die land- und forstwirtschaftliche Produktion. Diese Vorrangfunktion soll gesichert und durch die Förderung geeigneter Wirtschafts- und Betriebsformen der Land- und Forstwirtschaft entwickelt werden.

- Gebiete für Freizeit und Erholung, in denen für diese Funktionen die landschaftlichen Voraussetzungen gesichert bzw. geschaffen, die infrastrukturellen Einrichtungen ausgebaut und die sozialen Voraussetzungen verbessert werden sollen.

- Gebiete mit Wasservorkommen, die zur langfristigen Sicherstellung der Wasserversorgung benötigt werden und deshalb weitgehend von störenden Nutzungen freigehalten werden sollen.

- Gebiete mit besonderen ökologischen Ausgleichsfunktionen, in denen das ökologische Potential für den Ausgleich mit belasteten Gebieten gesichert und entwickelt werden soll.

- Gebiete, die für die Gewinnung von Rohstoffen und Mineralvorkommen von besonderer Bedeutung sind.

Die genannten Funktionen können sich räumlich überlagern. Die Vorrangfunktion für die land- und forstwirtschaftliche Produktion soll die Versorgung der Bevölkerung mit Agrarprodukten im angestrebten Umfang sowie eine konkurrenzfähige Land- und Forstwirtschaft sicherstellen. Dabei sind die mit der land- und forstwirtschaftlichen Bodennutzung verbundenen Wohlfahrtswirkungen (ökologischer Ausgleich, Erholung) zu berücksichtigen. Die Vorrangfunktion für Freizeit und Erholung ist vor allem durch Maßnahmen der Landschaftspflege und durch Ausbau einer funktionsgerechten Infrastruktur zu fördern; ggf. sollen auch land- und forstwirtschaftliche Betriebsformen unterstützt werden, die zur Erhaltung oder Verbesserung der Erholungsfunktion der Landschaft wesentlich beitragen.

Auch für die Naherholung sind Flächen in ausreichendem Umfang bereitzustellen bzw. zu sichern, insbesondere in dichter besiedelten Räumen.

Die Berücksichtigung der besonderen Funktion der Vorranggebiete soll nicht dazu führen, daß die wirtschaftliche Entwicklung dieser Räume und das Einkommensniveau der hier lebenden Bevölkerung beeinträchtigt werden. Durch die Festlegung von Vorranggebieten können sich zwar Beschränkungen für die wirtschaftliche Entwicklung ergeben, sie sind jedoch so gering wie möglich zu halten. Soweit unzumutbare Nachteile entstehen oder zu entstehen drohen, sollen sie durch Maßnahmen der Landesentwicklung ausgeglichen werden.

Im Rahmen der räumlichen Aufgabenteilung ist es erforderlich, auch über die Bedürfnisse einer Region hinausgehend rechtzeitig Standorte für Energieversorgungsanlagen in den Gebieten auszuweisen, die nach ihren Voraussetzungen hierfür besonders geeignet sind.

Im Rahmen der Raumstruktur sind auch die Erfordernisse der zivilen und militärischen Verteidigung entsprechend den verteidigungspolitischen Aufgaben und den völkerrechtlichen Verpflichtungen des Bundes zu beachten. Demgemäß ist in den Teilräumen auf die Belange der Verteidigung Rücksicht zu nehmen. Es ist daher nicht möglich, davon auszugehen, daß bestimmte Gebiete, zum Beispiel Vorranggebiete, von Einrichtungen und Anlagen der Verteidigung und von militärischen Übungen völlig freigehalten werden können. Jedoch sollen Einrichtungen und Anlagen so lokalisiert werden, daß sie zur Verwirklichung der Ziele der Raumordnung und Landesplanung beitragen, soweit es die Erfordernisse der Verteidigung im Einzelfall zulassen.

3. Bedeutung der angestrebten Raumstruktur für die Gebietskategorien und für Berlin

Das Konzept für die großräumige und langfristige Entwicklung der Raumstruktur trägt den unterschiedlichen Erfordernissen der Gebietskategorien entsprechend den Grundsätzen des § 2 Abs. 1 ROG Rechnung. Es handelt sich dabei um die durch Struktur- und Problemähnlichkeit gekennzeichneten Gebietskategorien

- Verdichtungsräume,
- ländliche Gebiete,
- Gebiete, die hinter der allgemeinen Entwicklung zurückgeblieben sind oder zurückzubleiben drohen,
- Zonenrandgebiet.

Diese Gebietskategorien, die sich teilweise überlagern, decken nicht das gesamte Bundesgebiet ab.

Für die Gebietskategorien ergeben sich aus dem raumstrukturellen Konzept insbesondere folgende Zielvorstellungen:

Verdichtungsräume

Für Verdichtungsräume kommt es in erster Linie darauf an, ihre Leistungsfähigkeit durch eine Verbesserung der Infrastruktur und der Umweltbedingungen zu
sichern und zu erhöhen. Dies soll vor allem erreicht werden durch

- städtebauliche Maßnahmen, insbesondere Sanierungs- und Entwicklungsmaßnah-
  men (z.B. System innerstädtischer Zentren und Achsen) und Verbesserung des
  Bodenrechts,
- bedarfsgerechte Versorgung der Bevölkerung mit Wohnraum,
- Maßnahmen zur Erhaltung der Leistungsfähigkeit des Naturpotentials,
- Verbesserung der Verkehrsverhältnisse einschließlich der Sicherung von
  Flächen für Verkehrsbänder, insbesondere im Zuge von Achsen,
- Verbesserung des öffentlichen Personennahverkehrs, insbesondere auf der
  Schiene,
- Sicherung und Ausbau von Grün-, Freizeit-, Sport- und Erholungsanlagen,
- Ausbau von Entlastungsorten (§ 2 Abs. 1 Nr. 6 ROG).

Daneben kommen in stagnierenden Verdichtungsräumen - je nach Struktur und
Entwicklungsstand - vor allem Maßnahmen in Betracht, die

- zu einer Verbesserung der Wirtschaftsstruktur beitragen (z.B. Abbau gewerblicher Monostrukturen, Ansiedlung und Erweiterung standortgebundener oder
  strukturverbessernder Betriebe oder Durchführung von Umstellungsmaßnahmen),
- der Verbesserung großräumiger Standortvorteile, insbesondere durch Ver-
  kehrsmaßnahmen, dienen und
- bestimmte Sektoren des Infrastrukturangebotes erweitern (z.B. Hochschulein-
  richtungen).

In stark belasteten Verdichtungsräumen soll einer weiteren Zunahme von Bevölkerung und einer Zunahme von Arbeitsplätzen entgegengewirkt werden, soweit
dies zu einer Verminderung des Entwicklungspotentials in schwach strukturierten Teilen des Bundesgebiets führen oder soweit hierdurch die Qualität der
Lebensbedingungen in Verdichtungsräumen beeinträchtigt würde. Das soll auch
dazu beitragen, Entwicklungspotential in schwach strukturierten Teilen des
Bundesgebiets zu halten. In den vorgenannten stark belasteten Verdichtungsräumen sind durch Ordnungsmaßnahmen nachteilige Verdichtungsfolgen zu beseitigen.

Ländliche Gebiete

Die ländlichen Gebiete im Sinne des ROG sind bisher nicht abgegrenzt. Sie erstrecken sich auf Gebiete außerhalb der Verdichtungsräume und ihrer Randbereiche sowie·auf Gebiete außerhalb sonstiger verdichteter Räume.

In den ländlichen Gebieten sind wirtschaftlich und infrastrukturell den übrigen Teilräumen entsprechend gleichwertige Lebensbedingungen anzustreben. Das Entwicklungspotial ist deshalb insoweit verstärkt dorthin zu lenken und schwerpunktmäßig einzusetzen.

Hier sind insbesondere

- Entwicklungszentren festzulegen und auszubauen,
- die zur Erschließung der ländlichen Gebiete und zur Versorgung ihrer Bevölkerung erforderlichen Infrastruktureinrichtungen in zentralen Orten sowie die notwendigen Verkehrsverbindungen zu erhalten, zu verbessern und zu schaffen,
- sichere und hochwertige Arbeitsplätze zu erhalten oder zu schaffen und dadurch die wirtschaftliche Leistungsfähigkeit zu stärken,
- die Landwirtschaft und die Forstwirtschaft auf den hierfür geeigneten Böden zu erhalten, sie auf künftige Erfordernisse auszurichten,
- Maßnahmen der ländlichen Neuordnung durchzuführen,
- Maßnahmen zur Erhaltung der Leistungsfähigkeit des Naturpotentials im Rahmen der räumlich-funktionalen Aufgabenteilung durchzuführen und
- Maßnahmen des Städtebaus und des Wohnungsbaus durchzuführen.

Gebiete, die hinter der allgemeinen Entwicklung zurückgeblieben sind oder zurückzubleiben drohen

Diese Gebietskategorie[3] umfaßt große Teile der ländlichen Gebiete (ländliche Problemgebiete) sowie industrielle Problemgebiete in einigen Verdichtungsräumen. In diesen Gebieten sind vorrangig Maßnahmen zur Beseitigung der jeweiligen Strukturschwächen sowie städtebauliche Maßnahmen durchzuführen. Insbesondere sind hier hochwertige Arbeitsplätze und Infrastruktureinrichtungen in Entwicklungszentren und sonstigen geeigneten zentralen Orten zu schaffen. Die Förderung nach dem Gesetz über die Gemeinschaftsaufgabe "Verbesserung der regionalen Wirtschaftsstruktur" vom 6. Oktober 1969 (BGBl. I S. 1861), zuletzt geändert durch Gesetz zur Änderung der Gesetze über die Gemeinschaftsaufgaben vom 23. Dezember 1971 (BGB1. I S. 2140), soll vor allem diesen Gebieten und dem Zonenrandgebiet zugutekommen.

Zonenrandgebiet

Das Zonenrandgebiet ist im § 9 des Zonenrandförderungsgesetzes vom 5. August 1971 (BGB1. I S. 1237) abgegrenzt. Nach § 2 Abs. 1 Nr. 4 ROG ist die Leistungskraft dieses Gebietes bevorzugt zu stärken, damit in allen seinen Teilen eine Wirtschafts- und Sozialstruktur sowie Lebens- und Arbeitsbedingungen geschaffen werden, die denen im gesamten Bundesgebiet mindestens gleichwertig sind.

Das Zonenrandförderungsgesetz und das Gesetz über die Gemeinschaftsaufgabe "Verbesserung der regionalen Wirtschaftsstruktur" tragen der politisch bedingten Sondersituation des Zonenrandgebiets besonders Rechnung. Bei geeigneten Entwicklungsmaßnahmen soll das Zonenrandgebiet zeitlich und räumlich Priorität genießen. Es ist isnbesondere an die großen Verdichtungsräume anzubinden. Die Verkehrsanschlüsse im Osten und Norden des Zonenrandgebiets sollen möglichst ausgebaut werden.

Berlin

Die Verwirklichung der Ziele für die gesamträumliche Entwicklung des Bundesgebiets, in die auch Berlin (West) einbezogen ist, erfordert für diese Stadt wegen ihrer isolierten Lage besondere Maßnahmen.

Die Angleichung der Lebensverhältnisse an den Standard und die weitere Entwicklung in der Bundesrepublik Deutschland werden im Rahmen der Eingliederung Berlins in das Rechts-, Wirtschafts- und Finanzsystem des Bundes, insbesondere durch die jährlichen Zuwendungen des Bundes zum Haushalt des Landes Berlin und durch das Gesetz zur Förderung der Berliner Wirtschaft (Berlinförderungsgesetz - Berlin FG) in der Fassung der Bekanntmachung vom 29. Oktober 1970 (BGB1 I S. 1481), zuletzt geändert durch Art. 6 des Einführungsgesetzes zum Einkommenssteuerreformgesetz vom 21. Dezember 1974 (BGB1. I S. 3656), bewirkt.

II. Ausgangslage und Entwicklungstendenzen

1. Gebietseinheiten

Die 38 Gebietseinheiten (vgl. Karte 1) bilden den räumlichen Bezugsrahmen des Bundesraumordnungsprogramms für

- die großräumige Analyse der raumstrukturellen Ausgangslage (vgl. II.2),
- die großräumige Analyse der Verteilung raumwirksamer Bundesmittel (vgl. II.3),
- die Prognose der großräumigen Entwicklungstendenzen (vgl. II.4) sowie
- die Aussagen über großräumige Disparitäten im Bereich der Infrastruktur und der Erwerbsstruktur (vgl. III).

Sie sind dem Programm unter Berücksichtigung der unterschiedlichen strukturellen Gegebenheiten als Beobachtungs- und Aussageräume zugrunde gelegt.

Mit den für das Bundesraumordnungsprogramm festgelegten Gebietseinheiten werden keine Gebiete nach § 5 Abs. 1 ROG und keine regionalen Planungsräume nach § 5 Abs. 3 ROG abgegrenzt. Die der Abgrenzung zugrunde liegenden Kriterien lassen eine Verwendung der Gebietseinheiten für kleinräumige regionale Analysen und Planungen nicht zu. Die Einteilung des Bundesgebiets in Gebietseinheiten soll und kann weder die Gebietsreform in den Ländern noch eine Länderneugliederung präjudizieren.

Bund und Länder gingen bei der gemeinsamen Abgrenzung der Gebietseinheiten von folgenden Grundsätzen aus:

1. Räume, die sich funktional ergänzen, sind zusammengefaßt.

   Damit sind die wechselseitige Verflechtung und Aufgabenteilung der Teilräume und Siedlungen berücksichtigt und den großräumigen Zusammenhängen innerhalb des Gesamtraumes Rechnung getragen. Dementsprechend sind Verdichtungsräume mit den sie umgebenden Ordnungsräumen und ländlichen Räumen, gegebenenfalls auch mit den hinter der allgemeinen Entwicklung zurückgebliebenen Gebieten zusammengefaßt.

2. Jede Gebietseinheit enthält in der Regel mindestens ein Oberzentrum oder einen Bereich mit stärkerer Verdichtung von Wohn- und Arbeitsstätten, der mindestens 100 000 Einwohner aufweist oder in absehbarer Zukunft dazu

Karte 1: Gebietseinheiten für das Bundesraumordnungsprogramm

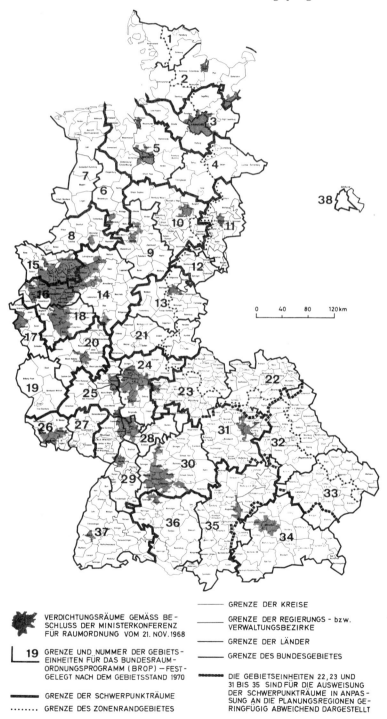

VERDICHTUNGSRÄUME GEMÄSS BE-
SCHLUSS DER MINISTERKONFERENZ
FÜR RAUMORDNUNG VOM 21. NOV. 1968

19 GRENZE UND NUMMER DER GEBIETS-
EINHEITEN FÜR DAS BUNDESRAUM-
ORDNUNGSPROGRAMM (BROP) –FEST-
GELEGT NACH DEM GEBIETSSTAND 1970

GRENZE DER SCHWERPUNKTRÄUME

.... GRENZE DES ZONENRANDGEBIETES

——— GRENZE DER KREISE

——— GRENZE DER REGIERUNGS - bzw.
VERWALTUNGSBEZIRKE

——— GRENZE DER LÄNDER

——— GRENZE DES BUNDESGEBIETES

■■■■■ DIE GEBIETSEINHEITEN 22,23 UND
31 BIS 35 SIND FÜR DIE AUSWEISUNG
DER SCHWERPUNKTRÄUME IN ANPAS-
SUNG AN DIE PLANUNGSREGIONEN GE-
RINGFÜGIG ABWEICHEND DARGESTELLT

115

entwickelt werden kann, sowie in funktionaler Ergänzung hierzu mehrere Mittelzentren. Jede Gebietseinheit soll mindestens 400 000 Einwohner haben.

Die Gebietseinheiten entsprechen damit der raumordnungspolitischen Forderung, die Entwicklung des Raumes auf zentrale Orte auszurichten (§ 2 Abs. 1 Nr. 3 ROG). Eine Durchschneidung enger funktionaler Verflechtungen von Oberzentren wurde soweit wie möglich vermieden. Infolgedessen umfassen einige Gebietseinheiten mehrere Oberzentren, insbesondere wenn sich deren Verflechtungsbereiche überschneiden.

3. Größere Gebiete, die von Oberzentren weiter entfernt liegen, sind in besonderen Fällen als eigene Gebietseinheiten ausgewiesen worden, wenn sie mindestens 400 000 Einwohner und 5 000 qkm umfassen und mindestens ein Oberzentrum oder ein Bereich mit stärkerer Verdichtung von Wohn- und Arbeitsstätten innerhalb der Gebietseinheit schwerpunktmäßig entwickelt werden soll.

4. Bei der Abgrenzung der Gebietseinheiten sind die Kreisgrenzen eingehalten. Eine besondere Schwierigkeit bei der Abgrenzung der Gebietseinheiten ergab sich aus dem unterschiedlichen Stand der Gebietsreform in den Ländern. Aus statistischen und methodischen Gründen mußte grundsätzlich der Gebietsstand der Volks-, Berufs- und Arbeitsstättenzählung am 27. Mai 1970 zugrunde gelegt werden. Aus diesem Grunde konnten Gebietsstandsänderungen nach diesem Zeitpunkt nicht berücksichtigt werden.

5. Regionale Planungsräume (Planungsregionen) der Länder sind soweit wie möglich berücksichtigt worden.

Die Abgrenzung beachtet die seinerzeit bestehenden Planungsregionen der Länder Hessen, Rheinland-Pfalz und Schleswig-Holstein. Da in anderen Ländern regionale Planungsräume bisher nicht für das gesamte Landesgebiet ausgewiesen sind oder solche zum Zeitpunkt der Abgrenzung der Gebietseinheiten noch nicht verbindlich festgelegt werden, bestehen hier z.Z. noch erhebliche Abweichungen (vgl. Karte 2 "Gebietseinheiten des Bundesraumordnungsprogramms und Planungsregionen der Länder").

6. Ländergrenzen sind im gegenseitigen Einvernehmen überschritten worden.

7. Die Verflechtungen des Zonenrandgebiets mit dem übrigen Bundesgebiet sind berücksichtigt.

Karte 2: Planungsregionen der Länder (Entwurf – Stand März 1974)

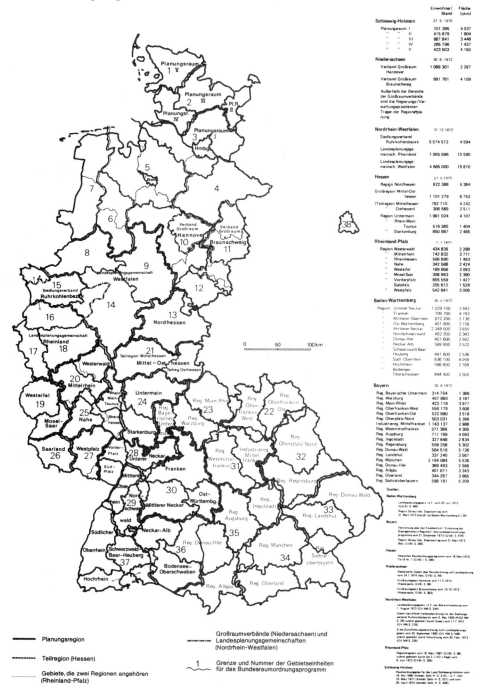

	Einwohner/ Stand	Fläche (qkm)
Schleswig-Holstein	27. 5. 1970	
Planungsraum I	701 285	4 037
"　　" II	415 679	1 604
"　　" III	887 841	3 448
"　　" IV	265 796	1 437
"　　" V	423 503	4 150
Niedersachsen	30. 6. 1972	
Verband Großraum Hannover	1 089 301	2 287
Verband Großraum Braunschweig	991 781	4 109
Außerhalb der Bereiche der Großraumverbände sind die Regierungs-/Verwaltungspräsidenten Träger der Regionalplanung		
Nordrhein-Westfalen	31.12.1972	
Siedlungsverband Ruhrkohlenbezirk	5 574 572	4 594
Landesplanungsgemeinsch. Rheinland	7 005 696	10 590
Landesplanungsgemeinsch. Westfalen	4 685 000	18 870
Hessen	27. 5.1970	
Region Nordhessen	922 388	6 384
Großregion Mittel-Ost-hessen	1 101 279	6 753
(Teilregion Mittelhessen	792 710	4 242
"　Osthessen)	308 569	2 511
Region Untermain	1 991 024	4 107
" Rhein-Main-Taunus	516 365	1 404
" Starkenburg	850 667	2 465
Rheinland-Pfalz	1. 1.1971	
Region Westerwald	434 835	2 269
" Mittelrhein	742 832	3 771
" Rheinhessen	508 890	1 493
" Nahe	342 568	2 424
" Westeifel	189 656	3 093
" Mosel-Saar	308 963	2 390
" Vorderpfalz	855 559	1 427
" Südpfalz	255 612	1 526
" Westpfalz	542 641	3 009
Baden-Württemberg	30. 6.1972	
Region Unterer Neckar	1 029 100	2 442
" Franken	709 700	4 743
" Mittlerer Oberrhein	872 200	2 138
" Ost Württemberg	401 800	2 156
" Mittlerer Neckar	2 348 500	3 655
" Nordschwarzwald	482 200	2 342
" Donau-Iller	401 600	2 882
" Neckar-Alb	569 900	2 522
" Schwarzwald Baar-Heuberg	441 600	2 536
" Südl. Oberrhein	836 100	4 059
" Hochrhein	566 600	2 768
" Bodensee-Oberschwaben	494 900	3 508
Bayern	30. 6.1972	
Reg. Bayerischer Untermain	314 754	1 386
Reg. Würzburg	457 680	3 187
Reg. Main-Rhön	423 119	3 977
Reg. Oberfranken-West	556 179	3 608
Reg. Oberfranken-Ost	522 990	3 516
Reg. Oberpfalz-Nord	503 031	5 396
Industriereg. Mittelfranken	1 143 137	2 988
Reg. Westmittelfranken	371 386	4 305
Reg. Augsburg	711 186	4 093
Reg. Ingolstadt	327 648	2 834
Reg. Regensburg	556 258	5 302
Reg. Donau-Wald	564 516	5 736
Reg. Landshut	331 245	3 567
Reg. München	2 194 084	5 536
Reg. Donau-Iller	389 493	2 566
Reg. Allgäu	401 671	3 343
Reg. Oberland	344 287	3 966
Reg. Südostoberbayern	598 181	5 209

Quellen:

Baden-Württemberg
Landesplanungsgesetz i.d.F. vom 25. Juni 1972 (Ges.Bl. S. 480)
Region Donau-Iller, Staatsvertrag vom 31. März 1973 (Ges.Bl. für Baden-Württemberg S. 129)

Bayern
Verordnung über den Teilabschnitt "Einteilung des Staatsgebietes in Regionen" des Landesentwicklungsprogramms vom 21. Dezember 1972 (GVBl. S. 476)
Region Donau-Iller, Staatsvertrag vom 31. Mai 1973 (Bay. GVBl. S. 305)

Hessen
Hessisches Raumordnungsprogramm vom 18. März 1970, Teil B Nr. 1 (GVBl. I S. 285)

Niedersachsen
Niedersächs. Gesetz über Raumordnung und Landesplanung vom 24.1.1974 (Nds. GVBl. S. 49)
Großraumgesetz Hannover vom 11.2.1974 (Niedersächs. GVBl. S. 80)
Großraumgesetz Braunschweig vom 16.10.1973 (Niedersächs. GVBl. S. 363)

Nordrhein-Westfalen
Landesplanungsgesetz i.d.F. der Bekanntmachung vom 1. August 1972 (GV NW S. 244)
Gesetz betreffend Verbandsordnung für den Siedlungsverband Ruhrkohlenbezirk vom 5. Mai 1920 (PrGS NW S. 29) zuletzt geändert durch Gesetz vom 11.7.1972 (GV NW S. 218)
Erste Durchführungsverordnung zum Landesplanungsgesetz vom 25. September 1962 (GV NW S. 548) zuletzt geändert durch Verordnung vom 20. Febr. 1973 (GV NW S. 228)

Rheinland-Pfalz
Regionengesetz vom 16. März 1967 (GVBl. S. 68) zuletzt geändert durch die 2. LVO-LRegG. vom 6. Juni 1972 (GVBl. S. 205)

Schleswig-Holstein
Raumordnungsplan für das Land Schleswig-Holstein vom 16. Mai 1969 (Amtsbl. Schl.-H. S. 315) i.d.F. vom 10. März 1971 (Amtsbl. Schl.-H. S. 221) und vom 25. April 1973 (Amtsbl. Schl.-H. S. 344)

Legende	
▬▬▬ Planungsregion	▬▪▬▪▬ Großraumverbände (Niedersachsen) und Landesplanungsgemeinschaften (Nordrhein-Westfalen)
--------- Teilregion (Hessen)	
·········· Gebiete, die zwei Regionen angehören (Rheinland-Pfalz)	1 Grenze und Nummer der Gebietseinheiten für das Bundesraumordnungsprogramm

14 Gebietseinheiten umfassen jeweils Teile des Zonenrandgebiets.

Die Gebietseinheiten wurden im wesentlichen in den Jahren 1970/71 abgegrenzt.

Eine Fortschreibung dieser ersten Abgrenzung ist vor allem erforderlich, um

- die Weiterentwicklung der Raum- und Siedlungsstruktur auch hinsichtlich der
  Auswirkungen der europäischen Integration,
- die zwischenzeitlichen planerischen Festlegungen in Programmen und Plänen
  der Länder,
- die inzwischen festgelegten oder geänderten Planungsregionen,
- die zwischenzeitlich geänderten Verwaltungsgrenzen

berücksichtigen zu können.

Bei dieser Fortschreibung soll das räumliche Bezugssystem so angelegt werden,
daß sich auch innergebietliche und sehr großräumige Disparitäten differenziert
feststellen lassen. Kleinster Baustein dafür sollen künftig die "Zentralörtlichen Verflechtungsbereiche mittlerer Stufe"[1] sein, wie sich auch die Planungsregionen in der Regel aus Verflechtungsbereichen mittlerer Stufe zusammensetzen.

Da die wesentlichen Daten[2] und Aussagen dieses Programms dann auf der Ebene
dieser Verflechtungsbereiche vorliegen werden, können bei der Fortschreibung
des Bundesraumordnungsprogramms innergebietliche Disparitäten besser als bisher erfaßt werden.

2. Analyse der raumstrukturellen Ausgangslage

Bei einem großräumigen Vergleich der räumlichen Struktur in der Bundesrepublik
Deutschland ist festzustellen, daß die räumlichen Entwicklungen der vergangenen Jahre und die derzeitige Raumstruktur den Zielsetzungen des ROG, gleichwertige Lebensbedingungen in allen Teilräumen des Bundesgebiets zu erreichen,
nicht voll gerecht werden. Zwar ist es in den letzten Jahren durch eine
Aktivierung der Raumordnung und Landesplanung vielfach gelungen, zielgerechte
Veränderungen der Raum- und Siedlungsstruktur in bestimmtem Umfange zu erreichen. Wie in den Raumordnungsberichten 1968, 1970 und 1972 der Bundesregierung
jedoch festgestellt wurde, konnten dessenungeachtet dadurch großräumige Unterschiede in den Lebensbedingungen nur zum Teil verringert werden. Mit der Analyse der Ausgangslage wurden deshalb derzeit bestehende regionale Unterschiede

in den durch die Raumordnung zu beeinflussenden Teilbereichen der Lebensqualität ermittelt. Sie bietet zusammen mit der Status quo-Prognose (vgl. II.4) eine Grundlage für eine zielgerechte Beeinflussung der räumlichen Verteilung des verfügbaren Entwicklungspotentials im Bundesgebiet. Zur Beurteilung der großräumigen Unterschiede in Teilbereichen der Lebensqualität wird nachfolgend die Ausgangslage in der Infrastruktur und der Wirtschaftsstruktur sowie in der Siedlungsstruktur dargestellt.

2.1 Eine umfassende Infrastrukturanalyse kann wegen fehlender statistischer und mangelnder methodischer Voraussetzungen zur Zeit noch nicht durchgeführt werden. In einer ersten Analyse der Ausgangslage wurden allerdings schon wesentliche Infrastrukturbereiche einbezogen. Für diese Bereiche wurden vorläufig folgende bundesweit verfügbare Analysenmerkmale mit unterschiedlicher Signifikanz zur Bestimmung großräumiger und genereller Disparitäten in der Infrastrukturausstattung verwendet, die jedoch nur einen vergleichsweise groben Überblick gestatten:

Bereiche	Analysemerkmale
Bildungs- wesen	- Realschüler und Gymnasiasten - Studierende an Hochschuleinrichtungen
Gesundheitswesen	- Ärzte in freier Praxis - Krankenhausbetten für Akutkranke - Planbetten in Krankenhäusern (förderungswürdig)
Sozialwesen	- Kindergartenplätze - Plätze in Einrichtungen der Altenhilfe
Sport und Erholung	- Turn- und Sporthallen - Hallenbäder und Lehrschwimmbecken
Wohnungswesen	- Wohnfläche - Wohnungen mit Bad, WC und Sammelheizung
Verkehrswesen	- Bundesautobahnen - Überörtliche Straßen (ohne Bundesautobahnen) - Reisezeiten im Fernverkehr der DB - Reisegeschwindigkeit im Fernverkehr der DB

Bereiche	Analysemerkmale
Verkehrswesen	– Berufspendler mit öffentlichen Verkehrsmitteln
Technische Ver- und Entsorgung	– Öffentliche Sammelkanalisation – Vollbiologisch gereinigtes Abwasser – Ungereinigte Industrieabwässer.

Als Ergebnis dieser Analyse zeichnet sich ab, daß die Versorgung der Bevölke-
rung mit Infrastruktur große regionale Unterschiede aufweist. Eine ungünstige
Ausstattung mit Infrastruktur ist vor allem für die nördlichen Randräume der
Bundesrepublik (Gebietseinheiten 1,2,5,7,11), für Trier (Gebietseinheit 19),
Westpfalz (Gebietseinheit 27), Kempten-Ingolstadt (Gebietseinheit 35) und Alb-
Oberschwaben (Gebietseinheit 36) sowie Nord- und Ostbayern (Gebietseinheiten
22, 23,32,33) kennzeichnend. Infrastrukturelle Mängel häufen sich somit in
vorwiegend dünn besiedelten Räumen. Im Vergleich dazu besitzt eine Reihe von
Gebietseinheiten mit vorwiegend höherer Bevölkerungsdichte in den meisten
Infrastrukturbereichen eine relativ günstige Ausstattung, vor allem die Ge-
bietseinheiten des südlichen Rhein-Ruhr-Raumes und des Rhein-Main-Raumes.

2.2 Im erwerbsstrukturellen Bereich ist – entsprechend dem großräumigen Unterschied in der Bevölkerungsdichte und Siedlungsstruktur – ein deutliches Gefälle von den Gebietseinheiten mit hoher Verdichtung zu den ländlich geprägten
Gebietseinheiten festzustellen. Dies geht aus der Analyse des Bruttoinlands-
produkts (BIP) je Kopf der Wirtschaftsbevölkerung und der Lohn- und Gehaltssummen je abhängig Beschäftigten nach Gebietseinheiten hervor (vgl. Karte 3).
Auch im verarbeitenden Gewerbe und Bergbau weisen Gebietseinheiten mit hoher
Verdichtung die höchsten, ländlich geprägte Gebietseinheiten die niedrigsten
Lohn- und Gehaltssummen je Beschäftigten auf.

2.3 Aus dem großräumigen Vergleich der Wirtschaftskraft und der Infrastrukturausstattung werden vor allem Strukturunterschiede zwischen verdichteten und
ländlich strukturierten Räumen sichtbar. Die aufgezeigten Disparitäten stehen
offenbar in engem Zusammenhang mit der Siedlungsstruktur in den angesprochenen
Räumen.

Für die Beurteilung der siedlungsstrukturellen Ausgangslage in einem Raum ist
von Bedeutung, inwieweit ein funktionsgerechtes punktaxiales Siedlungsraster
vorhanden ist. Denn ein derartiges Siedlungsraster ist in besonderer Weise
geeignet, die wachsenden infrastrukturellen Bedürfnisse der Gesellschaft und

Karte 3: Lohn- und Gehaltssumme 1969

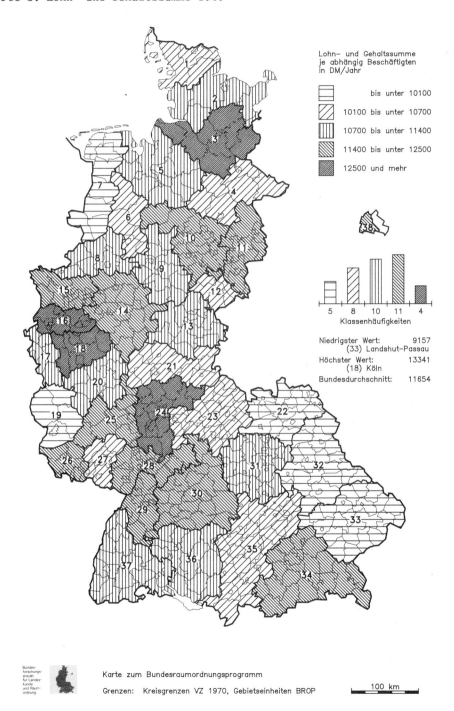

Lohn- und Gehaltssumme
je abhängig Beschäftigten
in DM/Jahr

bis unter 10100

10100 bis unter 10700

10700 bis unter 11400

11400 bis unter 12500

12500 und mehr

Klassenhäufigkeiten

Niedrigster Wert: 9157
   (33) Landshut-Passau
Höchster Wert: 13341
   (18) Köln
Bundesdurchschnitt: 11654

Bundes-
forschungs-
anstalt
für Landes-
kunde
und Raum-
ordnung

Karte zum Bundesraumordnungsprogramm

Grenzen: Kreisgrenzen VZ 1970, Gebietseinheiten BROP   100 km ihre steigenden Ansprüche an qualifizierte Arbeitsplätze zu erfüllen. Die Siedlungsstruktur bestimmt maßgeblich die Erreichbarkeit von Wohnungen, Arbeitsstätten, Infrastruktureinrichtungen und Erholungsanlagen und somit die Attraktivität des jeweiligen Raumes für seine Bewohner. Im großräumigen Vergleich weisen besonders die folgenden Gebietseinheiten eine ungünstige Siedlungsstruktur auf.

Gebietseinheiten mit schwacher Siedlungsstruktur

Gebiets-einheiten	Bestehende bzw. ausgewiesene Ober-zentren[*)	Mittel-zentren[**)	Durchschnitt-licher Ein-zugsbereich eines Mittel-zentrums (qkm)	Städte mit mehr als 100 000 Ew.	Städte mit mehr als 50 000 Ew.	Ew.-zahl der größten Stadt in 1000	Ew.-dichte Ew./ qkm
(1) Schleswig	1	8	519	0	1	95,5	102
(4) Lüneburger Heide	0	7	1024	0	2	59,5	78
(6) Osnabrück	1	8	552	1	1	143,9	142
(7) Ems	0	8	883	0	0	48,6	106
(19) Trier	1	8	615	1	1	103,7	98
(22) Bamberg-Hof	0	15	465	0	3	70,6	147
(32) Regensburg-Weiden	1	12	865	1	1	129,6	99
(33) Landshut-Passau	0	17	639	0	1	52,4	100

*) Gemäß Festlegungen der Länder, Gebietsstand Volkszählung 1970, Bevölkerungsstand Volkszählung 1970. **) Planungsstand Frühjahr 1973.

In einer Reihe von Gebietseinheiten bestehen erhebliche Unterschiede in der innergebietlichen Raum- und Siedlungsstruktur, die schon in der Bevölkerungsdichte zum Ausdruck kommen. So differieren innerhalb der Räume Rhein-Ruhr und Rhein-Main-Neckar die Bevölkerungsdichten nach Kreisen um mehr als 700 Einwohner je qkm. Soweit diese innergebietlichen Strukturunterschiede auf einer räumlich-funktionalen Aufgabenteilung beruhen und damit insbesondere dem Konzept der Vorranggebiete (vgl. 1.2.3) entsprechen, sind sie hinsichtlich der Siedlungsstruktur nicht negativ zu beurteilen.

2.4 Bei vergleichsweise ungünstigen Erwerbsmöglichkeiten, unzureichender Infrastrukturausstattung, verbunden mit einer Siedlungsstruktur, die die Überwindung großer Entfernungen notwendig macht, reagiert die Bevölkerung auf diese ungleichwertigen Lebensbedingungen nicht selten durch Abwanderungen. Seit Jahren wandern aus schwach strukturierten Gebieten Erwerbspersonen in die

verdichteten Räume ab (vgl. Karte 4). Diese einseitig ausgerichtete Binnenwanderung wurde vielfach durch den Zustrom von Ausländern statistisch überdeckt.

Die in der nachfolgenden Tabelle aufgeführten Wanderungssalden der Jahre 1967-
71[3) sind zwar nicht uneingeschränkt repräsentativ, verdeutlichen aber die
genannten Tendenzen.

Wanderungssaldo der Erwerbspersonen 1967-71 (Wanderung zwischen Gebietseinheiten ohne Außenwanderung auf 1000 Einwohner)

(34) München-Rosenheim	+33,2		(19) Trier	-12,9
(24) Frankfurt-Darmstadt	+21,0		(22) Bamberg-Hof	-15,7
(18) Köln	+17,9		(21) Mittel-Osthessen	-16,5
(16) Düsseldorf	+10,6		(12) Göttingen	-16,2
			(10) Essen	-17,6
(32) Regensburg-Weiden	-10,5		(26) Saarland	-19,7
(38) Berlin (West)	-10,8			

Auf der anderen Seite ist der Naturhaushalt in einer Reihe von verdichteten
Räumen schon heute stark angespannt. In diesen Gebieten reagieren einzelne Bevölkerungsgruppen durch Abwanderung, insbesondere ältere Menschen, die nicht
mehr an einen Arbeitsplatz gebunden sind (vgl. Karte 5).

2.5 Der großräumige Vergleich der Erwerbsstruktur, Infrastrukturausstattung,
Siedlungsstruktur und Umweltsituation ergibt zusammenfassend folgendes Bild
(vgl. Karte 6).

Gebietseinheiten mit hoher Verdichtung haben sich in den letzten Jahren durch
Zuwanderung aus dem In- und Ausland weiter verdichtet (insbesondere Gebietseinheiten 16, 18, 24, 34).

Diesen verdichteten Räumen stehen ländlich geprägte Gebietseinheiten im
nördlichen Schleswig-Holstein (Gebietseinheiten 1,2), im westlichen und östlichen Niedersachsen (Gebietseinheiten 4, 6,7), im Mittelgebirge (Gebietseinheit
19), in der Westpfalz (Gebietseinheit 27) sowie im nord- und ostbayrischen
Raum (Gebietseinheiten 22, 23, 32, 33) gegenüber, in denen keine Verdichtungstendenzen, sondern Bevölkerungsverluste durch Binnenwanderung festzustellen
sind.

Karte 4: Wanderungen zwischen Gebietseinheiten 1967 – 1971
         Binnenwanderungssaldo der Erwerbspersonen

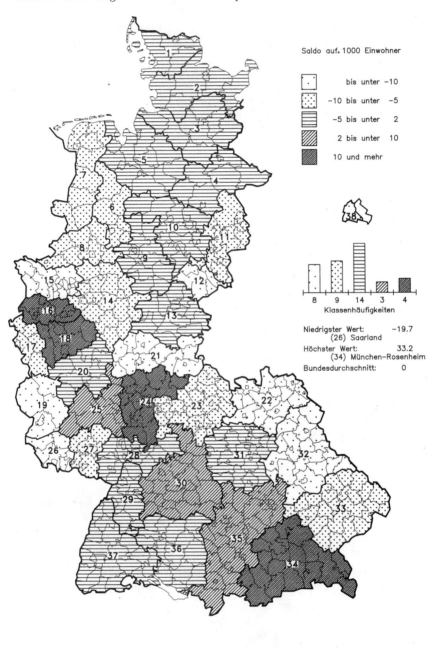

Saldo auf. 1000 Einwohner

bis unter −10

−10 bis unter −5

−5 bis unter   2

2 bis unter 10

10 und mehr

Klassenhäufigkeiten

8   9   14   3   4

Niedrigster Wert: −19.7
   (26) Saarland
Höchster Wert: 33.2
   (34) München-Rosenheim
Bundesdurchschnitt: 0

Bundes-
forschungs-
anstalt
für Landes-
kunde
und Raum-
ordnung

Karte zum Bundesraumordnungsprogramm

Grenzen: Kreisgrenzen VZ 1970, Gebietseinheiten BROP

100 km

Karte 5: Wanderungen zwischen Gebietseinheiten 1967–1971 – Binnenwanderungs-
saldo der Personen im Alter von 65 und mehr Jahren

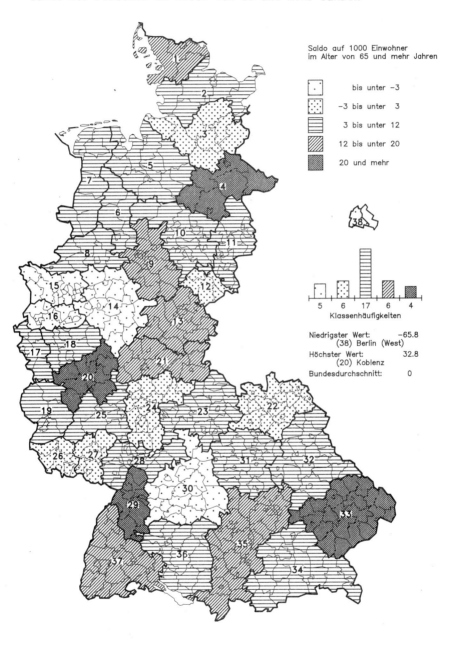

Saldo auf 1000 Einwohner
im Alter von 65 und mehr Jahren

bis unter −3

−3 bis unter   3

3 bis unter 12

12 bis unter 20

20 und mehr

Klassenhäufigkeiten

5   6   17   6   4

Niedrigster Wert: −65.8
(38) Berlin (West)
Höchster Wert: 32.8
(20) Koblenz
Bundesdurchschnitt: 0

Bundes-
forschungs-
anstalt
für Landes-
kunde
und Raum-
ordnung

Karte zum Bundesraumordnungsprogramm

Grenzen: Kreisgrenzen VZ 1970, Gebietseinheiten BROP

100 km

125

Karte 6: Verdichtungstendenzen – Typisierung nach der Bevölkerungsdichte 1970
Veränderung der Bevölkerungsdichte 1961/1970 und dem Binnenwande-
rungssaldo 1967–1971 auf 1000 Einwohner

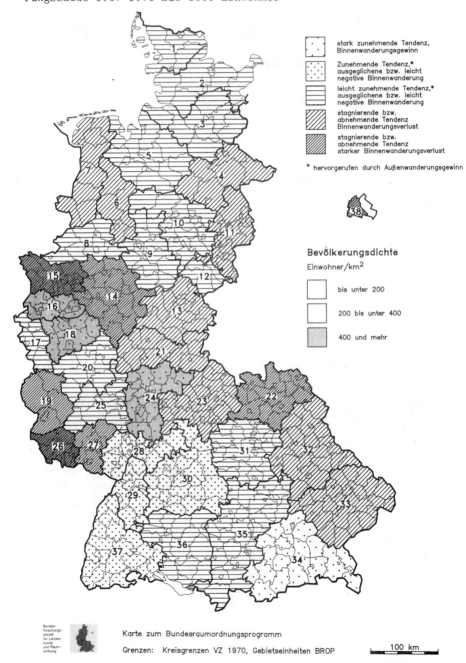

stark zunehmende Tendenz,
Binnenwanderungsgewinn

Zunehmende Tendenz,*
ausgeglichene bzw. leicht
negative Binnenwanderung

leicht zunehmende Tendenz,*
ausgeglichene bzw. leicht
negative Binnenwanderung

stagnierende bzw.
abnehmende Tendenz
Binnenwanderungsverlust

stagnierende bzw.
abnehmende Tendenz
starker Binnenwanderungsverlust

* hervorgerufen durch Außenwanderungsgewinn

Bevölkerungsdichte
Einwohner/km^2

bis unter 200

200 bis unter 400

400 und mehr

Bundes-
forschungs-
anstalt
für Landes-
kunde
und Raum-
ordnung

Karte zum Bundesraumordnungsprogramm

Grenzen: Kreisgrenzen VZ 1970, Gebietseinheiten BROP

100 km

3. Verteilung der raumwirksamen Bundesmittel auf Gebietseinheiten in den Jahren 1969/70

3.1 Verteilung der Gesamtmittel

Für die Rechnungsjahre 1969/70 wurde erstmals die großräumige Verteilung von rund 40 Mrd. DM raumwirksamer Bundesmittel untersucht. Hierbei handelt es sich im wesentlichen um Finanzmittel, mit denen öffentliche Anlageinvestitionen erstellt und zu einem geringeren Maße Investitionen im privatwirtschaftlichen Bereich unterstützt bzw. induziert worden sind. Den räumlichen Bezugsrahmen für diese Regionalisierung bilden die Gebietseinheiten.

Die Regionalisierung der investiven Bundesmittel entspricht für einen wesentlichen Teilbereich dem Auftrag des § 4 Abs. 1 Satz 2 ROG, die langfristigen und großräumigen raumbedeutsamen Maßnahmen des Bundes zusammenfassend darzustellen. Es wird hiermit insbesondere im Zuge der Fortschreibung dieser Darstellung die Möglichkeit geschaffen aufzuzeigen

- in welchem Umfang die Teilräume des Bundesgebiets an der Vergabe der raumwirksamen Mittel partizipiert haben,
- in welchen Bereichen die Schwerpunkte öffentlicher Investitionstätigkeit und Förderung lagen und
- inwieweit der raumwirksame Mitteleinsatz zu einer Beseitigung bestehender und zu erwartender Schwächen in der wirtschaftlichen und infrastrukturellen Entwicklung beigetragen hat.

Die Darstellung der raumwirksamen Mittelverteilung im gewählten Erfassungszeitraum läßt noch keine umfassende Analyse der Effizienz öffentlicher Mittel zu. Erst im Zuge der Fortschreibung können durch einen Vergleich mit der strukturellen Ausgangssituation und den prognostizierten Entwicklungsaussichten im erwerbsstrukturellen Bereich die induzierten Arbeitsplatzeffekte und im Infrastrukturbereich der jeweilige Kapazitätseffekt analysiert werden. Allerdings ist vielfach, insbesondere bei der Bandinfrastruktur, eine Regionalisierung der Mittel nach dem Ort der Investitionen nicht in vollem Umfang möglich.

Im einzelnen setzt sich der regionalisierte Gesamtbetrag aus folgenden raumwirksamen Ausgaben zusammen:

- Investitionen für die Infrastruktur,
  24,9 Mrd. DM von Bundesressorts,

14,3 Mrd. DM von Bundessonderbehörden sowie
- Investitionszulagen und -prämien in Höhe von 1,1 Mrd. DM.

Die in Form eines Steuerabzugs geleisteten Investitionsprämien sowie die auf
Antrag von den Finanzämtern aus dem Einkommen- und Körperschaftssteueraufkom-
men gewährten Investitionszulagen gehen als Steuermindereinnahmen nicht nur zu
Lasten des Bundes. Sie werden von Bund und Ländern zu jeweils 47% und von den
Gemeinden zu 6 % getragen.

Die in absoluten DM-Beträgen ausgewiesenen Mittel verteilen sich schwerpunktmäßig auf die stark verdichteten Gebietseinheiten, da hier die Mehrzahl der zu
versorgenden Bevölkerung lebt.

An der Vergabe raumwirksamer Mittel pro Kopf der Bevölkerung haben einige
Gebietseinheiten, die ohnehin eine ungünstige Ausgangslage aufweisen (vgl.
II.2) und/oder deren Entwicklungsaussichten negativ zu bewerten sind (vgl.
II.4), zumindest in den Jahren 1969 und 1970 nur geringfügig partizipiert, so
z.B. die Gebietseinheiten (8) Münster und (27) Westpfalz (vgl. Karte 7).

Es muß jedoch berücksichtigt werden, daß spezifische, miteinander nicht vergleichbare Maßnahmen (z.B. Küstenschutz, Hochwasserschutz, Straßenbau bei to-
pographisch schwierigen Verhältnissen) in einigen Gebietseinheiten gerade in
diesen Jahren zu einem relativ hohen Anteil raumwirksamer Bundesmittel beigetragen haben. Die großräumigen Aussagen über die Mittelverteilung sind deshalb
später anhand der Ergebnisse einer über einen längeren Zeitraum fortgesetzten
Regionalisierung zu überprüfen.

Die Wirkung der Mittelvergabe auf die Raumstruktur hängt allerdings nicht allein von der pro-Kopf-Summe ab, sondern ist jeweils im Zusammenhang mit den
raum- und siedlungsstrukturellen Zielsetzungen zu sehen. Derartige Ableitungen
sind erst langfristig bei einer Fortschreibung des Programms möglich.

Unterteilt nach Sachbereichsgruppen sind in den Jahren 1969/70 im Bereiche des
Bundes ausgegeben worden:

- 33,3 Mrd. DM zur Erstellung infrastruktureller Einrichtungen sowie
- 7 Mrd. DM für die Förderung der Wirtschaftsstruktur.

Allerdings muß bei einer Gegenüberstellung der beiden Bereiche berücksichtigt
werden, daß bei der Förderung der Wirtschaftsstruktur ein Investitionsvolumen
induziert wird, das den Förderungsbeitrag um ein Vielfaches übersteigt. Bei

Karte 7: Raumwirksame Mittel insgesamt 1969/1970

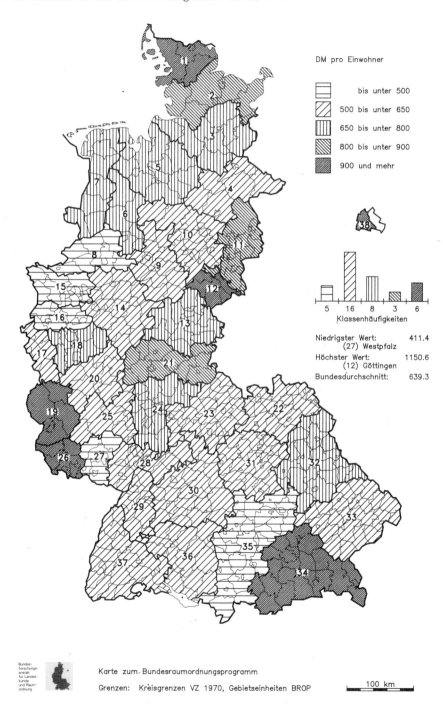

DM pro Einwohner

bis unter 500

500 bis unter 650

650 bis unter 800

800 bis unter 900

900 und mehr

Klassenhäufigkeiten

| 5 | 16 | 8 | 3 | 6 |

Niedrigster Wert: 411.4
  (27) Westpfalz
Höchster Wert: 1150.6
  (12) Göttingen
Bundesdurchschnitt: 639.3

Bundes-
forschungs-
anstalt
für Landes-
kunde
und Raum-
ordnung

Karte zum Bundesraumordnungsprogramm

Grenzen: Kreisgrenzen VZ 1970, Gebietseinheiten BROP

100 km

der Förderung der Wirtschaftsstruktur handelt es sich um eine staatliche Investitionsförderung privater Unternehmen; Träger der Infrastrukturinvestitionen ist im wesentlichen die öffentliche Hand.

3.2 Verteilung der Mittel im Bereich der Infrastruktur

Gemessen in absoluten DM-Beträgen lagen die Schwerpunkte der Infrastrukturausgaben (vgl. Karte 8) vorwiegend in Gebietseinheiten mit hoher Verdichtung, da hier eine große Bevölkerungszahl zu versorgen ist. Jedoch zeigt die auf die Einwohnerzahl bezogene regionale Verteilung der Ausgaben, daß von einer generellen Begünstigung aller Gebietseinheiten mit hoher Verdichtung nicht gesprochen werden kann.

So war für einige stärker verdichtete Gebietseinheiten (Gebietseinheiten 15, 16, 30) der pro-Kopf-Anteil an diesen Bundesmitteln, gemessen am Bundesdurchschnitt, relativ gering.

Andererseits lagen Schwerpunkte des Mitteleinsatzes - berechnet je Kopf der Bevölkerung - auch in einigen vorwiegend ländlich geprägten Gebietseinheiten, z.B. Gebietseinheiten 2,19,21,32. Dennoch hat die bisherige Mittelverteilung im Bereich der Infrastruktur nicht ausgereicht, die Ausstattung derartiger

Gebietseinheiten so zu verbessern, daß großräumige Disparitäten wirksam abgebaut werden konnten (vgl. Karte 9).

3.3 Verteilung der Mittel im Bereich der Erwerbsstruktur

Mit einem Gesamtbetrag von ca. 7 Mrd. DM (raumwirksame Bundesausgaben, ERP-Mittel sowie Investitionszulagen und -prämien aus dem Einkommen- und Körperschaftssteueraufkommen) ist für die Rechnungsjahre 1969/70 ein im Vergleich zu den Ausgaben für Anlagen und Einrichtungen der Infrastruktur (33,3 Mrd. DM) geringer Betrag für die Förderung der Wirtschaftsstruktur verausgabt worden. In ihrer Wirkung auf die Regionalstruktur stehen diese 7 Mrd. DM deshalb jedoch nicht hinter den Infrastrukturausgaben zurück, weil mit diesem Betrag Anlageinvestitionen von schätzungsweise mehr als 100 Mrd. DM in wirtschaftlichen Bereichen induziert worden sind. Dieses durch die Regionalisierung jedoch nicht erfaßte Investitionsvolumen erklärt sich daraus, daß die öffentliche Hand für die gewerbliche Wirtschaft nur Investitionshilfen gewährt und nicht,

Karte 8: Raumwirksame Bundesmittel für Infrastruktur 1969/1979
        (ohne Investitionszulagen und Prämien)

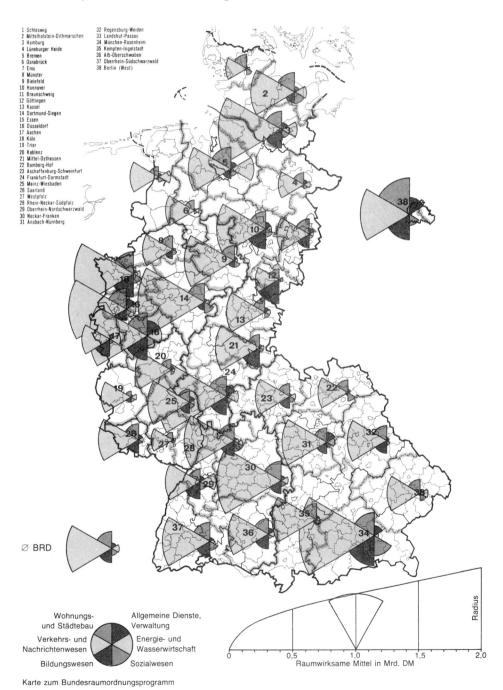

1 Schleswig
2 Mittelholstein-Dithmarschen
3 Hamburg
4 Lüneburger Heide
5 Bremen
6 Osnabrück
7 Ems
8 Münster
9 Bielefeld
10 Hannover
11 Braunschweig
12 Göttingen
13 Kassel
14 Dortmund-Siegen
15 Essen
16 Düsseldorf
17 Aachen
18 Köln
19 Trier
20 Koblenz
21 Mittel-Osthessen
22 Bamberg-Hof
23 Aschaffenburg-Schweinfurt
24 Frankfurt-Darmstadt
25 Mainz-Wiesbaden
26 Saarland
27 Westpfalz
28 Rhein-Neckar-Südpfalz
29 Oberrhein-Nordschwarzwald
30 Neckar-Franken
31 Ansbach-Nürnberg

32 Regensburg-Weiden
33 Landshut-Passau
34 München-Rosenheim
35 Kempten-Ingolstadt
36 Alb-Oberschwaben
37 Oberrhein-Südschwarzwald
38 Berlin (West)

Ø BRD

Wohnungs- und Städtebau
Allgemeine Dienste, Verwaltung
Verkehrs- und Nachrichtenwesen
Energie- und Wasserwirtschaft
Bildungswesen
Sozialwesen

Radius

Raumwirksame Mittel in Mrd. DM

Karte zum Bundesraumordnungsprogramm

131

Karte 9: Raumwirksame Mittel für Infrastruktur 1969/1970

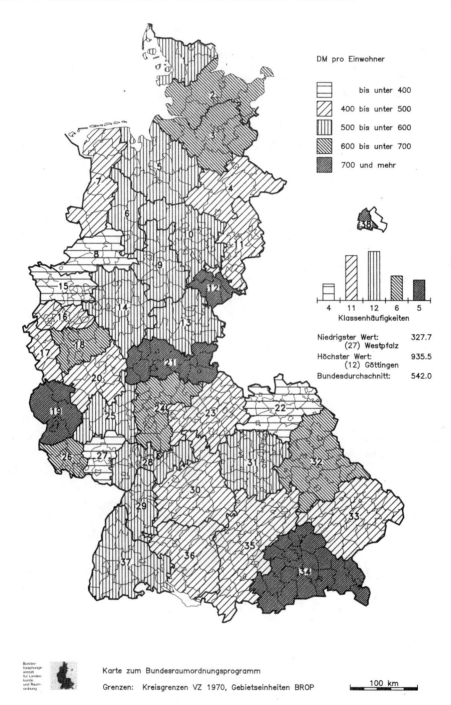

DM pro Einwohner

	bis unter 400
	400 bis unter 500
	500 bis unter 600
	600 bis unter 700
	700 und mehr

Klassenhäufigkeiten

| 4 | 11 | 12 | 6 | 5 |

Niedrigster Wert: 327.7
(27) Westpfalz
Höchster Wert: 935.5
(12) Göttingen
Bundesdurchschnitt: 542.0

Bundes-
forschungs-
anstalt
für Landes-
kunde
und Raum-
ordnung

Karte zum Bundesraumordnungsprogramm

Grenzen: Kreisgrenzen VZ 1970, Gebietseinheiten BROP

100 km

wie in den Infrastrukturbereichen, Investitionen zum größten Teil selbst durchführt.

Nach pro-Kopf-Werten berechnet, lagen demgegenüber z.B. die Gebietseinheiten 1,2,7,11,12,19 und 26 an der Spitze (vgl. Karte 10). Dies sind mit Ausnahme der Gebietseinheiten 11 und 12 solche Gebietseinheiten, für die eine ungünstige Arbeitsplatzentwicklung prognostiziert worden ist (vgl. II.4).

Damit wird zwar erkennbar, daß im erwerbsstrukturellen Bereich der Weg zur großräumigen Gegensteuerung bereits eingeschlagen worden ist. Jedoch sind insbesondere in den ländlich geprägten Gebietseinheiten noch keine ausreichenden Erfolge im Hinblick auf den Ausgleich großräumiger Disparitäten zu verzeichnen. Dabei darf aber nicht verkannt werden, daß z.B. in der regionalen Wirtschaftsförderung der Erfolg nicht allein am aufgewendeten DM-Betrag gemessen werden kann. Er ist vor allem in der Schaffung zusätzlicher, qualitativ besserer Arbeitsplätze zu sehen.

Ausreichende Erfolge können nur dann erzielt werden, wenn

- die Bemühungen zum Abbau beträchtlicher, großräumiger Disparitäten langfristig fortgesetzt werden,
- eine Bündelung erwerbswirtschaftlicher und infrastruktureller Förderungsmaßnahmen intensiviert wird.

Ferner ist bei einer Erfolgskontrolle zu berücksichtigen, inwieweit aus diesen Fördergebieten erhebliche Beträge in Form von Anschlußaufträgen in die stärker verdichteten Räume abfließen und dort einen stimulierenden Effekt erzielen.

Im sektoralen Vergleich lag das Schwergewicht der Förderug beim Schiffsbau, beim Bergbau, bei der Stahlindustrie, beim mittelständischen Gewerbe und bei der Land- und Forstwirtschaft einschließlich der Fischerei. Diese sektoral orientierte Förderung kam z.B. besonders den Gebietseinheiten 7, 11, 26 zugute.

3.4 Anforderungen an die Fortschreibung einer Darstellung der regionalen Mittelverteilung

Bei der Regionalisierung raumwirksamer Mittel können aus zwei Rechnungsjahren nur bedingt Schlüsse gezogen werden. Erst die Analyse über einen längeren Zeitraum und unter Hinzuziehung weiterer Beurteilungskriterien wird eine

Karte 10: Raumwirksame Mittel für Erwerbsstruktur 1969/1970

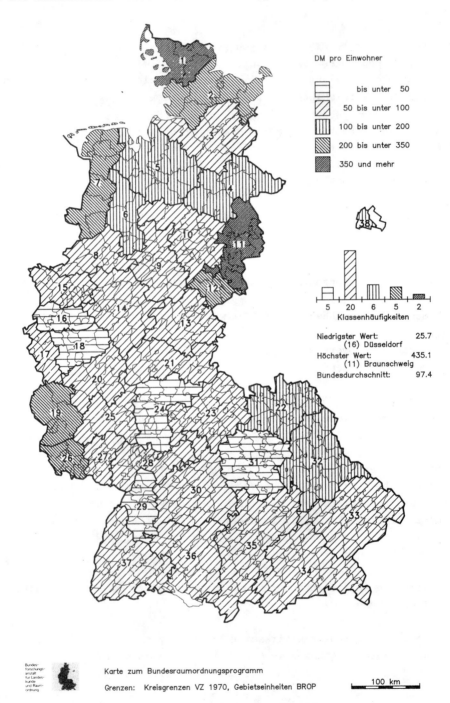

DM pro Einwohner

bis unter 50

50 bis unter 100

100 bis unter 200

200 bis unter 350

350 und mehr

Klassenhäufigkeiten
5   20   6   5   2

Niedrigster Wert: 25.7
   (16) Düsseldorf
Höchster Wert: 435.1
   (11) Braunschweig
Bundesdurchschnitt: 97.4

Karte zum Bundesraumordnungsprogramm

Grenzen: Kreisgrenzen VZ 1970, Gebietseinheiten BROP

100 km

Bundes-
forschungs-
anstalt
für Landes-
kunde
und Raum-
ordnung

größere Aussagekraft haben. Hier gilt es u.a. zu berücksichtigen, daß sich ein
großer Teil raumwirksamer Bundesmittel auf Investitionsmaßnahmen bezieht, die
über einen zweijährigen Betrachtungszeitraum weit hinausreichen und insbesondere erst nach ihrer Verwendung raumwirksame Folgewirkungen induzieren, deren
Bedeutung nur langfristig zu erkennen ist.

Ein weiterer nicht unerheblicher Teil dieser Bundesmittel ist entweder nur als
Spitzenfinanzierung oder mit einem größeren Anteil an der jeweiligen Gesamt-
maßnahme verausgabt worden. Für eine Effizienzanalyse der raumwirksamen Mittelverteilung ist es ferner wünschenswert, die Investitionstätigkeit und -
förderung der gesamten öffentlichen Hand (Bund, Länder, Gemeinden und sonstige
öffentlich-rechtliche Körperschaften) zu erfassen.

Die Aufteilung der raumwirksamen Bundesmittel innerhalb der Gebietseinheiten
auf Verdichtungsräume und ländliche Gebiete oder auf das Zonenrandgebiet ist
derzeit nicht möglich. Die investiven Mittel in verschiedenen Infrastrukturbereichen werden zwar in Verdichtungsräumen eingesetzt, kommen aber auch der
Bevölkerung im gesamten Umland zugute; z.B. im Bereich des Erholungswesens
kann auch eine umgekehrte Wechselwirkung eintreten.

Für die Fortschreibung ist jedoch zu prüfen, ob sich neben dem Vergleich der
Verteilung raumwirksamer Mittel auf Gebietseinheiten mit hoher Verdichtung
einerseits und ländlich geprägte Gebietseinheiten andererseits die Darstellung
der raumwirksamen Mittelverteilung so verfeinern läßt, daß auch eine Zuordnung
zu einzelnen Gebietskategorien des Raumordnungsgesetzes möglich wird.

4. Entwicklungstendenzen der regionalen Arbeitsplatz- und Bevölkerungsverteilung bis 1985

Die vorliegende Prognose hat die Aufgabe, wahrscheinliche, aber nicht notwendigerweise wünschenswerte raumordnungspolitisch bedeutsame Entwicklungstendenzen in den Gebietseinheiten aufzuzeigen. Aus diesem Grund wird die Prognose
auf der Grundlage von "Status quo-Bedingungen" durchgeführt. Es wird derjenige
Entwicklungspfad für Arbeitsplätze und Bevölkerung vorausgeschätzt, der eintreten würde, wenn die gegenwärtigen raumordnungspolitischen Randbedingungen
unverändert weitergelten und Bund und Länder einer zielgerechten raum- und
siedlungsstrukturellen Entwicklung des Bundesgebiets - im Sinne dieses Programms - keine stärkere Bedeutung beimessen würden. Die Status quo-Prognose
für das Bundesraumordnungsprogramm schließt mehrere Prognosevarianten mit ein,
die für die Bevölkerung und Arbeitsplätze einen Entwicklungspfad beschreiben,

innerhalb dessen sich die wahrscheinlichen Entwicklungslinien der 38 Gebietseinheiten unter Status quo–Bedingungen bewegen.

Diese Prognose soll das zu erwartende Ausmaß der großräumigen Wanderungsbewegungen erfassen, welches aus der Arbeitsplatzentwicklung abgeleitet werden
kann. Aus diesem Grunde werden als Leitgrößen für einen Entwicklungspfad der
einzelnen Gebietseinheiten unter Status quo–Bedingungen die Arbeitsplatz– und
Bevölkerungsveränderungen vorausgeschätzt.

Eine derartige Prognose ist im engen Zusammenhang mit der "Analyse der raumstrukturellen Ausgangslage" zu sehen (vgl. II.2). Während die Ausgangsanalyse
aktuelle großräumige Disparitäten aufdeckt, zeigt die Prognose deutlich das
künftige Ausmaß der räumlichen Entwicklungsunterschiede Mitte der achtziger
Jahre – insbesondere die Gefahren einer großräumigen Abwanderung der Bevölkerung aus bestimmten Teilräumen des Bundesgebiets in Gebietseinheiten mit hoher
Verdichtung.

Die Intensivierung der raumordnungspolitischen Maßnahmen zur Verwirklichung
der angestrebten großräumig ausgewogenen Raumstruktur (vgl. I.2.1) wird durch
die Ergebnisse dieser Prognose gestützt und gerechtfertigt.

4.1 Entwicklungstendenzen für das Bundesgebiet

Die Bevölkerungs– und Erwerbstätigenprognose ist zu Status quo–Bedingungen
durchgeführt worden; sie stellt also keine Zielprojektion dar. Bei diesen
Status quo–Prognosen für das Bundesgebiet und die Gebietseinheiten handelt es
sich um Berechnungen, denen nach einer bundeseinheitlichen Methode auch spezifische, auf die Gebietseinheiten ausgerichtete Überlegungen zugrunde liegen.

4.1.1 Die Prognose der Bevölkerung umfaßt die Vorausschätzung sowohl der
natürlichen Bevölkerungsentwicklung als auch des Außenwanderungssaldos. Seit
der Volkszählung im Jahre 1970 ist die Zahl der Einwohner in der Bundesrepublik Deutschland von 60,7 Mio. auf ca. 62,0 Mio. im Jahre 1974 angestiegen.
Diese Zunahme ist im wesentlichen auf einen Zuwanderungsüberschuß von 1,1 Mio.
bis 1,5 Mio. Ausländern zurückzuführen. Die natürliche Bevölkerungsentwicklung
in diesem Zeitraum war durch stark abnehmende Geburtenziffern gekennzeichnet.
Diese Entwicklung wird voraussichtlich – mit sich abschwächender Tendenz –
weiter anhalten. Bis 1985 ist von Sterbeüberschüssen auszugehen, so daß sich
die heutige Bevölkerungszahl – lediglich unter Berücksichtigung von Geburten
und Sterbefällen – bis 1985 auf 60,4 bis 60,8 Mio. Einwohner verringern wird.

Die tatsächliche Höhe der Bevölkerungszahl wird jedoch wesentlich von dem zukünftigen Außenwanderungssaldo bestimmt. Richtung und Ausmaß hängen insbesondere ab von

- der Arbeitsplatzentwicklung in der Bundesrepublik
- den Entwicklungen innerhalb der anderen Länder der EG und im übrigen Ausland sowie
- den Auswirkungen der Ausländerpolitik.

Die Unsicherheit bei der Status quo-Prognose, insbesondere für die künftige Zahl der Ausländer in der Bundesrepublik, läßt es geraten erscheinen, für die Gesamtbevölkerung 1985 von einer relativ großen Bandbreite von ca. 59 Mio. bis 62 Mio. Einwohnern auszugehen[4].

Die Bevölkerung im erwerbsfähigen Alter (15 - 65 Jahre) wird durch das Hereinwachsen geburtenstarker Jahrgänge in diese Altersgruppe im Zeitraum 1970/1985 um ca. 6 % zunehmen. Dennoch steigt die Zahl der Erwerbstätigen (1970: 26,3 Mio.) nicht im gleichen Ausmaß, weil bei den

- 15- bis 25jährigen davon ausgegangen werden kann, daß ein größerer Anteil eine weitergehende Ausbildung erhält und damit länger im Ausbildungssystem verbleibt,
- 60- bis 65jährigen durch die Einführung der flexiblen Altersgrenze sich die Erwerbszeit verringern wird.

Auf der anderen Seite jedoch wird die Erwerbstätigkeit bei den 25- bis 55jährigen Frauen steigen - ein Trend, der sich auch in anderen Industrieländern beobachten läßt; dies muß u.a. auch im Zusammenhang mit den sinkenden Geburtenhäufigkeiten gesehen werden.

Diese verschiedenen z.T. gegenläufigen Entwicklungstendenzen und die Auswirkungen der wirtschaftlichen Entwicklung auf den Arbeitsmarkt lassen nur eine Schätzung der Erwerbstätigenzahl für 1985 in einer Bandbreite von 26-28 Mio. zu (s. Fußnote[4]).

4.1.2 Aus den vorliegenden Vorausschätzungen des sektoralen Arbeitsplatzwachstums lassen sich die wesentlichen Tendenzen des Wandels der Beschäftigtenstruktur im Zeitraum 1970/85 ablesen, die maßgeblich die regionalen Wachstumsunterschiede und die Nachfrage nach Arbeitskräften beeinflussen:

- weiterer starker Rückgang der Arbeitsplätze in der Landwirtschaft von 2,0 auf ca. 1,1 Mio.,
- Rückgang der Arbeitsplätze in der standortabhängigen Industrie von 2,7 auf ca. 2,3 Mio.,
- Zunahme der Arbeitsplätze in der standortunabhängigen Industrie von 5,7 auf ca. 6,1 Mio.,
- weitere starke Zunahme der Arbeitsplätze im Dienstleistungsbereich von 15,8 auf ca. 18,8 Mio.

Eine solche Veränderung des Arbeitsplatzangebotes liegt der oberen Variante der Status quo-Prognose und der Erwerbstätigenentwicklung zugrunde, von der das Programm im folgenden ausgeht. Bei darunterliegenden Varianten innerhalb der Bandbreite dürfte die Zunahme der Arbeitsplätze, insbesondere im Dienstleistungsbereich, geringer ausfallen.

Während in der Vergangenheit Industrie- und Dienstleistungsbetriebe auf beliebig disponible ausländische Arbeitskräfte zurückgreifen konnten, ist dies in Zukunft nicht mehr möglich. Die Nachfrage nach Arbeitskräften in den wachstumsstarken Wirtschaftssektoren wird daher vornehmlich durch betriebliche Rationalisierung gesenkt bzw. durch Mobilisierung zusätzlicher Erwerbspersonen (z.B. weitere Erhöhung der Erwerbstätigkeit der Frauen durch vermehrte Teilzeitbeschäftigungsmöglichkeiten) befriedigt werden müssen. Nachteile für abwanderungsgefährdete Räume der Bundesrepublik wären bei der geplanten Zuzugsregelung für ausländische Arbeitnehmner allerdings zu befürchten, wenn im Falle eines konjunkturellen Aufschwungs der Zuwanderungssog der überlasteten Verdichtungsräume sich verstärkt auf die deutschen und privilegierten ausländischen Arbeitnehmer aus den abwanderungsgefährdeten Räumen auswirkt und keine entsprechende regionale Gegensteuerung erfolgt. Die Befriedigung einer regionalen Arbeitskräftenachfrage durch eine Binnenwanderung aus anderen Gebietseinheiten - selbst wenn diese einen gewissen Überschuß an Arbeitskräften haben - entspräche aber nicht den raumordnungspolitischen Vorstellungen einer zielgerechten Bevölkerungsverteilung (vgl. I.2.1).

4.2 Status quo-Prognose der regionalen Arbeitsplatzentwicklung

Die regionalen Unterschiede der Arbeitsplatzentwicklung - die für die obere Variante berechnet wurden - sind durch die kombinierte Wirkung einer Vielzahl von Faktoren bedingt, so daß sich in kaum einem Fall eine allein ausschlaggebende Entwicklungskomponente nennen läßt.

- Die künftige Arbeitsplatzentwicklung einer Gebietseinheit ist beispielsweise um so höher, je geringer der Anteil der stark schrumpfenden Grundberei-
  che (Landwirtschaft oder Bergbau) bzw. je größer der Anteil stark wachsender Industriebereiche (Elektrotechnik oder Chemie) bzw. Dienstleistungsbe-
  reiche ist.

- Es zeigte sich schon in den letzten Jahren, daß die regionale Attraktivität, d.h. der Freizeitwert, das Angebot an hochwertigen Infrastruktureinrichtungen bzw. der landwirtschaftliche Reiz eines Gebietes maßgeblich
  seine Entwicklungsaussichten bestimmt.

- Auch das Vorhandensein eines regional ungenutzten Erwerbspotentials ist ein
  Faktor, der die Entwicklungsaussichten einer Region positiv beeinflußt.

4.2.1 Die Karte 11 zeigt, daß die traditionellen Wachstums- und Verdichtungsgebiete an der Achse Köln-Frankfurt-Mannheim/Ludwigshafen-Karlsruhe-
Stuttgart-München (Gebietseinheiten 18,24,28,29,30,34) bis 1985 hohe Arbeits-
platzzuwachsraten haben würden, ebenso wie der südwestliche Raum an Oberrhein
und Bodensee (Gebietseinheiten 36,37). Je nach der Intensität des regionalen
Wirtschaftswachstums muß in diesen Räumen mit folgenden Zuwachsraten an Arbeitsplätzen gerechnet werden:

Gebietseinheiten mit deutlich überdurchschnittlicher Arbeitsplatzentwicklung
1970-1985

Gebietseinheit	in %	in 1000
(29) Oberrhein-Nordschwarzwald	15	85
(37) Oberrhein-Südschwarzwald	15	125
(34) München-Rosenheim	15	194
(30) Neckar-Franken	13-12	223-197
(18) Köln	13	139
(24) Frankfurt-Darmstadt	11	157
(28) Rhein-Neckar-Südpfalz	11	94
(36) Alb-Oberschwaben	11	71

Karte 11: Status quo-Prognose – Arbeitsplatzentwicklung 1970–1985

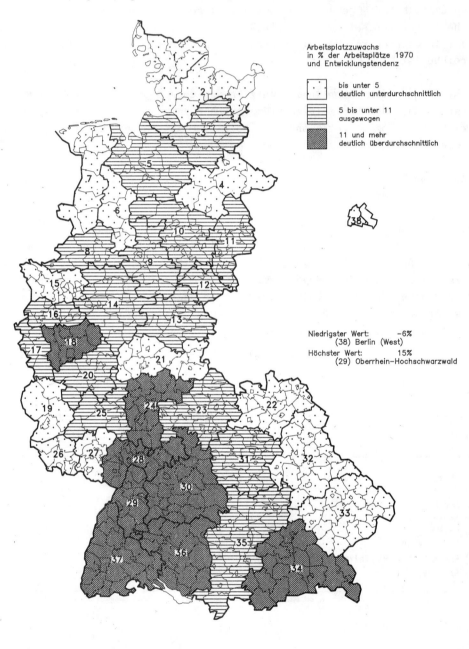

Arbeitsplatzzuwachs
in % der Arbeitsplätze 1970
und Entwicklungstendenz

bis unter 5
deutlich unterdurchschnittlich

5 bis unter 11
ausgewogen

11 und mehr
deutlich überdurchschnittlich

Niedrigster Wert: −6%
    (38) Berlin (West)
Höchster Wert: 15%
    (29) Oberrhein–Hochschwarzwald

Bundes-
forschungs-
anstalt
für Landes-
kunde
und Raum-
ordnung

Karte zum Bundesraumordnungsprogramm

Grenzen: Kreisgrenzen VZ 1970, Gebietseinheiten BROP

100 km

Diese regional konzentrierten Wachstumstendenzen widersprechen allerdings den raumordnungspolitischen Vorstellungen einer ausgewogenen Entwicklung der Raum- und Siedlungsstruktur im Bundesgebiet und dürfen deshalb nicht als künftige Planungsdaten zugrunde gelegt werden; vielmehr soll gemäß III.1.1 diesen Entwicklungstendenzen entgegengewirkt werden.

4.2.2 Eine gegenläufige Entwicklung würde voraussichtlich in Teilen des nördlichen, westlichen bzw. östlichen Randraumes der Bundesrepublik Deutschland stattfinden. Hier liegen Gebiete, die von einem stark unterdurchschnittlichen Arbeitsplatzwachstum bzw. von absoluten Arbeitsplatzabnahmen bedroht sind.

Neben den beiden traditionellen Montanrevieren an Ruhr (Gebietseinheit 15) und Saar (Gebietseinheit 26) sowie Berlin (West) (Gebietseinheit 38) handelt es sich um vorwiegend ländlich strukturierte Gebiete Norddeutschlands (Gebietseinheiten 1,2,4,6,7), des westlichen Eifel-Hunsrück-Raumes, der Westpfalz und Mittel-Osthessens (Gebietseinheiten 19,27,21) sowie des ostbayerischen Grenzraumes (Gebietseinheiten 22,32,33).

Gebietseinheiten mit stagnierender Arbeitsplatzentwicklung 1970-1985

Gebietseinheit	in %	in 1000
(38) Berlin (West)	-6	-55
(22) Bamberg-Hof	0	- 1
(19) Trier	0	0
(33) Landshut-Passau	0	-1-(+)2
(26) Saarland	1-3	4-13
(1) Schleswig	2	3
(32) Regensburg-Weiden	2	10
(15) Essen	2	25
(6) Osnabrück	3	8
(2) Mittelholstein-Dithmarschen	3	14
(21) Mittel-Osthessen	3	16
(27) Westpfalz	4	8
(4) Lüneburger Heide	4	9
(7) Ems	4	11

Das regionale Arbeitsplatzwachstum dieser Gebiete wird letztlich davon abhängen, in welchem Ausmaß es gelingt, neue Industrie- und Dienstleistungsbetriebe anzusiedeln.

4.2.3 Die Prognose der Arbeitsplatzentwicklung zeigt, daß unter Status quo-Bedingungen bis Mitte der achtziger Jahre vor allem der süddeutsche Raum in seiner kontinuierlichen Wirtschaftsentwicklung durch ein erhebliches Anwachsen der regionalen Disparitäten gefährdet ist. Hier liegen Gebiete mit sehr hohem Wachstumsdruck relativ nahe zu Gebieten, die durch Stagnation gekennzeichnet sind.

Im Gegensatz dazu weist der norddeutsche Raum (Gebietseinheiten 1-7, 10, 11) keine so großen Disparitäten in der Arbeitsplatzentwicklung auf. Er ist allerdings durch eine unterdurchschnittliche Gesamtentwicklung gekennzeichnet, einer der Gründe eines nordsüdlich gerichteten Wanderungsgefälles.

4.3 Status quo-Prognose der regionalen Bevölkerungsentwicklung

Die regionale Bevölkerungsentwicklung in den einzelnen Gebietseinheiten wird voraussichtlich stark unterschiedlich verlaufen.

- Regionale Altersstruktur-Unterschiede und unterschiedliche regions-spezifische Fruchtbarkeitsziffern werden auch künftig erhebliche Abweichungen in der natürlichen Bevölkerungsentwicklung zwischen den Gebietseinheiten bedingen.

- der erwerbsfähigen Bevölkerung mit ihren Familien werden voraussichtlich infolge relativ ungünstiger Arbeits- und Lebensbedingungen - wie schon in der Vergangenheit (vgl. II.1) - aus verschiedenen Gebietseinheiten abwandern.

- Bei einer relativ hohen Fluktuation von Ausländern würden diese sich auch künftig auf einige wenige, zumeist Gebietseinheiten mit hoher Verdichtung konzentrieren.

- Den Berechnungen liegt die obere Variante zugrunde.

4.3.1 Ohne Wanderungen werden die meisten Gebietseinheiten aufgrund ihres Geburtendefizits bis 1985 mit einer beträchtlichen Bevölkerungsabnahme zu rechnen haben (vgl. Karte 12). Nennenswerte Geburtenüberschüsse verzeichnet

Karte 12: Status quo–Prognose – Tendenzen der natürlichen Bevölkerungsentwicklung 1970–1985

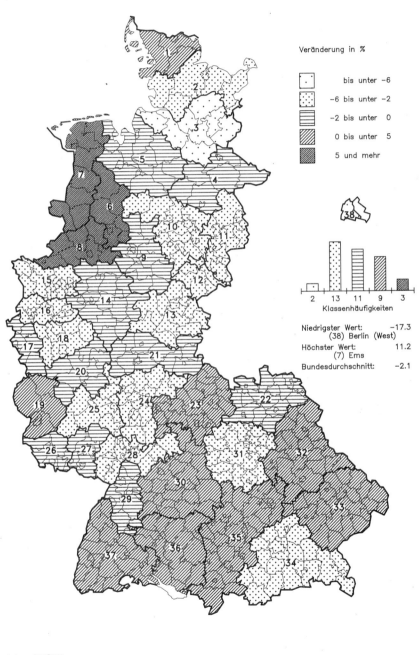

Veränderung in %

	bis unter −6
	−6 bis unter −2
	−2 bis unter 0
	0 bis unter 5
	5 und mehr

Klassenhäufigkeiten

Niedrigster Wert: −17.3
  (38) Berlin (West)
Höchster Wert: 11.2
  (7) Ems
Bundesdurchschnitt: −2.1

Bundes-
forschungs-
anstalt
für Landes-
kunde
und Raum-
ordnung

Karte zum Bundesraumordnungsprogramm

Grenzen: Kreisgrenzen VZ 1970, Gebietseinheiten BROP

100 km

nur noch der nordwestliche Raum (Gebietseinheiten 6,7,8). Größere Geburtendefizite weisen besonders Gebietseinheiten mit hoher Verdichtung auf.

4.3.2 Die regionale Bevölkerungsentwicklung wird daher künftig im entscheiden-
den Maße von den Wanderungen abhängen.

Hohe Wanderungsgewinne von Erwerbstätigen mit ihren Familienangehörigen würden
diejenigen Gebiete verzeichnen, die ein hohes Arbeitsplatzwachstum und einen
Mangel an Arbeitskräften haben. Es handelt sich hierbei um die Achse Düssel-
dorf-Köln-Frankfurt-Mannheim / Ludwigshafen-Karlsruhe-Stuttgart-München (Gebietseinheiten 16,18,24,28,29,30,34), ergänzt um die norddeutschen Gebietseinheiten Hamburg und Hannover (Gebietseinheiten 3,10) sowie die Gebietseinheit
(31) Ansbach-Nürnberg (vgl. Karte 13).

Gebietseinheiten	in % der Bevölkerung 1970	Wanderungssaldo 1970-1985 in 1000
(34) München-Rosenheim	2o	540
(24) Frankfurt	12	350
(30) Neckar-Franken	12-10	392-340
(29) Oberrhein-Nordschwarzwald	11	138
(3) Hamburg	10-8	286-222
(31) Ansbach-Nürnberg	10-8	154-126
(18) Köln	9	222
(10) Hannover	9	174
(37) Oberrhein-Südschwarzwald	9-8	164-144
(16) Düsseldorf	8	270
(28) Rhein-Neckar-Südpfalz	8	142

Diese regional konzentrierten Wachstumstendenzen widersprechen allerdings den
raumordnungspolitischen Vorstellungen einer ausgewogenen Entwicklung der Raum-
und Siedlungsstruktur im Bundesgebiet und dürfen deshalb nicht als künftige
Planungsdaten zugrunde gelegt werden; vielmehr soll gemäß III. 1.1 diesen
Entwicklungstendenzen entgegengewirkt werden.

Ein Vergleich der prognostizierten Wanderungszahlen mit der prognostizierten
Arbeitsplatzentwicklung (vgl. Karte 11) macht auf die Bedeutung der regionalen

Karte 13: Status quo–Prognose – Wanderungen der Bevölkerung 1970–1985

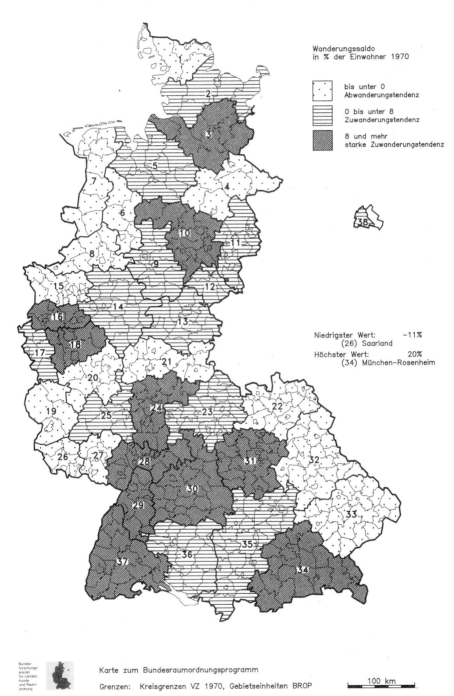

Wanderungssaldo
in % der Einwohner 1970

bis unter 0
Abwanderungstendenz

0 bis unter 8
Zuwanderungstendenz

8 und mehr
starke Zuwanderungstendenz

Niedrigster Wert: –11%
    (26) Saarland
Höchster Wert: 20%
    (34) München–Rosenheim

Bundes-
forschungs-
anstalt
für Landes-
kunde
und Raum-
ordnung

Karte zum Bundesraumordnungsprogramm

Grenzen: Kreisgrenzen VZ 1970, Gebietseinheiten BROP

100 km

Bevölkerungsstruktur für die Entwicklungsaussichten einzelner Gebietseinheiten aufmerksam.

Die Gebietseinheit Alb-Oberschwaben beispielsweise könnte wegen ihrer günstigen Bevölkerungsstruktur einen Teil des künftigen Arbeitsplatzwachstums aus ihrem regionalen Erwerbspotential decken. Die Gebietseinheiten (3) Hamburg, (10) Hannover, (16) Düsseldorf, (31) Ansbach-Nürnberg dagegen würden wegen ihrer ungünstigen regionalen Altersstruktur sehr hohe Wanderungsgewinne benötigen, um für ein durchschnittliches Arbeitsplatzwachstum den Bedarf an Arbeitskräften zu decken.

4.3.3 Die Bevölkerung würde aus denjenigen Räumen des Bundesgebiets abwandern, in denen kein befriedigendes Angebot an qualifizierten Arbeitsplätzen herrschen würde. Hier wären insbesondere die Gebietseinheiten (1) Schleswig und (4) Lüneburger Heide, der nordwestdeutsche Raum einschließlich des Ruhrgebietes (Gebietseinheiten 6,7,8,15), (21) Mittel-Osthessen sowie westliche Teilräume der Bundesrepublik (Gebietseinheiten 19,20,26,27) und Ostbayern (Gebietseinheiten 22,32,33) von Abwanderungen bedroht.

Gebietseinheiten	in % der Bevölkerung 1970	Wanderungssaldo 1970-1985 in 1000
(26) Saarland	-11-(-) 9	-122-(-) 104
(7) Ems	-10	-78
(19) Trier	-9	-44
(8) Münster	-8	-86-(-) 84
(6) Osnabrück	-7	-44
(1) Schleswig	-6	-24
(33) Landshut-Passau	-6-(-) 5	-60-(-) 54
(32) Regensburg-Weiden	-5	-48
(15) Essen	-3	-112
(27) Westpfalz	-2	-10
(21) Mittel-Osthessen	-1	-14
(20) Koblenz	-1	-12
(4) Lüneburger Heide	0	-2

Nach jüngsten Prognoseberechnungen des Freistaats Bayern ergibt sich eine negative Entwicklung auch für die Gebietseinheit

(22) Bamberg-Hof	-3	-26

4.4 Konsequenzen aus den Entwicklungstendenzen der Arbeitsplatz- und Bevölkerungsverteilung für die Lebensbedingungen in den Teilräumen der Bundesrepublik

4.4.1 Das Gefälle in der Wirtschaftsstruktur von den zumeist verdichteten expandierenden Gebieten zu den stagnierenden monostrukturierten oder ländlich geprägten Gebieten, wie es sich in der Arbeitsplatzprognose widerspiegelt, wird sich unter der Annahme von Status quo-Bedingungen voraussichtlich weiter verstärken.

- Gebietseinheiten mit überdurchschnittlich hohem Arbeitsplatzwachstum würden mit ihren expandierenden und sozial differenzierten Arbeitsmärkten künftig für einen Teil ihrer Bewohner überdurchschnittlich gute berufliche und somit soziale Aufstiegsmöglichkeiten schaffen. Allerdings würde eine große regional konzentrierte Nachfrage nach ungelernten Arbeitskräften auch die Gefahr der Gettobildung sozialer Randgruppen in den betreffenden Gebieten in sich bergen. Die sogenannten "Gastarbeitergettos" in einigen expandierenden Gebietseinheiten mit hoher Verdichtung zeigen deutlich, welche unüberwindlich erscheinenden Integrationsprobleme zu lösen sind, wenn dem regional konzentrierten Arbeitsplatzwachstum nicht entgegengewirkt würde.

- Die Lebensbedingungen der Einwohner in Gebietseinheiten mit stagnierender Arbeitsplatzentwicklung würden sich infolge unterdurchschnittlicher Lohnniveaus bzw. Einkommensverhältnisse, mangelnder Aufstiegsmöglichkeiten und unzureichender Sicherheit der Arbeitsplätze nur wenig oder überhaupt nicht verbessern.

4.4.2 Die Entwicklung der Umweltsituation würde zum Teil durch ein entgegengesetztes Gefälle geprägt sein. Der Natur-Haushalt in den verdichteten, tendenziell stark wachsenden Gebietseinheiten könnte überdurchschnittlich in Anspruch genommen werden. Die Abwasserbelastung, die Luftverunreinigung, die Lärmbelästigung, die Ressourcenbeanspruchung könnten stark anwachsen und die Lebensbedingungen aller Einwohner beeinträchtigen. Allerdings zeichnet sich schon heute ab, daß auch in stagnierenden Gebietseinheiten, aus denen die Bevölkerung abwandert, die Beanspruchung der Wasservorräte für die Trinkwasserversorgung und die Umweltverschmutzung noch weiter zunehmen.

4.4.3 Im Bereich der Infrastrukturversorgung werden die bis 1985 zu erwartenden räumlichen Disparitäten nicht so deutlich erkennbar wie in der Arbeitsplatzentwicklung. Eine partielle Unterversorgung wird voraussichtlich in stagnierenden wie in expandierenden Gebietseinheiten vorliegen. In besonderem Maße

dürfte dies jedoch in ländlich geprägten Gebietseinheiten, die von Abwanderung
bedroht sind, bei der qualifizierten Infrastruktur mit einem relativ großen
Einzugsbereich (Hochschulen, Schwerpunkt-Krankenhäuser) eintreten.

In Gebietseinheiten mit hoher Verdichtung, für die sehr hohe Wanderungsgewinne
prognostiziert werden, wird sich unter der Annahme von Status quo-Bedingungen
dagegen die infrastrukturelle Grundversorgung verschlechtern; außerdem könnten

- die heute schon vielfach angespannte Situation auf dem Wohnungs- und Boden-
  markt sich weiter verschärfen,
- der Individualverkehr weiter stark zunehmen und zu einer noch stärkeren
  Belastung des Straßennetzes führen,
- die Flächen für Sport- und Freizeitaktivitäten weiter eingeschränkt oder
  so weit an die Peripherie gedrängt werden, daß sie für die Naherholung
  schlechter erreichbar werden.

4.4.4 Diese Ergebnisse, die unter raumordnungspolitischen Status quo-Bedingungen zu erwarten wären, würden mit den in Abschnitt I festgelegten Zielen der
Verbesserung und Steigerung der Lebensqualität der Bevölkerung durch Abbau
großräumiger Disparitäten nicht übereinstimmen. Großräumige Konzentrationspro-
zesse auf der einen und Entleerungsprozesse auf der anderen Seite werden auch
bei rückläufiger Bevölkerungsentwicklung die künftige raum- und siedlungsstrukturelle Entwicklung der Bundesrepublik Deutschland bestimmen, wenn dieser
Entwicklung durch die Raumordnungspolitik von Bund und Ländern nicht wirksamer
als bisher entgegengewirkt wird.

III. Großräumige Verteilung des verfügbaren Entwicklungspotentials

1. Raumordnungspolitische Problem- und Schwerpunkträume

Aus der Gegenüberstellung der "Ziele für die gesamträumliche Entwicklung des Bundesgebiets" (Abschnitt I) sowie der "Ausgangslage und Entwicklungstendenzen" (Abschnitt II) ergeben sich die in diesem Abschnitt dargelegten raumordnungspolitischen Konsequenzen. Sie betreffen

- Problemräume der großräumigen Bevölkerungsverteilung, in denen tendenzielle Wanderungsbewegungen größeren Umfangs unerwünschte Folgen für die Raum- und Siedlungsstruktur hätten,
- Schwerpunkträume mit besonderen Strukturschwächen, in denen eine verstärkte Mittelzuweisung erforderlich wird, um eine funktionsfähige Raum- und Siedlungsstruktur zu entwickeln,
- den schwerpunktmäßigen Einsatz von raumwirksamen investiven Mitteln in Entwicklungszentren und Achsen.

In diesem Abschnitt wird dargelegt, wie das begrenzte Entwicklungspotential (Mittel und Ressourcen) nach raumordnungspolitischen Zielsetzungen möglichst wirkungsvoll einzusetzen ist.

1.1 Problemräume der großräumigen Bevölkerungsverteilung

In den vergangenen 25 Jahren ist die Einwohnerzahl der Bundesrepublik Deutschland durch relativ hohe Wanderungsüberschüsse und durch Geburtenüberschüsse stark angewachsen. Nach den im Abschnitt II.4 aufgezeigten Entwicklungstendenzen ist jedoch zumindest bis Mitte der achtziger Jahre kein weiteres Anwachsen der Bevölkerung mehr zu erwarten. Vielmehr muß damit gerechnet werden, daß der erreichte Bevölkerungsstand allenfalls konstant bleiben wird; jedoch ist auch ein erheblicher Rückgang der Bevölkerungszahl im Bundesgebiet nicht auszuschließen.

Die in der Status quo-Prognose (vgl. II.4) vorausgeschätzten Zuwanderungsraten einer Reihe von Gebietseinheiten könnten in Zukunft kaum mehr aus dem Ausland, sondern fast nur noch durch Abwanderung aus anderen Gebietseinheiten erreicht werden. Diese Entwicklung birgt die Gefahr eines Anwachsens der großräumigen Abwanderung aus einer Reihe von Gebietseinheiten sogar über den prognostizierten Umfang hinaus (vgl. II.4). Schon in der Vergangenheit (1967-1971) war die

Abwanderung von Erwerbspersonen aus einer Reihe von Teilräumen des Bundesgebiets beträchtlich (vgl. II.2).

Das Bundesraumordnungsprogramm geht jedoch davon aus, daß in keiner Gebietseinheit Bevölkerungsabnahmen durch Abwanderung eintreten sollten, also weder in den ländlich geprägten, schwach strukturierten Gebietseinheiten noch in stagnierenden Gebietseinheiten mit hohem Verdichtungsanteil.

Aus raumordnungspolitischer Sicht sind im Hinblick auf die angestrebte großräumige Bevölkerungsverteilung folgende Problemräume zu unterscheiden (vgl. Karte 14):

- Räume mit tendenziell negativer Wanderungsbilanz gegenüber anderen Räumen der Bundesrepublik (abwanderungsgefährdete Räume)
   I   Nördl. Schleswig - Mittelholstein (Schleswig)
   II   Emsgebiet, Münsterland-Niederrhein (Ems, Osnabrück, Münster, Essen)
   III Südwestl. Eifel-Westerwald, westl. Saar-Westpfalz (Trier, Saar)
   IV   Östl. Mainfranken, Ostbayern (Bamberg-Hof, Regensburg-Weiden, Landshut-Passau)

- Räume mit tendenziell hoher Nachfrage nach Arbeitskräften aus anderen Räumen der Bundesrepublik und aus dem Ausland (Räume mit Zuwanderungsdruck)
   A Düsseldorf/Köln
   B Frankfurt
   C Stuttgart
   D München.

Jeder größere Wanderungsüberschuß in der Binnenwanderung wird zukünftig in anderen Räumen per saldo empfindliche Abnahmen an Bevölkerung und Arbeitskräften bedeuten. Davon sind insbesondere die Problemräume I-IV bedroht. In diesen Räumen muß eine verstärkte Förderung einsetzen, um das Entstehen großer Entleerungszonen im Bundesgebiet zu verhindern. Die Mittel müssen hier mit einer gewissen Priorität zugewiesen werden, weil sich einmal in Gang gekommene großräumige Abwanderungen in tendenziell expandierende Gebietseinheiten nur schwer verrigern bzw. in Entwicklungszentren auffangen lassen.

Soweit in einigen Gebietseinheiten zunächst noch Geburtenüberschüsse zu erwarten sind, sollen sie dort weitgehend gehalten werden. Soweit ein Bevölkerungsrückgang auf dem allgemeinen Geburtenrückgang beruht, sollte ein Ausgleich durch Zuwanderung nur begrenzt möglich sein.

Karte 14: Problemräume der großräumigen Bevölkerungsverteilung

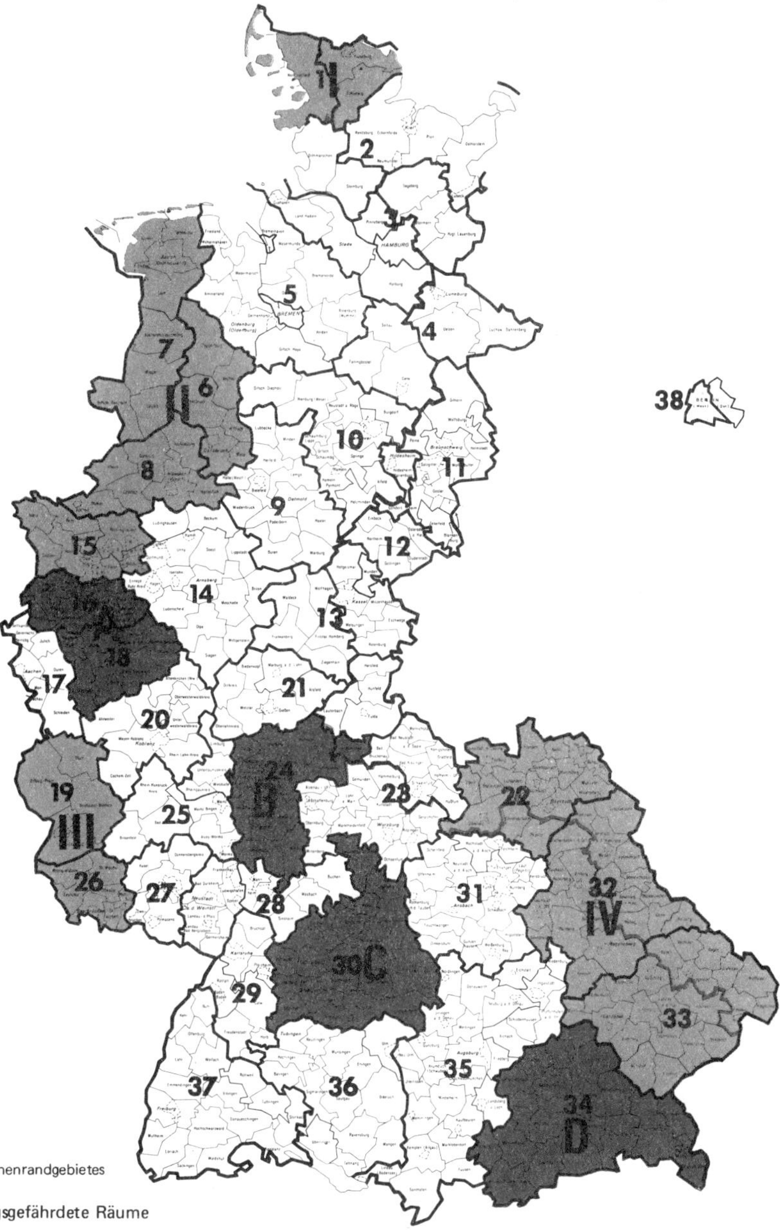

—— Grenze des Zonenrandgebietes

abwanderungsgefährdete Räume

   I Nördl. Schleswig - Mittelholstein (Schleswig)
  II Emsgebiet, Münsterland-Niederrhein (Ems, Osnabrück, Münster, Essen)
 III Südwestl. Eifel-Westerwald, westl. Saar-Westpfalz (Trier, Saar)
  IV Östl. Mainfranken, Ostbayern (Bamberg-Hof, Regensburg-Weiden, Landshut-Passau)

Räume mit Zuwanderungsdruck

A Düsseldorf-Köln, B Frankfurt, C Stuttgart, D München

Der regional konzentrierten Nachfrage nach annähernd 1 Mio. zusätzlichen Arbeitskräften (vgl. II.2.4) in den Räumen mit Zuwanderungsdruck A-D ist durch Orientierung dieses Nachfrageüberhanges auf die abwanderungsgefährdeten Räume entgegenzuwirken.

Es entspricht den raumordnungspolitischen Zielvorstellungen, daß sich bei abnehmender Bevölkerungszahl in allen Teilräumen des Bundesgebiets die Arbeitsplatzentwicklung zunächst an der Entwicklung des regionalen Erwerbstätigenpotentials orientieren soll (vgl. 1.2.1).

1.2 Schwerpunkträume mit besonderen Strukturschwächen

Die großen Strukturunterschiede zwischen den Gebietseinheiten sollen in der Weise abgebaut werden, daß die größten regionalen Strukturschwächen durch verstärkte Mittelzuweisung ausgeglichen werden. Dabei soll vom Prinzip der schrittweisen, kontinuierlichen Engpaßbeseitigung ausgegangen werden: Die Struktur soll schwerpunktmäßig in den Gebietseinheiten verbessert werden, deren Ausstattungsniveau in mehreren Infrastrukturbereichen bzw. in der Erwerbsstruktur erheblich unter dem Bundesdurchschnitt liegt.

Die Gebietseinheiten mit besonderen Strukturschwächen sind in der Karte 15 zu Schwerpunkträumen zusammengefaßt.

An regionalen Strukturschwächen werden in diesem Programm in einem ersten Ansatz nur besonders deutliche großräumige Strukturunterschiede nachgewiesen, die eine verstärkte Mittelzuweisung erfordern. Erst im Rahmen der Fortschreibung des Programms wird es möglich sein, die Messung solcher Strukturunterschiede anhand eines Systems gesellschaftlicher Indikatoren breiter abzustützen und zu verfeinern.

1.2.1 Die Infrastruktur soll vor allem in solchen Gebietseinheiten verstärkt ausgebaut werden, in denen die Ausstattungsdefizite in mehreren Infrastrukturbereichen besonders groß sind.

Gleichzeitig soll in allen Gebietseinheiten sichergestellt werden, daß erhebliche Ausstattungsdefizite auch in nur einem Infrastruktursektor frühzeitig beseitigt werden; damit soll dem Entstehen neuer großräumiger Disparitäten rechtzeitig begegnet werden. In Gebietseinheiten, die bereits eine langfristig ausreichende Infrastrukturausstattung in einzelnen Bereichen erreicht und somit keinen Nachholbedarf haben, muß das Niveau mindestens erhalten werden.

Der Ersatzbedarf kann besonders in Gebietseinheiten mit hohem Ausstattungsniveau und hoher Bevölkerungsdichte bedeutend sein. Er ist aus der überall erforderlichen Mittelzuweisung zu decken; das gilt auch für den Neubedarf an Infrastruktureinrichtungen aufgrund qualitativer Bedarfsveränderungen. Dadurch sollen günstige Versorgungsgrade und ein hoher wirtschaftlicher Leistungsstand für die Zukunft gesichert werden. Dies gilt vor allem für Gebietseinheiten mit großen Verdichtungsräumen. Alle diese Bedarfsarten haben ihre Bedeutung; das Bundesraumordnungsprogramm setzt jedoch den Hauptakzent auf den Ausgleich des größten Nachholbedarfs, für den eine verstärkte Mittelzuweisung erforderlich ist, weil zunächst ein wirksamer Abbau der großräumigen Disparitäten zur Erreichung überall gleichwertiger Lebensbedingungen besonders vordringlich ist.

1.2.1.1 Maßstab für die regionale Steuerung der allgemeinen Infrastrukturinvestitionen soll in stärkerem Maße als bisher die angestrebte Bevölkerungsverteilung unter Berücksichtigung der jeweiligen Altersgruppen sein. Mit dem Begriff der allgemeinen Infrastruktur werden hier insbesondere die Bereiche Bildungswesen, Gesundheitswesen, Sozialwesen, Freizeit, Sport, Erholung, Wohnungswesen, das Verkehrswesen und die sonstige technische Ver- und Entsorgung im kommunalen Bereich erfaßt.

Die regional sich kumulierenden Schwächen in der allgemeinen Infrastruktur erfordern eine verstärkte Mittelzuweisung zur Verbesserung der Infrastruktur vor allem in ländlichen, dünn besiedelten Gebietseinheiten.

Der Nachholbedarf dieser Räume darf nicht ausschließlich an dem Ausstattungsdefizit - berechnet pro Kopf der Bevölkerung - gemessen werden, sondern die Benachteiligungen, die aufgrund geringer Tragfähigkeit und schlechter Erreichbarkeitsverhältnisse gegeben sind, müssen eine angemessene Berücksichtigung finden (vgl. auch 1.2.3).

Gebietseinheiten mit hoher Verdichtung können trotz relativ günstiger Ausstattungsgrade je Kopf der Bevölkerung in einzelnen Bereichen der Infrastruktur hohe absolute Mittelzuweisungen erhalten; das liegt daran, daß hier die große Bevölkerungszahl einen insgesamt hohen Bedarf erfordert. Gemessen pro Kopf der Bevölkerung werden es jedoch im allgemeinen geringere Beträge sein als in den Gebietseinheiten mit Schwächen vorwiegend in der Infrastruktur.

1.2.1.2 Die für die Land- und Forstwirtschaft und für die gewerbliche Wirtschaft notwendige wirtschaftsnahe Infrastruktur kann nicht wie die allgemeine Infrastruktur an der Einwohnerzahl gemessen werden. Maßgebend hierfür ist die

153

räumliche Verteilung der Investitionshilfen zur Verbesserung der Wirtschaftsstruktur entsprechend den Zielen und Erfordernissen der Raumordnung und Landesplanung. Ein regional verstärkter Ausbau der wirtschaftsnahen Infrastruktur
ist somit an die schwerpunktmäßige Verteilung regionalpolitischer Investitionshilfen zu koppeln.

Darüber hinaus wird davon ausgegangen, daß überall eine bestimmte Ausstattung
mit privaten, infrastrukturähnlichen Einrichtungen der tertiären Sektoren
Handel, Verkehr und sonstige Dienstleistungen sowie ein ausreichendes Woh-
nungsangebot wünschenswert ist, um dadurch auch die Schaffung qualifizierter
Arbeitsplätze zu unterstützen.

1.2.2 Die überall angestrebten gleichwertigen Lebensverhältnisse setzen ein
bestimmtes Niveau wirtschaftlicher Leistungskraft in allen Teilräumen des
Bundesgebiets voraus. Eine angemessene regionale Verteilung der Bevölkerung
läßt sich im wesentlichen nur erreichen, wenn in allen Teilräumen vielseitige
und sichere Arbeitsplätze vorhanden sind. Soweit sie fehlen, insbesondere in
Gebietseinheiten mit Zonenrandgebietsanteilen bzw. mit wirtschaftsschwachen
Teilräumen, müssen sie durch verstärkte und schwerpunktmäßige Förderung privater Investitionen geschaffen werden. Schwerpunkträume mit besonderen Schwächen
in der Erwerbsstruktur sind vor allem gekennzeichnet durch

- ein prognostiziertes Arbeitsplatzdefizit unter besonderer Berücksichtigung
  des zu erwartenden Rückgangs der Zahl der Arbeitsplätze in den standortabhängigen Industriezweigen (vgl. II.4),
- ein niedriges Einkommensniveau der Beschäftigten im verarbeitenden Gewerbe
  und im Bergbau (vgl. II.2) sowie
- hohe Arbeitslosenquoten.

Die darin zum Ausdruck kommende Strukturschwäche macht eine verstärkte Mittelzuweisung erforderlich.

Die Verbesserung der regionalen Wirtschaftsstruktur vollzieht sich nicht nur
als Ausgleich zwischen Gebietseinheiten, sondern insbesondere als schwerpunktmäßige Entwicklung von Teilen von Gebietseinheiten. Regionalwirtschaftliche
Überlegungen haben eine Vielzahl weiterer raumrelevanter Faktoren zu berücksichtigen, die auch aus dem Gesetz über die Gemeinschaftsaufgabe "Verbesserung
der regionalen Wirtschaftsstruktur" abzuleiten sind.

Die in der Karte 15 ausgewiesenen Schwerpunkträume mit besonderen Schwächen,
vorwiegend in der Erwerbsstruktur, sollen der regionalen und sektoralen Wirt-

schaftsförderung als großräumige Orientierung dienen.

Sie schließen auch Strukturschäden im Sektor Land- und Forstwirtschaft ein. Diese sollen je nach Bedarf und regionaler Agrarstruktur durch Mittelzuweisungen für Maßnahmen der Neuordnung durch Flurbereinigung und zur Verbesserung der Produktions- und Arbeitsbedingungen in der Land- und Forstwirtschaft, für wasserwirtschaftliche und kulturbautechnische Maßnahmen sowie zur Verbesserung der Marktstruktur gemildert werden, um eine funktions- und leistungsfähige Agarstruktur zu erreichen. Bevorzugte Mittelzuweisungen kommen auch für die Vorranggebiete für Freizeit und Erholung sowie für solche mit besonderen ökologischen Ausgleichsfunktionen in Betracht, wenn diese Funktionen nur durch vorwiegend land- oder forstwirtschaftliche Nutzung sichergestellt werden.

In Schwerpunkträumen mit besonderen Strukturschwächen, vorwiegend in der Erwerbsstruktur ist einer zu raschen Abnahme der landwirtschaftlichen Arbeitskräfte entgegenzuwirken. Neben der Konkurrenzfähigkeit der Landwirtschaft ist ihre Aufgabe zur Erhaltung der Landschaft als Kulturlandschaft zu berücksichtigen. Außerdem sollen in der Landwirtschaft funktionsfähige Betriebstypen angestrebt werden, um im EG-Vergleich konkurrenzfähig zu bleiben. Ferner soll die Ausstattung mit wirtschaftsnaher Infrastruktur der Agrarproduktion entsprechend erfolgen. Derzeit ist die Agrarpolitik zur Erfüllung des § 2 Abs. 2 des Gesetzes über die Gemeinschaftsaufgabe "Verbesserung der Agrarstruktur und des Küstenschutzes" vom 3. September 1969 (BGBl. I S. 1573), geändert durch Gesetz zur Änderung der Gesetze über die Gemeinschaftsaufgaben vom 23. Dezember 1971 (BGBl. I S. 2140), dabei, räumliche und sachliche Schwerpunkte zu bilden, die bei der Fortschreibung des Programms hinsichtlich ihrer räumlichen Aspekte Berücksichtigung finden sollen.

So wie sich in einem Raum die Strukturschwächen in mehreren Einzelbereichen gegenseitig verstärken, kann eine verstärkte Förderung eines Bereichs zugleich auch Strukturschwächen in anderen Bereichen abbauen helfen. So ist z.B. eine regionale Strukturschwäche im Bereich der Land- und Forstwirtschaft meist nicht ausschließlich durch eine agrarstrukturelle Förderung zu beseitigen, sondern auch oder sogar vorwiegend durch Förderung von Industrieansiedlungen. Die Gebietseinheiten, in denen wirtschaftliche Strukturschwächen vorherrschen, bilden zum Teil größere zusammenhängende Schwerpunkträume, in denen zum Teil die wirtschaftlichen noch durch infrastrukturelle Schwächen verschärft werden. Ihnen ist vor allem durch eine Verbesserung der räumlichen Makrostruktur sowie der überregionalen Verkehrseinbindung und der Energieversorgung entgegenzuwirken.

1.2.3 Die in allen Gebietseinheiten anzustrebende Umweltqualität soll langfristig gemäß Zielsystem (vgl.I.1.2) unter raumbezogenenen Aspekten vor allem erreicht werden durch:

- Schutz der Regenerationsflächen vor funktionsbeeinträchtigenden Nutzungen,
- Maßnahmen zur umweltfreundlichen Beseitigung von Abwässern und Abfallstoffen einschließlich Weiter- und Wiederverwendung; für die umweltschutzbezogene Infrastruktur ist insbesondere der Anschluß an vollbiologische Kläranlagen von Bedeutung,
- Maßnahmen zum Immissionsschutz (Reinhaltung der Luft, Schutz vor Lärm).

Ein Kernproblem ist die Beanspruchung zusätzlicher Flächen für die Bebauung. Im Interesse der angestrebten Konzentration von Wohn- und Arbeitsstätten sollen Siedlungsflächen, um der zunehmenden Zersiedlung und den damit einhergehenden ökologischen Belastungen vorzubeugen, in größerem Umfang nur in Entwicklungszentren, Entlastungsorten und zentralen Orten vermehrt werden. Außerdem ist zu berücksichtigen, daß in jeder Gebietseinheit der Nachholbedarf an Sport-, Freizeit- und Naherholungsflächen für die vorhandene Bevölkerung befriedigt werden kann.

2. Grundsätze zur räumlichen Verteilung des Entwicklungspotentials

In welchem Ausmaß die in Abschnitt III.1 dargelegte regionale Schwerpunktbildung den Abbau großräumiger Disparitäten und eine Verbesserung der Raum- und Siedlungsstruktur bewirkt, hängt auch wesentlich von der Verteilung des Entwicklungspotentials (vgl. Karte 15) innerhalb der Gebietseinheiten ab. Unbeschadet der Zuständigkeit der Länder für die Festlegung von Zielen im Sinne des § 5 Abs. 2 ROG bedarf es auch hierfür eines bundeseinheitlichen Orientierungsrahmens.

Tragendes Prinzip für die innergebietliche Verteilung des Entwicklungspotentials ist eine konsequente Standortkonzentration und Bündelung von raumwirksamen Förderungsmaßnahmen. Im Rahmen dieses Programms gilt dies insbesondere für Entwicklungszentren und großräumig bedeutsame Achsen (vgl. 1.2.2).

Karte 15: Schwerpunkträume mit besonderen Strukturschwächen

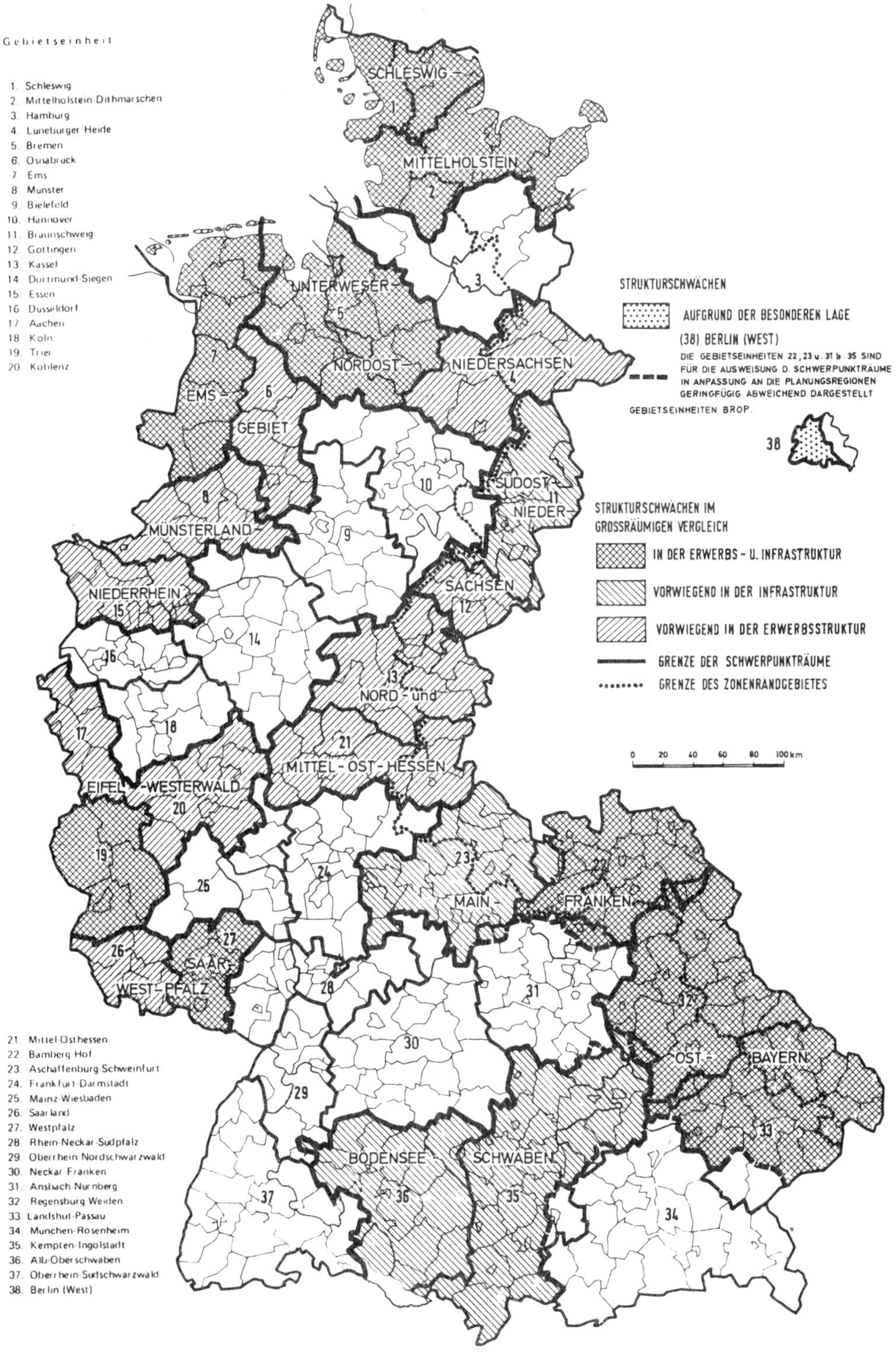
Gebietseinheit
1. Schleswig
2. Mittelholstein-Dithmarschen
3. Hamburg
4. Luneburger Heide
5. Bremen
6. Osnabruck
7. Ems
8. Munster
9. Bielefeld
10. Hannover
11. Braunschweig
12 Gottingen
13. Kassel
14 Dortmund-Siegen
15. Essen
16. Dusseldorf
17. Aachen
18 Koln
19. Trier
20. Koblenz
21. Mittel-Osthessen
22. Bamberg-Hof
23. Aschaffenburg-Schweinfurt
24. Frankfurt-Darmstadt
25. Mainz-Wiesbaden
26. Saarland
27. Westpfalz
28. Rhein-Neckar-Südpfalz
29. Oberrhein-Nordschwarzwald
30. Neckar-Franken
31. Ansbach-Nurnberg
32 Regensburg-Weiden
33 Landshut-Passau
34. Munchen-Rosenheim
35. Kempten-Ingolstadt
36. Alb-Oberschwaben
37. Oberrhein-Sudschwarzwald
38. Berlin (West)
SCHLESWIG
MITTELHOLSTEIN
UNTERWESER
NORDOST
NIEDERSACHSEN
EMS
GEBIET
SÜDOST
NIEDER
SACHSEN
MÜNSTERLAND
NIEDERRHEIN
NORD- und
MITTEL-OST-HESSEN
EIFEL-WESTERWALD
MAIN-FRANKEN
SAAR
WEST-PFALZ
OST-BAYERN
BODENSEE-SCHWABEN
STRUKTURSCHWÄCHEN
AUFGRUND DER BESONDEREN LAGE
(38) BERLIN (WEST)
DIE GEBIETSEINHEITEN 22, 23 u. 31 b. 35 SIND FÜR DIE AUSWEISUNG D. SCHWERPUNKTRÄUME IN ANPASSUNG AN DIE PLANUNGSREGIONEN GERINGFÜGIG ABWEICHEND DARGESTELLT
GEBIETSEINHEITEN BROP.
38
STRUKTURSCHWÄCHEN IM GROSSRÄUMIGEN VERGLEICH
IN DER ERWERBS- U. INFRASTRUKTUR
VORWIEGEND IN DER INFRASTRUKTUR
VORWIEGEND IN DER ERWERBSSTRUKTUR
GRENZE DER SCHWERPUNKTRÄUME
GRENZE DES ZONENRANDGEBIETES
0 20 40 60 80 100 km

2.1 Entwicklungszentren

Entwicklungszentren sind von den Ländern so festzulegen, daß sie ihre Aufgabe
gemäß Abschnitt I.2.2 zum Abbau großräumiger oder innergebietlicher Disparitäten am besten erfüllen können.

Dabei ist von folgenden Grundsätzen auszugehen:

1. Die Zahl der Entwicklungszentren soll mit dem verfügbaren Entwicklungspotential in Einklang stehen. Wegen des knappen Entwicklungspotentials ist
   nur eine begrenzte Zahl auszuweisen; dabei ist die besondere Situation im
   Zonenrandgebiet zu berücksichtigen.

2. Entwicklungszentren sind insbesondere in Schwerpunkträumen mit besonderen
   Strukturschwächen festzulegen. Soweit in Gebietseinheiten, die nicht als
   Schwerpunkträume ausgewiesen sind, für Teilgebiete besondere Strukturschwä-
   chen bestehen, können auch hier zum Abbau innergebietlicher Teildisparitä-
   ten Entwicklungszentren festgelegt werden; dies kommt in besonderem Maße im
   Zonenrandgebiet und in anderen Förderungsgebieten der Gemeinschaftsaufgabe
   "Verbesserung der regionalen Wirtschaftsstruktur" in Betracht.

3. Als Entwicklungszentren kommen in der Regel die in Programmen und Plänen
   der Länder festgelegten Ober- und Mittelzentren in Betracht. Es können zu
   Entwicklungszentren einerseits nicht alle Ober- und Mittelzentren, andererseits auch andere Orte bestimmt werden, falls davon eine nachhaltige Wirkung im Sinne der Zielvorstellungen dieses Programms zu erwarten ist.

4. Entwicklungszentren sollen günstig in das innergebietliche Achsennetz ein-
   gebunden sein und möglichst eine günstige Lage zu den großräumig bedeutsamen Achsen aufweisen (vgl. Karte S. 16 und I.2.2).

2.2 Großräumig bedeutsame Achsen

Großräumig bedeutsame Achsen sollen die gesamträumlichen Verflechtungen innerhalb der Bundesrepublik und mit dem Ausland sowie die Kommunikation zwischen
den Gebietseinheiten sicherstellen (vgl. 1.2.2).

Für eine erste Festlegung dieser Achsen (vgl. Karte 16) sind zudem folgende
Grundsätze berücksichtigt worden:

Karte 16: Großräumig bedeutsame Achsen (Stand: 1.1.1975)

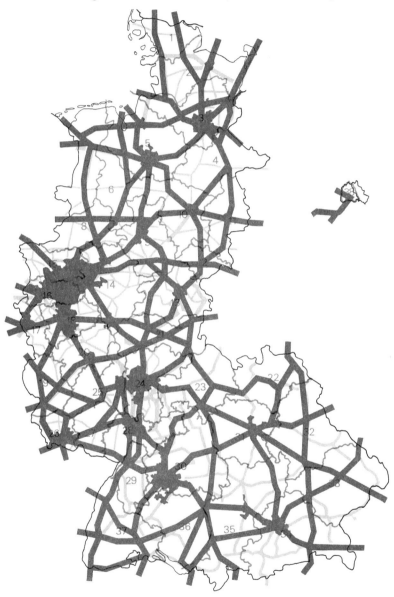

Die großräumig bedeutsamen Achsen sollen

- Verdichtungsräume miteinander verbinden,
- periphere Räume, insbesondere das Zonenrandgebiet, in den großräumigen Leistungsaustausch einbeziehen und
- den von ihnen berührten Gebieten Lagevorteile vermitteln sowie strukturelle Entwicklungsimpulse geben.

Der Ausbau des großräumig bedeutsamen Achsennetzes soll vorrangig den in Abschnitt III.1 ausgewiesenen Schwerpunkträumen zugute kommen. Für diese Räume soll ein Ausbau insbesondere der Verbesserung der Standortgunst der Entwicklungszentren und ihrer überregionalen Anbindung dienen.

Das Netz der großräumig bedeutsamen Achsen soll in den Programmen und Plänen der Länder durch Achsen ergänzt werden, die eine ausreichende innergebietliche Erschließung entsprechend der angestrebten Siedlungsstruktur gewährleisten.

IV. Bedeutung des Programms für Bund und Länder

Fortschreibung

1. Dieses Programm beruht auf folgenden Erkenntnissen:

- Die Raum- und Siedlungsstruktur des Bundesgebiets zeigt unerwünschte Disparitäten zwischen einzelnen Teilräumen.

- Der Einsatz der Instrumente und Mittel, welche die Raum- und Siedlungsstruktur zu beeinflussen vermögen, hat dieser ungleichgewichtigen Entwicklung nur unzureichend entgegengewirkt.

- Die Verbesserung der Lebensqualität kann auch auf dem Gebiet der Raumordnung nur durch gemeinsame Bestrebungen auf allen Ebenen des politischen Entscheidungsprozesses erreicht werden.

Bund und Länder haben mit diesem Programm Zielvorstellungen für die langfristige Entwicklung gemeinsam erarbeitet. Damit ist das Programm Grundlage einer offenen, zukunftsweisenden Kooperation zwischen Bund und Ländern sowie zwischen den Ländern.

1.1 Dieses Programm konkretisiert die Ziele und Grundsätze des Raumordnungsgesetzes (§§ 1 und 2 ROG) unter dem Aspekt einer langfristigen, großräumigen Entwicklung für die Bundesrepublik Deutschland in ihrer Gesamtheit. Es stellt den gesamträumlichen und überfachlichen Orientierungsrahmen dar, der es dem Bund und den Ländern ermöglichen oder erleichtern soll, für raumbedeutsame Planungen und Maßnahmen eine größere Effizienz zu erreichen. Dies gilt auch für den Einsatz raumwirksamer Bundesmittel. Auf entsprechende Anpassung der raumwirksamen Planungen und Maßnahmen an die Zielaussagen dieses Programms werden der Bund und die Länder in eigener Verantwortung hinwirken. Als ein Programm der Koordinierung sollen es die Fachplanungen der Bundesressorts sowie die Landesplanung in den Ländern beachten.

1.2 Dieses Programm bedeutet für den Bund:

1.2.1 Die Behörden des Bundes werden entsprechend § 3 Abs. 1 ROG und Art. 65 Satz 2 GG auf die Anpassung ihrer raumbedeutsamen Planungen und Maßnahmen an die Zielaussagen und Schwerpunktbestimmungen des Programms hinwirken. Sie werden in gemeinsamen Planungsgremien von Bund und Ländern auf eine Anpassung hinwirken.

Dies gilt insbesondere für

- die Gemeinschaftsaufgaben nach Art. 91a GG:
  - Ausbau und Neubau von Hochschulen einschließlich Hochschulkliniken,
  - Verbesserung der regionalen Wirtschaftsstruktur,
  - Verbesserung der Agrarstruktur und des Küstenschutzes.

Die Abgrenzung von Fördergebieten der Gemeinschaftsaufgaben soll erst angepaßt werden, wenn das Bundesraumordnungsprogramm auf der Grundlage von Mittelbereichen fortgeschrieben ist (vgl. II. 1);

- die Bildungsplanung und Forschungsförderung nach Art. 91 b GG,

- die vom Bund mitfinanzierten Aufgaben nach Art. 104aAbs.4 GG:
  - Gemeindeverkehrsfinanzierungsgesetz,
  - Städtebauförderungsgesetz,
  - Wohnungsbauförderung,
  - Krankenhausfinanzierungsgesetz,

- sowie für andere die Raumentwicklung beeinflussende Planungen, Aktivitäten und Maßnahmen.

161

1.2.2 Der für die Raumordnung zuständige Bundesminister wird darauf hinwirken, daß die durch das Programm konkretisierten Ziele und Grundsätze des Raumordnungsgesetzes von allen Behörden des Bundes bei ihren raumbedeutsamen Planungen und Maßnahmen verwirklicht werden.

1.2.3 Der für die Raumordnung zuständige Bundesminister und die übrigen Behörden des Bundes werden bei der Abstimmung von raumbedeutsamen Planungen und Maßnahmen der Länder auf eine Berücksichtigung des Programms hinwirken.

1.3 Dieses Programm bedeutet für die Länder:

Durch das Zusammenwirken von Bund und Ländern konnte eine gemeinsame Grundlage für die Koordinierung der Landesentwicklungsplanungen und -programme mit den Zielvorstellungen der räumlich-strukturellen Entwicklung des Bundesgebiets in seiner Gesamtheit gewonnen werden.

Die für die Raumordnung und Landesplanung zuständigen Minister der Länder werden darauf hinwirken, daß die Programme und Pläne der Länder an die Zielaussagen und Schwerpunktbestimmungen dieses Programms nach Maßgabe des Landesplanungsrechts angepaßt werden.

Die Länder sind erstmals in der Lage, auf der Grundlage einer für das gesamte Bundesgebiet vorgenommenen Analyse und Prognose der großräumigen Entwicklungen ihre Pläne und Programme aufeinander abzustimmen.

1.4 Aussagen des Programms, die in den Ländern als Ziele der Raumordnung und Landesplanung aufgestellt werden, sind von den Behörden des Bundes und der Länder, den Gemeinden und den Gemeindeverbänden sowie den sonstigen in § 4 Abs. 5 ROG genannten Planungsträgern zu beachten (§ 5 Abs. 4 ROG).

2. Dieses Programm ist auf baldige Fortschreibung angelegt. Denn mit ihm können nicht alle Probleme einer zukunftsorientierten Raumordnungspolitik gelöst werden. Die Quantifizierung der Zielvorstellungen auf der Grundlage gesellschaftlicher Indikatoren steht erst in den Anfängen. Die Diskussion über die Lösung verschiedener zukünftig bedeutsamer Fragen der Raumordnung und fachspezifischer Probleme (z.B. Vorranggebiete, Hochleistungsschnellbahn, Sozialbrache) ist noch nicht abgeschlossen. Das gleiche gilt auch für standortgebundene Funktionen von nationaler und übernationaler Bedeutung.

Aber auch deshalb muß das Programm alsbald fortgeschrieben werden:

- Die Abgrenzung der Gebietseinheiten bedarf der Fortschreibung (vgl. II. 1
  S. 7).
- Viele der zugrunde liegenden Daten werden schon nach kurzer Zeit überholt
  sein; darüber hinaus sollen die Daten künftig so dargestellt werden, daß
  sie auch länderweise aggregierbar sind.
- Die Entwicklung von Bevölkerung und Wirtschaft wird neue Tatbestände erzeu-
  gen.
- Die Ergebnisse einer Erfolgskontrolle der raum- und siedlungsstrukturellen
  Entwicklung können eine Verbesserung oder Revision des raumordnungspolitischen Instrumentariums erforderlich machen.
- Neue wissenschaftliche Erkenntnisse werden zu raumordnungspolitischen Konsequenzen führen.
- Die europäische Raumordnungspolitik steht erst in den Anfängen; mit zunehmender Konkretisierung müssen ihre Ergebnisse in die Raumordnungspolitik
  der Bundesrepublik Deutschland einfließen.

Mit diesem Programm haben der Bund und die Länder den Anfang einer koordinierten Raumordnungspolitik für die gesamträumliche Entwicklung des Bundesgebiets
gesetzt. Wie jedes neue Programm, so ist auch das Bundesraumordnungsprogramm
Ergebnis und zugleich Beginn eines Prozesses der kritischen Auseinandersetzung
mit den zugrunde gelegten Zielvorstellungen und dem vorgesehenen Mitteleinsatz. So aufgefaßt, wird das Programm eine Chance bieten, unsere Zukunft im
Interesse der Menschen unseres Landes gestaltend zu beeinflussen.

Anmerkungen zu Kapitel I

1) Veröffentlicht durch Broschüre des Bundesministers für Raumordnung, Bauwesen und Städtebau;
vgl. hierzu außerdem die Entschließung der Umweltministerkonferenz vom 6. April 1973.

2) Entschließung der Ministerkonferenz für Raumordnung "Zentrale Orte und ihre Verflechtungsbereiche" vom 8. Februar 1968; abgedruckt im Raumordnungsbericht der Bundesregierung 1968 /BT-
Drucks. V/3958, S. 149).

3) Erste Abgrenzung in der Empfehlung der Ministerkonferenz für Raumordnung vom 16. April
1970.

Anmerkungen zu Kapitel II

1) Vgl. Entschließung der Ministerkonferenz für Raumordnung über "Zentralörtliche Verflechtungsbereiche mittlerer Stufe" vom 15. Juni 1972.

2) Insbesondere die Ergebnisse der "Gebäude-, Wohnungs- und Arbeitsstättenzählung 1975" werden
für die Fortschreibung des Programms eine wichtige regionalstatistische Grundlage darstellen.

3) Neuere Daten stehen z.Z. bundeseinheitlich nicht zur Verfügung.

4) Diese Bandbreite der Schätzung wird bei der Fortschreibung des Programms zu überprüfen sein.

31. Entschliessung: Einführung von statistischen Gemeindeteilen in die Amtliche Statistik (14.2.1975)

1. Die kommunale Gebietsreform hat in fast allen Teilen der Bundesrepublik zu einem so großflächigen gemeindlichen Gebietsraster geführt, daß eine nur auf der Basis der neuen Gemeindegliederung durchgeführte Statistik den Anforderungen der Raumordnung und Landesplanung an kleinräumige Informationen nicht mehr genügt. In Ergänzung und Ausführung ihrer entsprechenden Entschließungen vom 16. April 1970 und 28. Februar 1974 hält es die Ministerkonferenz für Raumordnung für zwingend erforderlich, daß in der Amtlichen Statistik unverzüglich wieder die Voraussetzungen für eine ausreichende Kleinräumigkeit statistischer Informationen geschaffen werden. Dazu gehören die Bildung von statistischen Gemeindeteilen, die Festlegung der kleinräumig benötigten Daten (Statistik-Katalog) und die Lösung rechtlicher und organisatorischer Probleme für den Nachweis statistischer Ergebnisse nach statistischen Gemeindeteilen.

1.1. Wegen der bestehenden Unterschiede hinsichtlich der Bevölkerungsdichte, Verwaltungs- und Siedlungsstruktur und der topographischen Gegebenheiten erscheint die Bildung von statistischen Gemeindeteilen nach völlig einheitlichen und festen Kriterien und Einwohner-Schwellenwerten nicht möglich und sinnvoll. Die Ministerkonferenz empfiehlt jedoch die Anwendung folgender Bearbeitungsregeln:

1.1.1 Statistische Gemeindeteile werden insbesondere innerhalb von solchen Gemeinden gebildet, bei denen Daten für das gesamte Gemeindegebiet die kleinräumigen Strukturunterschiede nicht mehr widerzuspiegeln vermögen.

1.1.2 Um das vorhandene statistische Material weiterhin zu langen Zeitreihen verwenden zu können, soll die Bildung statistischer Gemeindeteile von den vor der Gebietsreform selbständigen Gemeinden (Altgemeinden) ausgehen, wenn sie einen ausreichend kleinräumigen Gebietsraster darstellen.

1.1.3 Eine Untergliederung von "Altgemeinden" in mehrere statistische Gemeindeteile - ebenso die Bildung von statistischen Gemeindeteilen über die Grenzen mehrerer Altgemeinden hinweg - sollte nur in den Fällen vorgenommen werden, in denen die politische Gliederung schon vor der Gebietsreform für die in Ziff. 1 dargestellten Bedürfnisse nicht ausreichend war (z.B. Oldenburger Großgemeinden). In der Regel sollten Städte ab 10 000 Einwohner ebenfalls in statistische Gemeindeteile (mit möglichst mehr als 5 000 Einwohnern) unterteilt werden; dabei sollten die insbesondere städtebaulichen und siedlungsstrukturellen Eigenschaften im Sinne von Homogenitätskriterien neben administrativen Gesichtspunkten (z.B. Wahlbezirke) zur Grenzziehung herangezogen werden.

1.1.4 Eine Zusammenlegung von mehreren Altgemeinden zu einem statistischen Gemeindeteil kommt nur für ehemalige Kleingemeinden in Frage, für die kein landesplanerisches Informationsbedürfnis besteht.

Die zusammengelegten Altgemeinden sollten möglichst homogen sein, d.h. bei Unterschieden in Struktur, Funktion bzw. Entwicklungsaufgabe sollen Altgemeinden nicht zu einem statistischen Gemeindeteil zusammengelegt werden. Ausnahmen hiervon sind für solche Kleinstgemeinden möglich, die bei statistischer Zusammenfassung mit mehreren anderen bzw. größeren Altgemeinden kein strukturbestimmendes also kein strukturverfälschendes Gewicht besitzen. Im Hinblick auf den Einsatz von Computermodellen, die auf der Basis von räumlichen Bezugsnetzen arbeiten, sollten diese durch Zusammenlegung von Altgemeinden gebildeten statistischen Gemeindeteile räumlich geschlossen sein und ihre Ausdehnung an der Flächengröße der übrigen statistischen Gemeindeteile orientiert werden.

1.1.5 Wenn amtliche Orts- oder Wohnplatzverzeichnisse vorhanden sind, sollen sich die statistischen Gemeindeteile aus den amtlich festgelegten Orts- und Gemeindeteilen oder Wohnplätzen zusammensetzen. Sofern es die organisatorischen und technischen Voraussetzungen ermöglichen, sollen für Sonderauswertungen mit Hilfe der EDV auch auf der Ebene der sehr feinkörnigen Gliederung (amtliche Orts- und Wohnplatzverzeichnisse) raumbedeutsame statistische Daten auf Datenträgern bereitgehalten werden.

1.2 Die Ministerkonferenz für Raumordnung hält die Aufbereitung und Ergebnisdokumentation für eine mit ihr noch abzustimmende Auswahl von Daten aus folgenden Statistiken nach statistischen Gemeindeteilen für erforderlich:

- Volks- und Berufszählung
- Nichtlandw. Arbeitsstättenzählung
- Gebäude- und Wohnungszählung
- Landwirtschaftszählung (Grund- und Vollzählung)
- Bevölkerungsfortschreibung

- Wanderstatistik
- Wohnungsbestand und -fortschreibung
- Fremdenverkehrsstatistik
- Bodennutzungserhebung
- Zensus im produzierenden Gewerbe (ohne Bauindustrie)
- Zensus im produzierenden Handwerk
- Zensus im produzierenden Gewerbe (Bauhauptgewerbe)
- Zensus der öffentlichen Energie- und Wasserversorgung
- Zensus im Handels- und Gaststättengewerbe
- Industriebericht
- Totalerhebung im Bauhauptgewerbe
- Baufertigstellungsstatistik
- Baufertigstellungen im öffentlich geförderten und steuerbegünstigten Wohnungsbau
- Statistik der allgemeinbildenden Schulen
- Statistik der berufsbildenden Schulen
- Schulanlagen-Statistik
- Krankenhausstatistik
- Umwelt-Statistiken.

1.3 Die Ministerkonferenz für Raumordnung empfiehlt, folgende rechtliche und organisatorische Vorkehrungen zur Sicherung der Anwendung von statistischen Gemeindeteilen zutreffen:

1.3.1 Die Bildung von statistischen Gemeindeteilen sollte so rechtzeitig abgeschlossen werden, daß sie für die nächsten Zwischenzählungen und anschließend auch in den übrigen obengenannten Statistiken Anwendung finden können.

1.3.2 Die statistischen Gemeindeteile sollten durch einen dreistelligen Zusatz zur Gemeindekennziffer numeriert werden. Vorhandene und zukünftige Aufbereitungsprogramme sind entsprechend zu gestalten. Das gleiche gilt für Abrufungsmöglichkeiten bei statistischen Datenbänken; in Einzelfällen dürfte es jedoch auch ausreichen, wenn Zwischenergebnisse für statistische Gemeindeteile nach Abschluß der Plausibilitätskontrolle auf Datenträgern für Sonderauswertungen durch die Raumordnung zur Verfügung gestellt werden.

1.3.3 Es sind die Voraussetzungen zu schaffen, daß eine sachlich-zeitlich begrenzte Auswahl von Daten aus zurückliegenden statistischen Erhebungen nach statistischen Gemeindeteilen aufbereitet werden kann (Zeitreihen). Es ist

hierzu erforderlich, daß die räumliche Abgrenzung der statistischen Gemeindeteile konstant gehalten wird.

1.3.4 Es ist Vorsorge dafür zu treffen, daß die rechtlichen und materiellen
Voraussetzungen für die vorgeschlagenen Verbesserungen der Regionalstatistik
geschaffen werden; bei zukünftigen neu anlaufenden Statistiken sollte dies
bereits durch entsprechende gesetzliche Bestimmungen erfolgen.

2. Die Ministerkonferenz für Raumordnung ist der Auffassung, daß die Verbesserung der Regionalstatistik unverzüglich in Angriff genommen werden sollte,
dammit sich die in der jüngsten Vergangenheit bereits stark eingeschränkte
Kleinräumigkeit der statistischen Information nicht noch weiter verschlechtert.

32. Entschliessung: Zur Netzplanung der Deutschen Bundesbahn (16.1.1976)

Bei der Netzplanung der Deutschen Bundesbahn handelt es sich um raumbedeutsame
Planungen und Maßnahmen, die nach den Vorschriften des Raumordnungsgesetzes
abzustimmen sind. Die Bundesregierung wird gebeten, sicherzustellen, daß eine
rechtzeitige Beteiligung und umfassende Unterrichtung der Ministerkonferenz
für Raumordnung und der obersten Landesplanungsbehörden erfolgt.

Die Ministerkonferenz für Raumordnung begrüßt die Absicht der Bundesregierung,
notwendige Änderungen im Streckennetz der Deutschen Bundesbahn auf der Grundlage einer langfristigen Gesamtkonzeption durchzuführen. Wegen der besonderen
Bedeutung dieser Netzplanung für die Raumordnung im Bundesgebiet ist es erforderlich, daß nicht lediglich das Ergebnis einer rein betriebswirtschaftlichen
Streckenbewertung der Deutschen Bundesbahn zur Diskussion gestellt wird, sondern daß auf dieser Grundlage die Bundesregierung einen Planentwurf vorlegt,
der die gemeinwirtschaftlichen Aufgaben und Verpflichtungen der Deutschen
Bundesbahn berücksichtigt. Dabei müssen aus der Sicht der Raumordnung und
Landesplanung insbesondere die folgenden Gesichtspunkte in die Bewertung des
Netzes der Deutschen Bundesbahn Eingang finden:

1. Eine ausreichende Bedienung der Fläche muß sichergestellt bleiben. Hierbei
darf nicht nur auf das zu erwartende Verkehrsaufkommen abgestellt werden,
sondern es muß jeweils auch die anzustrebende regionale Verteilung der Bevölkerung und der Arbeitsplätze sowie die Wirtschafts- und Siedlungsstruktur in
die Bewertung einbezogen werden.

2. Güter- und Personenverkehr sind getrennt zu bewerten.

3. Auf die Abhängigkeit bestimmter Wirtschaftsbereiche von einem Bahnanschluß ist insbesondere in strukturschwachen Gebieten Rücksicht zu nehmen.

4. Auch bei Änderungen im Nahverkehr muß eine ausreichende interregionale Netzbildung gewährleistet bleiben.

Nach Auffassung der Ministerkonferenz für Raumordnung kann eine sachgerechte Bewertung der beabsichtigten Änderung im Netz der Deutschen Bundesbahn nur auf der Grundlage eines Gesamtkonzeptes vorgenommen werden, das auch Aussagen über ergänzende Rationalisierungsmaßnahmen enthält.

33. BESCHLUSS: GRUNDSÄTZE UND KRITERIEN ZUR FESTLEGUNG VON ENTWICKLUNGSZENTREN NACH DEM BROP 1975 (9.6.1976)

"Die Ministerkonferenz für Raumordnung

1. beschließt, daß der Hauptausschuß die folgenden Grundsätze bei der weiteren Arbeit am BROP, insbesondere bei der Festlegung einheitlicher Kriterien für Entwicklungszentren (EZ), unter Beachtung der dezentralen Konzentration als flächendeckendem Prinzip zugrundezulegen hat:

   - EZ stellen kein neues flächendeckendes System im Gegensatz zum System der zentralen Orte dar;
   - EZ sind einzelne, schwerpunktmäßig zu fördernde Orte in strukturschwachen Gebieten;
   - in Gebieten ohne ausreichende Verdichtung kommen auch solche Orte in Frage, deren Einzugsbereich die Größe von 40 000 Einwohnern nicht erreicht;
   - EZ stellen in der Regel eine Auswahl von Mittelzentren dar.

2. beschließt, das vom Bund und einigen Ländern in der Arbeitsgruppe Bundesraumordnungsprogramm vorgelegte Papier über Grundsätze und Kriterien zur Festlegung der Entwicklungszentren vom 8. März 1976 (Kriterienkatalog) dem Hauptausschuß als Arbeitsgrundlage zuzuleiten mit der Maßgabe, es mit dem Vorschlag des Landes Rheinland-Pfalz zu verbinden und länderweise Rechnungen als Voraussetzung für die Festlegung der Zahl von Entwicklungszentren vorzunehmen. Das abgestimmte Ergebnis dieser Berechnungen wird der Ministerkonferenz für Raumordnung zur Entscheidung vorgelegt.

3. stellt fest, daß die vom Bund vorgelegte Beschreibung des Entwicklungspotentials des Bundes für die weitere Arbeit des Hauptausschusses als eine ausreichende Grundlage angesehen wird".

34. ENTSCHLIESSUNG: NEUE NETZKONZEPTION DER DEUTSCHEN BUNDESBAHN (11.5.1977)

I. Die Ministerkonferenz für Raumordnung hat sich bereits vor Bekanntwerden der Einzelheiten des nunmehr vorliegenden Bewertungsverfahrens mit der Entschließung vom 16.1.1976 zur Netzplanung der Deutschen Bundesbahn geäußert. Sie hat dabei u.a. folgende Forderungen erhoben:

1. Eine ausreichende Bedienung der Fläche muß sichergestellt bleiben. Hierbei darf nicht nur auf das zu erwartende Verkehrsaufkommen abgestellt werden, sondern es muß jeweils auch die anzustrebende regionale Verteilung der Bevölkerung und der Arbeitsplätze sowie der Wirtschafts- und Siedlungsstruktur in die Bewertung einbezogen werden.

2. Güter- und Personenverkehr sind getrennt zu bewerten.

3. Auf die Abhängigkeit bestimmter Wirtschaftsbereiche von einem Bahnanschluß ist insbesondere in strukturschwachen Gebieten Rücksicht zu nehmen.

4. Auch bei Änderungen im Schienenpersonennahverkehr muß eine ausreichende innerregionale Netzbildung gewährleistet bleiben.

In dieser Entschließung wird ferner gefordert, daß eine sachgerechte Bewertung der beabsichtigten Änderung im Netz der Deutschen Bundesbhn nur auf der Grundlage eines Gesamtkonzeptes vorgenommen werden kann, das auch Aussagen über ergänzende Rationalisierungsmaßnahmen enthält.

II. Die Ministerkonferenz für Raumordnung begrüßt, daß ihre Entschließung vom 16. 1. 1976 im Bewertungsverfahren des Bundes in folgenden Punkten berücksichtigt worden ist:

- getrennte Bewertung des Güter- und Personenverkehrs,
- Berücksichtigung der Abhängigkeit bestimmter Wirtschaftsbereiche von einem Bahnanschluß,

169

- Berücksichtigung der regionalen Verteilung der Bevölkerung nach Mittelbereichen sowie einer Komponente für den Fremdenverkehr bei der Bewertung des Personenverkehrs.

Ob die gewählten Gewichtungen der Bedeutung dieser Faktoren gerecht werden, läßt sich erst nach Vorlage einer nachvollziehbaren Bewertung aller Einzelstrecken beurteilen.

Die zugesagte besondere Bewertung der Strecken, die zentrale Orte mittlerer Stufe miteinander verbinden, ist unberücksichtigt geblieben. Mit diesem Anliegen sollte zugleich in einer dem Schienenverkehr gerecht werdenden Weise das Achsenprinzip Berücksichtigung finden, wie es im Bundesraumordnungsprogramm und in Landesentwicklungsprogrammen und -plänen festgehalten ist. Diesem Gesichtspunkt ist durch eine nachträgliche Plausibilitätskontrolle Rechnung zu tragen. Bei der Einzelbetrachtung der Strecken muß auch die kleinräumige Bevölkerungsentwicklung berücksichtigt werden.

III. Eine Entscheidung über die neue Netzkonzeption kann nicht isoliert getroffen werden. Sie ist im Zusammenhang mit einer neuen Gesamtkonzeption für die Deutsche Bundesbahn und für den öffentlichen Personennahverkehr zu entwickkeln.

Den im Bewertungsverfahren aufgenommenen raumordnerischen Vorstellungen muß auch die tatsächliche Netzkonzeption entsprechen. Aus dem Bewertungsverfahren kann wegen seiner notwendigen Allgemeinheit und der bei gleichartigen Strecken sehr unterschiedlichen bahnseitigen Kosten eine definitive Entscheidung nicht abgeleitet werden. Um so mehr ist darauf zu achten, daß bei der Entscheidung folgende Grundpositionen gewahrt bleiben:

1. Der Güterverkehr bleibt bestehen, soweit er für die regionale Wirtschaftsentwicklung erforderlich ist und die verladende Wirtschaft den Bahnanschluß ausreichend nutzt oder eine solche ausreichende Nutzung für die nähere Zukunft erwartet werden kann.

2. Der raumerschließenden Bedeutung des Schienenpersonenfernverkehrs muß durch eine hinreichende Maschendichte des verbleibenden Schienenpersonenverkehrsnetzes Rechnung getragen werden.

3. Soweit Schienenpersonenverkehr eingestellt werden muß, ist für eine gleichwertige Bedienung durch den öffentlichen Personenverkehr auf der Straße zu

sorgen. Eine gleichwertige Bedienung liegt für zentrale Orte und bedeutende Fremdenverkehrsorte nur vor, wenn folgende Bedingungen erfüllt sind:

a) Die Reisezeit zu den zentralen Orten und bedeutenden Fremdenverkehrszentren darf gegenüber dem bestehenden Zustand nicht verschlechtert werden.

   Dies ist bei Strecken, die über den Nahbereich hinausgehen, durch Omnibusse des öffentlichen Personennahverkehrs in der Regel nicht gesichert. Zur Erhaltung der Reisezeiten zu zentralen Orten und zu bedeutenden Fremdenverkehrsorten bietet sich die Einrichtung von Eilbussen an. Dafür sind erforderlichenfalls die Straßenverhältnisse zu verbessern.

b) Von den zentralen Orten und Fremdenverkehrsorten muß die Lösung von Fahrkarten zu allen Zielorten der Deutschen Bundesbahn möglich sein.

c) Die durchgehende Reisegepäckabfertigung zu und von den zentralen Orten und bedeutenden Fremdenverkehrsorten und die Mitnahme von Gepäck müssen gesichert sein.

d) Die bundesweite Publizität des Busverkehrs ist durch die Aufnahme von Anschlußlinien in das Kursbuch des Schienenpersonenverkehrs sowie durch Querverweise im Kursbuch herzustellen.

e) Die Straßenersatzverkehre müssen durch entsprechende Gestaltung der Konzession langfristig gesichert sein.

Gleichzeitig sollen - erforderlichenfalls auch durch Änderung gesetzlicher Grundlagen - regionale Verkehrsverbände bzw. -gemeinschaften von allen in einer Region vertretenen öffentlichen Verkehrsunternehmen einschließlich der Bundesunternehmen Bahn und Post verstärkt angestrebt werden.

4. Schienennahverkehrsstrecken sind in den Verdichtungsräumen und ihren Randzonen zur Bewältigung des Nahverkehrs aus Gründen der Straßenentlastung, des Umweltschutzes, der Sicherheit und der städtebaulichen Entwicklung besonders geeignet, sie sind daher in diesen Räumen in der Regel zu erhalten.

5. Die getroffenen Entscheidungen müssen hinsichtlich des verbleibenden Netzes langfristig gültig bleiben. Nur dadurch läßt sich die für die Wirtschaft und für die staatliche und kommunale Planung erforderliche Dispositionssicherheit gewährleisten.

6. Die Deutsche Bundesbahn soll auf dem verbleibenden Netz eine bedarfsgerechte Bedienung gewährleisten und die bisherige Bedienung nach Möglichkeit verbessern. Insbesondere sollte ein dem Intercity- und S-Bahnverkehr vergleichbarer Eilzugtaktverkehr angestrebt werden. Die Investitionen der Deutschen Bundesbahn müssen dementsprechend dem gesamten Netz zugutekommen.

35. Entschliessung: Gestaltung der Ordnungsräume (Verdichtungs-
räume und ihre Randgebiete) (31.10.1977)

1. Allgemeines

Die Ministerkonferenz für Raumordnung hält es für erforderlich, die mit der
Verdichtung der Siedlungsstruktur in den Verdichtungsräumen einschließlich
ihrer Randgebiete verstärkt auftretenden Nutzungskonflikte aufzuzeigen sowie
Ziele, Instrumente und Maßnahmen für ihre Lösung zu benennen. Diese Räume werden hier als Ordnungsräume bezeichnet, weil in ihnen in besonderem Maße ord-
nende Maßnahmen und damit eine stärkere planerische Beeinflussung der räumlichen Nutzung als in anderen Räumen geboten sind.

Die Einbeziehung der Randgebiete in die raumordnerische Bewertung und Planung
ist notwendig, weil der Verdichtungsprozeß, insbesondere im Baugeschehen,
fortschreitet und die Verflechtungen mit dem Kernraum zunehmen. Diese Randgebiete haben durch ihre Lage in unmittelbarer Nähe des Verdichtungsraumes
gegenüber dem ländlichen Raum Standortvorteile und werden auch bei abnehmender
Gesamtbevölkerung künftig vielfach einer starken Siedlungstätigkeit - auch aus
dem Kernraum der Verdichtung - ausgesetzt sein.

Es werden Kriterien für eine Abgrenzung der Ordnungsräume vorgeschlagen. Diese
Abgrenzung ist in den Programmen und Plänen der Länder noch unter raumordnerischen Gesichtspunkten nach regionalen Besonderheiten auszuformen.

Mit dieser Entschließung werden die Entschließung der Ministerkonferenz für
Raumordnung zu Fragen der Verdichtungsräume vom 21. November 1968, nach der
Ordnungsräume eine Raumkategorie besonderer Art darstellen, die aus einem
Verdichtungsraum und seinen Randgebieten besteht, und der Beschluß der Mini-
sterkonferenz für Raumordnung über das Verhältnis zwischen Verdichtungsräumen
und anderen Räumen vom 30. Mai 1973 konkretisiert.

Neben den in dieser Entschließung behandelten Ordnungsräumen gibt es in den
übrigen Räumen schwächere Verdichtungen, die ähnliche Problemsituationen haben

und ähnliche Zielaussagen benötigen.

Einen Sonderfall stellt das Rhein-Ruhr-Gebiet dar, das durch eine großräumige Verdichtung gekennzeichnet ist. Dort besteht, entsprechend der landesplanerischen Festlegung, eine weitgehende Identität von Verdichtungsraum und Ordnungsraum.

2. Verhältnis zu anderen Räumen

Die Abgrenzung der Ordnungsräume soll dazu beitragen, bei raumbedeutsamen Planungen und Maßnahmen die in der Regel unterschiedlichen Entwicklungsvoraussetzungen zwischen den Ordnungsräumen und dem übrigen Raum zu berücksichtigen.

Den Bewohnern und Betrieben in den Ordnungsräumen kommen die Vorteile der großflächigen Verdichtung zugute. Sie bestehen im allgemeinen in vielseitigen und qualifizierten Arbeitsmöglichkeiten und Einrichtungen der Infrastruktur sowie in Fühlungsvorteilen.

Die Ordnungsräume sind dank dieser Standortvorteile in der Regel bei ihrer wirtschaftlichen Entwicklung im Verhältnis zum übrigen Raum begünstigt und können sich weitgehend auf ihre eigene Wirtschaftskraft und Attraktivität stützen; dies schließt allerdings Maßnahmen zur Beseitigung von Entwicklungsproblemen für einzelne Ordnungsräume in strukturschwachen Gebieten ebensowenig aus, wie Hilfen zur Beseitigung struktureller Probleme aufgrund besonderer Situationen. Dagegen wirken sich die von den Verdichtungsräumen ausgehenden Impulse auf den außerhalb des Ordnungsraumes gelegenen Raum kaum noch aus. Dort sind deshalb in der Regel größere Anstrengungen und Hilfen notwendig, um die Lebensbedingungen nachhaltig zu verbessern.

In einer Mittlerstellung zwischen Ordnungsraum und ländlichem Raum befinden sich die am Rand des Ordnungsraums gelegenen größeren zentralen Orte; ihnen kommt besondere Bedeutung zu, weil sie unter Ausnutzung der Kontaktvorteile zu den Verdichtungsräumen geeignet sind, wichtige Entwicklungsimpulse in den benachbarten ländlichen Raum hinein zu entfalten.

3. Landesplanerische Gesamtkonzeption

Die Strukturen und Entwicklungen in den Ordnungsräumen erfordern für die Berücksichtigung der nachfolgenden Gesichtspunkte eine landesplanerische Gesamtkonzeption. Dabei muß die Besonderheit der einzelnen Ordnungsräume beachtet werden, z.B. ihre Zugehörigkeit zum Zonenrandgebiet.

3.1 Siedlungsstruktur

Einer ringförmigen Ausbreitung der Siedlungsflächen um den Verdichtungskern soll entgegengewirkt werden. Zwischen den Siedlungen sollen ausreichend Freiräume erhalten bleiben.

In den Ordnungsräumen ist das Schwergewicht der künftigen Entwicklung auf die qualitative Verbesserung der Lebens-, Arbeits- und Umweltbedingungen zu legen. Die Siedlungsentwicklung soll sich deshalb vorrangig an Siedlungsachsen ausrichten, die durch eine dichte Folge von Siedlungen im Verlauf leistungsfähiger Verkehrseinrichtungen des öffentlichen Nahverkehrs gekennzeichnet sind. Die Siedlungsachsen sollen radial vom Verdichtungskern zu den Randgebieten des Ordnungsraums ausstrahlen. Zugleich soll durch Siedlungsachsen eine möglichst hohe Auslastung der Kapazitäten im öffentlichen Personennahverkehr erreicht werden. Bei der Entwicklung von Siedlungsachsen müssen nicht stets vollausgestattete zentrale Orte angestrebt werden. Die engen räumlichen Verflechtungen ermöglichen Funktionsteilungen.

Einer Entleerung der Kernstädte ist entgegenzuwirken.

3.2. Nahverkehrssystem

Wegen der weiträumigen und starken Verkehrsverflechtungen innerhalb der Ordnungsräume zwischen den Standorten für Wohnen, Arbeiten, Einkaufen, Bildung und Erholung/Freizeit ist ein leistungsfähiges Verkehrssystem bereitzustellen.

Durch Ausbau und eine verstärkte Inanspruchnahme des öffentlichen Personennahverkehrs soll der Individualverkehr in Grenzen gehalten werden, um

- die Umweltbelastungen zu verringern,
- die notwendigen Flächen für innenstadtspezifische Funktionen zu erhalten,
- zu einer geordneten Siedlungsentwicklung außerhalb des Verdichtungskerns beizutragen und
- den Wirtschaftsverkehr zu erleichtern.

Bei den öffentlichen Verkehrsmitteln ist eine ihren systembedingten Eigenschaften entsprechende Aufgabenteilung anzustreben:

- Stärkung des schienengebundenen Verkehrs auf dem vorhandenen oder gegebenenfalls noch zu ergänzenden Streckennetz bei weitestgehender Einschränkung
  konkurrierender schienenparalleler - auch bahneigener - Omnibusverkehre und
- Ergänzungsverkehr mit Omnibussen zur Anbindung bahnfern gelegener Orte an
  das punktaxiale System mit gut abgestimmten Anschlüssen an den Schienenverkehr. Die Ausgestaltung des Nahverkehrssystems hängt im einzelnen von
  Größe, Zahl und Abstand der an den Verkehrswegen gelegenen Siedlungen ab.

Besonders in den Kernräumen sind dem öffentlichen Nahverkehr verstärkt vom
Individualverkehr getrennte Spuren zuzuweisen (eigener Bahnkörper, besondere
Busspuren). Siedlungsentwicklung und öffentliche Verkehrsbedienung müssen aufeinander abgestimmt werden. Die Wohnbebauung soll sich in günstiger Zuordnung
zu den Haltepunkten des öffentlichen Personennahverkehrs konzentrieren. Zwischen den Endpunkten der Siedlungsachsen in den Randzonen und den Verdichtungskernen sollten 45 Fahrminuten im ÖPNV möglichst nicht überschritten
werden.

Auch durch geeignete andere Schritte sollen die Voraussetzungen dafür geschaffen werden, daß der Schienenverkehr eine möglichst dichte und attraktive
Verkehrsbedienung aufweist und seinen jetzigen Anteil an dem gesamten Verkehrsaufkommen halten bzw. erhöhen kann. Beabsichtigten Betriebseinschränkun-
gen und nachfolgenden Stillegungen von Strecken, die in Siedlungsachsen verlaufen oder sonst Siedlungen mit starkem Verkehrsaufkommen bedienen, ist
entgegenzuwirken.

In den Ordnungsräumen empfehlen sich Verkehrsverbünde, abgestimmte Netz-,
Fahrplan- und Tarifgestaltung, mindestens aber eine intensive Zusammenarbeit
aller im öffentlichen Personennahverkehr beteiligten Träger unter Einschluß
der Schiene.

3.3 Freiräume

Freiräume umfassen in erster Linie die Räume zwischen den Siedlungsachsen,
reichen aber auch als gliedernde Grün- und Freiflächen in diese hinein. Die
Räume zwischen den Achsen enthalten neben Freiflächen vorhandene Siedlungen,
darunter auch zentrale Orte unterer Stufe.

Zum Ausgleich der Belastungen von Natur und Umwelt werden ausreichende Freiräume benötigt. Es ist anzustreben, den ökologischen Ausgleich für umweltschä-
digende Einflüsse möglichst nahe am Ort des Entstehens und weitgehend innerhalb der Ordnungsräume selbst herzustellen; dieser fordert u.a. einen sorgsa-
men Umgang mit den noch vorhandenen Ressourcen und die Erhaltung ausreichend
großer Grün- und Erholungsräume in der Nähe und innerhalb der Verdichtungsräume.

Die Funktionsfähigkeit dieser Freiräume ist durch eine aktive Freiraumplanung
vorrangig und nachhaltig sicherzustellen und ggf. zu verbessern. Dabei sind
die Lebens- und Arbeitsbedingungen der dort lebenden Bevölkerung angemessen zu
berücksichtigen.

In den Freiräumen sind Flächen für landschaftsbezogene Nutzungen zu sichern.
Dabei soll ergänzend zu den Belangen der Land- und Forstwirtschaft das Schwergewicht liegen

- im Verdichtungsraum bei der wohnungsnahen Erholung, Parks und Grünzügen
  unter Einbeziehung von Fuß- und Radwegsystemen in die Innenstädte, Klein-
  gärten und Klimaschneisen und
- in den Randgebieten bei Nah- und Wochenenderholung.

In den Freiräumen der Randgebiete ist auch Raum für notwendige überörtliche
Einrichtungen vorzusehen, die nicht in unmittelbarer Nähe der Hauptsiedlungs-
gebiete errichtet werden können. Dabei ist auf die Erhaltung der Funktionsfähigkeit der Freiräume zu achten.

Für die Nah- und Wochenenderholung soll, soweit erforderlich, an landesplanerisch und städtebaulich geeigneten Standorten eine Zusammenfassung freiflä-
chengebundener Freizeiteinrichtungen angestrebt werden. Eine Neuausweisung von
Wochenendhausgebieten soll generell möglichst außerhalb der Ordnungsräume erfolgen.

Um die vorgenannten Ziele zur Sicherung der Freiräume nicht zu gefährden und
um zugleich eine Stärkung der Siedlungsschwerpunkte im Zuge der Siedlungsachsen herbeizuführen, sollen innerhalb der Freiräume über den seitens der Länder
näher zu konkretisierenden Eigenbedarf hinaus neue Siedlungsgebiete nur in besonders begründeten Fällen ausgewiesen werden.

4. Bestimmung der Ordnungsräume

Bei der Abgrenzung der Ordnungsräume ist auf der Grundlage von Nahbereichen von folgenden Kriterien auszugehen:

Anteil der Berufspendler 1970 aus Nahbereichen des Randgebietes in benachbarte Verdichtungsräume an den Erwerbstätigen dieses Nahbereiches in Höhe von etwa 15% und mehr und

Anzahl der Berufspendler 1970 aus den Nahbereichen in benachbarte Verdichtungsräume – bezogen auf die Fläche des Nahbereichs – von etwa 10 Auspendlern je km^2 oder ersatzweise Einbeziehung aller Nahbereiche, die Teile des Verdichtungsraumes erfassen.

Siedlungsachsen sollen in ihrer vollen Länge, d.h. einschließlich der äußeren Achsenschwerpunkte und überwiegend mit ihren Nahbereichen aufgenommen werden.

Nahbereiche sollen zusätzlich einbezogen werden, wenn andere enge Funktionsbeziehungen zum Verdichtungsraum bestehen, z.B. im Falle von Flughafenflächen oder Räumen mit umfangreichen Naherholungsmaßnahmen für die großstädtische Bevölkerung.

Die auf der Grundlage dieser Merkmale gebildeten Räume können aufgrund örtlicher Gegebenheiten und der Beachtung der Planungsziele einer Korrektur unterzogen werden.

36. Entschliessung: Abstimmung von Programmen und Plänen der Landesplanung mit den Behörden des Bundes (31.10.1977)

I. Allgemeines

1. Gegenstand dieser Regelung ist

1.1 die Abstimmung von Programmen und Plänen, die Ziele der Raumordnung und Landesplanung enthalten, § 4 Abs. 5 des Raumordnungsgesetzes des Bundes vom 8. April 1965 (BGBl. I S. 306) (ROG),

1.2 die Unterichtung des Bundesministers für Raumordnung, Bauwesen und Städtebau (BMBau) durch die für die Raumordnung zuständigen obersten Landesplanungsbehörden über die in ihren Ländern aufzustellenden und aufgestellten Programme und Pläne nach § 10 Abs. 2 Nr. 1 ROG,

1.3 die Abstimmung von Vorhaben der Planungsträger des Bundes mit den für die Raumordnung zuständigen Landesplanungsbehörden und den Trägern der Regionalplanung im Rahmen der Abstimmung von Programmen und Plänen, § 4 Abs. 5 ROG,

1.4 die Unterrichtung der für die Raumordnung zuständigen obersten Landesbehörden über Vorhaben der Planungsträger des Bundes durch den BMBau (§ 10 Abs. 1 Satz 2 ROG) und durch Planungsträger des Bundes (§ 10 Abs. 1 Satz 3 ROG) im Rahmen der Abstimmung von Programmen und Plänen,

1.5 die Bindungswirkung von Zielen der Raumordnung und Landesplanung nach § 5 Abs. 4 ROG und

1.6 der Widerspruch nach § 6 ROG.

Unberührt bleiben besondere Verfahrensregelungen in Fachplanungsgesetzen des Bundes.

2. Programme und Pläne der Landesplanung

2.1 Die Länder stellen für ihr Gebiet übergeordnete und zusammenfassende Programme und Pläne auf, § 5 Abs. 1 Satz 1 ROG. Die Aufstellung räumlicher und sachlicher Teilprogramme und Teilpläne ist zulässig, § 5 Abs. 1 Satz 2 ROG.

In den Ländern Berlin, Bremen und Hamburg ersetzt ein Flächennutzungsplan nach § 5 des BBauG die Programme und Pläne, § 5 Abs. 1 Satz 5 ROG.

2.2 Für Teilräume eines Landes können Regionalpläne nach Landesplanungsrecht aufgestellt werden, § 5 Abs. 3 Satz 1 ROG.

3. Planungsträger des Bundes

Unter Planungsträgern des Bundes werden im folgenden verstanden:

- die Behörden des Bundes,
- die bundesunmittelbaren Planungsträger und

- im Rahmen der ihnen obliegenden Aufgaben die bundesunmittelbaren Körperschaften, Anstalten und Stiftungen des öffentlichen Rechts, § 3 Abs. 1 ROG.

4. Vorhaben

Unter Vorhaben werden im folgenden verstanden:

Planungen und sonstige Maßnahmen, durch die Grund und Boden in Anspruch genom-
men oder die räumliche Entwicklung eines Gebietes beeinflußt wird, § 3 Abs. 1
ROG. Hierzu gehören auch Veränderungen bestehender Einrichtungen oder ihres
Betriebes, wenn sich diese auf den Raum auswirken können.

**II. Abstimmung übergeordneter zusammenfassender Programme und Pläne für das
Gebiet eines Landes und seine Teilräume (§ 5 Abs. 1 Satz 1 und Abs. 3 ROG)**

A. Ausarbeiten des Entwurfs

5.1 Programme und Pläne für das Gebiet eines Landes

Die oberste Landesplanungsbehörde unterrichtet

- den BMBau sowie
- die Planungsträger des Bundes im Lande so früh wie möglich über die Absicht, ein Programm oder einen Plan (im folgenden "Plan" genannt) auszuarbeiten, § 10 Abs. 2 Nr. 1, 1. Alternative ROG, § 4 Abs. 5 ROG.

5.2 Regionalpläne

Der Träger der Regionalplanung unterrichtet die für das Plangebiet zuständigen
Planungsträger des Bundes im Lande, die oberste Landesplanungsbehörde unter-
richtet den BMBau so früh wie möglich über die Absicht, einen Regionalplan
(Regionalprogramm) auszuarbeiten, § 10 Abs. 2 Nr. 1, 1. Alternative und § 4
Abs. 5 ROG.

Von einer unmittelbaren Beteiligung oberster Bundesbehörden durch den Träger
der Regionalplanung ist abzusehen.

5.3 In den Fällen 5.1 und 5.2 teilt die oberste Landesplanungsbehörde dem
BMBau außerdem mit, welche Planungsträger des Bundes im Lande über die Absicht

unterrichtet worden sind.

In jedem Fall kommen in Betracht:

- die Oberfinanzdirektion (Bundesvermögensabteilung),
- die Wehrbereichsverwaltung,
- die Bundesbahndirektion,
- die Oberpostdirektion,
- die Wasser- und Schiffahrtsdirektion sowie
- das Landesarbeitsamt.

6. Die beteiligten Planungsträger des Bundes im Lande teilen der obersten Landesplanungsbehörde beziehungsweise dem Träger der Regionalplanung Vorhaben des Bundes, die sich im Plangebiet auswirken können, mit. Sie unterrichten hiervon das zuständige Bundesressort.

7. Der BMBau unterrichtet die Fachressorts des Bundes über die beabsichtigte Ausarbeitung eines Plans und bittet sie, die Vorhaben ihres Geschäftsbereichs die sich im Plangebiet auswirken können, ihm mitzuteilen, § 10 Abs. 1 Satz 1, § 4 Abs. 5 ROG.

8. Der BMBau unterrichtet die oberste Landesplanungsbehörde über die nach Nr. 7 mitgeteilten Vorhaben des Bundes. Die oberste Landesplanungsbehörde unterrichtet den Träger der Regionalplanung entsprechend.

B. Abstimmen des Planentwurfs

9.1 Programme und Pläne für das Gebiet eines Landes

Die oberste Landesplanungsbehörde übersendet den Planentwurf

- dem BMBau (35 Ausfertigungen) und
- den beteiligten Planungsträgern des Bundes im Lande.

9.2 Regionalpläne

Der Träger der Regionalplanung übersendet den Planentwurf den beteiligten Planungsträgern des Bundes im Lande, die oberste Landesplanungsbehörde dem BMBau (35 Ausfertigungen).

9.3 In den Fällen 9.1 und 9.2 teilt die oberste Landesplanungsbehörde dem BMBau mit,

- in welchen vom Bund als wesentlich bezeichneten Punkten und aus welchen Gründen Stellungnahmen des Bundes nicht berücksichtigt worden sind,
- innerhalb welchen, regelmäßig 3 Monate umfassenden Zeitraumes die abschließende Stellungnahme des Bundes erwartet wird.

10. Der BMBau unterrichtet die Fachressorts des Bundes und bittet sie

- um Stellungnahme zum Planentwurf und
- um Mitteilung neuer Vorhaben, die sich im Plangebiet auswirken können.

Keiner Mitteilung bedürfen neue Vorhaben, die der obersten Landesplanungsbehörde nach anderen bundesgesetzlichen Vorschriften (vgl. § 10 Abs. 1 Satz 3 ROG) bekanntgegeben worden sind. Die Fachressorts können sich auf die Stellungnahmen und Mitteilungen der Planungsträger des Bundes im Lande beziehen (Nr.11).

11. Die Planungsträger des Bundes im Lande geben ihre Stellungnahme zum Planentwurf gegenüber dem zuständigen Bundesressort ab und teilen neue Vorhaben im Plangebiet mit. Sie unterrichten hiervon die oberste Landesplanungsbehörde.

12. Der BMBau gibt der obersten Landesplanungsbehörde innerhalb der Äußerungsfrist die abschließende Stellungnahme des Bundes bekannt. Kann eine Stellungnahme in begründeten Ausnahmefällen nicht fristgerecht abgegeben werden, unterrichtet der BMBau die oberste Landesplanungsbehörde hiervon innerhalb der Äußerungsfrist und gibt einen angemessenen Zeitraum an, innerhalb dessen die Stellungnahme abgegeben wird. Äußert sich der BMBau nicht fristgerecht, so kann die oberste Landesplanungsbehörde davon ausgehen, daß eine Stellungnahme nicht erfolgt. Im Fall der Regionalplanung unterrichtet die oberste Landesplanungsbehörde den Träger der Regionalplanung entsprechend.

13. Kann die abschließende Stellungnahme des Bundes in von ihm als wesentlich bezeichneten Punkten im Plan nicht berücksichtigt werden, unterrichtet die oberste Landesplanungsbehörde hiervon unter Angabe der Gründe

- den BMBau und
- die davon berührten Planungsträger des Bundes im Lande

nach Möglichkeit vor Verbindlichwerden des Plans. Der BMBau unterrichtet die davon berührten Fachressorts des Bundes.

Wegen der Voraussetzungen für das Erheben eines Widerspruchs nach § 6 ROG vgl. Abschnitt IV Nrn. 27 bis einschließlich 29. Bereits vor Erheben eines Widerspruchs nach § 6 ROG kann eine gemeinsame Beratung nach § 8 ROG in Betracht kommen; entsprechendes gilt, wenn ein Widerspruch nach Art des Vorhabens nicht zulässig ist.

C. Übersenden des verbindlichen Plans

14.1 Programme und Pläne für das Gebiet eines Landes

Die oberste Landesplanungsbehörde übersendet den verbindlichen Plan

- dem BMBau (35 Ausfertigungen), § 10 Abs. 2 Nr. 1, 2. Alternative ROG, und
- den beteiligten Behörden des Bundes im Lande.

14.2 Regionalpläne

Der Träger der Regionalplanung übersendet den verbindlichen Plan den beteiligten Planungsträgern des Bundes im Lande, die oberste Landesplanungsbehörde dem BMBau (35 Ausfertigungen), § 10 Abs. 2 Nr. 1, 2. Alternative ROG.

15. Der BMBau unterrichtet die Fachressorts des Bundes unter Übersendung des Plans.

D. Teilpläne und Fortschreibung

16. Die Nrn. 5.1 bis einschließlich 15 gelten entsprechend

- für die Abstimmung räumlicher und sachlicher Teilprogramme und Teilpläne nach § 5 Abs. 1 Satz 2 und Abs. 3 ROG (zu den von Fachbehörden der Länder auszuarbeitenden Programme und Plänen vgl. Abschnitt III),
- für die Fortschreibung von Programmen und Plänen; hierbei sollen die Änderungen im Planentwurf nach Möglichkeit kenntlich gemacht werden.
- In den Ländern Berlin, Bremen und Hamburg sind Änderungen der Flächennutzungspläne nur dann nach den Nrn. 5.1 bis 15 abzustimmen, wenn überörtliche Auswirkungen vorliegen.

III. Abstimmung fachlicher Programme und Pläne (§ 5 Abs. 1 Satz 2 ROG)

A. Ausarbeiten des Entwurfs

17. Die zuständige Fachbehörde des Landes unterrichtet die Planungsträger des Bundes im Lande, das Fachressort des Landes - soweit erforderlich - das zuständige Bundesressort so früh wie möglich über die Absicht, einen Plan auszuarbeiten.

Das Fachressort des Landes teilt dem zuständigen Bundesressort mit, welche Planungsträger des Bundes im Lande unterrichtet worden sind. In jedem Fall kommen in Betracht:

- die Oberfinanzdirektion (Bundesvermögensabteilung),
- die Wehrbereichsverwaltung,
- die Bundesbahndirektion,
- die Oberpostdirektion,
- die Wasser- und Schiffahrtsdirektion sowie
- das Landesarbeitsamt.

18. Die beteiligten Planungsträger des Bundes im Lande teilen der zuständigen Fachbehörde des Landes Vorhaben des Bundes, die sich im Plangebiet auswirken können, mit. Sie unterrichten hiervon die oberste Landesplanungsbehörde und das zuständige Bundesressort sowie den BMBau. Ist das zuständige Bundesressort unterrichtet worden, so äußert es sich darüber gegenüber dem Fachressort des Landes.

B. Abstimmen des Planentwurfs

19. Den Planentwurf übersendet

- die zuständige Fachbehörde des Landes den Planungsträgern des Bundes im Lande,
- das Fachressort des Landes - soweit erforderlich - dem Bundesressort,
- die oberste Landesplanungsbehörde dem BMBau.

Die oberste Landesplanungsbehörde teilt dem BMBau mit,

- in welchen vom Bund als wesentlich bezeichneten Punkten und aus welchen Gründen Stellungnahmen des Bundes nicht berücksichtigt worden sind,

- innerhalb welchen, regelmäßig 3 Monate umfassenden Zeitraumes die abschließende Stellungnahme des Bundes erwartet wird.

20. Der BMBau unterrichtet die Fachressorts des Bundes und bittet sie

- um Stellungnahme zum Planentwurf und
- um Mitteilung neuer Vorhaben, die sich im Plangebiet auswirken können.

Keiner Mitteilung bedürfen neue Vorhaben, die der obersten Landesplanungsbehörde nach anderen bundesgesetzlichen Vorschriften (vgl. § 10 Abs. 1 Satz 3
ROG) bekanntgegeben sind. Die Fachressorts können sich auf die Stellungnahmen
und Mitteilungen der Planungsträger des Bundes im Lande beziehen (Nr. 11).

21. Der BMBau gibt der obersten Landesplanungsbehörde innerhalb der Äußerungsfrist die abschließende Stellungnahme des Bundes bekannt. Kann eine Stellungnahme in begründeten Ausnahmefällen nicht fristgerecht abgegeben werden, unterrichtet der BMBau die oberste Landesplanungsbehörde hiervon innerhalb der
Äußerungsfrist und gibt einen angemessenen Zeitraum an, innerhalb dessen die
Stellungnahme abgegeben wird. Äußert sich der BMBau nicht fristgerecht, so
kann die oberste Landesplanungsbehörde davon ausgehen, daß eine Stellungnahme
nicht erfolgt. Die oberste Landesplanungsbehörde unterrichtet die zuständige
Fachbehörde entsprechend.

22. Kann die abschließende Stellungnahme des Bundes in von ihm als wesentlich
bezeichneten Punkten im Plan nicht berücksichtigt werden, unterrichtet die
oberste Landesplanungsbehörde hiervon unter Angabe der Gründe den BMBau, die
Fachbehörde des Landes unterrichtet die davon berührten Planungsträger des
Bundes im Lande nach Möglichkeit vor Verbindlichwerden des Plans. Der BMBau
unterrichtet die davon berührten Fachressorts des Bundes.

Wegen der Voraussetzungen für das Erheben eines Widerspruchs nach § 6 ROG vgl.
Abschnitt IV Nr. 27 bis einschließlich 29. Bereits vor Erheben eines Widerspruchs nach § 6 ROG kann eine gemeinsame Beratung nach § 8 ROG in Betracht
kommen; entsprechendes gilt, wenn ein Widerspruch nach Art des Vorhabens nicht
zulässig ist.

C. Übersenden des verbindlichen Plans

23. Die oberste Landesplanungsbehörde übersendet den verbindlichen Plan dem
BMBau (35 Ausfertigungen), § 10 Abs. 2 Nr. 1, 2. Alternative ROG. Die Fachbe-

hörde des Landes übersendet den verbindlichen Plan den beteiligten Planungsträgern des Bundes im Lande.

24. Der BMBau unterrichtet die Fachressorts des Bundes unter Übersendung des
Plans.

D. Teilpläne und Fortschreibung

25. Die Nrn. 17 bis einschließlich 24 gelten entsprechend für die

- Abstimmung fachlicher Programme und Teilpläne sowie für die
- Fortschreibung fachlicher Programme und Pläne; hierbei sollten die Änderungen im Planentwurf nach Möglichkeit kenntlich gemacht werden.

**IV. Bindungswirkung von Zielen der Raumordnung und Landesplanung sowie
    Widerspruch nach § 6 ROG**

A. Bindungswirkung von Zielen der Raumordnung und Landesplanung

26. Umfang und Voraussetzung der Bindungswirkung

26.1 Nach § 5 Abs. 4 ROG sind die in Programmen und Plänen enthaltenen Ziele
der Raumordnung und Landesplanung von den in § 4 Abs. 5 ROG genannten Planungsträgern bei Vorhaben (vgl. Nr. 4) zu beachten.

Die Pflicht zur Beachtung bedeutet eine Bindung: Vorhaben der Planungsträger
müssen in Übereinstimmung mit den Zielen der Raumordnung und Landesplanung
stehen.

26.2 Voraussetzung für die Bindungswirkung nach § 5 Abs. 4 ROG gegenüber den
Planungsträgern des Bundes (vgl. Nr. 3) ist, daß diese bei der Ausarbeitung
der Ziele beteiligt worden sind. Eine Abstimmung nach Abschnitt II und III
erfüllt zugleich die Voraussetzungen einer Beteiligung der Behörden des Bundes
nach § 6 Abs. 1 ROG.

Bei Vorhaben nach § 6 Abs. 1 ROG ist weitere Voraussetzung, daß der Planungsträger des Bundes nicht widersprochen hat (vgl. Abschnitt IV B).

26.3 Nach § 13 Abs. 2 Satz 1 des Bundeswasserstraßengesetzes sind bei der Planung und Linienführung von Bundeswasserstraßen die Erfordernisse der Raumordnung und der Landesplanung zu beachten, soweit keine rechtsverbindlichen Programme oder Pläne nach § 5 ROG vorhanden sind oder diese keine Bestimmungen über die Planung und Linienführung enthalten.

B. Widerspruch nach § 6 ROG

27. Vorhaben nach § 6 Abs. 1 ROG

§ 6 ROG trifft eine Regelung für bestimmte Vorhaben von Planungsträgern des Bundes. Für diese tritt die Bindung nach § 5 Abs. 4 ROG unter den in § 6 näher bezeichneten Voraussetzungen nicht ein.

27.1 Das Vorhaben muß nach seiner besonderen öffentlichen Zweckbestimmung einen bestimmten Standort oder eine bestimmte Linienführung erfordern oder

27.2 es soll auf Grundstücken durchgeführt werden, die nach dem Gesetz über die Landbeschaffung für Aufgaben der Verteidigung oder nach dem Gesetz über die Beschränkung von Grundeigentum für die militärische Verteidigung in Anspruch genommen sind, oder

27.3 über das Vorhaben ist in einem Verfahren nach dem Bundesfernstraßengesetz, dem Bundesbahngesetz, dem Personenbeförderungsgesetz, dem Telegrafenwegegesetz oder dem Luftverkehrsgesetz zu entscheiden.

28. Bei der Planung und Linienführung von Bundeswasserstraßen gilt § 6 ROG nach § 13 Abs. 2 Satz 2 des Bundeswasserstraßengesetzes hinsichtlich der zu beachtenden Erfordernisse der Raumordnung und Landesplanung sinngemäß (vgl. Nr. 26.3).

29. Erheben des Widerspruchs

29.1 Der Widerspruch ist von den in § 6 Abs. 1 letzter Halbsatz ROG genannten Planungsträgern des Bundes innerhalb angemessener Frist bei der obersten Landesplanungsbehörde zu erheben. Dabei sind die Gründe für den Widerspruch darzulegen.

29.2 Bei den Behörden des Bundes beginnt die angemessene Frist für das Erheben des Widerspruchs mit der Unterrichtung nach Nr. 13 Satz 2 (vgl. auch Nr. 22

Satz 2).

29.3 Ist eine Entscheidung darüber, ob Widerspruch erhoben werden soll, innerhalb von 2 Monaten nicht möglich, so soll ein Zwischenbescheid erteilt werden.

29.4 Der Widerspruch kann gemäß § 6 Abs. 2 ROG nur darauf gestützt werden, daß die Ziele der Raumordnung und Landesplanung

- mit den Grundsätzen der Raumordnung nach § 2 ROG nicht übereinstimmen oder
- mit der Zweckbestimmung des Vorhabens nicht in Einklang stehen und das Vorhaben nicht auf einer anderen geeigneten Fläche durchgeführt werden kann.

29.5 Die Planungsträger des Bundes im Lande unterrichten die zuständige oberste Bundesbehörde über das Erheben des Widerspruchs. Die Fachressorts des Bundes unterrichten den BMBau über den von ihnen oder von Behörden ihres Geschäftsbereichs erhobenen Widerspruch.

29.6 Es empfiehlt sich, daß der zuständige Planungsträger des Bundes (vgl. Nr. 29.1) und die zuständige Stelle der Landesplanung vor der gemeinsamen Beratung nach § 8 ROG (vgl. Nr. 30) den Widerspruch mit dem Ziel einer Beilegung der Meinungsverschiedenheit gemeinsam erörtern.

30. Gemeinsame Beratung

30.1 Bei Zweifeln über die Berechtigung eines erhobenen Widerspruchs soll nach § 8 Abs. 1 Satz 2 Nr. 3 ROG gemeinsam beraten werden. Zuständig hierfür ist die Ministerkonferenz für Raumordnung (Verwaltungsabkommen vom 15. Juni 1967, Bundesanzeiger Nr. 122 S. 1). Die Beratung soll zu einer Empfehlung führen (§ 3 Abs. 1 des Verwaltungsabkommens).

30. Nach § 8 Abs. 2 Satz 1 ROG steht eine gemeinsame Beratung oder deren Möglichkeit der Einleitung und Durchführung gesetzlich geregelter Verfahren (z.B. Planfeststellungsverfahren, Anhörungsverfahren) nicht entgegen.

Wenn eine Ersatzfläche für das in Frage stehende Vorhaben bezeichnet worden ist, empfiehlt es sich jedoch, daß der Planungsträger des Bundes zunächst von der Einleitung und Durchführung gesetzlich geregelter Verfahren absieht und die Verfahren erst nach Abschluß der gemeinsamen Beratung, frühestens nach 3 Monaten, einleitet oder durchführt.

Hat das Land oder die Gemeinde eine andere Fläche für das Vorhaben bezeichnet, so darf mit der Verwirklichung des Vorhabens erst begonnen werden, wenn die gemeinsame Beratung über die Berechtigung des Widerspruchs stattgefunden hat oder seit der Erhebung des Widerspruchs 3 Monate verstrichen sind (§ 8 Abs. 2 Satz 2 ROG). Die gemeinsame Beratung soll möglichst innerhalb von 3 Monaten nach Erheben des Widerspruchs abgeschlossen werden (§ 3 Abs. 2 Satz 3 des Verwaltungsabkommens).

31. Wirkung des Widerspruchs

Bei der Verwirklichung des Vorhabens ist § 8 Abs. 2 Satz 2 ROG zu beachten (vgl. Nr. 30.2 Abs. 2).

Der zulässige Widerspruch (§ 6 Abs. 2 ROG) bewirkt im übrigen, daß für das Vorhaben keine Bindung nach § 5 Abs. 4 ROG eintritt (§ 6 Abs. 1 letzter Halbsatz ROG). Ferner ist eine befristete Untersagung des Vorhabens nach § 7 ROG in Verbindung mit dem Landesrecht nicht zulässig (vgl. § 7 Abs. 1 Satz 2 ROG).

32. Widerspruch bei Veränderung der Sachlage

Hat sich für den Planungsträger des Bundes die seinerzeit bei der Abstimmung (Abschnitt II und III) gegebene Sachlage verändert, und macht diese Veränderung ein Abweichen von den Zielen der Raumordnung und Landesplanung erforderlich, so kann er sich nach § 6 Abs. 2 Satz 2 ROG mit Zustimmung der nächsthöheren Behörde innerhalb angemessener Frist nach Eintritt der veränderten Sachlage hierauf berufen. Das geschieht durch Erheben des Widerspruchs mit der Maßgabe, daß die Veränderung der Sachlage zusätzlich dargelegt wird.

33. Unterrichtung über den Widerspruch

Ist der Widerspruch 3 Monate nach Erheben nicht zurückgenommen oder nicht gegenstandslos geworden (vgl. Nrn. 29.6 und 30.1), so unterichtet die zuständige Stelle der Landesplanung die an der Abstimmung der Ziele der Raumordnung und Landesplanung beteiligten Stellen, soweit sie von dem Widerspruch betroffen sind.

37. Entschliessung: Anforderungen der Raumordnung an die Gross- zählungen im Jahre 1981 (31.10.1977)

1. Vorbemerkung

Die Vorbereitung raumordnerischer Entscheidungen, die Grundlagenforschung der Planungswissenschaften und der Einsatz hochentwickelter EDV-gestützter Pla- nungsmodelle mit Hilfe von empirisch abgesicherten Ergebnissen der Raumbe- obachtung leiden in zunehmendem Maße unter den eingeschränkten Möglichkeiten zur Erlangung raumrelevanter Daten. Dieses Informationsdefizit wurde wesent- lich verursacht durch den Wegfall der Zwischenzählung 1976, durch die zwangs- läufige Zunahme von Ungenauigkeiten bei langen, lediglich durch Fortschreibung gewonnenen Zeitreihen und durch den Verlust an kleinräumigen Informationen als Folge der Gebietsreformen.

Zur Erfüllung ihres Auftrages, durch Planung Vorsorge für die Bedürfnisse der Menschen und der Wirtschaft in unserem Land zu treffen, ist die Raumordnung daher auf eine Verbesserung der Informationsbasis angewiesen. Trotz des engen, bereits weitgehend fixierten Kostenrahmens für die Großzählungen im Jahre 1981 hält es die MKRO daher für geboten, die nachfolgenden Anforderungen an das Erhebungsprogramm und an die Aufbereitung der Zählungen zu berücksich- tigen.

2. Allgemeine Anforderungen

2.1 Für alle Ergebnisse der Zählungen bzw. eine Auswahl geeigneter Daten sind die Möglichkeiten zur Aufbereitung nach Statistischen Gemeindeteilen zu schaf- fen.

2.2 Falls einige der erhobenen Daten nur stichprobenhaft zu Endergebnissen der Amtlichen Statistik zusammengefaßt werden sollen, sollte eine vollständige Er- fassung dieser Daten auf maschinenlesbaren Datenträgern dafür sorgen, daß sie bei Bedarf für Sonderaufbereitungen verfügbar sind.

3. Einzelanforderungen

3.1 Bei der Gebäudezählung sollten auch die Nichtwohngebäude nach der Bauwerk- systematik erfaßt werden, um durch die gleichartige Erhebung von Bestands- und Bewegungsmassen eine einwandfreie Fortschreibung zu gewährleisten. Dies ist

zur vollständigen Erfassung und laufenden Beobachtung der Infrastruktur geboten.

3.2 Bei der Volks- und Berufszählung

- ist zwecks eindeutiger Erfassung der Erwerbstätigen zwischen Voll- und
  Teilzeitbeschäftigten zu unterscheiden; das gilt auch für die Arbeitsstättenzählung
- ist das Nettoeinkommen der Haushalte nach Größenklassen (analog VZ 1970) zu
  erfassen
- sollen Pendlererhebungen aller Erwerbstätigen sowie Schüler und Studenten
  stattfinden (keine Pendlerdefinition an Hand von Gemeindegrenzen), um auch
  die Möglichkeit zur Ermittlung von Pendlerströmen nach Statistischen Gemeindeteilen zu geben
- ist auch die Möglichkeit einer kombinierten Auswertung der Merkmale "benötigter Zeitaufwand" und "benutztes Verkehrsmittel" vorzusehen
- soll bei der Frage nach der Reisezeit die stark besetzte Klasse "30 bis unter 60 Minuten" einmal unterteilt werden
- sollte die Staatsangehörigkeit insbesondere im Hinblick auf die unterschiedliche rechtliche Stellung ausländischer Arbeitnehmer nach Herkunfts-
  ländern erfragt werden.

38. ENTSCHLIESSUNG: BETEILIGUNG DER LÄNDER AN DEN EUROPÄISCHEN RAUMORDNUNGSMINISTERKONFERENZEN (31.10.1977)

1. Ein Vertreter der Länder in der Ministerkonferenz für Raumordnung ist be-
rechtigt, im Rahmen der deutschen Delegation an der Konferenz der Europäischen
Raumordnungsminister teilzunehmen.

2. Im Regelfall wird der Vertreter der Länder der Vorsitzende der Ministerkonferenz für Raumordnung sein; für den Fall, daß der Vorsitz beim Bund liegt,
wird es der stellvertretende Vorsitzende sein. Er kann sich von einem Sachver-
ständigen begleiten lassen, soweit es die vom Veranstalter ggf. festgesetzte
Höchstzahl der Delegationsmitglieder zuläßt. Als Sachverständiger kommt insbesondere der Vertreter eines Landes in Betracht, das von einem Tagesordnungs-
punkt besonders betroffen ist.

3. Stellung und Aufgaben des Vertreters der Länder in der Konferenz der Europäischen Raumordnungsminister regeln sich in Anwendung der Anlage I der Kra-
mer-Heubl-Absprache.

4. Die mit der Entsendung des Vertreters der Länder und seines Begleiters in
die deutsche Delegation entstehenden Kosten werden von dem Land getragen, dem
dieser Vertreter angehört.

39. Zustimmende Kenntnisnahme: Zum Bericht des Bayerischen Staatsministers für Landesentwicklung und Umweltfragen zum Vollzug des Beschlusses der Ministerpräsidentenkonferenz vom 27./29.10.1976 zur Bevölkerungsentwicklung ('31.10.1977)

Die Ministerkonferenz für Raumordnung nimmt den Bericht des Bayerischen
Staatsministers für Landesentwicklung und Umweltfragen (s. Anlagen 1 und 2)
zum Vollzug des Beschlusses der Ministerpräsidentenkonferenz vom 27./
29.10.1976 zur Bevölkerungsentwicklung zustimmend zur Kenntnis. Wegen der
Auswirkungen auf die Raumordnung bekundet sie ihr besonderes Interesse an den
Ergebnissen der Modellrechnungen. Der Vorsitzende des zum Vollzug des Beschlusses gebildeten Länderarbeitskreises wird gebeten, den Hauptausschuß über
den Fortgang der Arbeiten laufend zu unterrichten. Der Hauptausschuß wird
gebeten, zu gegebener Zeit eine landesplanerische Würdigung der Ergebnisse zu
erarbeiten und der Ministerkonferenz vorzulegen.

Anlage 1: Bericht des Bayerischen Staatsministers für Landesentwicklung und
          Umweltfragen zum Tagesordnungspunkt 9 "Bevölkerungsentwicklung" der
          13. Sitzung der MKRO vom 31.10.1977 in Stuttgart

Anlage 2: Beschluß der 50. Sitzung der Arbeits- und Sozialministerkonferenz

Anlage 1

Herr Vorsitzender, meine Herren,

wir sind Zeugen eines Geburtenrückgangs in allen Ländern der Bundesrepublik,
der, gemessen an der Geschichte unseres Volkes und verglichen mit anderen
westeuropäischen Ländern, beispiellos ist. Er hat in der Öffentlichkeit zu
heftigen und kontroversen Diskussionen über seine Folgen für Gesellschaft und
Staat geführt. Daß solche Folgen zu erwarten sind, ist unumstritten. Da es
keine Vergleichsfälle gibt, ist jedoch nicht verwunderlich, daß die Folgen
unterschiedlich eingeschätzt werden. Außerdem ergibt sich ein völlig verschie-
denes Bild, je nachdem, ob man einen kürzeren oder einen langfristigen Zeitraum ins Auge faßt.

Der Geburtenrückgang der letzten 10 Jahre in der Bundesrepublik erscheint als vergleichsweise harmloser Vorgang, wenn man die Betrachtung auf das gegenwärtige Geburtendefizit von rund 150 000 pro Jahr und auf die zu erwartende Gesamtbevölkerungszahl der nächsten 10 bis 15 Jahre beschränkt. Das Urteil fällt jedoch anders aus, wenn man einen langfristigen Zeitraum ins Auge faßt. Dann wird nämlich deutlich, daß vom Beginn der 90er Jahre an sich der jetzige rapide Geburtenrückgang als ein ebenso jäher Rückgang der Elternzahlen wiederholt mit der Folge, daß der dann zu erwartende Rückgang der deutschen Bevölkerung eine beachtliche Größenordnung annimmt. Ein anderes Beispiel betrifft die bereits eingetretene Störung des Altersgefüges, die von langer Wirkungsdauer sein wird, weil zahlenmäßig schwache Geburtsjahrgänge fast ein Jahrhundert lang alle Altersstufen der Bevölkerungspyramide durchlaufen.

Das Bayerische Staatsministerium für Landesentwicklung und Umweltfragen hat bereits 1974 Modellrechnungen über einen Zeitraum von 100 Jahren durchgeführt und in der Öffentlichkeit auf die langfristigen Folgen des Geburtenrückgangs aufmerksam gemacht.

Mit Schreiben vom 22. Juni 1977 hat sich der Bundesminister des Innern in Beantwortung einer kleinen Anfrage aus der Mitte des Bundestages mit der langfristigen Bevölkerungsentwicklung befaßt. Er hat Modellrechnungen vorgelegt. Im Bundesministerium des Innern wurde ein Expertenkreis eingerichtet, der die Fragen der Bevölkerungsentwicklung erörtert und dabei auch die Wechselwirkungen mit den verschiedenen Bereichen der Politik untersucht.

Bereits im Oktober 1976 hat die Ministerpräsidentenkonferenz eine weit über den Zeithorizont der fünften koordinierten Bevölkerungsvorausschätzung hinausgehende abgestimmte Vorausschätzung für erforderlich gehalten. Sie hat räumlich und nach Altersgruppen aufgegliederte Modellrechnungen der natürlichen Bevölkerungsentwicklung befürwortet und die zuständigen Minister in Bund und Ländern gebeten, die Vorausschätzungen und die Modellrechnungen zu erstellen.

Die für den Vollzug des Ministerpräsidentenbeschlusses in den einzelnen Ländern zuständigen Ressorts wurden nach Anregung der Staatskanzlei Niedersachsen von den übrigen Staats- und Senatskanzleien der Bayerischen Staatskanzlei benannt. Dabei handelt es sich weitgehend, aber nicht ausschließlich um die für die Raumordnung zuständigen Ressorts. Auf Grund der in Bayern vorliegenden Erfahrungen und Modellrechnungen wurde die Federführung dem Bayerischen Staatsministerium für Landesentwicklung und Umweltfragen übertragen. Ein Arbeitskreis der zuständigen Ressorts hat erstmals am 11. Oktober 1977 in München getagt. Das Ergebnisprotokoll wurde zwischenzeitlich versandt.

Der Arbeitskreis hat für das weitere Vorgehen einvernehmlich folgendes festgelegt:

Die Modellrechnungen sollen sich bis zum Jahre 2050 erstrecken.

Sie sollen sowohl die deutsche Bevölkerung, als auch die Gesamtbevölkerung unter Einschluß der Ausländer erfassen.

Es sollen 4 Varianten errechnet werden; die erste, sogenannte Nullvariante soll von konstanten alterssezifischen Geburtenziffern des Jahres 1976 ausgehen. Den 3 weiteren Varianten sollen Geburtenziffern zugrunde gelegt werden, die nach einer Anpassungszeit von etwa 10 Jahren um 20 % unter, 25 % über und 50 % über dem Stand von 1976 liegen.

Zwei Unterarbeitsgruppen wurden gebildet, die in Arbeitsteilung die Modellrechnungen durchführen und die Ergebnisse interpretieren.

Wesentlich erscheint mir der Hinweis, daß nicht Prognosen im herkömmlichen Sinne ermittelt werden sollen, wie sie beispielsweise für Programme der Raumordnung benötigt werden. Solche "Status-quo-Prognosen" erfassen regelmäßig einen Zeitraum von höchstens 20 Jahren. Sie berücsichtigen neben der Geburtenentwicklung auch andere Faktoren, insbesondere die Wanderungsbewegungen. Sie geben regelmäßig den zwar nicht sicheren, aber zum Zeitpunkt der Prognose wenigstens wahrscheinlichen Verlauf der weiteren Entwicklung an.

Im Unterschied dazu geht es bei Modellrechnungen zunächst vor allem darum, Alternativen aufzuzeigen, die zum Teil von optimistischen, zum Teil pessimistischen Annahmen ausgehen und das ganze Feld möglicher künftiger Entwicklungslinien aufzeigen. Die darauf zu stützenden Aussagen "wenn..., dann..." sind eine wertvolle Entscheidungshilfe für politisches Handeln. Modellrechnungen zeigen auf, womit gerechnet und was in Kauf genommen werden muß, wenn Tendenzen sich nicht von selbst ändern oder durch politische Initiativen geändert werden.

Die Arbeitsgruppe "Modellrechnungen" trifft sich wieder am 10. November 1977 in München. Den Ministerpräsidenten soll möglichst zu ihrer Jahreskonferenz im Herbst 1978 ein Ergebnisbericht vorgelegt werden.

Es ist selbstverständlich, daß diese Ergebnisse für zahlreiche fachliche und überfachliche Bereiche von größtem Interesse sind. Die 50. Konferenz der Arbeits- und Sozialminister hat deshalb am 28./29. September 1977 in Ludwigsburg über diesen Fragenkreis beraten und beschlossen. Der Beschluß ist meinem als Tischvorlage verteilten Bericht als Anlage beigefügt. Im Mittelpunkt des Beschlusses steht die an die jeweils zuständigen Minister gerichtete Bitte, den Beschluß der Ministerpräsidentenkonferenz vom Oktober 1976 baldmöglichst zu vollziehen. Daran schließt sich die an die Ministerpräsidentenkonferenz gerichtete Bitte an, auch bei den übrigen Fachministerkonferenzen darauf hinzuwirken, daß an Hand der Modellrechnungen die Auswirkungen des Geburten-rückgangs untersucht werden.

Für das weitere Vorgehen der Ministerkonferenz für Raumordnung und ihrer Ausschüsse bietet sich ein entsprechender Weg an. Es erscheint zweckmäßig, zunächst die Vorlage der Modellrechnungen abzuwarten, weil die Konsequenzen des Bevölkerungsrückgangs auf die Raumordnung wie auch die übrigen Bereiche sich erst an Hand der Daten beurteilen lassen. Sobald jedoch auf Grund der Modellrechnungen die Daten vorliegen, ist es an der Zeit, daß sich die für die Raumordnung zuständigen Stellen in dieser Eigenschaft mit den Konsequenzen der Daten für die Raumordnung befassen. Das besondere Interesse der Raumordnung an der Bevölkerungsentwicklung und ihren Auswirkungen legt darüber hinaus eine laufende Unterrichtung des Hauptausschusses über den Fortgang der Arbeiten des dafür eingesetzten Arbeitskreises nahe.

Anlage 2

Beschluß der 50. Arbeits- und Sozialministerkonferenz am 28./29. September 1977 in Ludwigsburg zu den Auswirkungen des Geburtenrückgangs in der Bundesrepublik Deutschland

1. Die Minister und Senatoren für Arbeit und Soziales der Länder nehmen die für Bayern durchgeführten Modellrechnungen zur natürlichen Bevölkerungsent-wicklung und eine vom Bayerischen Staatsministerium für Arbeit und Sozialord-nung in Auftrag gegebene Pilotstudie über die "Faktoren der Bevölkerungsent-wicklung" zur Kenntnis.

Um die Auswirkungen des Geburtenrückgangs im einzelnen ermitteln zu können, bitten die Minister und Senatoren für Arbeit und Soziales die jeweils zustän-digen Minister und Senatoren in Bund und Ländern unter Hinweis auf den unter TOP 14 gefaßten Beschluß der Ministerpräsidentenkonferenz vom 27.-29.10.1976, abgestimmte, räumlich aufgegliederte Modellrechnungen zur natürlichen Bevölke-rungsentwicklung für das Bundesgebiet baldmöglichst durchzuführen und laufend fortzuschreiben.

2. Die Minister und Senatoren für Arbeit und Soziales der Länder bitten die Ministerpräsidentenkonferenz, auch bei den übrigen Fachministerkonferenzen darauf hinzuwirken, anhand der Modellrechnungen die Auswirkungen des Geburtenrückgangs zu untersuchen und über die Ergebnisse zu berichten.

Das Bundesraumordnungsprogramm wurde am 14. Februar 1975 verabschiedet.

Es ist in der Schriftenreihe "Raumordnung" des Bundesministers für Raumordnung, Bauwesen und Städtebau (Heft Nr. 06.002) veröffentlicht (vergriffen).

40. ENTSCHLIESSUNG: EINFÜHRUNG DER FERNSPRECHNAHBEREICHE (20.4.1978)

Die Ministerkonferenz für Raumordnung anerkennt, daß bei der Bildung der Nahbereiche gemäß der 3. Verordnung zur Änderung der Fernmeldeordnung vom 27. Oktober 1975 (BGBl. I S. 2655) raumordnerische Überlegungen Eingang gefunden haben. Sie hält jedoch folgende Verbesserung für notwendig, ohne daß damit das von der Deutschen Bundespost beabsichtigte System grundlegend verändert wird:

Die Fernsprechnahbereiche sind so auszugestalten, daß alle Fernsprechteilnehmer eines von den Ländern festgelegten zentralörtlichen Verflechtungsbereiches mittlerer Stufe (s. Kartenanlage) das zugehörige Mittelzentrum im Fernsprechnahdienst erreichen können.

Begründung:

Die zentralörtlichen Verflechtungsbereiche mittlerer Stufe sind im ganzen Bundesgebiet die Räume, in denen sich die Lebens- und Arbeitsbeziehungen im wesentlichen abspielen. Eine raumordnerisch ausgewogene Fernsprechversorgung setzt deswegen voraus, daß alle Teilnehmer eines Verflechtungsbereiches mittlerer Stufe das zugehörige Mittelzentrum im Fernsprechnahdienst erreichen können.

Dazu sind in Einzelfällen Abweichungen von den starren Radien von 20 km erforderlich.

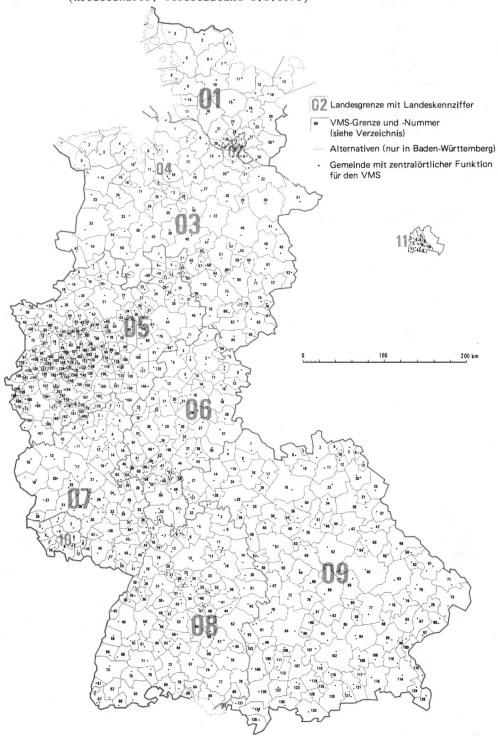

41. ENTSCHLIESSUNG: ABSTIMMUNG RAUMBEDEUTSAMER PLANUNGEN UND MASSNAHMEN DER DEUTSCHEN BUNDESPOST MIT DEN ERFORDERNISSEN DER RAUMORDNUNG (19.9.1978)

Planungen und Maßnahmen der Deutschen Bundespost, die auf die Versorgung der Bevölkerung mit Post- und Fernmeldediensten ausgerichtet sind, können raumbedeutsam im Sinne des Raumordnungsrechts sein (§ 3 Abs. 1 ROG). Soweit sie raumbedeutsam sind, gelten für sie die Grundsätze der Raumordnung (§ 3 Abs. 1 i.V.m. § 2 ROG); die Ziele der Raumordnung und Landesplanung sind zu beachten (§ 5 Abs. 4 i.V.m. § 4 Abs. 5 ROG). Die raumbedeutsamen Planungen und Maßnahmen der Deutschen Bundespost sind unter Mitwirkung der für die Raumordnung zuständigen Landesbehörden mit anderen raumbedeutsamen Planungen und Maßnahmen abzustimmen (§ 4 Abs. 5 ROG). Die Abstimmung setzt voraus, daß die für die Raumordnung und Landesplanung zuständigen Stellen frühzeitig über raumbedeutsame Vorhaben, die die Deutsche Bundespost beabsichtigt, unterrichtet werden.

Raumbedeutsame Planungen und Maßnahmen der Deutschen Bundespost sind nach dem heutigen Stand der Technik:

1. **Planung und Errichtung von Großfunksende- und -empfangsanlagen, Richtfunkanlagen und deren Strecken sowie Funksende- und -empfangsanlagen, soweit hierdurch eine anderweitige Nutzung von Grund und Boden erheblich beeinträchtigt wird.**

1.1 Großfunksende- und -empfangsanlagen sowie Richtfunkanlagen und deren Strecken (s. Entschließung der MKRO vom 15. 6. 1972 über die Berücksichtigung der Richtfunkverbindungen der Deutschen Bundespost in der Regional- und Bauleitplanung) erfüllen eine überörtliche Versorgungsfunktion und können anderweitige Nutzungen beeinträchtigen.

Dazu wird die Landesplanung auf die Beachtung der für diese Anlagen erforderlichen Nutzungsbeschränkungen hinwirken. Derartige Anlagen sind immer raumbedeutsam. Sonstige Funksende- und -empfangsanlagen sind nur dann raumbedeutsam, wenn in ihrer Umgebung anderweitige Nutzungen von Grund und Boden erheblich beeinträchtigt werden. Dies ist z.B. der Fall, wenn Belange des Natur- und Landschaftsschutzes etwa durch eine Verunstaltung des Landschaftsbildes berührt werden oder die Bebauung in der Umgebung der Anlage eingeschränkt werden muß.

1.2 Bei der Planung und Errichtung von Großfunksende- und -empfangsanlagen sowie den Richtfunkanlagen und ihren Strecken ist in allen Fällen die Beteiligung der Landesplanungsbehörden erforderlich. Die Deutsche Bundespost hat die zuständige Landesplanungsbehörde unmittelbar über die Planung und Errichtung zu unterrichten. Die Landesplanungsbehörde führt entweder ein Raumordnungsverfahren durch oder gibt eine Stellungnahme zu dem Vorhaben ab.

Bei den sonstigen Funksende- und -empfangsanlagen werden die Landesplanungsbehörden im Rahmen der baurechtlichen Verfahren als Träger öffentlicher Belange beteiligt. Eine gesonderte Unterrichtung der Landesplanungsbehörden durch die Deutsche Bundespost erübrigt sich.

2. Planung und Verlegung von Fernkabeln des Fernmeldewesens, soweit hierdurch eine anderweitige Nutzung von Grund und Boden beeinträchtigt wird.

2.1 Fernkabel des Fernmeldewesens, die durch freies Gelände verlegt werden oder aus sonstigen Gründen eine anderweitige Nutzung des Grund und Bodens beeinträchtigen, sind raumbedeutsam. Hierbei handelt es sich jedoch um eine Ausnahme, da Fernkabel des Fernmeldewesens in der Regel in den Banketten bereits bestehender Straßen und Wege verlegt werden und damit Grund und Boden in erheblichem Umfang nicht zusätzlich in Anspruch genommen wird.

2.2 Die Verlegung von Fernkabeln des Fernmeldewesens außerhalb der Verkehrswege ist den zuständigen Landesplanungsbehörden anzuzeigen; sie ist im Sinne des Raumordnungsgesetzes abstimmungspflichtig, wenn durch das Vorhandensein der Kabel eine vorgesehene anderweitige Nutzung von Grund und Boden erheblich beeinträchtigt wird.

In den übrigen Fällen werden die Landesplanungsbehörden nicht beteiligt. Soweit erforderlich, sind in dem Verfahren nach den Bestimmungen des Telegraphenwegegesetzes in Verbindung mit dem Gesetz zur Vereinfachung des Planverfahrens für Fernmeldelinien die Erfordernisse der Raumordnung zu berücksichtigen.

3. Einrichtung, Streckenführung und Aufhebung von Linien im Postreisedienst der Deutschen Bundespost.

3.1 Die Einrichtung, Streckenführung und Aufhebung von Linien im Postreisedienst der Deutschen Bundespost ist wegen der überörtlichen Versorgungsfunktion, die die Deutsche Bundespost mit dem Betrieb des Personenverkehrs erfüllt, raumbedeutsam.

3.2 Für die genannten Einzelmaßnahmen ist eine gesonderte Beteiligung der Landesplanungsbehörden durch die Deutsche Bundespost nicht erforderlich. Gesichtspunkte der Raumordnung und Landesplanung, die nach § 8 Abs. 4 Personenbeförderungsgesetz zu beachten sind, können von der Landesplanungsbehörde in das Genehmigungsverfahren nach § 11 Personenbeförderungsgesetz, an dem sie zu beteiligen ist, eingebracht werden.

4. Standortverlagerung von Postdienststellen nach oder aus zentralen Orten[1]

4.1 Die Errichtung, Verlegung, Aufhebung oder wesentliche Änderung eines zentralen Amtes, einer Oberpostdirektion oder eines Postscheckamtes, oder die Änderung ihrer Bezirke (vgl. § 29 Abs. 2 PostVwG) sind raumbedeutsam, weil diese Einrichtungen wegen ihrer Größe Auswirkungen auf die Ordnung und Entwicklung eines Gebietes haben können.

Ferner ist die Verlagerung von Postdienststellen mit Publikumsverkehr nach oder aus zentralen Orten (Siedlungsschwerpunkten) wegen der damit verbundenen Auswirkungen auf die Versorgung mit Posteinrichtungen raumbedeutsam. Dagegen sind Organisatonsmaßnahmen der Deutschen Bundespost, die rein interne Aufbau- und Ablauforganisation betreffen, nicht raumbedeutsam; insoweit erübrigt sich eine Unterrichtung der Landesplanungsbehörde.

4.2 Bei Organisationsmaßnahmen nach § 29 Abs. 2 PostVwG ist der örtlich beteiligten zuständigen obersten Landesbehörde Gelegenheit zur Stellungnahme zu geben. Diese hat die oberste Landesplanungsbehörde zu beteiligen. Die oberste Landesplanungsbehörde gibt eine Stellungnahme aus der Sicht der Raumordnung und Landesplanung ab.

Bei Posteinrichtungen mit Publikumsverkehr, die nach oder aus zentralen Orten (Siedlungsschwerpunkten) verlagert werden sollen, sind die Landesplanungsbehörden unmittelbar zu unterrichten. Die zuständige Landesplanungsbehörde gibt eine Stellungnahme aus der Sicht der Raumordnung und Landesplanung ab. Die Durchführung eines Raumordnungsverfahrens ist nicht erforderlich.

---

1) Gilt entsprechend für die Standortverlagerung von Postdienststellen von und nach Siedlungsschwerpunkten.

5. Festlegung von Fernsprechnahbereichen

Werden Fernsprechnahbereiche durch Rechtsverordnung festgelegt oder geändert, so wird der Bundesminister für das Post- und Fernmeldewesen den für die Raumordnung zuständigen Bundesminister geschäftsordnungsmäßig möglichst frühzeitig beteiligen. Dieser unterrichtet erforderlichenfalls die obersten Landesplanungsbehörden.

42. Entschliessung: Abstimmung raumbedeutsamer Planungen und Massnahmen der Deutschen Bundesbahn mit den Erfordernissen der Raumordnung (17.7.1979)

Planungen und Maßnahmen der Deutschen Bundesbahn, deren Aufgabe die Bedienung der Bevölkerung mit Verkehrsleistungen ist (vgl. § 4 Abs. 1 AEG), können raumbedeutsam im Sinne des Raumordnungsrechts sein (§ 3 Abs. 1 ROG). Soweit sie raumbedeutsam sind, gelten für sie die Grundsätze der Raumordnung (§ 3 Abs. 1 i.V.m. § 2 ROG); die Ziele der Raumordnung und Landesplanung sind zu beachten (§ 5 Abs. 4 i.V.m. § 4 Abs. 5 ROG).

Raumbedeutsame Planungen und Maßnahmen der Deutschen Bundesbahn sind – unbeschadet der Beteiligungsvorschriften des Bundesbahngesetzes (BbG) – unter Mitwirkung der für die Raumordnung zuständigen Landesbehörden mit anderen raumbedeutsamen Planungen und Maßnahmen abzustimmen (§ 4 Abs. 5 ROG).

Die Landesplanungsbehörden werden rechtzeitig über raumbedeutsame Planungen und Maßnahmen der Deutschen Bundesbahn unterrichtet. Diese Unterrichtung soll den Landesplanungsbehörden die Prüfung ermöglichen, ob ein Raumordnungsverfahren erforderlich oder ob die Abstimmung mit den Erfordernissen der Raumordnung auf andere Weise möglich ist. Ferner kann geprüft werden, ob das geplante Vorhaben der Bundesbahn in Programmen und Plänen der Landesplanung abgesichert werden soll.

Raumbedeutsam sind solche Planungen und Maßnahmen der Deutschen Bundesbahn, durch die Grund und Boden in Anspruch genommen oder die räumliche Entwicklung eines Gebiets beeinflußt wird. (§ 3 Abs. 1 ROG).

1. **Planungen und Maßnahmen der Deutschen Bundesbahn, die vor allem wegen ihrer Rauminanspruchnahme raumbedeutsam sind:**

a) Planungen für größere Eisenbahnbauten, insbesondere für neue Strecken, wichtige Bahnhöfe, Bahnstromfernleitungen;

b) Neubau, Ausbau und Verlegung von Bahnstrecken oder Bahnhöfen sowie Bau oder wesentliche Änderung von Bahnstromfernleitungen.

Werden Planungen und Maßnahmen der Deutschen Bundesbahn gemäß § 49 BbG der obersten Landesverkehrsbehörde zur Stellungnahme übermittelt, so wird gleichzeitig die oberste Landesplanungsbehörde nachrichtlich unterrichtet, soweit raumbedeutsame Fragen zu beurteilen sind. Die oberste Landesplanungsbehörde prüft,

- welche Gesichtspunkte der Landesplanung und Regionalplanung in die Stellungnahme der Landesverkehrsbehörde einzubringen sind und
- ob eine Abstimmung mit den Erfordernissen der Raumordnung im Rahmen eines Raumordnungsverfahrens oder sonstigen landesplanerischen Verfahrens veranlaßt ist.

Ist für das Vorhaben der Deutschen Bundesbahn ein Planfeststellungsverfahren (vgl. § 36 BbG) erforderlich, so beteiligt die höhere Verwaltungsbehörde des Landes die Landesplanungsbehörde der entsprechenden Verwaltungsstufe gemäß § 36 Abs. 2 BbG.

2. **Planungen und Maßnahmen der Deutschen Bundesbahn, die vor allem wegen ihrer Auswirkungen auf die räumliche Entwicklung eines Gebietes raumbedeutsam sind:**

a) Stillegung von Strecken oder wichtigen Bahnhöfen, dauernder Übergang vom zweigleisigen zum eingleisigen Betrieb oder umgekehrt, Einstellung einer Verkehrsart;

b) Stillegung oder Verlegung eines Ausbesserungswerks oder einer sonstigen großen Dienststelle; Errichtung, Verlegung, Aufhebung oder wesentliche Änderung der zentralen Transportleitung, einer Bundesbahndirektion oder eines Zentralamtes oder die Änderung ihrer Bezirke;

c) Fortbildung und Änderung des Reisezugfahrplans.

Beabsichtigt die Deutsche Bundesbahn eine der in Buchstaben a) und b) aufgezählten organisatorischen Veränderungen, so gibt sie den örtlich beteiligten

obersten Landesverkehrsbehörden Gelegenheit, dazu Stellung zu nehmen (§ 44
BbG) und unterrichtet gleichzeitig nachrichtlich die obersten Landesplanungsbehörden.

Fordert die Deutsche Bundesbahn bei der Bearbeitung des Reisezugfahrplanes die
Länder nach § 48 BbG zur Stellungnahme auf, so äußern sich diese erforderlichenfalls auch zu Auswirkungen auf die Raumordnung und Landesplanung.

3. **Bei sonstigen raumbedeutsamen Planungen und Maßnahmen der Deutschen Bundesbahn, die nicht im Bundesbahngesetz geregelt sind, z.B. Kraftwagenbetriebs-
werke außerhalb von Bahnanlagen, unterrichtet die zuständige Bundesbahndirektion die örtlich zuständige höhere (obere) Landesplanungsbehörde so
frühzeitig, daß Erfordernisse der Raumordnung und Landesplanung zur Geltung
gebracht werden können.**

Bei der Einrichtung, Streckenführung oder Aufhebung von Bahnbuslinien können
die Erfordernisse der Raumordnung, die nach § 8 Abs. 4 Personenbeförderungsgesetz zu beachten sind, von der Landesplanungsbehörde in das Genehmigungsverfahren nach § 11 Personenbeförderungsgesetz, an dem sie zu beteiligen ist,
eingebracht werden.

43. Entschliessung: Ländlicher Raum (12.11.1979)

1. Allgemeines

Die Ministerkonferenz für Raumordnung hält es für erforderlich, die Bedeutung
des ländlichen Raumes für die Bundesrepublik Deutschland, seine Vorzüge, aber
auch seine besonderen Probleme grundsätzlich aufzuzeigen und Ziele, sowie
Instrumente und Maßnahmen für die Entwicklung des ländlichen Raumes zu benennen.

Ländlicher Raum im Sinne dieser Entschließung ist das Bundesgebiet mit Ausnahme der in der Entschließung der Ministerkonferenz für Raumordnung zur Gestaltung der Ordnungsräume (Verdichtungsräume und ihre Randgebiete) vom 31.10.1977
angesprochenen Räume. Das schließt nicht aus, daß Teilgebiete innerhalb der
Ordnungsräume ähnliche Strukturen aufweisen wie der ländliche Raum. Andererseits gibt es im ländlichen Raum vereinzelt Verdichtungen, die ähnliche
Probleme wie die Ordnungsräume aufweisen und ähnliche Zielaussagen benötigen.

2. Gliederung des ländlichen Raumes

Zum ländlichen Raum gehören Gebiete mit unterschiedlichen Entwicklungsvoraussetzungen, die durch Lage, naturräumliche Ausstattung, Bevölkerungsdichte,
Arbeitsmarkt und Infrastrukturausstattung bestimmt werden.

Folgende Raumtypen zeichnen sich ab:

A. Überwiegend günstig strukturierte Gebiete

Diese Gebiete weisen leistungsfähige zentrale Orte, regelmäßig eine ausrei-
chende Ausstattung mit Erwerbsgrundlagen und Infrastruktur bei genügender
Bevölkerungsdichte sowie sonstige Standortvorteile auf, z.B. aufgrund ihrer
Nähe zu Ordnungsräumen oder ihrer landschaftlichen Vorzüge.

B. Überwiegend schwach strukturierte Gebiete

Diese Gebiete sind durch das Zusammentreffen ungünstiger Faktoren, wie besonders niedrige Bevölkerungsdichte, ungünstige Wirtschaftsstruktur und periphere
Lage, in ihrer Entwicklung benachteiligt.

In beiden Raumtypen gibt es Teilgebiete mit beachtlichen Ansätzen einer
Verdichtung von Wohn- und Arbeitsstätten und einer in der Regel guten Infrastrukturausstattung. Kern solcher Teilgebiete ist vielfach ein zentraler Ort
der oberen Stufe.

3. Bedeutung des ländlichen Raumes

Der ländliche Raum ist Lebens- und Wirtschaftsraum für etwa die Hälfte der
Bevölkerung auf einer Fläche von drei Viertel der Bundesrepublik Deutschland.
In ihm wird rd. ein Drittel des Sozialproduktes erbracht. Er verfügt über den
größten Teil der natürlichen Lebensgrundlagen.

Der ländliche Raum leistet aufgrund seines großen Flächenpotentials durch die
Produktion von Nahrungsmitteln und Rohstoffen in Land- und Forstwirtschaft
einen wesentlichen Beitrag zur Gesamtentwicklung der Bundesrepublik Deutschland. Sein Potential für die Regeneration von Boden, Luft und Wasser ist von
herausragender Bedeutung.

Eine ebensolche Bedeutung liegt in seiner aufgelockerten Siedlungsstruktur,
einer besseren Überschaubarkeit der Lebensbeziehungen, in engeren gesellschaftlichen Bindungen und in einer stärkeren Verbundenheit mit den natürlichen Lebensgrundlagen. Die Wirtschaftsstruktur des ländlichen Raumes ist
weitgehend durch mittelständische und kleinere Betriebseinheiten geprägt. Die
Siedlungsstruktur und niedrigere Grundstückspreise erleichtern die Bildung
privaten Wohn- und Betriebseigentums. In Teilen des ländlichen Raumes lassen
Vielfalt und Schönheit der Landschaft durch Naherholung und Fremdenverkehr
zusätzliche Erwerbsmöglichkeiten entstehen.

Als eigenständiger alternativer Lebens- und Wirtschaftsraum soll der ländliche
Raum zusammen mit den Ordnungsräumen zu einer ausgewogenen Entwicklung des
Bundesgebietes beitragen.

4. Probleme des ländlichen Raumes

Der Bedeutung des ländlichen Raumes für Staat und Gesellschaft stehen Probleme
gegenüber. In Teilräumen reicht das Angebot an Arbeitsplätzen nicht aus. Eine
geringe Bevölkerungsdichte erschwert die Bereitstellung leistungsfähiger Infrastruktureinrichtungen in zumutbarer Entfernung zum Wohnort und eine ausreichende Verkehrsbedienung. Für periphere Gebiete fehlt teilweise eine leistungsfähige überregionale Verkehrsanbindung. Die Entwicklung des ländlichen
Raumes wird außerdem durch eingetretene oder absehbare Veränderungen der
allgemeinen Rahmenbedingungen beeinträchtigt, insbesondere durch

- Bevölkerungsrückgang in weiten Teilen des ländlichen Raumes, erstmals nicht
  nur als Folge von Abwanderungen, sondern auch eines Geburtendefizits,
- Arbeitsplatzmangel als Folge überdurchschnittlicher Zunahme der Zahl der
  Erwerbspersonen aus geburtenstarken Jahrgängen und
- Verringerung des wirtschaftlichen Wachstums, verbunden mit einer Stagnation
  bzw. einem Rückgang der Zahl der Arbeitsplätze insgesamt, während bisher
  ein Rückgang der Arbeitsplätze besonders in der Landwirtschaft zu verzeichnen war.

Ohne wirksam gegensteuernde Maßnahmen werden dadurch zunehmend

- die Wirtschaftskraft des ländlichen Raumes geschwächt,
- die Tragfähigkeit für leistungsfähige Infrastruktureinrichtungen in Frage
  gestellt und
- die Standortbedingungen gegenüber den Ordnungsräumen verschlechtert.

Die überwiegend schwach strukturierten Gebiete im ländlichen Raum werden von dieser Entwicklung in besonderem Maße betroffen.

Der Wettbewerb um die Verteilung des knapper gewordenen Entwicklungspotentials verschärft sich noch weiter, da auch die Ordnungsräume von Geburtendefizit und Arbeitsplatzstagnation betroffen sind.

5. Entwicklungskonzept

Der ländliche Raum ist als eigenständiger Lebens- und Wirtschaftsraum zu erhalten und weiter zu entwickeln. Ein angemessener Anteil des ländlichen Raumes an der wirtschaftlichen Gesamtentwicklung ist anzustreben. Dies soll auch dazu beitragen, eine räumlich ausgewogene Bevölkerungsentwicklung zu gewährleisten. Im ländlichen Raum sollen Lebens- und Arbeitsbedingungen erhalten und, soweit erforderlich, geschaffen werden, die denen im übrigen Bundesgebiet gleichwertig sind. Dabei sind die besonderen Vorteile und Strukturen des ländlichen Raumes zu nutzen. In den überwiegend schwach strukturierten Gebieten des ländlichen Raumes bedarf es besonderer Anstrengungen und Hilfen, um auch bei abnehmender Bevölkerung in zumutbarer Entfernung Infrastruktureinrichtungen zu erhalten und zu verbessern sowie ausreichende Arbeitsmöglichkeiten zu sichern oder zu schaffen.

5.1 Siedlungsstruktur

Bei einer überwiegend stagnierenden oder rückläufigen Bevölkerungsentwicklung kommt den zentralen Orten im ländlichen Raum für die Versorgung der Bevölkerung eine verstärkte Bedeutung zu. Deshalb ist eine Bündelung der überörtlichen Infrastruktureinrichtungen und eine räumlich differenzierte Verdichtung von Wohn- und Arbeitsstätten insbesondere in den zentralen Orten aller Stufen anzustreben, um einen hohen Versorgungsgrad der Bevölkerung sicherzustellen und eine wirtschaftliche Auslastung der Infrastruktur bei begrenzten finanziellen Mitteln zu ermöglichen.

Die Versorgung der Bevölkerung in zumutbarer Entfernung ist auch in überwiegend schwach strukturierten Gebieten aufrechtzuerhalten. Der individuelle Wohnungsbau soll - in Abstimmung mit den Erfordernissen der Versorgung und der Erschließung, insbesondere der Verkehrsbedienung - auch in Orten ohne zentralörtliche Bedeutung ermöglicht werden, sofern die Landschaft nicht zersiedelt wird und keine zusätzlichen unwirtschaftlichen Aufwendungen für die Infrastruktur entstehen. Darüber hinaus bedarf es einer umfassenden Erneuerung der Stadtkerne und der Dörfer zur Erhaltung ihrer Attraktivität.

5.2 Wirtschaftsstruktur

Zur Stärkung der Wirtschaftskraft des ländlichen Raumes sind bestehende Arbeitsplätze soweit als möglich zu sichern, sofern dadurch förderungswürdige Umstrukturierungen nicht behindert werden. Zusätzliche Arbeitsplätze sollen vorrangig in den jeweils geeigneten zentralen Orten bereitgestellt' werden; der noch zu erwartende Zuwachs im Dienstleistungsbereich soll stärker als bisher dem ländlichen Raum zugute kommen. Einrichtungen der öffentlichen Hand, die nicht an Verdichtungsräume gebunden sind, sollen bevorzugt in den jeweils geeigneten zentralen Orten des ländlichen Raumes angesiedelt werden. Die dort bereits bestehenden Einrichtungen sollen nicht abgezogen werden. Auf die überwiegend schwach strukturierten Gebiete ist besonders Rücksicht zu nehmen.

Die Land- und Forstwirtshaft ist bei der Wahrnehmung der vielfältigen, den ländlichen Raum in weiten Teilen prägenden Funktionen zu unterstützen. Hierbei kommt der Sicherung der Versorgung von Bevölkerung und Wirtschaft mit Nahrungsmitteln und Rohstoffen, der Bereitstellung von Arbeitsplätzen und der Erfüllung landschaftspflegerischer Aufgaben zunehmende Bedeutung zu. Wegen dieser vielfältigen Funktionen soll - auch unter Berücksichtigung arbeitsmarktpolitischer Gesichtspunkte - die Förderung land- und forstwirtschaftlicher Betriebe nicht ausschließlich produktionsorientiert und auf Vollerwerbsbetriebe ausgerichtet sein. Den landschaftsgebundenen Besonderheiten ist Rechnung zu tragen.

5.3 Verkehr

Verkehrserschließung und Verkehrsbedienung im ländlichen Raum sollen so gestaltet werden, daß eine leistungsfähige Versorgung der Bevölkerung und der Wirtschaft gewährleistet ist. Der Ausbau des großräumigen und überregionalen Verkehrsnetzes soll den ländlichen Raum mit den großen Verdichtungsräumen verbinden und zur Erschließung des ländlichen Raumes beitragen. Besondere Aufgaben bestehen bei der Anbindung der peripheren Räume durch die Bedienung vor allem der mittleren und größeren zentralen Orte im Fernverkehr der Deutschen Bundesbahn (Schnell- und Eilzugverkehr) und durch den Bau von Autobahnen oder anderen gut ausgebauten Fernstraßen. Aufgrund der Siedlungsstruktur des ländlichen Raumes kommt dort dem Individualverkehr eine wesentliche, gegenüber den Ordnungsräumen größere Bedeutung zu, dem bei verkehrspolitischen Entscheidungen zugunsten des ländlichen Raumes Rechnung getragen werden soll.

Innerhalb des ländlichen Raumes soll das Verkehrssystem auf die zentralen Orte entsprechend ihrer jeweiligen Funktion ausgerichtet werden.

Im Bereich des ÖPNV soll eine flächendeckende Verkehrsbedienung in Abstimmung mit der Siedlungsstruktur gewährleistet sein. Auch in dünn besiedelten Gebieten ist eine Bedienung durch den ÖPNV sicherzustellen, der es allen Bevölkerungsgruppen ermöglicht, Arbeitsplätze und zentralörtliche Einrichtungen mit zumutbarem Zeitaufwand zu erreichen. Auf eine gegenseitige Abstimmung der verschiedenen Verkehrsmittel und -träger ist hinzuwirken.

Auch für den Erholungsverkehr ist eine gute Verkehrserschließung zu sichern und erforderlichenfalls herzustellen; dabei sollen Ortskerne vom Durchgangsverkehr weitgehend entlastet werden. Der Verkehrsausbau muß auf die Erholungsfunktion und die Landschaft besonders Rücksicht nehmen.

5.4 Natürliche Lebensgrundlagen und Erholung

Der ländliche Raum umfaßt den überwiegenden Teil der naturnahen Landschaften und anderer natürlicher Lebensgrundlagen der Bundesrepublik Deutschland. Sein Beitrag zur Erhaltung gesunder Lebensbedingungen ist damit von erheblicher Bedeutung. Bei Planungen und Maßnahmen zur Entwicklung der Siedlungs-, Wirtschafts- und Verkehrsstruktur sollen daher Landschaftshaushalt und Landschaftsbild möglichst wenig beeinträchtigt werden. Dies setzt Planungen und Maßnahmen zur Landschaftserhaltung und -gestaltung voraus.

Anzustreben sind insbesondere ein möglichst ausgewogenes Verhältnis und eine Vielfalt von Acker, Grünland, Wald und Gewässern. Wasser, Boden und die noch vorhandenen Landschaftsstrukturen und Ökosysteme sind zu schützen. Der Abbau von Rohstoffen ist unter Abwägung wirtschaftlicher und ökologischer Gesichtspunkte landes- und regionalplanerisch zu sichern und zu regeln.

In geeigneten Teilen des ländlichen Raumes sollen für die Bevölkerung auch der Ordnungsräume naturnahe Erholungsmöglichkeiten bereitgestellt werden. Fremdenverkehr und Naherholung sollen als ergänzende Erwerbsgrundlagen für die Bevölkerung des ländlichen Raumes genutzt werden und damit zur Erhaltung einer ausgewogenen Gesamtstruktur beitragen. Mit zunehmender Intensität der Erholungsnutzung muß die damit verbundene Besiedlung und Erschließung die Erfor-

dernisse der Landschaftspflege und der Ökologie im besonderen Maße berücksichtigen. Dem Bedarf an eigengenutzten Freizeit- und Wohngelegenheiten soll
außerhalb stark beanspruchter Erholungsgebiete oder besonders schützenswerter
Gebiete Rechnung getragen werden.

Der ländliche Raum kann als Standort für notwendige Infrastruktureinrichtungen
herangezogen werden, die in den dichter besiedelten Ordnungsräumen nicht bereitgestellt werden können, aber im Interesse der Gesamtentwicklung des Bundesgebietes notwendig sind.

6. Instrumentarium

Das Instrumentarium zur Verwirklichung landesplanerischer Zielsetzungen ist im
Interesse der Entwicklung des ländlichen Raumes unter den geänderten Rahmenbedingungen zu überprüfen und ggf. zu erweitern. Die öffentlichen Investitionsplanungen sind mit den Zielen der Raumordnung und Landesplanung so abzustimmen, daß der Anteil des ländlichen Raumes an den raumbedeutsamen Investitionen
im angemessenen Verhältnis zu dem der Ordnungsräume steht. Das Steuerrecht und
die öffentlichen Tarifgestaltungen sind daraufhin zu überprüfen, inwieweit
regionale Gesichtspunkte stärker als bisher einfließen können.

Die Weiterentwicklung des ländlichen Raumes erfordert ein koordiniertes, ziel-
gerichtetes Handeln aller Politikbereiche. Diese sind außer den Gemeinschaftsaufgaben insbesondere die Verkehrsplanung, das Bildungswesen, das Sozial- und
Gesundheitswesen, Städtebau- und Wohnungswesen, Energieversorgung und Umweltschutz sowie der kommunale Finanzausgleich. Die Koordinierung dieser Instrumentarien ist aus der Sicht der gesamträumlichen Entwicklung für den ländlichen Raum von besonderer Bedeutung; sie bildet eine der wesentlichen Aufgaben
von Raumordnung und Landesplanung.

Art und Umfang dieses Instrumentariums sollen Gegenstand weiterführender Entschließungen sein. Ein erster Schritt ist die Entschließung der MKRO zum ÖPNV
im ländlichen Raum.

7. Wirkung der Entschließung

In der Ministerkonferenz für Raumordnung (MKRO) werden gemäß § 8 Abs. 1 des
Raumordnungsgesetzes grundsätzliche Fragen der Raumordnung und Landesplanung
mit dem Ziel einer gegenseitigen Abstimmung beraten.

Die für die Raumordnung und Landesplanung zuständigen Minister werden auf die Verwirklichung der Entschließung, insbesondere bei der Aufstellung der Programme und Pläne im Sinne des § 5 Abs. 1 des Raumordnungsgesetzes, hinwirken.

44. Entschliessung: Öffentlicher Personennahverkehr im ländlichen Raum (12.11.1979)

I. Benachteiligung des ländlichen Raums

Der öffentliche Personennahverkehr (ÖPNV) wird in den verdichteten Räumen aus städtebaulichen und aus sozialen Gründen ausgebaut. Demgegenüber hat der ÖPNV im ländlichen Raum - abgesehen vom Ausbildungsverkehr - keinen entsprechenden Ausbau erfahren. Hier genügt das Verkehrsangebot sehr häufig nicht den Anforderungen des Berufs-, Einkaufs- und sonstigen Privatverkehrs, da es fast ausschließlich unter betriebswirtschaftlichen Gesichtspunkten gestaltet wird. Diese Situation wird vielfach noch durch die Freistellung des Schüler- und des Werkverkehrs vom allgemeinen Linienverkehr sowie durch eine nur historisch zu verstehende Aufteilung der Linienkonzessionen auf verschiedene Verkehrsunternehmen zusätzlich verschärft.

Zudem besteht im ländlichen Raum die Gefahr, daß die überwiegend betriebswirtschaftliche Ausrichtung des öffentlichen Personennahverkehrs zu einer Reduktion des Verkehrsangebots führt. Dies wird am deutlichsten durch die - teilweise revidierten - Pläne der Deutschen Bundesbahn zur Konzentration ihres Schienennetzes. Eine weitere Ausdünnung von Linien und Fahrplänen des öffentlichen Personennahverkehrs ist zu befürchten, wenn der Geburtenrückgang mit Beginn der 8oer Jahre zu einer deutlichen Verminderung der Schülerzahlen führen wird.

Die Ministerkonferenz für Raumordnung weist darauf hin, daß der öffentliche Personennahverkehr auch im ländlichen Raum soziale, aber zum Teil auch siedlungsstrukturelle und städtebauliche Aufgaben zu erfüllen hat.

Mehr als ein Drittel der Bevölkerung bleibt auch bei fortschreitender Motorisierung auf öffentliche Verkehrsmittel angewiesen. Dies gilt nicht nur für Alte, Behinderte, Hausfrauen und Jugendliche, sondern auch für Erwerbstätige, die kein Kraftfahrzeug oder keine Fahrerlaubnis besitzen; beispielsweise verfügen weibliche Erwerbstätige nur zu 15 % über ein eigenes Kraftfahrzeug. Das Angebot im öffentlichen Personennahverkehr bestimmt daher auch die Erwerbsmöglichkeiten der weiblichen Bevölkerung.

II. Gleiche Grundsätze für verdichtete und ländliche Räume

Im Hinblick auf die soziale Aufgabe des ÖPNV müssen für die Gestaltung des Angebots im öffentlichen Personennahverkehr in allen Teilräumen der Bundesrepublik Deutschland gleiche Grundsätze gelten.

Die Überlegungen, die in den verdichteten Räumen zum Ausbau und Betrieb eines leistungsfähigen öffentlichen Personennahverkehrs geführt haben, sprechen auch in vielen Gemeinden des ländlichen Raums für eine Entlastung des Individualverkehrs durch öffentliche Verkehrsmittel. Auch hier treten während des Berufsverkehrs wegen städtebaulicher und topographischer Engpässe regelmäßig Kraftfahrzeugstauungen auf. Ein leistungsfähiger öffentlicher Personennahverkehr würde auch in diesen Gemeinden zu einer Verminderung der Geräusch- und Abgasbelastung durch den Straßenverkehr und zu einem Abbau der staubedingten Zeitverluste beitragen.

Im Hinblick auf die anzustrebende Gleichwertigkeit der Lebensbedingungen müssen gleiche Grundsätze für das Angebot im öffentlichen Personennahverkehr im gesamten Bundesgebiet gelten.

III. Maßstäbe für die Erschließung des ländlichen Raums

Für die ÖPNV-Bedienung im Bundesgebiet sind vergleichbare Maßstäbe bislang nicht entwickelt worden. Die unterschiedliche Siedlungsstruktur, die nicht nur von der Bevölkerungs- und Baudichte, sondern auch von der Zuordnung von Wohn-, Arbeits-, Ausbildungs- und Einkaufsstandorten bestimmt wird, erschwert die Entwicklung einheitlich anwendbarer und quantifizierbarer Maßstäbe für das ÖPNV-Angebot im gesamten Bundesgebiet.

Die Ministerkonferenz für Raumordnung begrüßt, daß einige Länder, anknüpfend an entsprechende wissenschaftliche Untersuchungen, in Nahverkehrsprogrammen bzw. -richtlinien regionale Bestandsaufnahmen der gegenwärtigen ÖPNV-Bedienung vornehmen und Vorschläge für eine Neuordnung und Verbesserung des ÖPNV entwickeln lassen. Allgemein lassen sich folgende Hinweise für die Verbesserung des ÖPNV im ländlichen Raum geben:

1. Der ÖPNV muß eine angemessene Erschließung des ländlichen Raums gewährleisten.

2. Die Erschließungsqualität ist im wesentlichen zu messen an Reisezeit, Bedienungshäufigkeit und Komfort der Verbindung zwischen den zentralen Orten verschiedener Stufen sowie zwischen den Siedlungseinheiten und ihren zentralen Orten, insbesondere dem Mittelzentrum.

3. Die Erschließung ist in der Regel dann unangemessen, wenn die Reisezeit zwischen einer Siedlungseinheit und dem zugehörigen zentralen Ort mittlerer Stufe mehr als 45 Minuten beträgt.

4. Die Bedienungshäufigkeit sollte zwischen Siedlungseinheiten und dem zugehörigen zentralen Ort mittlerer Stufe an Werktagen in der Regel nicht unter drei Fahrtenpaare sinken. In dichter besiedelten Teilen des ländlichen Raums ist eine höhere Bedienungshäufigkeit anzustreben.

5. Um die Bedienungshäufigkeit und Wirtschaftlichkeit des ÖPNV zu verbessern, sollten der Schülerverkehr und der allgemeine Linienverkehr nach Möglichkeit integriert werden.

6. Eine regional abgestimmte, bedarfsgerechte Linienführung und Fahrplangestaltung ist durch verstärkte Kooperation der Nahverkehrsunternehmen (Verkehrsgemeinschaft, Tarifverbund) zu gewährleisten. Dabei sind die Fahrpläne der ÖPNV-Unternehmen und des Regional- und Fernverkehrs der Deutschen Bundesbahn aufeinander abzustimmen.

7. Der Schienenverkehr hat auch im ländlichen Raum zur Bewältigung des ÖPNV beizutragen. Der Ausbau des Straßennetzes muß den Bedürfnissen des Omnibusliniennetzes bevorzugt Rechnung tragen.

45. ENTSCHLIESSUNG: GRUNDLAGEN DER AUSWEISUNG UND GESTALTUNG VON GEBIETEN FÜR FREIZEIT UND ERHOLUNG (12.11.1979)

1. Allgemeines

Raumordnung und Landesplanung tragen dazu bei, geeignete Gebiete für Freizeit und Erholung zu sichern und zu entwickeln, die angestrebte Nutzung dauernd zu ermöglichen, die damit verbundenen Nutzungsrestriktionen auf das erforderliche Maß zu beschränken sowie Arbeitsplätze in Zusammenhang mit Freizeit und Erholung zu schaffen oder zu sichern. Die Ministerkonferenz für Raumordnung hält es aus folgenden Gründen für erforderlich, sich mit der Ausweisung und Gestaltung von Gebieten für Freizeit und Erholung zu befassen:

- Um dazu beizutragen, gleichwertige Lebensverhältnisse herzustellen, sollen in allen Ländern der Bundesrepublik Deutschland nach annähernd vergleichbaren Prinzipien die räumlichen und strukturellen Voraussetzungen für eine bedarfsgerechte Freizeitgestaltung geschaffen werden.

- Auch weiterhin ist im Rahmen von Wachstums- und Umstrukturierungsprozessen unserer Industriegesellschaft mit einer Raumbeanspruchung zu rechnen, die auch einen entsprechenden Bedarf an Flächen für den Bereich Freizeit und Erholung zur Folge haben wird.

- Da der Bereich Freizeit und Erholung einen wichtigen Beitrag zur Sicherung und Schaffung von Arbeitsplätzen, zur Erhaltung und Erschließung von Einkommensquellen, zum Abbau des regionalen Einkommensgefälles und zur Erhaltung der Gesundheit der Bevölkerung leistet, haben Raumordnung und Landesplanung die räumlichen Voraussetzungen zu schaffen und zu sichern.

- Es soll dem Willen des Deutschen Bundestages Rechnung getragen werden, eine Abstimmung zwischen Bund und Ländern anzustreben, "um baldmöglichst diejenigen Gebiete abzugrenzen, die für Naherholung und Fremdenverkehr besonders geeignet sind", und darüber hinaus "insgesamt eine bessere Berücksichtigung der Fremdenverkehrs- und Naherholungsgebiete in Raumordnung und Landesplanung zu erreichen". Mit dieser Entschließung soll schrittweise eine Angleichung der raumordnerisch bedeutsamen Grundsätze von Bund und Ländern erreicht werden. Die Ausweisung und Gestaltung der Gebiete für Freizeit und Erholung liegt in der Zuständigkeit der Länder; dadurch können regional unterschiedlich räumliche Entwicklungsvoraussetzungen stärker berücksichtigt werden.

2. Aufgabenteilung im Bereich Freizeit und Erholung

Im Rahmen der räumlich-funktionalen Aufgabenteilung sind im Hinblick auf Art und Umfang der Nachfrage der Bevölkerung unterschiedliche räumliche Kategorien zu berücksichtigen. Damit will die Raumordnung sicherstellen, daß die verschiedenen Gebiete ihrer spezifischen Eignung und den unterschiedlichen Freizeitbedürfnissen entsprechend genutzt und entwickelt werden. Durch die Ausweisung der Gebiete für Freizeit und Erholung sowohl für die Langzeiterholung als auch für die Kurzzeiterholung sollen die erforderlichen Flächen gesichert und das naturräumliche Potential erhalten werden.

Dabei geht es sowohl um Flächen und Einrichtungen für Formen der Erholung, die
sich überwiegend in dazu errichteten Erholungsanlagen vollziehen, und um die
Sicherung von Flächen für die vorwiegend landschaftsbezogenen Erholungsaktivi-
täten wie Spazierengehen, Fußwandern, Radwandern, Schwimmen in natürlichen
Gewässern usw. Dementsprechend müssen die Gebiete für Freizeit und Erholung
auch Flächen unterschiedlicher Kategorien umfassen.

Die unterschiedliche Nachfrage der Bevölkerung erfordert es, neben großräumigen Erholungsgebieten auch Grünzüge von regionaler Bedeutung sowie stadtnahe
und innerstädtische Grünflächen zu erfassen.

Je nach Dauer und Art der Erholung sowie der Lage der betreffenden Gebiete
sollen unterschiedliche und differenzierte Zielaussagen in den Programmen und
Plänen der Landesplanung getroffen werden. Dabei sollte - soweit erforderlich
- auch dargelegt werden, wie stark diese Gebiete durch Kurzzeit- und Langzeiterholung oder andere Raumnutzungen bereits beansprucht sind bzw. wie weit sie
noch für eine Erholungsnutzung entwickelt werden sollen. Darüber hinaus kann
es erforderlich sein, neben den bereits genutzten Gebieten für Freizeit und
Erholung auch Gebiete auszuweisen, die für einen künftigen Freizeitbedarf zur
Verfügung stehen könen.

3. Kriterien zur Ausweisung von Gebieten für Freizeit und Erholung

Bei der Ausweisung von Gebieten für Freizeit und Erholung sollen insbesondere
folgende Faktoren berücksichtigt werden:

1. Natürliche Eignung

- Oberflächengestalt (Reliefenergie, Höhenlage, Taldichte)
- Vegetation (Waldanteil, Waldrand, landwirtschaftliche Bodennutzung, land-
  schaftstypische Bodendeckungen)
- Gewässer (Gewässerfläche, Gewässerrand)
- Klima (Bioklima, Sonnenscheindauer, Niederschläge)
- Belastbarkeit der Landschaft, Kapazität des Landschaftsraumes.

2. Infrastrukturelle Ausstattung

- Bademöglichkeiten
- Wanderwege, Radwege

- sonstige Freizeiteinrichtungen (insbesondere Spiel- und Sportanlagen, Wassersportmöglichkeiten, Jugendfreizeitstätten, Kleingartenanlagen)
- Freizeitwohngelegenheiten (gewerbliche und private Unterkünfte, Jugendherbergen, Zelt- und Campingplätze, Freizeitheime, eigengenutzte Freizeitwohnungen), unter Berücksichtigung von Übernachtungsdauer, -häufigkeit und Bettenauslastung
- gastronomische Versorgung
- Verkehrserschließung und -bedienung für den Individual- und öffentlichen Verkehr einschließlich Parkplatzangebot.

3. Kulturelle und soziale Voraussetzungen

- Kulturelle Einrichtungen (historische Bausubstanz, besondere Attraktivitäten)
- Kulturleben (größere Feste und Veranstaltungen)
- privates und kommunales Interesse (Bereitschaft zum Engagement).

Bei der Ausweisung von Gebieten zur Kurzzeiterholung ist ihre Lage bzw. Erreichbarkeit besonders zu berücksichtigen.

Wesentliche Umweltbeeinträchtigungen, z.B. durch Gewässerverschmutzung, Lärm- und Luftverunreinigung, sollen in die Beurteilung einbezogen werden, ggf. mit der Zielsetzung, sie zu mindern oder zu beseitigen. Störende Einflüsse können vielfach durch besondere Vorzüge ausgeglichen werden. Für die genannten Kriterien ist eine möglichst einheitliche Bewertung anzustreben. Sie muß genügend Spielraum für die Berücksichtigung der regionalen Besonderheiten lassen.

4. Grundsätze zur Gestaltung von Gebieten für Freizeit und Erholung

1. Um den unterschiedlichen Freizeitbedürfnissen der Bevölkerung Rechnung tragen zu können, soll ein differenziertes Angebot an Freiflächen, freizeitbedeutsamen natürlichen Ressourcen und Einrichtungen gesichert oder entwickelt werden. Einrichtungen für Kurzzeiterholung sollen in zumutbarer Entfernung bereitstehen. Die Ausweisung von Gebieten für Freizeit und Erholung über den bereits erkennbaren Bedarf hinaus kann auch dadurch gerechtfertigt sein, daß besonders geeignete Gebiete für eine künftige Erholungsnutzung gesichert werden.

2. In allen für Freizeit und Erholung ausgewiesenen Gebieten sind die eignungsbestimmenden Grundlagen langfristig zu sichern. Raumbedeutsame Maßnahmen

sind daraufhin zu überprüfen, inwieweit sie den Erholungswert des jeweiligen Gebietes beeinträchtigen. Auf eine möglichst landschaftsschonende Gestaltung raumbedeutsamer Maßnahmen ist hinzuwirken.

3. Freizeitbezogene Vorhaben sollen räumlich konzentriert werden, soweit es nach ihrer Eigenart möglich ist.

4. Die Erholungsnutzung soll die Belastbarkeit des Naturhaushaltes und des Landschaftsbildes berücksichtigen. Schutzgebiete und schutzwürdige Bereiche kommen für eine Erholungsnutzung nur in Betracht, soweit dies mit dem Schutzzweck vereinbar ist.

5. In den Gebieten für Freizeit und Erholung ist ein vielfältiges Landschaftsbild durch den Wechsel von Wald-, Frei- und Wasserflächen zu erhalten oder anzustreben, soweit die natürlichen Gegebenheiten nicht entgegenstehen. Der Wald ist als wesentlicher Bestandteil der Landschaft und wegen seiner Aufgabe für Klima, Wasserhaushalt und Erholung zu schützen und zu pflegen. In Waldgebieten sollen Wiesentäler und andere waldfreie Bereiche als landschaftsgliedernde Flächen erhalten bleiben. Eine geeignete Landbewirtschaftung durch landwirtschaftliche Betriebe ist als eine der wesentlichen Voraussetzungen für eine attraktive und abwechslungsreiche Erholungslandschaft weiter zu entwikkeln.

In waldarmen Gebieten ist eine Erhöhung des Wald- bzw. Baum- und Gehölzbestandes in Abstimmung mit den Erfordernissen der Landwirtschaft und der Landespflege anzustreben. Bei Maßnahmen der Agrarstrukturverbesserung ist der Erholungswert zu erhalten und soweit möglich zu verbessern.

6. Uferbereiche stehender und fließender Gewässer sowie Waldgebiete sollen unter Berücksichtigung der Belastbarkeit und unter Beachtung der wasserwirtschaftlichen Funktion der Gewässer den Erholungsuchenden zugänglich gemacht werden und als wichtige Elemente der Freizeitnutzung erhalten und gestaltet werden. Sie sind grundsätzlich von einer Bebauung freizuhalten.

7. Bei Verkehrsplanungen soll darauf hingewirkt werden, daß besonders wertvolle Landschaftsteile umgangen und ausreichende Abstände zu Uferbereichen eingehalten werden. Störenden Emissionen ist entgegenzuwirken. Insbesondere sollen Erholungsorte an verkehrsreichen Durchgangsstraßen vordringlich vom Durchgangsverkehr befreit werden. Wenn eine Ortsumgehung in freier Landschaft - wie vor allem in engen Gebirgstälern - sich nicht ausführen läßt, ist auch die Frage einer Untertunnelung zu prüfen. Schienenstrecken, die zur Bedienung

wichtiger Gebiete für Freizeit und Erholung erforderlich sind, sollen in ihrer Leistungsfähigkeit erhalten und verbessert werden; sie entlasten die oft stark belasteten Straßen und ermöglichen einen hohen Reisekomfort mit öffentlichen Verkehrsmitteln, auf den ein großer Teil der zur Erholung und Kur anreisenden Gäste angewiesen ist.

8. Beim Abbau von Lagerstätten sind solche Teilflächen, deren Erhaltung Voraussetzung für die besondere Eignung eines Gebietes für Freizeit und Erholung ist, möglichst zu erhalten. Der Abbau ist grundsätzlich räumlich und zeitlich zu konzentrieren. Für eine landschaftsgerechte Wiedereingliederung des Abbaubereiches nach dem Abbau ist Sorge zu tragen. Dabei ist die Möglichkeit einer Nutzung für Erholungszwecke zu prüfen.

9. Dem Bedürfnis der Bevölkerung nach den verschiedenen Formen eigengenutzter Freizeitwohngelegenheiten ist möglichst weitgehend Rechnung zu tragen. Die damit verbundenen Auswirkungen auf die räumliche Ordnung und Entwicklung des Raumes, die bis zur Überlastung der bevorzugten Gebiete für Freizeit und Erholung und der Beeinträchtigung ihrer Erholungsfunktion und des Naturhaushaltes reichen können, erfordern in der Regel, den Bedarf an eigengenutzten Freizeitwohngelegenheiten in weniger beanspruchte Erholungsräume und andere Räume außerhalb der Ordnungsräume zu lenken.

10. Für alters- und sozialgruppenspezifische Freizeitangebote sind die räumlichen Voraussetzungen zu sichern bzw. zu schaffen. Dabei sollen gegenseitige Beeinträchtigungen nach Möglichkeit ebenso vermieden werden wie eine unerwünschte Isolierung.

11. Innerhalb eines Gebietes für Freizeit und Erholung ist zu prüfen, inwieweit bei gleichartigen naturräumlichen Gegebenheiten zwischen einzelnen Orten eine Arbeitsteilung nach Art und Bedeutung des Freizeitangebotes angestrebt werden kann, um das Angebot an Infrastruktureinrichtungen zu verbreitern, es besser auszulasten und die Belastungen der Landschaft geringer zu halten.

12. In Gebieten, die für einen künftigen Freizeitbedarf entwickelt werden sollen, ist eine qualitative und quantitative Weiterentwicklung des Angebotes anzustreben, wobei insbesondere auch auf eine Verbesserung der regionalwirtschaftlichen Situation Wert zu legen ist. Als wichtige Maßnahme hierzu ist eine gute überregionale Verkehrsanbindung und eine funktionsgerecht innergebietliche Erschließung anzusehen.

13. In Gebieten mit besonders hoher Nutzungsintensität haben qualitative und strukturelle Verbesserungen Vorrang vor Kapazitätsauswertungten. Auf die Verringerung von Belastungserscheinungen der Umwelt ist besonderes Gewicht zu legen. Verkehrsplanungen, die zu einer wesentlichen zusätzlichen Belastung eines solchen Gebietes führen, sollen vermieden werden. Der Erhaltung und der Gestaltung der Landschaft ist vorrangige Bedeutung beizumessen. Landschaftsschäden sollen beseitigt werden. Einer ins Gewicht fallenden flächenhaften Ausweitung der Bebauung ist entgegenzuwirken. In solchen Gebieten soll die Errichtung von eigengenutzten Freizeitwohngelegenheiten eingeschränkt werden.

14. In Gebieten mit besonderer Eignung für landschaftsbezogene Erholung soll eine Ausstattung mit Freizeitinfrastruktur nur in dem hierfür notwendigen Umfang vorgenommen werden. Werden in Einzelfällen größere Infrastrukturmaßnahmen erforderlich, ist eine lanschaftsschonende Konzentration anzustreben. Liegen diese Gebiete in Verdichtungsräumen oder in günstiger Erreichbarkeit zu ihnen, sind sie vorrangig für die Kurzzeiterholung zu sichern und zu erschließen. Darüber hinaus sind in Verdichtungsräumen bzw. ihrer Umgebung auch ausreichende Räume für stille und naturnahe Erholung bereitzustellen.

15. Den Freizeitbedürfnissen im städtischen Bereich soll verstärkt Rechnung getragen werden. Deshalb sollen im unmittelbaren Wohnumfeld ausreichende Freizeitflächen und -einrichtungen vorgehalten werden.

16. Regionale Grünzonen sollen möglichst nah an die Gebiete hoher städtebaulicher Verdichtung herangeführt werden, um einen unmittelbaren Zugang zur freien Landschaft zu ermöglichen.

17. Besonderheiten der Ortsgestalt, die zum Erlebniswert des Gebietes für Freizeit und Erholung beitragen, sind zu bewahren.

18. Gebiete mit besonderen Strukturschwächen sollen für Freizeit und Erholung bevorzugt ausgebaut werden, wenn eine natürliche Eignung vorliegt oder die kulturräumlichen Voraussetzungen erfüllt sind und eine entsprechende Nachfrage zu erwarten ist.

19. Das Übernachtungsangebot des Beherbergungsgewerbes soll bedarfsgerecht ausgebaut werden. Maßnahmen zur Qualitätsverbesserung haben insbesondere in stark beanspruchten Gebieten Vorrang vor einer Ausweitung des Bettenangebotes. Der Ausbau der Infrastruktur soll zu einer Verlängerung der Aufenthaltsdauer und der Saison führen.

20. Touristische Großvorhaben können mit ihren neuen Angebotsformen einen Beitrag zur strukturellen Entwicklung leisten. Bei ihrer Planung sind jedoch an ihre Einbindung in die Landschaft besonders hohe Anforderungen zu stellen. Die schon vorhandene Beanspruchung des Raumes ist zu berücksichtigen.

21. In kulturhistorisch oder baugeschichtlich bedeutsamen Orten sollen städtebauliche, kulturelle und fremdenverkehrswirtschaftliche Maßnahmen zur Belebung des Städtetourismus beitragen.

5. Vergleichende Darstellung der Gebiete für Freizeit und Erholung

Dieser Entschließung ist nachrichtlich eine Darstellung der in den Programmen und Plänen der Länder (§ 5 Abs. 1 Raumordnungsgesetz) ausgewiesenen Räume für Freizeit und Erholung beigefügt. Sie sind in den Ländern in zum Teil unterschiedlicher Weise dargestellt. Der Maßstab läßt eine Darstellung der bedeutsamen Gebiete für Freizeit und Erholung in den großen Verdichtungsräumen – insbesondere den Stadtstaaten – nicht zu.

6. Wirkung der Entschließung

In der Ministerkonferenz für Raumordnung (MKRO) werden gemäß § 8 Abs. 1 des Raumordnungsgesetzes grundsätzliche Fragen der Raumordnung und Landesplanung mit dem Ziel einer gegenseitigen Abstimmung beraten.

Die für die Raumordnung und Landesplanung zuständigen Minister werden auf die Verwirklichung der Entschließung, insbesondere bei der Aufstellung der Programme und Pläne im Sinne des § 5 Abs. 1 des Raumordnungsgesetzes hinwirken.

46. STELLUNGSNAHME ZUM AUSBAU DER FACHINFORMATIONSSYSTEME (12.11.1979)

1. Aus der Sicht der Raumordnung kommt dem Ausbau der Fachinformationssysteme eine zweifache Bedeutung zu:

- Die Fachinformationssysteme sollen eine regional ausgeglichene Versorgung von Bürgern, Wirtschaft, Wissenschaft und öffentlicher Verwaltung mit Informations- und Dokumentationsdiensten gewährleisten.

- Die Fachinformationszentren und die Informationsvermittlungsstellen gehören
  zur infrastrukturellen Raumausstattung. In ihnen werden mit Unterstützung
  der öffentlichen Hand zukunftssichere und qualifizierte Arbeitsplätze bereitgestellt.

Die Ministerkonferenz für Raumordnung nimmt daher nachfolgend sowohl zu den
Standorten der Fachinformationszentren (Ziff. 2) als auch zur Informationsvermittlung der Fachinformationssysteme (Ziff. 3) Stellung.

2. Die räumliche Verteilung der Informationszentren muß in erster Linie dem
Beschluß der Regierungschefs vom 5. Mai 1977 Rechnung tragen, der eine regional ausgewogene Verteilung der Fachinformationszentren fordert (S. 11 des Be-
richtsentwurfs der BLK vom 5.12.1978). Die BLK ist dem dadurch nachgekommen,
daß sie um eine entsprechende Verteilung der Fachinformationszentren auf die
einzelnen Bundesländer bemüht war.

2.1 Die MKRO ist darüber hinaus der Auffassung, daß eine regional ausgewogene
Verteilung der Fachinformationszentren nur dann gegeben ist, wenn auch strukturschwache und/oder periphere Gebiete ausreichend berücksichtigt worden sind.
Dies gilt um so mehr, als die Fachinformationszentren geeignet sind, die
Infrastruktur- und Erwerbsstrukturschwäche dieser Gebiete mit abzubauen. Neben
der Anknüpfung an bereits vorhandene - größere - IuD-Stellen sollte daher die
Lage in einem strukturschwachen und/oder peripheren Gebiet als Standortkrite-
rium hinaustreten. Innerhalb dieser Gebiete erscheinen vor allem die Standorte
geeignet, die über Hochschulen verfügen und damit die für eine Dokumentation
notwendigen sächlichen und personellen Voraussetzungen, wie z.B. die Nähe zu
einer leistungsfähigen Bibliothek, gewährleisten.

2.2 Von den 23 auf der Übersichtskarte des BLK-Berichtsentwurfs vom 5. Dezember 1978 vermerkten Standorten außerhalb Berlins entsprechen nur 3 den obigen
Kriterien der Raumordnung. Dies sind beim IbZ K der Standort Kiel, bei der Abteilung Psychologie des FIZ 1 oder 13 der Standort Trier sowie beim FIZ 14 a
der Standort Saarbrücken. Die MKRO begrüßt diese Standortentscheidungen nachhaltig, meint jedoch, daß damit die strukturschwachen und/oder peripheren
Räume noch nicht in dem erforderlichen Umfang berücksichtigt worden sind.

2.3 Die MKRO bittet die BLK deshalb, im Rahmen der weiteren Überlegungen zu
prüfen, inwieweit diesen Standortkriterien unbeschadet einer regional ausgewogenen Verteilung auf die Länder stärker Rechnung getragen werden kann.

Der Ausbau einer leistungsfähigen, hochschulnahen Infrastruktur im Bereich der zumeist jungen Hochschulen sollte gemeinsames Anliegen von BLK und MKRO sein.

3. Von großer Bedeutung für die Raumordnung ist auch die Versorgung mit IuD-Leistungen. Dabei kommt nach Auffassung der MKRO den Informationsvermittlungsstellen eine besondere Bedeutung zu. Eine regional gleichwertige und flächendeckende Versorgung mit IuD-Leistungen in zumutbarer Entfernung und mit zumutbarem Aufwand für die Benutzer ist sicherzustellen. Dazu bedarf es der Bereitstellung von IuD-Leistungen in einem dezentralen System von Informationsvermittlungsstellen. Ein wichtiger Beitrag hierzu sollten aus der Sicht der Raumordnung einheitliche EDV-Anlagen, benutzerfreundliche und kompatible Programme sowie entfernungsunabhängige Übermittlungskosten sein.

3.1 Diese Überlegungen gelten im besonderen Maße für strukturschwache und/oder periphere Gebiete. Angesichts einer zumeist geringeren Nutzerdichte je Fachinformationssystem erscheinen hier systemübergreifende Fachinformationsvermittlungsstellen angezeigt.

3.2 Als Standorte für solche Informationsvermittlungsstellen in strukturschwachen und/oder peripheren Gebieten kommen zentrale Orte in Betracht, die nach den Zielen der Raumordnung und Landesplanung vordringlich entwickelt werden sollen und einer Zentralitätsstufe angehören, die der Dichte des Netzes der Fachinformationsvermittlungsstellen entspricht. Dies sind nach dem derzeitigen Stand der technischen Entwicklung insbesondere die Hochschulstädte. Die Auswahl der Standorte sollte unter frühzeitiger Beteiligung der für die Raumordnung und Landesplanung zuständigen Stellen erfolgen.

47. STELLUNGNAHME ZUM FACHINFORMATIONSSYSTEM 8 (12.11.1979)

Die Ministerkonferenz für Raumordnung nimmt zu dem Bericht der Bund-Länder-Kommission für Bildungsplanung und Forschungsförderung zum Fachinformationssystem 8 (FIS 8) wie folgt Stellung:

1. Der sachliche Zuschnitt des FIS 8 erscheint nicht optimal, sollte aber nur dann in Frage gestellt werden, wenn der sachliche Zuschnitt der Informationssysteme insgesamt geändert wird.

2. Im Bereich der Raumordnung sollte sich die Dokumentation deutlich gegenüber der Regionalstatistik abgrenzen und im wesentlichen auf Literaturdokumentation

beschränken. Daneben können auch andere Bereiche wie z.B. laufende Forschungs-
arbeiten dokumentiert werden. Maßstab dafür, was innerhalb dieser Grenzen
dokumentiert werden soll, sind ausschließlich die Bedürfnisse der Nutzer,
sofern deren Wünschen keine wirtschaftlichen Bedenken entgegenstehen.

3. Der Input im Bereich der Raumordnung soll weiterhin dezentral erfolgen,
d.h. alle Stellen außerhalb des Fachinformationszentrums (FIZ), wie z.B. die
BfLR und das ILS, können nach Absprache mit dem FIZ Dokumentationen zuliefern.
Auf diese Weise ist sichergestellt, daß die Dokumentationsleistungen weitgehend von der Praxis für die Praxis erstellt werden. Dabei soll jedoch Doppel-
arbeit vermieden sowie der Koordinierungsaufwand des FIZ in Grenzen gehalten
werden.

4. Auch die Informationsvermittlung soll nach Möglichkeit dezentral erfolgen,
wobei das FIZ zugleich Informationsvermittlungsstelle für einen Teilraum sein
kann.

5. Als FIZ 8 ist das Informationsverbundzentrum RAUM und BAU in Stuttgart
vorgesehen, dessen augenblicklicher Ausbauzustand noch nicht als zufrieden-
stellend bezeichnet ewrden kann.

6. Während die Planungen der BLK bisher davon ausgingen, das FIS 8 an den
Rechner des FIS 4 in Karlsruhe anzuschließen, hat sich nun auch Bayern bereit-
erklärt, einen Gastrechner in München mit zu errichten. Die MKRO begrüßt, daß
für den Anschluß des FIS 8 an einen Gastrechner außer Karlsruhe auch München
mit in die Erwägungen einbezogen wird. Es wird gebeten, zu prüfen, ob für die
Anlauf- und Übergangszeit eine Zusammenarbeit mit der EDV-Anlage des Bayerischen Staatsministeriums für Landesentwicklung und Umweltfragen möglich wäre.

7. Für die Errichtung des FIZ 8 sowie der Informationsvermittlungsstellen sind
die innere Strukturierung der Dokumentation sowie das Gliederungssystem unter
Mitwirkung der MKRO zu klären. Für den Bereich der Raumordnung und Landesplanung ist eine stärker differenzierende Gliederung erforderlich.

8. Da das Informationsverbundzentrum RAUM und BAU als Vorläufer des FIZ 8 bereits tätig ist, bestehen Anhaltspunkte für die Kosten des FIZ 8.

9. Im übrigen sind im Zusammenwirken von Bund und Ländern noch folgende Fragen
zu klären:

- Rechtsform und Organisation
- Konzeption für die Errichtung von Informationsvermittlungsstellen
- Einzelheiten der Finanzierung.

48. Erste Stellungnahme zu den Auswirkungen eines langfristigen Bevölkerungsrückganges auf die Raumstruktur in der Bundesrepublik Deutschland (12.11.1979)

1. Allgemeine Beurteilung der Ergebnisse der Modellrechnungen

Die im Auftrag der Ministerpräsidentenkonferenz durchgeführten Modellrechnungen zeigen, daß sich die Rahmenbedingungen für die Verwirklichung der Ziele der Raumordnung und Landesplanung – nämlich die Schaffung gleichwertiger Lebensbedingungen im Bundesgebiet – aufgrund der in den Modellrechnungen aufgezeigten möglichen Abnahme der Gesamtbevölkerung wie auch der möglichen Veränderung in der Altersstruktur auf lange Sicht erheblich verändern können.

Genaue Vorausschätzungen der zu erwartenden Bevölkerungsentwicklung, wie sie für konkrete Planungen erwartet werden, können nur für einen relativ kurzen Zeitraum (ca. 15 Jahre) erstellt werden. Für wesentlich längere Zeiträume, beispielsweise für die nächsten 75 Jahre, sind solche Vorausschätzungen nicht möglich. Wenn trotz dieser Schwierigkeiten Vorstellungen zur langfristigen Bevölkerungsentwicklung gewonnen werden sollen, so kann dies nur durch Modellrechnungen geschehen.

Die Modellrechnungen liegen in 4 Varianten vor. Die Aussagen dieser Stellungnahme beziehen sich auf einen allgemein starken anhaltenden Bevölkerungsrückgang, wie er sich bei den Varianten I und II ergibt. Bei den Varianten III und IV werden zwar die Schrumpfungseffekte für die Gesamtbevölkerung wesentlich geringer ausfallen bzw. langfristig sogar kompensiert; soweit im folgenden jedoch Aussagen zu den Altersstruktureffekten gemacht werden, gelten sie in der Phase 1990 bis 2020 auch für die Varianten III und IV.

Diese Berücksichtigung der Varianten enspricht dem Ziel der Modellrechnungen, bereits heute auf Probleme hinzuweisen, die sich aus der Fortsetzung des heutigen generativen Verhaltens ergeben können.

Aus der Altersstruktur ergibt sich folgender Entwicklungsprozeß: Die geringe gegenwärtige Geburtenhäufigkeit hat zur Folge, daß bereits in den 90er Jahren geburtenschwache Jahrgänge ins Heiratsalter kommen. Selbst wenn die Geburten-

häufigkeit dieser Generation dann nennenswert ansteigt, geht die Bevölkerungszahl insgesamt langfristig weiter zurück.

Infolge dieser Veränderung des Altersaufbaus der Bevölkerung werden über
Jahrzehnte hin für einzelne Fachbereiche und die Raumordnung neuartige Probleme entstehe.

Wanderungsbewegungen wurden bei den Modellrechnungen außer Betracht gelassen.
Diese beeinflussen jedoch insbesondere die regionale Entwicklung der Bevölkerungszahl und -struktur in erheblichem Maße. Sie können sowohl zum Ausgleich
als auch zur Verschärfung der Probleme beitragen; so z.B.:

- wenn infolge der Bevölkerungsentwicklung langfristig ein Mangel an Arbeitskräften entstünde und dieses Defizit zu einem erheblichen Teil durch verstärkte Zuwanderung aus dem Ausland kompensiert würde;

- wenn sich in bestimmten Teilräumen der Bundesrepublik Deutschland, insbesondere in abwanderungsgefährdeten Gebieten, Wanderungsverluste und Geburtendefizite addieren würden und deshalb der Bevölkerungsrückgang hier noch
  stärker ausfallen würde, als dies durch die lediglich auf Länderebene
  errechneten Zahlen der natürlichen Bevölkerungsentwicklung angezeigt wird;

- wenn es in ländlichen Gebieten bei sinkender Bevölkerungszahl zu einem
  Ausgleich von Arbeitsplatzangebot und -nachfrage käme und in entsprechender
  Weise die Anziehungskraft der Verdichtungsräume nachließe, so daß die heute
  noch kräftigen Wanderungsgewinne vieler Verdichtungsräume ausbleiben würden.

2. Mögliche Auswirkungen

Auswirkungen auf die Raumentwicklung lassen sich aufgrund allgemeiner Betrach-
tungen der natürlichen Bevölkerungsentwicklung schon heute erkennen; nämlich
auf die Infrastruktur, die Siedlungsstruktur, die Belastung der natürlichen
Umwelt und die regionale Verteilung der Ausländer. Nach Art und Intensität
sind sie regional unterschiedlich ausgeprägt und müssen im Zusammenhang mit
der Änderung anderer Rahmenbedingungen gesehen werden, wie etwa der Entwicklung des Wirtschaftswachstums und der disponiblen öffentlichen Mittel, der
Verfügbarkeit natürlicher Ressourcen - vor allem im Energiebereich - , aber
auch der Entwicklung der Technik.

2.1 Infrastruktur

Die Bereitstellung leistungsfähiger Versorgungseinrichtungen in zumutbarer Entfernung vom Wohnort wird voraussichtlich erheblich erschwert. Ein Bevölkerungsrückgang in dem berechneten Ausmaß würde Auslastung und Wirtschaftlichkeit besonders der einwohnerbezogenen Infrastruktur beeinträchtigen. Langfristig können diese Infrastruktureinrichtungen zwar überwiegend nach Größe und Organisationsform an sinkende Bevölkerungszahlen angepaßt werden; dabei besteht allerdings die Gefahr, daß entweder die heutigen Qualitätsstandards (z.B. mehrzügig gegliederte Schulen) nicht gehalten werden können oder daß die Kosten pro Kopf der Bevölkerung ansteigen. Dies gilt vor allem für Gebiete mit niedriger Bevölkerungsdichte und geringer Wirtschaftskraft. Dadurch können sich die noch vorhandenen regionalen Versorgungsunterschiede weiter verschärfen.

Bezogen auf die schon genannten Änderungen in der Altersstruktur werden deutliche Auswirkungen besonders bei jenen Infrastruktureinrichtungen zu erwarten sein, die von bestimmten Jahrgängen bzw. Altersgruppen genutzt werden. Einrichtungen für Kinder und Jugendliche werden als erste am stärksten betroffen sein.

Mit einer Verringerung der Bevölkerungsdichte in dem berechneten Ausmaß dürfte auch die Auslastung von Verkehrseinrichtungen zurückgehen, selbst wenn die Mobilitätsbereitschaft der Bevölkerung in gewissem Umfang zunimmt. Die Erhaltung von Netzdichte und Bedienungshäufigkeit leistungsfähiger Verkehrsysteme wird dann höhere finanzielle Aufwendungen pro Kopf der Bevölkerung erfordern.

2.2 Siedlungsstruktur

Die Aufrechterhaltung der vorhandenen Siedlungsstruktur kann in einzelnen Teilräumen in Frage gestellt werden; dies ist abhängig von der jeweiligen Bevölkerungsdichte und vom Ausmaß des Bevölkerungsrückgangs.

Als Folgerung aus den Feststellungen zur Infrastruktur wird im ländlichen Raum die zentralörtliche Versorgungsdichte – gemessen an den heute geltenden Normen – gefährdet.

Innerhalb der städtischen Bereiche wirkt sich der Bevölkerungsrückgang bei anhaltender Präferenz für weniger verdichtete Wohnformen vorrangig auf die Stadtkerne aus. Die von der Landesplanung angestrebte Einheit von Siedlungs-

und Verkehrssystem im Bereich der Achsen des öffentlichen Personennahverkehrs würde aufgrund der Unterauslastung der öffentlichen Verkehrsmittel nicht mehr zu verwirklichen sein; es sei denn, steigende Energiekosten würden dazu führen, daß verstärkt die Nähe zu leistungsfähigen öffentlichen Verkehrsmitteln gesucht wird.

2.3 Natürliche Umwelt

Die langfristig sinkende Zahl der Haushalte und die sich damit verringernde Flächeninanspruchnahme aus der Wohnsiedlungstätigkeit kann zu einer Entschärfung der Nutzungskonflikte führen, die sich bei gleichbleibender oder steigender Bevölkerungszahl weiter verstärken würden. Diese Entwicklung käme vor allem der Erhaltung naturnaher Flächen in den Ordnungsräumen zugute.

Ebenso können verringerter Bedarf an zusätzlichen Industrieflächen und verringertes Verkehrsaufkommen im Vergleich zu Alternativen mit höherer Bevölkerungsdichte die Umweltbedingungen verbessern. Die stärkere Entflechtung von einander störenden Nutzungen wäre möglich; die weitere Zerschneidung zusammenhängender Landschaftsteile durch Verkehrswege würde reduziert.

In der Vergangenheit wurden Flächenverbrauch und Umweltbelastung stärker von Steigerungen der Ansprüche als von der Bevölkerungsentwicklung beeinflußt. Das bereits bestehende Ausmaß der Umweltbeeinträchtigungen dürfte daher erst dann zu reduzieren sein, wenn der Effekt aus dem Rückgang der Bevölkerung nicht mehr durch ein entsprechendes Ansteigen der Ansprüche an den Raum aufgehoben wird.

Soweit der Bevölkerungsrückgang den finanziellen Spielraum der öffentlichen Hand einengt, kann die Lösung von Problemen des technischen Umweltschutzes sogar erschwert werden.

2.4 Ausländer

Die derzeitigen Geburtenüberschüsse der Ausländer lassen einen steigenden Ausländeranteil erwarten. Die regionale Verteilung dürfte sich an den wirtschaftsstarken Schwerpunkten orientieren und damit insbesondere in Verdichtungsräumen Integrationsprobleme aufwerfen.

Das Ausmaß der noch ungelösten Probleme ausländischer Minderheiten beim gegenwärtigen Ausländeranteil in der Bundesrepublik Deutschland und die Beobachtun-
gen der Folgen mangelhafter Integration von Ausländern in Staaten mit allgemein höherem Ausländeranteil machen auf das ggf. zu erwartende Konfliktpoten-
tial als indirekte Folge des Geburtenrückgangs aufmerksam.

3. Erste Folgerungen für die Raumordnungspolitik

Die hier dargestellten Probleme erfordern es, daß selbst erst langfristig zu
erwartende Entwicklungen schon heute in die Überprüfung der Ziele von Raumordnung und Landesplanung einbezogen werden.

Das System der zentralen Orte wird nach wie vor als geeigneter Rahmen für
Standortentscheidungen angesehen. Gleichwohl wird es notwendig sein, seine
Eignung für die Lösung der Probleme in den unterschiedlichen Teilräumen zu
überprüfen und ggf. raumspezifisch zu differenzieren.

Mit Verringerung der Tragfähigkeit der Einzugsbereiche für die öffentliche
Infrastruktur und private Versorgungseinrichtungen als Folge des Geburtenrückgangs wird die Notwendigkeit erhöht, diese in verkehrsgünstig gelegenen zentralen Orten vorzuhalten. Eine räumlich sinnvolle Zuordnung der Wohnstätten
wird die Voraussetzungen für eine ausreichende Auslastung der Einrichtungen
und den wirtschaftlichen Einsatz öffentlicher und privater Mittel verbessern.

Neue Formen der Versorgung, wie z.B. Mehrfachnutzung von Einrichtungen, ambu-
lante Dienste oder Arbeitsteilung zwischen benachbarten Zentren, sind zu
prüfen. Dem Aspekt der Flexibilität in der Nutzung von Flächen, Gebäuden und
Verkehrsanlagen ist allgemein größeres Gewicht zu geben. Nur so können die
Kosten aus Fehleinschätzungen der künftigen Entwicklung bei Investitionen in
langlebige Bausubstanz gering gehalten werden.

Das der öffentlichen Hand zur Einflussnahme auf die räumliche Entwicklung zur
Verfügung stehende Instrumentarium bedarf einer verstärkten Regionalisierung,
um eine Verschärfung der großräumigen Disparitäten zu vermeiden, die aufgrund
des Bevölkerungsrückgangs zu befürchten ist. Wegen der unterschiedlichen Bevölkerungsentwicklung sind ferner kleinräumige Maßnahmen zur Erhaltung bzw.
Verbesserung der Wohnfunktion von Kernstädten notwendig, um drohenden Funk-
tionsverlusten insbesondere höherrangiger Zentren entgegenzuwirken.

4. Weiterführende Untersuchungen

Diese Stellungnahme zu den möglichen Auswirkungen der errechneten Trends der natürlichen Bevölkerungsentwicklung bedarf der Ergänzung um den Aspekt der Wanderungsbewegungen und weiterer regionaler Differenzierung; denn die Wanderungen können auf Größenordnung, Altersgliederung und soziale Struktur der Bevölkerung von einzelnen Teilgebieten einen weit größeren Einfluß haben als auf die Bevölkerung des Bundesgebietes insgesamt. Weiterführende Untersuchungen zu den regionalen Aspekten der Bevölkerungsentwicklung, wie sie die Ministerpräsidentenkonferenz in ihrem Beschluß vom 6./8. Dezember 1978 für erforderlich hält, müssen daher Überlegungen zur möglichen Entwicklung der Wanderungsströme und ihrer wichtigsten Ursachen - insbesondere der Wirtschafts- und Arbeitsmarktentwicklung - einbeziehen.

Die Ministerkonferenz für Raumordnung befaßt sich zur Gewinnung und Abstimmung von Strukturdaten für das Bundesraumordnungsprogramm und die Länderprogramme der Raumordnung und Landesplanung mit Bevölkerungsprognosemodellen, die auch die Entwicklung der Arbeitsplätze und Wanderungen einbeziehen. Zur Zeit wird im Auftrag des Bundes und einiger Bundesländer eine Synopse zum Entwicklungsstand der Prognosemodelle beim Bund und den Ländern erstellt, auf deren Basis die Prognose für das Bundesraumordnungsprogramm fortentwickelt werden soll.

In der Ministerkonferenz für Raumordnung werden Bund und Länder vertiefende Untersuchungen über die möglichen Veränderungen der Bevölkerungszahl und -struktur in ausgewählten Teilräumen der Bundesrepublik, z.B. Ordnungsräumen (Verdichtungsräumen und ihren Randgebieten), ländlichen Räumen, peripheren oder strukturschwachen Gebieten, vornehmen. Für ausgewählte Annahmen zum generativen Verhalten im Bereich der Varianten I und II werden aus unterschiedlichen Annahmen über den Umfang der Wanderungen innerhalb und über die Grenzen der Bundesrepublik neue Varianten gebildet. Sie erlauben eine Beurteilung möglicher regionaler Bevölkerungsverteilungen bei allgemeinem Bevölkerungsrückgang.

Erst vor dem Hintergrund dieser zusätzlichen Untersuchungen erscheinen weitergehende Aussagen zu den langfristigen Folgewirkungen des Geburtenrückganges für die raumstrukturelle Entwicklung möglich. Die Ministerkonferenz für Raumordnung erwartet erste Ergebnisse einzelner Modellrechnungen Anfang 1980. Einen abschließenden Bericht über die möglichen Auswirkungen der langfristigen Bevölkerungsentwicklung für die Raumordnung und Landesplanung wird die Ministerkonferenz für Raumordnung Mitte 1980 vorlegen.

Die Tatsache, daß sich eine zufriedenstellende Beurteilung der räumlichen Auswirkungen des Bevölkerungsrückgangs erst in Kombination mit wahrscheinlichen Annahmen zum Wanderungsverhalten gewinnen läßt, macht auf die Notwendigkeit weiterer intensiver Erforschung der Motive und der Rahmenbedingungen für Wanderungen aufmerksam. Die mittelfristigen Auswirkungen der Arbeitsmarktentwicklung auf die großräumigen Wanderungsbewegungen innerhalb des Bundesgebietes und gegenüber dem Ausland - insbesondere auch dem erweiterten EG-Raum - sind verstärkt zu untersuchen.

Diese von der Ministerkonferenz für Raumordnung für notwendig gehaltenen weitergehenden Untersuchungen sollen zeigen, wie sich alternative Annahmen zur Bevölkerungsentwicklung auf das Instrumentarium und die Ziele in den Bereichen Infrastruktur, Siedlungsstruktur und natürliche Umwelt auswirken. Sie bittet die Fachministerkonferenzen, diese Bemühungen zu unterstützen.

5. Den nachteiligen Auswirkungen der Bevölkerungsentwicklung kann nur mit langfristig wirkenden Maßnahmen begegnet werden. Deshalb müssen schon jetzt neben den durchzuführenden Untersuchungen richtungweisende politische Entscheidungen vorbereitet werden.

49. BESCHLUSS: BERÜCKSICHTIGUNG DER RAUMORDNUNG UND LANDESPLANUNG BEI PLANUNGEN UND MASSNAHMEN DER EUROPÄISCHEN GEMEINSCHAFT (12.11.1981)

1. Die Ministerkonferenz für Raumordnung stellt fest, daß von den Europäischen Gemeinschafen in beachtlichem und zunehmendem Umfang Planungen und Maßnahmen vorbereitet und beschlossen werden, die für die Raumordnung und Landesplanung unmittelbar oder mittelbar von Bedeutung sind. Dies gilt für Planungen und Maßnahmen der Regionalpolitik der Gemeinschaft, aber auch für andere Bereiche wie z.B. die Agrarstrukturpolitik.

2. Die Ministerkonferenz für Raumordnung hält es für notwendig, daß die Organe der EG alle vorhandenen Möglichkeiten nutzen bzw. die Voraussetzungen dafür schaffen, daß die Belange der Raumordnung sachgerecht behandelt werden können.

3. Die Ministerkonferenz für Raumordnung begrüßt die vorgesehenen Regelungen über das Verfahren der Zusammenarbeit zwischen Bund und Ländern in EG-Angelegenheiten. Sie geht davon aus, daß alle Beteiligten in den EG sowie Bund und Ländern sich bei raumrelevanten Planungen und Maßnahmen der EG rechtzeitig und eingehend gegenseitig unterrichten, damit

- die in der Bundesrepublik Deutschland geltenden Erfordernisse der Raumordnung berücksichtigt werden können und
- die Entwicklung von europaweiten überfachlichen raumordnerischen Leitvorstellungen ermöglicht wird.

50. BESCHLUSS ZUR FORTSCHREIBUNG DES BUNDESRAUMORDNUNGSPROGRAMMS (12.11.1981)

1. Die Ministerkonferenz für Raumordnung bekräftigt ihren Willen, das Bundesraumordnungsprogramm aus dem Jahre 1975 fortzuschreiben. Die Fortschreibung
des Bundesraumordnungsprogrammes bietet die Chance, daß Bund und Länder auf
der Grundlage der jeweiligen Kompetenzverteilung ihre gemeinsame Verantwortung
für die räumliche Entwicklung des Bundesgebietes erneut deutlich machen.

2. Es ist weiterhin von dem Ziel gleichwertiger Lebensbedingungen in allen
Teilräumen des Bundesgebietes und dem Ziel der Erhaltung der natürlichen
Lebensgrundlagen auszugehen. Ein fortgeschriebenes Bundesraumordnungsprogramm
muß jedoch die veränderten Rahmenbedingungen, insbesondere die verengten Fi-
nanzierungsspielräume in allen öffentlichen Haushalten, berücksichtigen. Das
Bundesraumordnungsprogramm muß auch der Aufgabe gerecht werden, raumbedeutsame
Fachplanungen und -maßnahmen einschließlich raumwirksamer Investitionen, insbesondere des Bundes, aus der Sicht der überfachlichen Zielsetzung zu koordinieren. Die bisher gültigen Zielvorstellungen sind zu überprüfen. Auf bestehende und neue regionale Ungleichgewichte am Arbeitsmarkt, Probleme der Ressourcensicherung einschließlich Energieversorgung und des Schutzes der natürlichen Lebensgrundlagen ist besonders einzugehen.

Das Bundesraumordnungsprogramm soll als bundeseinheitlicher Orientierungsrahmen zur Beurteilung der Gebiete dienen, in denen die Lebensbedingungen in
ihrer Gesamtheit im Verhältnis zum Bundesgebiet wesentlich zurückgeblieben
sind oder zurückzubleiben drohen (vgl. § 2 Abs. 1 Nr. 3 ROG).

3. Im Programm sollen verstärkt regionale Besonderheiten sowie sich daraus
ergebende Probleme und Entwicklungsmöglichkeiten aufgezeigt werden. Die europäischen und weltwirtschaftlichen Verflechtungen sind ebenso zu beachten wie
die Sondersituation Berlins und des Zonenrandgebietes.

Großräumige Beurteilungsgrundlage bilden die 75 Raumordnungsregionen; die
einzelnen räumlichen Ebenen der Programmaussagen ergeben sich aus den jeweiligen Fragestellungen.

4. Die Ministerkonferenz für Raumordnung beauftragt ihre zuständigen Gremien, die Arbeit an der Fortschreibung des Bundesraumordnungsprogramms auf der Grundlage dieses Beschlusses und der bisher vorliegenden Beratungsergebnisse der Konferenz sowie anhand des Diskussionspapiers der Arbeitsgruppe BROP vom 3.11.1981 weiterzuführen.

51. Zweite Stellungnahme zu den Auswirkungen eines langfristigen Bevölkerungsrückganges auf die Raumstruktur in der Bundesrepublik Deutschland (12.11.1981)

Gliederung

I. Ergänzende Modellrechnungen unter Berücksichtigung von Wanderungen
   I.1   Grundannahmen und Raumbezug der ergänzenden Modellrechnungen
   I.2   Ergebnisse

II. Mögliche Auswirkungen
   II.1   Beschäftigungsentwicklung
   II.2   Infrastruktur
   II.3   Ausländer
   II.4   Umweltqualität und Flächennutzung
   II.5   Raumstruktur

III. Raumordnungspolitische Schlußfolgerungen
   III.1 Regionale Entwicklung der Arbeitsplätze
   III.2 Regionale Entwicklung der Infrastruktur
   III.3 Eingliederung der Ausländer
   III.4 Entwicklung der Raumstruktur

IV. Anforderungen an eine Bevölkerungspolitik
   IV.1 Bevölkerungspolitische Erfordernisse
   IV.2 Ansätze für bevölkerungspolitische Entscheidungen

Anmerkungen

Die Ministerkonferenz für Raumordnung hat gegenüber der Konferenz der Ministerpräsidenten am 12. November 1979 eine "Erste Stellungnahme zu den Auswirkungen eines langfristigen Bevölkerungsrückganges auf die Raumstruktur in der Bundesrepublik Deutschland" abgegeben. Sie hat die darin angekündigten vertiefenden Untersuchungen zu den regionalen Auswirkungen nunmehr abgeschlossen. Ihre Annahmen und Ergebnisse werden in der folgenden "Zweiten Stellungnahme" darsgestellt und aus raumordnerischer Sicht bewertet.

I. Ergänzende Modellrechnungen unter Berücksichtigung von Wanderungen

I.1 Grundannahmen und Raumbezug der ergänzenden Modellrechnungen

Die Modellrechnungen der Ministerpräsidentenkonferenz beschränken sich auf die natürliche Bevölkerungsentwicklung; der Einfluß der Wanderungsbewegung wird nicht berücksichtigt; ihr Raumbezug ist die Ebene der Bundesländer. Dadurch tritt bei den großflächigen Ländern eine Nivellierung der regional bisher sehr unterschiedlichen Bevölkerungsentwicklung ein. Gleichzeitig erhalten die Ergebnisse der Stadtstaaten wegen der fehlenden Wanderungen nur eine eingeschränkte Aussagekraft.

Die Bundesforschungsanstalt für Landeskunde und Raumordnung (BfLR) hat deshalb in Abstimmung mit dem Datenausschuß der MKRO ergänzende Modellrechnungen unter Einbeziehung von Wanderungen vorgenommen.

Durch die ergänzenden Berechnungen kann der Vorhersagewert gegenüber dem Zahlenmaterial der Ministerpräsidenten nicht grundsätzlich verbessert werden. Es handelt sich auch hier um sehr langfristige Modellrechnungen, die nicht mit Prognosen verwechselt werden dürfen. Die Betrachtung auf der Ebene von Regionstypen führt zwar insgesamt zu sinnvolleren Raumeinheiten für die Betrachtung der Bevölkerungsentwicklung. Die Ergänzung um Annahmen zum Wanderungsverhalten bedeutet aber zugleich eine Erweiterung der langfristig unsicheren Annahmen. Diese Nachteile werden in Kauf genommen, damit auch mögliche regionale Entwicklungstendenzen unter Einschluß von Wanderungsbewegungen dargestellt werden können; nur so ergibt sich eine Diskussionsbasis für regionaltypische Besonderheiten des Bevölkerungsprozesses.

Bei der Betrachtung und Beurteilung der für die verschiedenen Regionstypen errechneten Werte muß immer bedacht werden, daß es sich hierbei um Durchschnittswerte für sehr große Aggregate handelt, die erheblich von der Situation und der Entwicklung in den einzelnen Regionen und deren Teilräumen abweichen können.

Annahmen zur Geburtenentwicklung

Die ergänzenden Modellrechnungen schätzen die deutsche und die ausländische Wohnbevölkerung bis zum Jahre 2030 voraus. Die Geburtenentwicklung der deutschen Bevölkerung wird dazu in drei Alternativen untersucht, die etwa den Varianten I, II und III der Modellrechnungen der Ministerpräsidentenkonferenz entsprechen. Für die Ausländer wird eine Annäherung der Geburtenhäufigkeiten an das Niveau der Deutschen im ländlichen Raum bis zum Jahre 2000 angenommen.

Annahmen zur Außenwanderung

Die Annahmen zum künftigen Wanderungsverhalten der Bevölkerung orientieren sich dabei an den Verhaltensweisen, die in den zurückliegenden Jahren beobachtet werden konnten. Es wird davon ausgegangen, daß diese sich in der Tendenz in Zukunft weiter fortsetzen werden. Für die Wanderungen der Ausländer über die Grenzen der Bundesrepublik Deutschland werden drei Varianten gerechnet:

A: Außenwanderungssaldo ausgeglichen (entspricht dem Jahresdurchschnitt 1974-1978)
B: Abwanderungsüberschuß jährlich - 75 000
C: Zuwanderungsüberschuß jährlich + 75 000 (entspricht dem Jahresdurchschnitt 1970-1978)

Annahmen zur Binnenwanderung

Für die Wanderungen zwischen den Regionen innerhalb der Bundesrepublik Deutschland werden die Wanderungsbewegungen der Jahre 1974 bis 1978 zugrunde gelegt. Die Aussagen beziehen sich auf folgende 5 Regionstypen[1]:

Regionen mit großen Verdichtungsräumen (VR) ...
1. Typ VR1 .. und relativ günstiger Arbeitsmarktsituation
            Beispiele: Hamburg, München, Stuttgart, Bielefeld, Nürnberg
2. Typ VR2 .. und relativ ungünstiger Arbeitsmarktsituaion
            Beispiele: Duisburg, Aachen, Saarland, Berlin (West)
3. Typ   Regionen mit mittlerer Bevölkerungsdichte und Verdichtungskernen
            Beispiele: Göttingen, Kassel, Koblenz, Siegen, Freiburg, Augsburg

Ländlich geprägte Regionen (LR) ...
4. Typ LR1 .. mit relativ günstiger Arbeitsmarktsituation
            Beispiele: Allgäu, Südostoberbayern
5. Typ LR2 .. mit relativ ungünstiger Arbeitsmarktsituation
            Beispiele: Schleswig, Emsland, Trier, Oberfranken

I.2 Ergebnisse[2]

Entwicklung unter Wanderungseinfluß (Trend)

Bei Fortdauer der gegenwärtigen Geburtenhäufigkeit der deutschen und bei einer
sich angleichenden Geburtenhäufigkeit der ausländischen Bevölkerung würde sich
die Gesamtbevölkerung in der Bundesrepublik Deutschland bis zum Jahre 2030 um
etwa ein Drittel vermindern.

Bei Berücksichtigung von Wanderungen innerhalb der Bundesrepublik Deutschland
können die stärker verdichteten Räume ihre Bevölkerungsverluste aus den gegenüber dem ländlichen Raum geringeren Geburtenhäufigkeiten durch Zuwanderungen
ausgleichen. Die Regionen mit großen Verdichtungsräumen und die ländlich
geprägten Regionen können so ihre Bevölkerungsanteile behaupten. Innerhalb der
Gruppen finden jedoch bedeutende Umschichtungen entsprechend den wirtschafts-
strukturellen Voraussetzungen der verschiedenen Typen statt:

- Unter den Regionen mit großen Verdichtungsräumen verlieren diejenigen Regionen, die heute schon erhebliche Beschäftigungsprobleme aufweisen (Typ
  VR2) deutlich zugunsten der strukturstärkeren Verdichtungen;
- unter den ländlich geprägten Regionen verlieren jene mit relativ ungünstiger Beschäftigungslage (Typ LR 2) am stärksten.

Die mobilen Bevölkerungsteile sind überwiegend im erwerbsfähigen Alter. Die
Wanderungen in der Vergangenheit sind wesentlich aus den Unterschieden in der
Attraktivität der regionalen Arbeitsmärkte zu erklären. Setzt sich dieser
Trend fort, dann erleiden die Regionen mit Abwanderungstendenz (Typ VR 2 und
Typ LR 2) erhebliche Verluste im Anteil der erwerbsfähigen Bevölkerung; in
diesen Regionen beschleunigen die Wanderungen den allgemeinen Prozeß der
Überalterung. Da die Erwerbsfähigen auch die Elternjahrgänge stellen, wird
durch ihren Fortzug zugleich die natürliche Bevölkerungsentwicklung in den
Abwanderungsregionen negativ beeinflußt. Andere Wanderungsmotive führen daneben zu bedeutenden, der Altersstruktur der Wandernden entsprechenden Veränderungen im Altersaufbau der Herkunfts- und Zielregionen.

Dem entgegen wirkt der Entwicklungsprozeß der ausländischen Bevölkerung bei
Einbeziehung von Wanderungen. Selbst bei ausgeglichenem Außenwanderungssaldo
der Ausländer wirkt sich der Verjüngungsprozeß - ältere Ausländer wandern ab;
jüngere wandern zu - in einer ständigen Überrepräsentierung des Anteils der
Ausländerbevölkerung im frühen Elternalter aus. Dieser Fluktuationseffekt
bewirkt auf längere Sicht einen erheblichen Anstieg des Ausländeranteils an
der Bevölkerung. Bei anhaltendem Binnenwanderungstrend der Ausländer in Richtung auf die Verdichtungen wird ihr Anteil in den Regionen mit großen Verdichtungsräumen auf 23% im Jahre 2030 ansteigen, während er in den ländlich geprägten Regionen mit knapp 10% das gegenwärtige Niveau der Verdichtungsräume
erreichen würde. Bei allgemeiner Verlängerung der Verweildauer der Ausländer
in der Bundesrepublik Deutschland würde das Anwachsen der Ausländerzahlen
allerdings geringer ausfallen.

Varianten der Geburtenhäufigkeiten

Die Variation der Geburtenhäufigkeiten, die Ausgangspunkt für die Modellrechnungen der Ministerpräsidentenkonferenz war, führt in Verbindung mit den
Wanderungen nicht zu bedeutenden regionalen Anteilsverschiebungen.

Varianten der Außenwanderung (Bandbreite)

Die vorwiegend erwerbsorientierten Wanderungsbewegungen der Ausländer sind
auch in Zukunft wesentliches Bestimmungsmerkmal für die Bevölkerungsentwicklung in der Bundesrepublik Deutschland. Die Untersuchung der Wanderungsalter-
nativen B und C führt unter Einschluß der erwähnten Binnenwanderung der Ausländer und des Verjüngungseffektes aus der Fluktuation zu folgenden Ergebnissen:

- Bei einer jährlichen Zuwanderung von 75 000 Ausländern würde ihre Zahl im
  Jahre 2030 13 Mio. oder ca. 29% der Bevölkerung betragen[3].
- Bei einem Außenwanderungssaldo von - 75 000 jährlich würde die Ausländerbevölkerung von heute 4 Mio. auf ca. 3,4 Mio. im Jahre 2030 absinken; dennoch
  würde der Ausländeranteil an der Gesamtbevölkerung steigen: von heute 6,5
  auf 7,1%.

Damit ergibt sich, daß die Zahl der Ausländer auch bei Variante A noch ganz
erheblich steigen würde. Bei ausgeglichenem Wanderungssaldo würde sich nämlich

die Zahl der Ausländer bis 2030 insgesamt verdoppeln (Anstieg auf 8 Mio.,
entspricht ca. 17% der Bevölkerung).

Mit zunehmendem Wanderungssaldo der Ausländer erhöht sich deren Anteil in den
Regionen mit großen Verdichtungsräumen im Vergleich zu den ländlich geprägten
Regionen.

Einflüsse der Arbeitsmarktentwicklung

Die Außenwanderungen der Ausländer waren in den vergangenen Jahren in starkem
Maße konjunkturbedingt. Reaktionen auf veränderte Arbeitsmarktsituationen
zeigten sich jedoch auch bei den Binnenwanderungen. Die bisher hierhin beschriebenen Modellrechnungen für die Bundesrepublik Deutschland insgesamt
haben Annahmen über den Verlauf der wirtschaftlichen Entwicklung nur indirekt
berücksichtigt, indem die regionalen Wanderungstrends der Jahre 1974 bis 1978
in die Zukunft fortgeschrieben wurden. Das bedeutet, daß die regionalen Be-
schäftigungsgleichgewichte sowie die sonstigen Attraktivitätsunterschiede
zwischen den Regionen für den Berechnungszeitraum konstant gehalten wurden.

Von besonderem Interesse ist daher die Frage, wie sich der Verlauf der Bevölkerungsentwicklung darstellt, wenn eigenständige Annahmen zur Entwicklung des
Arbeitsplatzangebots getroffen werden. Dazu wurde ein Rechenmodell verwendet,
das die Wanderungen als Reaktionen auf sich verändernde Arbeitsplatzangebote
ermitteln kann. Da ein solches Modell mit entsprechenden Eingabewerten nur für
Bayern zur Verfügung stand, beziehen sich diese ergänzenden Berechnungen nur
auf dieses Bundesland; sie sind jedoch in den grundsätzlichen Ergebnissen
übertragbar.

Drei Varianten der Arbeitsplatzentwicklung wurden jeweils - und zwar in diesem
Falle bis zum Jahre 2015 - berechnet; sie unterscheiden sich in folgenden
Annahmen zur Wirtschaftsentwicklung:

- Variante 1:   Zahl der Arbeitsplätze bis zum Jahre 2015 weitgehend unverän-
                dert;
- Variante 2:   Zu- und Abnahme der Arbeitsplätze im Maß der Veränderung des
                Erwerbspersonenpotentials
- Variante 3:   bis 1990 schwacher, danach starker Rückgang der Zahl der Ar-
                beitsplätze

In den Regionen entwickelt sich die Zahl der Arbeitsplätze im Rahmen der Ge-samtannahmen entsprechend der Entwicklungsfähigkeit der regionalen Wirt-schaftsstruktur.

Der Einfluß der Varianten auf die Ergebnisse ist für das Jahr 2015 relativ gering; denn etwa ab 1990 wirkt sich der Rückgang aus der natürlichen Bevölke-rungsentwicklung wesentlich stärker auf die regionale Entwicklung aus als die Wanderungen.

Besonders große Bevölkerungsverluste weisen die Grenzland- und überwiegend strukturschwachen Regionen auf (Anteilsverringerung in Bayern z.B. von 35% auf 31%), wo sich Sterbeüberschüsse und Wanderungsverluste addieren. Diese Regio-nen sind durch ihre periphere Lage, ungünstige Altersstruktur und mangelhafte Ausstattung mit Arbeitsplätzen gekennzeichnet.

In den Regionen mit großen Verdichtungsräumen und zugleich gesunder Struktur bzw. großer Attraktivität, wächst die Bevölkerung noch bis 1990, um erst danach zurückzugehen. Hier ist neben den Wanderungsgewinnen das geringere Durch-schnittsalter der Bevölkerung wirksam (Anteilsvergrößerung in Bayern z.B. von 38% auf 42%). Die Konzentration der Zuwächse am Beispiel Bayern auf die Region München macht deutlich, daß die Entwicklung sehr stark von den Unterschieden in der Attraktivität des Arbeitsplatzangebots zwischen den Regionen mit großen Verdichtungsräumen bestimmt wird.

Die Entwicklung der Ausländerzahlen schwankt entsprechend den Annahmen zum Arbeitsplatzangebot in den Varianten: Je größer die Zahl der Arbeitsplätze ist, desto stärker ihre Zuwanderung und Konzentration in den Regionen mit großen Verdichtungsräumen.

II. Mögliche Auswirkungen

Die Ergebnisse derartig weitgreifender Modellrechnungen sind notwendigerweise spekulativ. Die Beschreibung der Auswirkungen kann daher nur unter der Voraus-setzung erfolgen, daß die Ergebnisse tendenziell zutreffen können; d.h. daß sich die wesentlichen Entwicklungen im Rahmen der heute feststellbaren Trends vollziehen werden. Nur so läßt sich eine begrenzte Zahl von Entwicklungsgrößen darstellen und diskutieren. Selbstverständlich können Veränderungen in den politischen und ökonomischen Rahmenbedingungen bewirken, daß sich die darge-stellten Auswirkungen verstärken oder verringern. Diese Modellrechnungen sol-len Anregung für vorausschauendes politisches Handeln sein, das dazu führt, daß die möglichen negativen Entwicklungen in ihren Auswirkungen gemildert oder verhindert werden.

Zu den einzelnen Problembereichen lassen sich folgende Schlußfolgerungen ziehen:

II.1 Beschäftigungsentwicklung

Die langfristigen demographischen Modellrechnungen für Regionstypen enthalten keine ausdrücklichen Annahmen zur künftigen Beschäftigten- und Arbeitsmarktentwicklung. Es wird jedoch unterstellt, daß die interregionale Verteilung der Arbeitsplätze und die Reaktion der Erwerbspersonen auf Arbeitsmarktgleichgewichte in Form von Wanderungen weiterhin so abläuft, wie in der Referenzperiode 1974-1978. Mit der Festlegung von Annahmen über Wanderungsgewinne gegenüber dem Ausland wurden indirekt auch Annahmen über die Zahl der Beschäftigten im Bundesgebiet getroffen.

Unter den genannten Bedingungen wird die Zahl der Deutschen im erwerbsfähigen Alter noch bis 1990 ansteigen und danach altersstrukturbedingt zurückgehen. Bei einem jährlichen Wanderungsgewinn von 75 000 Ausländern wird die Zahl der Personen im erwerbsfähigen Alter erst nach dem Jahre 2000 unter dem Wert des Jahres 1980 liegen. Angesichts der gegenwärtigen Beschäftigungsprobleme muß daher damit gerechnet werden, daß die angespannte Situation auf dem Arbeitsmarkt auch bei gleichbleibendem oder geringfügig zunehmenden Wirtschaftswachstum anhält.

Bis in die 90er Jahre ist vor allem in den Regionen des Typs VR 2 und in den Regionen des Typs LR 2 mit schwerwiegenden Beschäftigungsproblemen zu rechnen. Während in den ländlichen Räumen das Erwerbspotential altersbedingt überdurchschnittlich stark anwachsen wird, wird in den strukturschwachen Verdichtungsräumen die Zahl der Arbeitsplätze unter Status quo-Bedingungen überproportional abnehmen. Werden die Trends der wirtschaftlichen Entwicklung in den Regionstypen in die Rechnung einbezogen, wie am Beispiel Bayerns berechnet, so werden nicht nur die Entwicklungsunterschiede zwischen den hochverdichteten Regionen einerseits und den dünnbesiedelten peripheren Regionen und den strukturschwachen Verdichtungsräumen andererseits deutlich, sondern auch die Entwicklungsunterschiede innerhalb der Gruppe der hochverdichteten Regionen.

Aufgrund des Wohlstandsgefälles zwischen der Bundesrepublik Deutschland und vielen Staaten innerhalb und außerhalb der europäischen Gemeinschaft muß in

Zukunft auch dann mit Wanderungsgewinnen gegenüber dem Ausland gerechnet
werden, wenn rein quantitativ kein Arbeitskräftebedarf besteht. Denn in Teilbereichen wird der Arbeitsmarkt durchgehend für Ausländer aufnahmebereit bleiben (produzierender Sektor, Bergbau, bestimmte Dienstleistungen wie z.B. Hotel
und Gaststätten). Dies hat Folgen für die freie Zuwanderung von Erwerbspersonen aus den EG-Ländern. Daneben wird aufgrund der Zuwanderung von Angehörigen
der bereits hier lebenden ausländischen Arbeitnehmer und deren Kinder das ausländische Arbeitskräfteangebot weiter wachsen.

Wird die EG erweitert, so ist zu erwarten, daß sich die Beschäftigungsprobleme
verschärfen werden. Dies verdient mit Blick auf die großen Arbeitskräftereser-
ven in der Türkei und die Integrationsschwierigkeiten ausländischer Arbeitnehmer dieses Kulturkreises besondere Beachtung. Das vergößerte Angebot ausländischer Arbeitskräfte wird sich wie bisher auf die Verdichtungsräume und dort
vor allem auf die Innenstadtgebiete konzentrieren. In den Verdichtungsräumen
werden, vor allem wenn eine hohe Industriedichte vorhanden ist, entsprechende
Arbeitsplätze in ausreichendem Umfang angeboten. Weitaus geringer wird der
Anteil der ausländischen Arbeitnehmer in den Städten in weniger verdichteten
Gebieten sein. Die Zuwanderung von Ausländern in dünnbesiedelte ländliche
Gebiete wird sich zwar vergrößern, der Anteil der ausländischen Arbeitnehmer
wird dort aber weiterhin gering bleiben, da dort entsprechende Arbeitsplätze
fehlen bzw. noch von deutschen Erwerbspersonen besetzt werden.

II.2 Infrastruktur

Die Feststellungen der MKRO zum Infrastrukturbereich in ihrer ersten Stellungnahme zu den Modellrechnungen bedürfen hier keiner grundsätzlichen Ergänzung;
sie werden durch die Stellungnahme der Konferenzen der Innen- und Wirtschaftsminister sowie der Arbeits- und Gesundheitsminister bestätigt. Die regionalisierte Betrachtung unter Berücksichtigung von Wanderungen zeigt folgende Besonderheiten:

- Die Altersstruktureffekte der Wanderungen verkleinern in geringem Umfang
  die Verschiebungen zwischen den Altersgruppen in den Gebieten mit Zuwande-
  rung. Sie verstärken die Umschichtungen im Altersaufbau der Gebiete mit
  Abwanderungen.
- Die starken Verschiebungen in Zahl, Altersstruktur und Nationalität der
  Bevölkerung in den Regionen VR 2 deuten auf erhebliche Probleme bei der
  Anpassung der Infrastrukturleistungen hin. Wenn hier Infrastruktureinrich-
  tungen - vor allem Bildungseinrichtungen - von der deutschen Bevölkerung

nicht mehr ausgelastet werden, entstehen freie Kapazitäten, die für die Betreuungserfordernisse der Ausländer genutzt werden können.

Die Bevölkerungsentwicklung beeinflußt die Auslastung und damit den Nachhol-, Ersatz- und Neubedarf der Infrastruktureinrichtungen. Der Einfluß ist um so größer, je enger der Zusammenhang zwischen der Einwohnerzahl bzw. -struktur und der Nutzung der Infrastruktureinrichtungen ist. Nennenswerte Auswirkungen werden in folgenden Bereichen vermutet:

- Kindergärten, Schulen, Hochschulen, berufsbildende Einrichtungen
- Gesundheitseinrichtungen
- Personenverkehr
- Freizeiteinrichtungen (z.B. Hallen- und Freibäder).

Von den privatwirtschaftlich betriebenen Versorgungseinrichtungen ist insbesondere der Einzelhandel zu nennen.

Je größer der Einfluß anderer Faktoren, insbesondere der Wirtschaftsentwicklung auf die Nutzungsintensität der Infrastruktureinrichtungen ist, desto schwerer lassen sich spezifische Auswirkungen der Bevölkerungsentwicklung vorhersagen.

Soweit sich die Bevölkerungsentwicklung auf die Infrastruktur auswirkt, hängen mögliche Konsequenzen zunächst davon ab, ob bei gleichbleibender individueller Nutzung der Einrichtung eine erhöhte Kostenquote pro Kopf der Benutzer in Kauf genommen wird. Dies wird mit großer Wahrscheinlichkeit jedenfalls mittelfristig bei jenen Einrichtungen geschehen, deren Kapazität nur langfristig verändert werden kann; dies gilt z.B. für Infrastruktureinrichtungen zur Wasserversorgung und Abwasserbeseitigung. Bei derartigen Anlagen wird sich jedoch der Bedarf nach Kapazitätserweiterungen vermindern.

Soweit mehrere Infrastruktureinrichtungen der gleichen Art in zumutbarer Entfernung vorhanden sind, kann eine Reduzierung dieser Einrichtungen infolge des Bevölkerungsrückganges den finanziellen Handlungsspielraum der öffentlichen Hand erweitern, ohne dadurch nennenswerte Veränderungen der Raumstruktur hervozurufen. Erhebliche Handlungsspielräume müssen jedoch erschlossen werden, um die regionalen und altersstrukturellen Probleme der Bevölkerungsentwicklung zu lösen.

Die Anpassungsprobleme der Infrastrukturversorgung in verschiedenen Regionstypen werden voraussichtlich hohe finanzielle Aufwendungen der öffentlichen

Hände erfordern. Da das Finanzaufkommen von einer ab dem Jahre 2000 rückläufigen Zahl von Erwerbstätigen aufgebracht werden muß, sollten mögliche Entlastungswirkungen aus dem Bevölkerungsrückgang für die öffentlichen Haushalte
genutzt werden, wo dies ohne Veränderung der heute realisierten Versorgungsgrade und ohne nennenswerte Auswirkungen auf die Raumstruktur möglich ist.

Soweit die höheren Kosten pro Infrastrukturbenutzer auch in ländlich geprägten
Regionen nicht in Kauf genommen werden, sind idealtypisch drei Reaktionen
möglich:

- es wird eine stärkere Nutzung der Einrichtungen durch die Bevölkerung
  angestrebt,
- die Zahl der Infrastruktureinrichtungen wird der veränderten Zahl der
  Nutzer entsprechend verringert und
- die Infrastruktureinrichtung wird durch veränderte fachplanerische Vorgaben
  auf die Bedürfnisse der kleineren Nutzerzahl umgewandelt, so daß die Vor-
  haltekosten ohne Verringerung der Zahl der Infrastruktureinrichtungen vermindert werden können.

Die Auswirkungen des Bevölkerungsrückganges hängen insoweit entscheidend davon
ab, welche der genannten Möglichkeiten ergriffen werden. Die Auswirkungen
werden in ländlich geprägten Regionen mit geringer Siedlungsdichte erträglich
sein, wenn die Kosten mit oder ohne stärkere Nutzungsfrequenz getragen werden
können oder wenn die in den Versorgungseinrichtungen tätigen Personen vielfäl-
tiger eingesetzt werden. Damit würde gewährleistet, daß zunmindest das heutige
Niveau der räumlichen Versorgung, d.h. eine annähernd zumutbare Erreichbarkeit
der Infrastruktureinrichtungen, aufrechterhalten werden könnte.

II.3 Ausländer

Neben den beschriebenen Auswirkungen auf Arbeitsmarkt und Infrastruktur entstehen aus wachsenden Ausländerzahlen allgemeine Eingliederungsprobleme, die
sich aus verschiedenen Schwierigkeiten ergeben, vor die sich die Ausländer
gestellt sehen. Es sind vor allem:

- Sprachbarrieren,
- Konfrontation mit fremder Gesellschaftsstruktur und Kultur,
- geringe Schulbildung im Herkunftsland,
- geringe berufliche Qualifikation,

- Beschäftigung überwiegend als Ungelernte/Angelernte; zumeist mit niedrigem
  Einkommen,
- im Zweifel über Rückkehr in die Heimat oder Hierbleiben hat der Aufenthalt
  lange Zeit provisorischen Charakter und
- niedriger Wohnstandard bei hoher Spar- und Überweisungsquote.

Die anwachsende Zahl von Ausländern - besonders solcher aus fremden Kultur-
kreisen - verstärkt die im Zusammenleben von Deutschen und Ausländern auftretenden sozialen Probleme; selbst bei nachlassendem Zuzugsdruck aus dem Ausland
werden die Ausländerprobleme wachsen, da sich der Bevölkerungsanteil der
Ausländer weiter vergrößern wird. Die Integrationsprobleme treten in Großstädten - speziell in den Verdichtungsräumen - wegen der hohen Ausländerkonzentra-
tion verstärkt auf. Die Gefahr, daß sich daraus - zumal in Krisenzeiten -
Konfliktpotentiale und eine zunehmende Ausländerfeindlichkeit entwickeln, ist
dort am größten. Zum Wohnen dient den Ausländern in der Regel die schlecht
ausgestattete Altbausubstanz. Dominieren die Ausländer in solchen Wohnvier-
teln, so fühlt sich die deutsche Bevölkerung überfremdet und zieht zum Teil
fort. So entstehen Ansätze zu Ghettos. Die Eingliederung wird erheblich erschwert.

II.4 Umweltqualität und Flächennutzung

In den Stellungnahmen der übrigen Fachministerkonferenzen und in den bisherigen Kapiteln dieser Stellungnahme - aber auch in der öffentlichen Diskussion -
überwiegt eine eher negative Beurteilung der Folgen aus dem Bevölkerungsrückgang. Aus der Sicht der für die Raumordnung zuständigen Minister ist es jedoch
erforderlich, auch Entlastungswirkungen im Umweltbereich in Betracht zu ziehen, die im Vergleich zu einer gleichbleibenden oder sogar wachsenden Bevölkerung zu erwarten sind. Die Bevölkerungszahl ist allerdings nur eine der Be-
stimmungsgrößen für den Grad der realisiserbaren Umweltqualität.

Im Gebiet der Bundesrepublik Deutschland ist heute eine Bevölkerungsdichte
erreicht, die bei den gegebenen und wahrscheinlich weiter wachsenden Ansprüchen an die Qualität der Umwelt erhebliche Entwicklungsprobleme verursacht.
Schon heute zeigt sich insbesondere bei der Abstimmung über neue Verkehrs-
straßen und über die Standorte von umweltbelastenden Industriebetrieben und
Kraftwerken, daß die Realisierungsmöglichkeiten im Rahmen geltender Umweltnor-
men sehr begrenzt sind.

Die Flächenbeanspruchung aus der Siedlungstätigkeit hat in der Vergangenheit ständig zugenommen. Wesentliche Ursachen dafür waren jeweils in Verbindung mit dem Bevölkerungswachstum:

- die wachsenden Ansprüche an Wohnqualität und Wohnraum,
- die Orientierung von Gewerbe und Industrie auf flächenextensive Ansiedlung mit großem Reserveflächenbedarf und
- die gestiegene Motorisierung und Mobilität.

Aufgrund der Altersstruktur ist selbst bei rückläufiger Zahl der Gesamtbevölkerung im Laufe der 80er Jahre mit weiterem Flächenbedarf zu rechnen, da dann die geburtenstarken Jahrgänge mit Haushaltsgründung, Wohnungsnachfrage und mit der aktiven Teilnahme am Individualverkehr ihren besonderen Einfluß auf die Entwicklung der Flächennutzung ausüben werden.

Die Konflikte werden sich auch weiterhin auf die am dichtesten besiedelten Teile des Bundesgebietes konzentrieren. Besonderem Veränderungsdruck unterliegen die Großstädte mit ihren Umlandbereichen. Die Konzentration der Zuwanderung nach den Modellrechnungen auf wenige große Verdichtungsräume würde hier zu einem weiteren Anwachsen der vorhandenen Unterschiede in der Umweltbelastung innerhalb des Bundesgebietes führen. Schon das gegenwärtige Maß der Schwierigkeiten bei der Planung und Freihaltung von flächenbeanspruchenden umweltbeeinträchtigenden Nutzungen deutet auf die entwicklungshemmenden Folgen einer hohen Siedlungsdichte hin.

Den belastenden Wirkungen der Besiedlung gegenüber stehen steigende Ansprüche der Bevölkerung an ein störungsfreies Nebeneinander der unterschiedlichen Nutzungsarten und an die Erhaltung naturnaher Flächen. Daraus ergeben sich ebenfalls zunehmende Restriktionen für die Raumentwicklung.

Aus der Sicht eines dicht besiedelten Staates bedeutet der Bevölkerungsrückgang daher langfristig eine relative Entlastung im Bereich der ständig wachsenden Nutzungskonflikte.

II.5 Raumstruktur

Der Vergleich der beiden großen Regionsgruppen

- Regionen mit großen Verdichtungsräumen und
- ländlich geprägte Regionen

zeigt, daß ihre Anteile an der Gesamtbevölkerung langfristig etwa gleich
bleiben werden. Größere Verschiebungen zwischen städtisch und ländlich geprägten Regionen sind nicht festzustellen.

Demgegenüber finden jedoch innerhalb dieser Gruppe Anteilsverschiebungen
statt, die den Unterschied zwischen den Regionen mit extrem geringer und
extrem hoher Bevölkerungsdichte vergrößern: Die Regionen vom Typ VR 1 können
ihren Bevölkerungsanteil durch Zuwanderungen wesentlich erhöhen und damit
einen großen Teil ihrer Verluste aus der natürlichen Bevölkerungsentwicklung
ausgleichen; in den Regionen vom Typ LR 2 dagegen wird die vom Geburtenrückgang bewirkte Abnahme noch beträchtlich durch Abwanderungen verstärkt.

Die Modellrechnungen zeigen, daß erhebliche Entwicklungsunterschiede zwischen
Regionen mit besonders hoher Standortattraktivität und den übrigen Regionen
des Typs VR 1 entstehen dürften. Diese Feststellung deckt sich mit der Auffassung der Konferenz der Wirtschaftsminister.

Die Regionen vom Typ LR können ihren Bevölkerungsanteil im Bundesgebiet etwa
halten. Hier wirkt sich jedoch der allgemeine absolute Bevölkerungsrückgang in
einer deutlichen Abnahme der schon heute geringen Bevölkerungsdichte aus.

Neben den Regionen vom Typ VR 1 können die ländlichen Regionen LR 1 aufgrund
ihrer Wohnstandortattraktivität einen Teil ihrer durch Geburtendefizite anhaltenden Bevölkerungsverluste durch Zuwanderung kompensieren. Demgegenüber ist
in der Region VR 2 mit den stärksten Wanderungsverlusten der deutschen Bevölkerung bei gleichzeitig hoher Abnahme aus der natürlichen Bevölkerungsentwicklung zu rechnen. Den Verlusten steht hier eine starke Ausländerzuwanderung
gegenüber, was zu einem besonders hohen Ausländeranteil führen dürfte.

Auch auf die Entwicklung der Altersstruktur in den Regionen wirken sich die
Wanderungen unterschiedlich aus. Bei Berücksichtigung von Wanderungen gleichen
die Altersstrukturen in der Mehrzahl Regionstypen insgesamt stärker dem gegenwärtigen Altersaufbau als bei ausschließlicher Berücksichtigung der natürlichen Entwicklung. In den Regionen VR 2 und LR 2 werden die altersstrukturellen
Veränderungen verschärft. Hier würde ein stärkerer Verbleib der Bevölkerung
ausgleichend auf den Altersaufbau wirken. Das Wanderungsverhalten der Ausländer wirkt sich - selbst bei negativem Außenwanderungssaldo - kompensierend auf
den allgemeinen Prozeß der Überalterung aus.

Zu Problemregionen können sich insbesondere zwei Regionstypen entwickeln:

Unter den Regionen mit großen Verdichtungsräumen die Regionen vom Typ VR 2:

Sie weisen überproportionale Bevölkerungsverluste, insbesondere der erwerbsfähigen Bevölkerung, starke Überalterung der deutschen Bevölkerung und den
höchsten Ausländeranteil auf.

Unter den ländlich geprägten Regionen die Region vom Typ LR 2:

Der insgesamt große Bevölkerungsverlust verschärft die Entwicklungsschwierig-
keiten, die bereits bei der gegenwärtig geringen Dichte bestehen und erschwert
die Aufrechterhaltung der infrastrukturellen Mindestversorgung.

In beiden Regionstypen sind daher rückläufige Finanzkraft und sinkendes Pro-
Kopf-Einkommen bei zugleich hohen Soziallasten zu erwarten.

III. Raumordnungspolitische Schlußfolgerungen

Die Beurteilung eines langfristig anhaltenden Rückgangs der deutschen Bevölkerung in der Bundesrepublik Deutschland unter Einbezug von Wanderungen läßt vor
allem Belastungen aus einer extremen Verringerung der Bevölkerungsdichte in
dünn besiedelten und peripheren Regionen und aus der räumlichen Konzentration
wachsender Ausländeranteile erkennen.

Zu den hier unterschiedenen Sachbereichen ergeben sich über die erste Stellungnahme hinaus folgende Schlußfolgerungen:

III.1 Regionale Entwicklung der Arbeitsplätze

Die Berücksichtigung der Trends der überwiegend ökonomisch bedingten Wanderungsbewegungen zeigt, daß sich die Ungleichgewichte in der Bevölkerungsverteilung zwischen den Regionstypen VR 1 und LR 2 bei Fortsetzung der Entwick-
lungstrends vergrößern. Die regionale Wirtschaftspolitik muß daher verstärkt
zu einem ausreichenden Arbeitsplatzangebot beitragen, wo ein hohes Angebot an
Arbeitskräften vorhanden ist und damit gleichzeitig anhaltenden Konzentra-
tionstendenzen der Wirtschaftstätigkeit auf Verdichtungsräume entgegenwirken.

244

III.2 Regionale Entwicklung der Infrastruktur

In Übereinstimmung mit der Konferenz der Wirtschaftsminister werden Absichten im bevölkerungsnahen Infrastrukturbereich abgelehnt, die eine weitere Rationalisierung der Leistungserstellung durch Vergrößerung der Angebotseinheiten anstreben; in allen Regionen - am deutlichsten im dünn besiedelten ländlichen Raum - würden so Verteilungen der Infrastruktureinrichtungen entstehen, die bei Bevölkerungsrückgang zu ungünstigen Versorgungsreichweiten führen würden.

Eine Verringerung der Zahl der Infrastruktureinrichtungen bedingt zudem eine allgemeine Unbeweglichkeit bei der Anpassung des Standortsystems der Einrichtungen an veränderte Bevölkerungszahlen. In der Erwartung eines - zumindest vorübergehend - starken Bevölkerungsverlustes sind daher Entwicklungen zu fördern, die eine größere Nähe der Infrastrukturangebote zu den Wohnstandorten der Bevölkerung zum Ziel haben. Es kommt deshalb vor allem darauf an, die vorhandenen Infrastruktureinrichtungen durch veränderte fachplanerische Vorgaben den Bedürfnissen der kleineren, bzw. ausländischen Nutzer anzupassen und dadurch eine Verringerung der Infrastruktureinrichtungen zu vermeiden.

Wegen der regional unterschiedlichen Finanzierungsprobleme der Infrastruktur aus Umschichtungsprozessen der Bevölkerung müssen ggf. Regelungen für einen Finanzausgleich getroffen werden, der die Erhaltung gleichwertiger Lebensbedingungen im Bundesgebiet unterstützt.

III.3 Eingliederung der Ausländer

Trotz der Unsicherheit über sinnvolle und dauerhaft wirksame Maßnahmen zur Lösung der Eingliederungsprobleme der ausländischen Bevölkerung werden - in weitgehender Übereinstimmung mit den Konzeptionen der Länder zur Ausländerpolitik - folgende Maßnahmen als vordringlich angesehen:

- Intensivierung der Ausländerbetreuung durch ein qualitativ und quantitativ ausgewogenes Netz der sozialen Dienste.
- Besondere Förderung der Kinder und Jugendlichen in Kindertagesstätten, Schulen und Berufsbildung.
- Verbesserung der Wohnraumversorgung für die Ausländer.
- Entwicklung von Instrumenten zur großräumig ausgewogenen Verteilung der Ausländer.

Darüber hinaus ist jedoch auch eine Veränderung im Bewußtsein der deutschen Bevölkerung erforderlich, damit die Ausländer in allen Lebensbereichen als Mitbürger akzeptiert werden. Die Integrationsbemühungen werden durch die starke Fluktuation und den Zustrom neuer Ausländer erheblich erschwert. Es ist deshalb notwendig, den Anwerbestop beizubehalten und darüber hinaus auf eine Einschränkung weiterer Zuwanderungen vor allem in die Verdichtungsräume und auch – soweit vertretbar – des Nachzugs von Familienangehörigen hinzuwirken. Als Alternative zur Eingliederung sollen, wo es in Abstimmung mit den Betroffenen und mit dem Herkunftsland möglich ist, auch Rückwanderungen unterstützt und wirtschaftliche und organisatorische Hilfen zur Wiedereingliederung im Herkunftsland verstärkt geleistet werden. Ungeachtet dessen bedarf es besonderer Hilfen zur allgemeinen wirtschaftlichen Konsolidierung und Entwicklung dieser Länder, damit die Arbeitssuchenden im eigenen Land Beschäftigung finden können.

Im Hinblick auf eine angemessene Versorgung der ausländischen Bevölkerung mit Infrastrukturleistungen und Wohnungen sind in den Großstädten und Verdichtungsräumen bereits seit einigen Jahren Teilräume mit besonders drückenden Problemen entstanden. Ein weiter steigender Ausländeranteil an der Bevölkerung wird deshalb da nicht für vertretbar gehalten, wo schon heute hohe personelle und investive Aufwendungen für soziale Betreuung, Ausbildung und wohnraumschaffende Maßnahmen notwendig sind.

Bei mäßigen Ausländeranteilen (unter ca. 10%) können die Betreuungsleistungen weitgehend im Rahmen der vorhandenen Infrastruktur und der allgemeinen Wohnungsbau- und Instandsetzungsmaßnahmen erbracht werden.

Zur Eingliederung der Ausländerkinder und -jugendlichen sind zusätzliche Maßnahmen vonnöten. Dafür wird es aufgrund der Bevölkerungsentwicklung in einigen Infrastrukturbereichen freie Kapazitäten geben.

III.4 Entwicklung der Raumstruktur

Die Überlegungen zu den Auswirkungen in einzelnen Sachbereichen machen deutlich, daß die erheblichen regionalen Altersstrukturverschiebungen und die Reduzierung der Bevölkerungsdichte insbesondere in dünn besiedelten Gebieten unter das gegenwärtige Maß erhöhte Pro-Kopf-Aufwendungen zur Beseitigung der daraus folgenden negativen Auswirkungen erforderlich machen können. Aufgrund der möglichen Folgen des Bevölkerungsrückgangs verstärkt daher die Minister-

konferenz für Raumordnung ihre Forderung nach Verwirklichung einer ausgewogenen Siedlungsstruktur in der Bundesrepublik Deutschland.

Das System der zentralen Orte, dessen Ausbau in der Vergangenheit konsequent
durchgeführt oder in Angriff genommen worden ist, soll eine flächendeckende
Versorgung der Bevölkerung mit Infrastruktureinrichtungen und Arbeitsplätzen
in zumutbarer Entfernung sicherstellen. An dieser Ausrichtung der Siedlungsstruktur auf die zentralen Orte sollte auch künftig festgehalten werden. Ein
Rückzug aus der Fläche würde den grundlegenden Zielen der Raumordnung und
Landesplanung zuwiderlaufen.

Die aus der Sicht der Raumordnung für die besonderen Probleme der weniger
dicht besiedelten und der stark verdichteten Regionen erforderlichen Maßnahmen
hat die Ministerkonferenz für Raumordnung in ihren Entschließungen zum ländlichen Raum und zu den Ordnungsräumen dargestellt[4]). Die darin vorgeschlagenen
Maßnahmen schließen überwiegend die Folgerungen ein, die von den übrigen
Fachministerkonferenzen zu den Modellrechnungen dargelegt wurden.

IV. Anforderungen an eine Bevölkerungspolitik

IV.1 Bevölkerungspolitische Erfordernisse

Die unter II. beschriebenen möglichen Auswirkungen sind gravierend. Die Al-
terslast und die Zusatzbelastungen aus Umstrukturierungen vergrößern sich. Sie
werden besonders spürbar, wenn die Bevölkerung im erwerbsfähigen Alter zurück-
geht, d.h. etwa um die Jahrhundertwende.

Neben dieser Problematik im Verhältnis der Generationen zueinander zeigen die
bereits spürbaren Probleme in den Bildungseinrichtungen und auf dem Arbeitsmarkt die negativen Folgen einer ungleichmäßigen Bevölkerungsentwicklung. Aus
der Sicht der Raumordnung erscheint es daher vorteilhaft, wenn der Prozeß der
Bevölkerungsentwicklung insgesamt verstetigt werden kann. Unter dieser Zielsetzung fällt den Politikbereichen, die die Rahmenbedingungen für die Familien
in der Bundesrepublik Deutschland beeinflussen, die Aufgabe zu, die Situation
der Familien mit Kindern in der Bundesrepublik Deutschland in materieller wie
auch in immaterieller Hinsicht (kinderfreundliches gesellschaftliches Klima)
zu überprüfen und feststellbare Benachteiligung abzubauen.

IV.2 Ansätze für bevölkerungspolitische Entscheidungen

Die unter III. 1 bis 4 vorgeschlagenen Maßnahmengruppen können nur auf Abmilderung der zu erwartenden langfristigen Auswirkungen des Geburtenrückganges hinwirken, ohne die Ursachen dieser Entwicklung zu beeinflussen.

Die Ministerkonferenz für Raumordnung schlägt daher - auch in Würdigung der von anderen Ressortministerkonferenzen vorgetragenen Stellungnahmen der Ministerpräsidentenkonferenz - vor, ressortüberschreitende Entscheidungen vorzubereiten, die die institutionellen und gesellschaftlichen Rahmenbedingungen sowie die wirtschaftliche Lage von Familien mit Kindern erheblich verbessern.

Im Hinblick auf die vorhandene Anspannung der öffentlichen Haushalte sollten für die Finanzierung solcher Maßnahmen keine zusätzlichen öffentlichen Mittel in Anspruch genommen werden. Es sollte daher geprüft werden, ob deren Finanzierung

- durch Umverteilung der Beitragslast für die Altersversorgung zugunsten von Familien mit Kindern
- durch Einsatz der aufgrund der demographischen Entwicklung freigesetzten Mittel

bewirkt werden kann.

Anmerkungen

1) Die Region als relativ große Raumeinheit mußte hier aus statistischen Gründen zugrunde gelegt werden, obwohl dadurch wegen teilweise beträchtlicher innerregionaler Dichte- und Strukturunterschiede oft Nivellierungen entstehen. Es lassen sich deshalb nur vergröberte Aussagen für Typen verdichteter und ländlicher Siedlungsstrukturen gewinnen.

2) Den Ergebnissen liegen eingehende Analysen zugrunde.

3) Bei dieser Darstellung bleibt außer Betracht, ob bei einer derartig langfristigen Sichtweise der Begriff "Ausländer" noch zutreffend ist, wenn die damit bezeichnete Bevölkerungsgruppe bereits zu einem großen Teil in der Bundesrepublik Deutschland geboren ist.

4) Entschließung der MKRO zur Gestaltung der Ordnungsräume (Verdichtungsräume und ihre Randgebiete) vom 31.10.1977 und Entschließung der MKRO über den ländlichen Raum vom 12.11.1979).

52. Entschliessung: Zur Situation und regionalpolitischen Bedeutung der neuen Hochschulen (12.11.1981)

I. Vorbemerkung

Ein ausreichendes und vielfältiges Angebot an Bildungseinrichtungen in zumutbarer Entfernung in allen Teilräumen des Bundesgebietes ist wesentliche Voraussetzung für die Gewährleistung gleichwertiger Lebensbedingungen. Bei Bildungsinvestitionen sind deshalb Ausstattungsmängel und Defizite in der Bildungsbeteiligung einzelner Teilräume zu beseitigen. Durch eine Vielzahl von Hochschulgründungen in den letzten 20 Jahren ist es gelungen die Hochschulstandorte gleichmäßiger zu verteilen. Von den neugegründeten Hochschulen liegt ein großer Teil in peripheren Räumen.

II. Die regionale Bedeutung der neuen Hochschulen

Die Bedeutung einer Hochschule gerade für ländliche, schwach strukturierte oder peripher gelegene Räume liegt in dem bildungs und regionalpolitischen sowie kulturellen Entwicklungsprozeß, den die Hochschule als Bildungs- und Forschungseinrichtung auslöst.

Es hat sich gezeigt, daß die allgemeine Bildungsbeteiligung durch ein dezentralisiertes Hochschulwesen erhöht werden kann. Regionale Unterschiede in der Bildungsbeteiligung können damit verringert werden.

Zugleich bieten Hochschulen eine große Zahl qualitativ hochwertiger und krisensicherer Arbeitsplätze. Hinzu kommen die laufenden Personal- und Sachmittelausgaben sowie die Ausgaben der Studenten am Hochschulstandort. die über eine Erhöhung der regional wirksamen Nachfrage zur wirtschaftlichen Stärkung dieser Räume beitragen. Schließlich fördert eine Hochschule das kulturelle Leben am Hochschulstandort und in der Region.

III. Ausbaustand der Hochschulen

Bund und Länder haben Ausbauziele für neugegründete Hochschulen vorgegeben. die aber noch nicht alle realisiert werden konnten. Der Wissenschaftsrat hat in seiner Stellungnahme zum Ausbaustand und zu den Entwicklungsbedingungen neuer Hochschulen vom 4. Juli 1980[1]) in diesem Zusammenhang festgestellt. daß der Anteil der Investitionsausgaben für Neugründungen in den letzten Jahren etwa ein Drittel der insgesamt verfügbaren Mittel ausgemacht hat.

Die traditionelle Orientierung der Studiennachfrage auf die klassischen Standorte kann nur durch einen Ausbau der neuen Hochschulen zu voll funktionsfähigen Einrichtungen verändert werden. Der Eintritt geburtenstarker Jahrgänge in die Phase des Studienanfangs führt zu einem erneuten Nachfrageschub für die bereits überlasteten Hochschulen in den Verdichtungsräumen. Weder hochschulintern noch im Bereich der Wohnungsversorgung und sonstiger Infrastruktureinrichtungen kann die zu erwartende Überlastung bewältigt werden.

IV. Raumordnerische Konsequenzen

Vor dem Hintergrund dieser Entwicklung haben Wissenschaftsrat und Planungsausschuß für den Hochschulbau der Gemeinschaftsaufgabe "Ausbau und Neubau von Hochschulen"[2] den Ausbau zu strukturell funktionsfähigen Einrichtungen und die Abrundung des Fächerangebots für die neugegründeten Hochschulen gefordert. Aus raumordnungspolitischer Sicht darf dieses Ziel auch bei knapper werdenden Mitteln nicht aufgegeben werden. Dabei verdienen folgende Gesichtspunkte aus der Sicht der Raumordnung und Landesplanung besondere Beachtung:

1. Der Ausbau der neugegründeten Hochschulen muß zu voll funktionsfähigen Einrichtungen fortgesetzt werden, um mit einem wohnortnäheren Studienangebot die regionalen Bildungsdisparitäten und die daraus folgenden Abwanderungszwänge wegen fehlender Studienangebote zu verringern. Dies kann zugleich dazu beitragen, Überlastungen in Verdichtungsräumen abzubauen.

2. Die Stärkung von Forschung und Lehre in neugegründeten Hochschulen ist eine wesentliche Voraussetzung für deren wissenschaftlichen Ruf und damit auch für ihre Anziehungskraft. Zugleich ist dies Vorbedingung dafür, daß diese Hochschulen den regionalpolitisch wichtigen Beitrag zum Technologietransfer und zur Innovationsvermittlung leisten können. Nicht zuletzt wird dadurch der Ausbau und die Ansiedlung forschungsnaher Betriebe und außeruniversitärer Forschungseinrichtungen gefördert.

3. Angesichts des zunehmenden Qualifikationsbedarfs von Wirtschaft und Gesellschaft erfüllen die Hochschulen auch bedeutsame Weiterbildungsaufgaben in der Region.

Die Ministerkonferenz für Raumordnung ist deshalb der Auffassung, daß trotz
angespannter Finanzlage die Funktionsfähigkeit der neuen Hochschulen wegen
ihrer raumstrukturellen Bedeutung sichergestellt und gestärkt werden muß.

Anmerkungen

1) Vgl. Wissenschaftsrat: Ausbaustand und Entwicklungsbedingungen neuer Hochschulen, Köln
1980.

2) Vgl. 9. und 10. Rahmenplan sowie Stellungnahme des Wissenschaftsrates zur künftigen Rahmen-
planung vom 10. Juli 1981.

53. ENTSCHLIESSUNG: STANDORTPOLITIK FÜR BEHÖRDEN BEI BUND UND LÄNDERN (12.11.1981)

I. Allgemeines

Die Ministerkonferenz für Raumordnung (MKRO) hat sich in ihrer Entschließung
"Raumordnerische Gesichtspunkte zur Frage des Sitzes und Zuständigkeitsbereiches von größeren Verwaltungsdienststellen" vom 21. November 1968 mit Standortentscheidungen befaßt. Darin wird die raumordnerische Bedeutung funktions-
gerechter Standortbedingungen wie der Versorgungsaufgabe und der Erreichbarkeit in zumutbarer Entfernung hervorgehoben. Die ebenfalls dort angesprochenen
Erfordernisse der wirtschaftlichen Stärkung strukturschwacher Gebiete gewinnen
zunehmend an Bedeutung. Entscheidend dafür sind die wachsenden Beschäftigungsprobleme und die Abnahme der Möglichkeiten, durch Neugründungen oder gezielte
Erweiterungen im produzierenden Gewerbe regionale Ausgleichseffekte zu erzielen.

Bund und Länder bleiben deshalb im Rahmen ihrer Organisationsüberprüfungen
weiterhin bemüht, bei Standortentscheidungen Behörden, Teile von Behörden oder
Funktionsbereiche in strukturschwache Gebiete zu legen bzw. dort zu belassen.

Behörden im Sinne dieser Entschließung sind auch sonstige öffentliche Stellen
bzw. Einrichtungen.

Die Bedeutung von Standortentscheidungen für die räumliche Entwicklung beruht
einerseits auf dem Beschäftigungseffekt sowie den Impulsen, die von Investitionen und laufenden Sachausgaben ausgehen, und andererseits auf dem Anreiz
zur Ansiedlung neuer Arbeitsplätze im privatwirtschaftlichen Bereich. Sie kann

auch durch die Summe kleinerer Einzelmaßnahmen begründet sein, z.B. bei einer Neuorganisation von Behörden.

II. Raumordnerische Kriterien für Standortentscheidungen

Bei der Standortwahl für Behörden sind im Rahmen nutzwertanalytischer Überlegungen aufgabenbezogene, wirtschaftliche, organisatorische, finanzpolitische und raumordnerische Gesichtspunkte zu beachten. Die MKRO hält es für erforderlich, die raumordnerischen Kriterien für die Standortwahl zu konkretisieren, um die Einflußnahme auf Standortentscheidungen bei Bund und Ländern zu verbessern.

1. Arten von Standortentscheidungen

Standortentscheidungen für Behörden werden insbesondere getroffen im Rahmen von

- Veränderungen der Kapazität, Qualität oder Funktion bestehender Behörden,
- Maßnahmen zur Dezentralisierung,
- Maßnahmen zur Konzentration (Verlagerung) und Schließung sowie
- Neugründungen und/oder Erweiterungsvorhaben.

2. Standortkriterien

Die MKRO hat in ihrer Entschließung vom 21. November 1968 darauf hingewiesen, daß Verwaltungsdienststellen, soweit sie ihrer Aufgabe und Wirkungsweise nach nicht von bestimmten Standortvoraussetzungen abhängig sind, zur wirtschaftlichen Stärkung in geeigneten zentralen Orten strukturschwacher Gebiete errichtet werden sollen. An diesem Grundsatz ist auch künftig festzuhalten. Dabei soll die Zentralitätsstufe des als Standort vorgesehenen zentralen Ortes Art und Bedeutung der jeweiligen Behörde entsprechen. Auch die Ausweisung des zentralen Ortes als Schwerpunktort der Gemeinschaftsaufgabe "Verbesserung der regionalen Wirtschaftsstruktur" hat hierbei Bedeutung.

Für die Beurteilung des Grades der Strukturschwäche kommen bei Standortentscheidungen insbesondere folgende Kriterien in Betracht:

- die besondere Situation von Berlin (West),
- das Zonenrandgebiet,
- die Fördergebiete der Gemeinschaftsaufgabe "Verbesserung der regionalen Wirtschaftsstruktur",
- die strukturschwachen und abwanderungsgefährdeten Gebiete gemäß Bundesraumordnungsprogramm und
- die nach den Programmen und Plänen der Länder zu fördernden Gebiete bzw. Standorte.

Bei Standortalternativen sind zusätzlich folgende Kriterien zu berücksichtigen:

- die Struktur des regionalen Arbeitsmarktes,
- die längerfristige Arbeitslosenquote, insbesondere Jugendarbeitslosigkeit sowie das regionale Angebot an Ausbildungsplätzen,
- der Wanderungssaldo der deutschen Erwerbstätigen,
- die regionale Einkommenssituation und
- die regionale Verteilung von Bundes- und Landesbeschäftigten.

Unter Berücksichtigung dieser Kriterien ist eine räumlich ausgewogene Verteilung innerhalb der strukturschwachen Gebiete anzustreben.

III. Verfahren zur Abstimmung und Unterrichtung bei Standortentscheidungen

1. Voraussetzung für eine raumordnungspolitische Einflußnahme auf eine Standortentscheidung ist es, daß die für Raumordnung und Landesplanung zuständigen obersten Behörden bei Bund und Ländern frühzeitig über geplante Maßnahmen bei Behörden durch das federführende Fachressort unterrichtet werden.

Bei Standortentscheidungen im Bereich des Bundes sind daher der für die Raumordnung zuständige Bundesminister und im Bereich der Länder die obersten Landesplanungsbehörden im Vorbereitungsstadium zu beteiligen, damit eine Stellungnahme aus raumordnerischer Sicht mit zur Entscheidungsgrundlage gemacht werden kann.

2. Der für die Raumordnung zuständige Bundesminister unterrichtet nach Maßgabe des § 10 ROG die Länder über beabsichtigte Maßnahmen. Er bittet die Länder so frühzeitig um ihre Stellungnahme, daß er auf dieser Grundlage die Erfordernisse der Raumordnung und Landesplanung zur Geltung bringen kann; in gleicher Weise unterrichten die obersten Landesplanungsbehörden den für die Raumordnung

zuständigen Bundesminister von beabsichtigten Maßnahmen, die von wesentlicher Bedeutung sind. Daneben bleibt eine Unterrichtung durch das federführende Fachressort oder den öffentlichen Planungsträger im Rahmen der Abstimmungspflicht nach § 4 Abs. 5 ROG unberührt.

3. Der für die Raumordnung zuständige Bundesminister und die obersten Landesplanungsbehörden berichten regelmäßig auf der Grundlage der amtlichen Personalstandsstatistik über die regionale Verteilung und Struktur der Beschäftigten im öffentlichen Dienst und deren Veränderung. Gleichzeitig wird über die getroffenen sowie über die kurz- und langfristig anstehenden Standortentscheidungen berichtet. Dabei soll auch die Zahl und Art der Beschäftigten nach Möglichkeit angegeben werden.

54. Entschliessung: Zum Intercity-Ergänzungsnetz der Deutschen Bundesbahn (12.11.1981)

Die Bedeutung der Deutschen Bundesbahn für die Bewältigung der Nachfrage im Personenfernverkehr wird in Anbetracht der zu erwartenden weiteren Verteuerung und Verknappung der Mineralölprodukte in Zukunft für die Verdichtungsräume wie für die zentralen Orte im ländlichen Raum erheblich steigen. Somit wächst die Notwendigkeit, mit der Schiene ein leistungsfähiges - vom Mineralöl weitgehend unabhängiges - öffentliches Verkehrssystem bereitzuhalten.

Zur Gesamtkonzeption des Bundesraumordnungsprogramms, gleichwertige Lebensbedingungen zu schaffen und auf Dauer zu sichern, gehört auch eine angemessene Verkehrsverbindung und -erschließung aller Teilräume des Bundesgebietes.

Die Ministerkonferenz für Raumordnung stellt in diesem Zusammenhang mit Genugtuung fest, daß der Plan einer weitgehenden Netzkonzentration der Deutschen Bundesbahn nicht mehr weiter verfolgt wird. Sie ist der Auffassung, daß die bisher schon erfolgreichen Bemühungen der Deutschen Bundesbahn zur Rationalisierung bei gleichzeitiger Verbesserung des Angebots zielstrebig weitergeführt werden sollen.

Die Ministerkonferenz für Raumordnung hat die großräumigen Verbindungs- und Erschließungsverhältnisse auf Schiene und Straße im Bundesgebiet eingehend analysiert[1)*]. Dabei hat sich gezeigt, daß die Verbindungs- und Erschlies-

---

*) Die Anmerkungen befinden sich am Schluß des Beitrages.

sungsqualitäten im Schienennetz teilweise erheblich geringer sind als im Straßennetz. Durch die - als solche begrüßenswerte - Verstärkung des IC-Verkehrs mit der generellen Einführung des 1-Stunden-Taktes für die erste und zweite Klasse erfährt die Verkehrsbedienung auf der Schiene außerhalb des IC-Netzes eine relative Verschlechterung. Ebenso wird das Investitionsprogramm für den Neu- und Ausbau der Magistralen der Deutschen Bundesbahn - so notwendig es auch ist - den Unterschied in der Verkehrsqualität zwischen dem IC-Netz und den übrigen Hauptstrecken weiter vertiefen.

Zur Verbesserung der Verbindungs- und Erschließungsqualität empfiehlt sich aus der Sicht der Raumordnung, das Prinzip des Intercity-Verkehrs (Taktfahrplan mit kurzen Übergangsmöglichkeiten am gleichen Bahnsteig) zunehmend auf weitere, das IC-Netz ergänzende Hauptstrecken zu übertragen. Damit würde die Attraktivität der Schiene auch für die kleineren Verdichtungsräume und die Oberzentren im ländlichen Raum spürbar erhöht. In Anbetracht der polyzentrischen Siedlungsstruktur des Bundesgebietes könnte dadurch dem Hauptnetz der Deutschen Bundesbahn zusätzliches Verkehrsaufkommen zugeführt und damit gleichzeitig die Auslastung der Ergänzungsstrecken verbessert werden. Die Ministerkonferenz für Raumordnung ist der Auffassung, daß die Ausstattung des rollenden Materials auf den Ergänzungsstrecken nicht unbedingt den Anforderungen der IC-Strecken zu entsprechen braucht.

Zum IC-Ergänzungsnetz legt die Ministerkonferenz für Raumordnung hiermit einen detaillierten Vorschlag vor (vgl. Anlage). Er geht davon aus, daß der Ergänzungsverkehr zumindest zu bestimmten Tageszeiten einen Zeittakt sowie einen dem IC-Verkehr angepaßte Reisezeit aufweisen soll. Darüber hinaus sollten günstige Übergangsmöglichkeiten, kurze Umsteigezeiten und ein gehobener Wagenkomfort angestrebt werden.

Die Ministerkonferenz für Raumordnung betont, daß diese Vorschläge zum IC-Ergänzungsnetz keine Aussagen über die sonstigen Verbindungs- und Erschließungsbedürfnisse innerhalb und außerhalb des IC-Netzes und IC-Ergänzungsnetztes enthalten.

Karte 18: IC–Netz und IC–Ergänzungsnetz

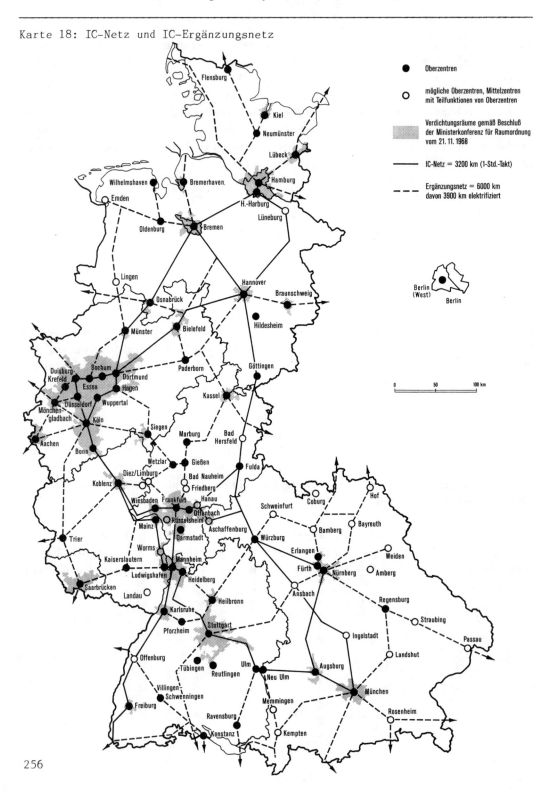

Verzeichnis der IC-Ergänzungsstrecken

Lfd. Nr.	Streckenbezeichnung	Besondere Merkmale OZ = Oberzentrum *mögliches OZ	Gesamt-länge¹) km	Elektri-fiziert km	Eingleisig km
1a	Hamburg – Kiel	OZ Hamburg, Neumünster, Kiel	104	–	–
1b	Hamburg – Flensburg	OZ Hamburg, Neumünster, Flensburg Anschluß nach Kopenhagen	101	–	–
2	Hamburg – Westerland	OZ Fremdenverkehr	206	–	–
3	Hamburg – Lübeck – Puttgarden	OZ Hamburg, Lübeck Anschluß nach Kopenhagen	151	–	83
4	Hamburg – Büchen – Berlin (West)	OZ Anschluß Berlin (West)	47	–	–
5	Bremen – Bremerhaven – Cuxhaven	OZ Bremen, Bremerhaven Fremdenverkehr	107	63	44
6a	Bremen – Oldenburg – Wilhelmshaven	OZ Bremen, Oldenburg, Wilhelmshaven Fremdenverkehr	97	45	12
6b	Bremen – Oldenburg – Leer – Emden	OZ Bremen, Oldenburg, Emden* Anschluß Groningen Fremdenverkehr	55	–	55
7	Bremen – Nienburg – Minden – Bielefeld Paderborn – Kassel	OZ Bremen, Bielefeld, Paderborn, Kassel	93	53	93
8	Hannover – Braunschw. – Berlin (West)	OZ Hannover, Braunschweig, Anschluß Berlin (West)	97	97	–
9	Hannover – Osnabrück (Enschede/Hengelo)	OZ Hannover, Osnabrück Anschluß Enschede/Hengelo	108	108	–
10	Münster – Lingen – Emden	OZ Münster, Lingen*, Emden*, Fremdenverkehr	172	172	–
11	Münster – Recklinghausen – Essen	OZ Münster, Essen	83	83	–
12a	Dortmund – Paderborn – Kassel – Berlin (West)	OZ Dortmund, Paderborn, Kassel Anschluß Berlin (West)	229	229	–
12b	Dortmund – Paderborn – Hannover	OZ Dortmund, Paderborn, Hannover	113	113	–
13	Dortmund – Siegen – Wetzlar – Gießen – Frankfurt	OZ Dortm., Hagen, Siegen, Wetzlar, Gießen, Friedberg*/Bad Nauheim*, Frankfurt	179	179	–
14	Göttingen – Kassel – Frankfurt	OZ Göttingen, Kassel, Marburg, Gießen, Frankf.	247	247	–
15	Duisburg – Emmerich – (Arnheim)	OZ Anschluß Arnheim	61	61	–
16	Duisburg – Aachen – (Lüttich)	OZ Duisburg, Krefeld, Mönchengldb., Aachen Anschluß Lüttich	45	45	–

Lfd. Nr.	Streckenbezeichnung	Besondere Merkmale OZ = Oberzentrum *mögliches OZ	Gesamt-länge¹) km	Elektri-fiziert km	Eingleisig km
17	Düsseldorf – Aachen – (Lüttich)	OZ Düsseldorf, Mönchengladbach, Aachen / Anschluß Lüttich	90	90	–
18	Köln – Aachen – (Brüssel)	OZ Köln, Aachen / Anschluß Brüssel	70	70	–
19	Köln – Mönchengladbach – (Eindhoven)	OZ Köln, Mönchengladbach / Anschluß Eindhoven	72	72	13
20	Köln – Siegen – Gießen	OZ Köln, Siegen, Gießen	101	101	–
21	Köln – Trier – Saarbrücken – (Straßburg)	OZ Köln, Trier, Saarbrücken / Anschluß Straßburg / Fremdenverkehr	169	–	24
22a	Koblenz – Trier – Saarbrücken	OZ Koblenz, Trier, Saarbrücken	200	200	–
22b	Trier – (Luxemburg)	Anschluß Luxemburg	10	10	–
23	Koblenz – Limburg – Gießen	OZ Koblenz, Diez*, Limburg*, Wetzlar, Gießen	104	5	–
24	Limburg – Frankfurt	OZ Frankfurt	70	32	–
25	Mainz – Kaiserslt. – Saarbrücken – (Metz)	OZ Mainz, Kaiserslautern, Saarbrücken / Anschluß Metz / Fremdenverkehr	150	77	16
26	Mannh. – Kaisersl. – Saarbrück. – (Metz)	OZ Mannheim, Kaiserslautern, Saarbrücken / Anschluß Metz	61	61	–
27a	Stuttgart – Heilbronn – Würzburg	OZ Stuttgart, Heilbronn, Würzburg	157	157	–
27b	Stuttgart – Heilbronn – Mannheim	OZ Stuttgart, Heilbronn, Heidelberg, Mannh.	70	70	–
28	Stuttgart – Karlsruhe	OZ Stuttgart, Pforzheim, Karlsruhe	44	44	–
29	Stuttgart – Singen – (Zürich)	OZ Stuttgart, Singen / Anschluß Zürich	183	172	79
30	Stuttgart – Ansbach – Nürnberg	OZ Stuttgart, Ansbach*, Nürnberg	203	120	30
31	Ulm – Ravensburg – (Bregenz/Zürich)	OZ Ulm, Ravensburg / Anschluß Bregenz, Zürich	128	–	24
32	(Straßburg) – Offenb. – Singen – Konstanz	OZ Offenburg*, Villingen/Schwenn., Konstanz / Anschluß Straßburg, Zürich	201	201	–
33	(Basel) – Singen – Konstanz	OZ Basel, Konstanz / Fremdenverkehr	113	–	94
34	Ulm – Kempten – Oberstdorf	OZ Ulm, Memmingen*, Kempten* / Fremdenverkehr	108	–	108

Lfd. Nr.	Streckenbezeichnung	Besondere Merkmale OZ = Oberzentrum *mögliches OZ	Gesamt- länge¹) km	Elektri- fiziert km	Eingleisig km
35	Würzburg–Bamberg–Hof–Berlin(West)	OZ	Würzburg, Schweinfurt*, Bamberg*, Hof* Anschluß Berlin (West) Fremdenverkehr	187	100	11
36a	Nürnbg.–Bambg.–Ludwigst.–Berlin(W)	OZ	Nürnberg*, Bamberg*, Anschluß Berlin (West)	150	150	35
36b	Nürnberg–Bayreuth–Hof–Berlin (West)	OZ	Nürnberg, Bayreuth*, Hof* Anschluß Berlin (West)	113	–	38
37	Nürnberg–Weiden	OZ	Nürnberg, Weiden*	97	–	80
38	Nürnberg–Passau–(Wien)	OZ	Nürnbg., Regensbg., Straubing*, Passau* Anschluß Wien Fremdenverkehr	218	218	–
39	München–Garm.-Partenkirch.–(Innsbr.)	OZ	Anschluß Innsbruck Fremdenverkehr	118	118	78
40	München–Kempten–(Bregenz/Zürich)	OZ	München, Kempten* Anschluß Bregenz, Zürich	220	42	–
41	München–Landshut–Regensburg	OZ	München, Landshut*, Regensburg	138	138	–
42a	München–Rosenheim–(Innsbruck)	OZ	München, Rosenheim* Anschluß Innsbruck Fremdenverkehr	96	96	–
42b	München–Rosenheim–(Salzburg)	OZ	München, Rosenheim* Anschluß Salzburg Fremdenverkehr	82	82	–
Summe			6018	3921	917

1) Alle DB-Strecken sind nur einmal erfaßt (Nettoprinzip); bei ausländischen Bezugspunkten ist die Streckenlänge bis zur Grenze gerechnet.

Quelle: DB-Kursbuch Sommerfahrplan 81. Elektrifiziertes Streckennetz In: Die Bundesbahn, H. 12, 1980, Streckenkarte der DB, Stand: 1.6.76.

Anlage

Detaillierter Vorschlag zur Ausweisung von IC-Ergänzungsstrecken.

1. Kriterien

Für die Ausweisung eines Ergänzungsnetzes zum Intercity-Netz der Deutschen Bundesbahn kommen aus der Sicht der Raumordnung folgende Kriterien in Betracht:

(1) Anbindung der bislang nicht angeschlossenen Verdichtungsräume und Oberzentren des Bundesgebiets[2]).

(2) Anbindung von Berlin (West) und benachbarten großen Zentren in der DDR und im Ausland.

(3) Anbindung wichtiger Fremdenverkehrsgebiete.

2. Charakteristika des Ergänzungsverkehrs

Der Ergänzungsverkehr zeichnet sich durch folgende Merkmale aus:

(1) Zeittakt, zumindest zu bestimmten Tageszeiten.

(2) Eine dem IC-Verkehr angepaßte Reisezeit.

(3) Günstige Übergangsmöglichkeiten im Intercity-Verkehr sowie kurze Umsteigezeiten (nicht mehr als 20 Minuten).

(4) gehobener Wagenkomfort.

3. Folgende Ergänzungsstrecken werden vorgeschlagen (siehe vorstehende Karte und Übersicht).

Anmerkungen

1) Ist-Analyse der großräumig bedeutsamen Achsen des Bundesraumordnungsprogramms auf der Grundlage eines Fahrplanmodells des Schienenverkehrs der Deutschen Bundesbahn und eines Straßennetzmodells durch die Bundesforschungsanstalt für Landeskunde und Raumordnung, Bericht des Bundesministeriums für Raumordnung, Bauwesen und Städtebau vom 10.4.1980 - RS III 3 - 174 220/8 -.

2) Vgl. Entschließung der MKRO zu den Verdichtungsräumen vom 21.11.1968 und Karten auf Seiten 8 und 51 des Bundesraumordnungsprogramms sowie Arbeitskarte des Strukturausschusses der MKRO "Zentrale Orte oberer Stufe und Ordnungsräume in der Bundesrepublik Deutschland" (Stand: Februar 1981).

55. Entschliessung: Berücksichtigung der Raumordnung und Landesplanung bei Planungen und Massnahmen der Europäischen Gemeinschaften (12.11.1981)

1. Die Ministerkonferenz für Raumordnung stellt fest, daß von den Europäischen Gemeinschaften in beachtlichem und zunehmendem Umfang Planungen und Maßnahmen vorbereitet und beschlossen werden, die für die Raumplanung und Landesplanung unmittelbar oder mittelbar von Bedeutung sind. Dies gilt für Planungen und Maßnahmen der Regionalpolitik der Gemeinschaft, aber auch für andere Bereiche wie z.B. die Agrarstrukturpolitik.

2. Die Ministerkonferenz für Raumordnung hält es für notwendig, daß die Organe der EG alle vorhandenen Möglichkeiten nutzen bzw. die Voraussetzungen dafür schaffen, daß die Belange der Raumordnung sachgerecht behandelt werden können.

3. Die Ministerkonferenz für Raumordnung geht davon aus, daß nach den Regelungen über das Verfahren der Zusammenarbeit zwischen Bund und Ländern in EG-Angelegenheiten (GMBl. 1980 Nr. 28 S. 471) alle Beteiligten sich in den EG sowie in Bund und Ländern bei raumrelevanten Planungen und Maßnahmen der EG rechtzeitig und eingehend unterrichten, damit

- die in der Bundesrepublik Deutschland geltenden Erfordernisse der Raumordnung berücksichtigt werden können und
- die Entwicklung von europaweiten überfachlichen raumordnerischen Leitvorstellungen ermöglicht wird.

56. Beschluss: Energieversorgungskonzepte (12.11.1981)

Die Ministerkonferenz für Raumordnung hält die Erarbeitung von Energieversorgungskonzepten unter Beteiligung der Raumordnung für notwendig, soweit sie für Teilräume des Bundesgebietes der Verbesserung der Energieversorgung und der Einsparung von Energie dienen. Sie beauftragt den Hauptausschuß, sich dieser Frage anzunehmen.

57. Entschliessung: Bürgerbeteiligung in der Raumordnung und Landesplanung (1.1.1983)

Die Ministerkonfernze für Raumordnung stellt zur Frage der Bürgerbeteiligung in der Raumordnung und Landesplanung folgendes fest:

Als zusammenfassende, übergeordnete und überörtliche Planung sind Raumordnung und Landesplanung in der Regel auf Verwirklichung in mittel- und langfristigen Zeitabschnitten angelegt; ihre Ziele begründen rechtliche Verpflichtungen nur für die in § 4 Abs. 5 ROG genannten Planungsträger und Behörden. Für den einzelnen Bürger können sich nur mittelbar Auswirkungen dadurch ergeben, daß die Erfordernisse der Raumordnung und Landesplanung Eingang in Rechtsvorschriften und einzelne raumbedeutsame Planungen und Maßnahmen, z.B. Verwaltungsakte, finden.

Zwar ist eine unmittelbare Bürgerbeteiligung wegen der Vielschichtigkeit der Planung und ihres häufig abstrakten Charakters, ferner wegen der Größe des Planungsraums (Land oder Region) und wegen der großen Zahl der zu beteiligenden Bürger kaum durchführbar. Ergänzend fallen verfassungspolitische Überlegungen ins Gewicht. Das geltende Raumordnungsrecht des Bundes und der Länder kennt daher grundsätzlich keine unmittelbare Beteiligung der Bürger.

Jedoch sind im Raumordnungsrecht weitreichende Teilhabeformen verankert, die – entsprechend der Stellung von Raumordnung und Landesplanung im System der raumbezogenen Planungen – eine mittelbare Bürgerbeteiligung darstellen. Hierzu gehören insbesondere:

- die Mitwirkung parlamentarischer Gremien (Landtage, Landtagsausschüsse),
- die Anhörung von Beiräten, denen Organisationen angehören, die auch Bürgerinteressen vertreten,
- die Beteiligung der kommunalen Gebietskörperschaften, die überdies vor der Abgabe von Stellungnahmen ihrerseits die Bürger nach dem jeweiligen Kommunalrecht beteiligen können oder dazu verpflichtet sind.

Hinzu kommt die Möglichkeit der unmittelbaren Informationen der Öffentlichkeit über Vorstellungen der Landes- und Regionalplanung durch deren Träger.

Die Nutzung dieser Formen einer mittelbaren Bürgerbeteiligung ist insbesondere dann zweckmäßig, wenn in Raumordnungsverfahren oder bei Planungen, die in ihren Auswirkungen und Zusammenhängen überschaubar sind, raumordnerische Aussagen über Einzelprojekte getroffen werden. Mit Rücksicht auf die Stellung der

Gemeinden innerhalb des Staatsaufbaus und ihre weitgehenden Beteiligungsrechte bei der Raumordnung und Landesplanung sollte die Bürgerbeteiligung auch in diesen Fällen den Gemeinden überlassen bleiben; sie sollten das Ergebnis einer Bürgerbeteiligung den Behörden und Trägern der Landes- und Regionalplanung zusammengefaßt mitteilen.

Die Ministerkonfernz für Raumordnung hält es für geboten, daß von den Möglichkeiten der Information der Öffentlichkeit über Vorstellungen der Landes- und Regionalplanung bei Entscheidungen über Einzelprojekte verstärkt Gebrauch gemacht wird.

58. Entschliessung: Oberzentren (16.6.1983)

1. Die Ministerkonferenz für Raumordnung hat in der Entschließung über zentrale Orte und ihre Verflechtungsbereiche vom 8. Februar 1968 (vgl. Raumordnungsbericht 1968, BT-Drucksache V/73958, Seite 149) das System der zentralörtlichen Gliederung dargestellt und die Bedeutung der zentralen Orte als Instrument der Landesentwicklung hervorgehoben. Danach wird zwischen vier Stufen zentraler Orte unterschieden: Oberzentren, Mittelzentren, Unterzentren und Kleinzentren. Die Mittelzentren sind Gegenstand der Entschließung zentralörtlicher Verflechtungsbereiche mittlerer Stufe in der Bundesrepublik Deutschland vom 15. Juni 1972 (vgl. Raumordnungsbericht 1972, BT-Drucksache VI/3793, Seite 146).

Zweck der folgenden Entschließung ist es, Bedeutung und Ziele der Entwicklung der Oberzentren aufzuzeigen. Oberzentren im Sinne dieser Entschließung sind dabei auch alle übrigen zentralen Orte oberer Stufe.

2. Die Oberzentren sind in den Programmen und Plänen der Länder ausgewiesen. Sie tragen den regional unterschiedlichen Strukturen und Entwicklungszielen durch länderspezifische Ausprägungen Rechnung. Als Bezugspunkte für räumliche Planungen, insbesondere im Verkehrsbereich, sind außerdem einzelne im benachbarten Ausland grenznah gelegene Oberzentren von Bedeutung.

3. Oberzentren erfüllen für die Verwirklichung gleichwertiger Lebens- und Arbeitsbedingungen wichtige Aufgaben sowohl im Ordnungsraum als auch im ländlichen Raum. Sie sind hochrangige Kommunikationszentren für einen größeren Verflechtungsbereich, den Oberbereich.

Oberzentren sollen eine möglichst vielfältige Ausstattung mit hochwertigen Einrichtungen zur Deckung des spezialisierten höheren Bedarfs insbesondere in folgenden Bereichen bereitstellen:

- Forschung
- Bildungs- und Erziehungswesen
- Gesundheitswesen
- Kultur und Sport
- Handel und Kreditwesen
- Verwaltung und Gerichtsbarkeit
- Kommunikation
- Verkehrswesen
- Breitgefächertes Angebot an qualifizierten Arbeitsplätzen.

Nähere Angaben über typische oberzentrale Einrichtungen enthält der als Anlage beigefügte Katalog.

4. Für eine ausreichende Auslastung von zentralörtlichen Einrichtungen ist die Einwohnerzahl im Verflechtungsbereich bedeutsam. Der Oberbereich voll entwikkelter Oberzentren weist etwa 500 000 und mehr Einwohner auf, das Oberzentrum selbst etwa 100 000 und mehr Einwohner. Um auch in dünn besiedelten Gebieten die oberzentrale Versorgung der Bevölkerung in zumutbarer Entfernung sicherzustellen, sind Oberzentren dort auch dann festgelegt worden, wenn diese Werte nur annähernd erreicht wurden.

Als zumutbare Entfernung, in der die oberzentralen Einrichtungen in der Regel erreichbar sein sollen, wird ein Zeitaufwand im Individualverkehr von ca. 1 Stunde, bei Benutzung öffentlicher Verkehrsmittel von ca. 1 1/2 Stunden angesehen.

5. Zahl und Vielfalt der Oberzentren sollen der angestrebten Entwicklung des Raumes und den oberzentralen Versorgungsaufgaben im öffentlichen und privatwirtschaftlichen Bereich entsprechen. Dazu gehört ein breitgefächertes Angebot an qualifizierten Arbeitskräften und Arbeitsplätzen. Ein breitgefächertes Angebot hochwertiger Arbeitsplätze trägt zu einem hohen Beschäftigungsgrad und einem hohen Einkommensniveau bei.

6. Die Funktionsfähigkeit der Oberzentren setzt eine günstige regionale Verkehrserschließung und Verkehrsbedienung voraus, um die Bevölkerung und Wirtschaft im Oberbereich optimal zu versorgen. Für den überregionalen und großräumigen Leistungsaustausch ist darüber hinaus die Einbindung der Oberzentren in ein Netz weiträumiger Verkehrsverbindungen erforderlich, das eine gute Erreichbarkeit der Oberzentren untereinander gewährleistet.

7. Die Oberzentren in den Ordnungsräumen sind in der Regel Kerne von Verdichtungsräumen. Ihre Oberbereiche haben sich über kommunale, z.T. über Landes- und sogar Bundesgrenzen hinaus zu sozialökonomisch eng verflochtenen Einheiten im Ordnungsraum entwickelt. Daraus erwächst für die betroffenen Gebietskörperschaften eine Verpflichtung zum gemeinsamen Planen und Handeln im Ordnungsraum. Empfehlungen über die Gestaltung und Aufgabenteilung in Ordnungsräumen sind in der Entschließung vom 31. Oktober 1977 enthalten (vgl. Schriftenreihe "Raumordnung" des Bundesministers für Raumordnung, Bauwesen und Städtebau, Heft 06.019/1978 und 06.040/1979).

Die Oberzentren in Ordnungsräumen sind in der Regel mit oberzentralen Einrichtungen voll ausgestattet; sie sind auch Mittelpunkt großer und differenzierter Arbeitsmärkte.

Im Interesse der Funktionsfähigkeit der Oberzentren in Ordnungsräumen sollen geeignete Maßnahmen ergriffen werden, um

- den Verbrauch an Freiflächen infolge weiterer Siedlungstätigkeit zu begrenzen,
- die Lebens- und Wohnumfeldbedingungen insbesondere in den Innenstädten durch städtebauliche Sanierung und Modernisierung sowie durch Neubau zu verbessern,
- die negativen Auswirkungen der Stadt-Umland-Wanderung wie insbesondere soziale Entmischung der Bevölkerung sowie Umwelt- und Strukturprobleme einschließlich finanzieller Folgen für die Oberzentren einzuschränken,
- die Integration sozial benachteiligter Gruppen und Ausländer in die Gemeindewesen zu fördern und Gettobildung zu vermeiden,
- den öffentlichen Personennahverkehr auf Schiene und Straße attraktiver zu machen,
- gesunde Umweltverhältnisse zu erhalten und die Umweltbedingungen besonders in den inneren Stadtteilen in bezug auf Luft, Lärm und Freiflächen zu verbessern.

8. Die Oberzentren im ländlichen Raum teilen Entwicklungsziele, die in der Entschließung der Ministerkonferenz für Raumordnung über den ländlichen Raum vom 12. November 1979 genannt werden. Die häufig geringere Bevölkerungsdichte und die vielfach weiten Entfernungen erschweren die Bereitstellung oberzentraler Einrichtungen in zumutbarer Entfernung und die Ausbildung leistungsfähiger

Arbeitsmärkte. In schwachstrukturierten Gebieten bedarf daher die Entwicklung
der Oberzentren der besonderen Unterstützung durch raumordnerische Maßnahmen.
Bei Standortentscheidungen öffentlicher Einrichtungen von oberzentraler Bedeutung sind sie vorrangig zu berücksichtigen. Die für Oberzentren in den Ordnungsräumen genannten, zur Erhaltung ihrer Funktionsfähigkeit notwendigen
Maßnahmen gelten für die Oberzentren im ländlichen Raum entsprechend.

Soweit Oberzentren in Ordnungsräumen in ihrer Aufgabenwahrnehmung durch Strukturwandel gefährdet sind oder Oberzentren im ländlichen Raum ihre Aufgaben
aufgrund ihres Entwicklungsstandes noch nicht ausreichend erfüllen können,
bedürfen sie der besonderen Förderung.

Anlage: Katalog oberzentraler Einrichtungen

1. Bildungs- und Erziehungswesen, Forschung
   - Hochschule bzw. Fachhochschule
   - Wissenschaftliche bzw. Fach-Bibliothek mit Anschluß an den überregiona-
     len Leihverkehr.

2. Gesundheitswesen
   - Schwerpunktkrankenhaus

3. Kultur und Sport
   - Museum bzw. Kunstsammlung, mit hauptberuflicher Leitung
   - Theater bzw. Konzertbau, regelmäßig bespielt
   - Zoologischer Garten
   - Mehrzweckhalle mit mindestens 1000 Sitzplätzen
   - Sportstadion mit mindestens 15 000 Plätzen, davon mindestens 3000 über-
     dacht
   - Großsporthalle mit mindestens 3000 Plätzen
   - Großschwimmhalle mit Eignung für überregionale Veranstaltungen, minde-
     stens sechs 50-m-Bahnen

4. Handel und Kreditwesen
   - Großkauf- und -warenhaus
   - Einkaufs- und Dienstleistungseinrichtungen in möglichst vollständiger
     spezialisierter Differenzierung
   - Größere Einrichtungen des Bank- und Kreditwesens bzw. Versicherungswe-
     sens

5. Verwaltung und Gerichtsbarkeit
   - Behörden höherer oder mittlerer Verwaltungsebene
   - Gerichte höherer oder mittlerer Instanz

6. Kommunikation
   - Hotel mit mindestens 200 Fremdenbetten und Konferenz- und Tagungsein-
     richtungen

7. Verkehrswesen
   - Bundesautobahn-Anschluß
   - Intercity-Halt

8. Arbeitsmarkt
   - Breitgefächertes Angebot hochwertiger Arbeitsplätze
   - Vielfältiges und hochqualifiziertes Arbeitskräftepotential im Oberbe-
     reich.

59. ENTSCHLIESSUNG: ZUR SICHERUNG DES ÖFFENTLICHEN PERSONENVER-
KEHRS IM LÄNDLICHEN RAUM (16.6.1983)

**I. Die raumstrukturelle Bedeutung des öffentlichen Personenverkehrs im
ländlichen Raum**

Die Ministerkonferenz für Raumordnung (MKRO) hat in ihrer Entschließung vom
12. November 1979 zum öffentlichen Personennahverkehr (ÖPNV) im ländlichen
Raum auf die Gefahren aufmerksam gemacht, die gerade in diesem Raum bei einer
weiteren Reduzierung des ÖPNV drohen. Die MKRO hat deshalb Grundsätze und
Hinweise für eine gegenüber den verdichteten Gebieten gleichwertige Bedienung
des ländlichen Raumes aufgestellt, die nach wie vor aktuell sind.

Die MKRO sieht sich aufgrund der strukturellen Veränderungen im ländlichen
Raum und im gesamten öffentlichen Personenverkehr veranlaßt, die Notwendigkeit
von Maßnahmen zur Sicherung einer angemessenen Verkehrsbedienung des ländlichen Raumes zu unterstreichen und Vorschläge für die weitere Umsetzung ihrer
ÖPNV-Entschließung von 1979 zu unterbreiten.

Vom Blickpunkt der Raumordnung muß mit allem Ernst und großem Nachdruck darauf
hingewiesen werden, daß auch von der Gewährleistung einer angemessenen öffentlichen Verkehrsbedienung die Lebensfähigkeit des ländlichen Raumes abhängt.
Aus raumordnerischer Sicht bedenklich sind die Fahrplanausdünnungen und Verla-

gerungen des Schienenpersonenverkehrs auf die Straße, sofern sie zu einer raumordnerisch nicht vertretbaren Verschlechterung der Verkehrsbedienung in der Fläche führen. Sie verstärken die Gefahr, daß sich die Lebens- und Arbeitsbedingungen im ländlichen Raum gegenüber den Ordnungsräumen weiter verschlechtern.

Die an sich positive Förderung des Ausbildungsverkehrs im ländlichen Raum hat teilweise auch zu einer Zersplitterung des Verkehrsangebots geführt, die die Wirtschaftlichkeit der Linienverkehre häufig in Frage stellt. Abnehmende Schüler- und Bevölkerungszahlen müssen zu einem Überdenken der Struktur des Verkehrsangebotes führen. Eine stärkere Integration des Gesamtverkehrsangebotes ist deshalb erforderlich.

Wenn auch der Individualverkehr für die Mobilität der ländlichen Bevölkerung von großer Bedeutung ist und bleiben wird, so ist doch zu bedenken, daß der öffentliche Verkehr vor allem aus Gründen der Daseinsvorsorge für alle diejenigen unerläßlich ist, die z.B. aus altersmäßigen, gesundheitlichen oder wirtschaftlichen Gründen oder wegen Benutzung des Wagens durch ein Familienmitglied nicht beliebig auf ein Auto zurückgreifen können. Der öffentliche Verkehr muß hier die Verbindung zu den zentralen Orten als Ausbildungs-, Dienstleistungs- und Arbeitsplatzschwerpunkten ermöglichen. Außerdem sollen im Interesse der Gesamtbevölkerung die überregionalen öffentlichen Verkehrsverbindungen zwischen zentralen Orten höherer Stufe und die Anbindung größerer Teilgebiete des ländlichen Raumes an die Fernverkehrsstrecken der Deutschen Bundesbahn gewährleistet bleiben.

In diesem Zusammenhang erinnert die MKRO an ihre "Entschließung zum Intercity-Ergänzungsnetz" vom 12. November 1981. Mit der darin vorgeschlagenen Übertragung des Prinzips des Intercity-Verkehrs auf weitere Hauptstrecken würde die Attraktivität der Schiene auch für die Oberzentren im ländlichen Raum spürbar erhöht und damit ein wichtiger Beitrag zur besseren Erreichbarkeit des ländlichen Raumes und seiner Standortqualität geleistet.

Bei der Planung von Einschränkungen im Schienenpersonenverkehr muß darauf geachtet werden, daß ein funktionsfähiges Gesamtverkehrssystem mit einer gleichwertigen Verkehrsbedienung gewährleistet wird. Dazu gehört, daß zwischen zentralen Orten höherer Stufe (Mittel- und Oberzentren) Schienenverbindungen als Grundgerüst des öffentlichen Verkehrs erhalten bleiben. Auf mittleren und größeren Entfernungen ist der Bus in der Regel kein gleichwertiger Ersatz zum Schienenverkehr. Wenn im Einzelfall die Einstellung einer Schienenverbindung

unabweisbar erscheint, kann der Ersatzverkehr nur dann als gleichwertig angesehen werden, wenn er die Einrichtung von Eilbusverbindungen im Sinne der
MKRO-Entschließung vom 11. Mai 1977 zur Netzkonzeption der DB einschließt.

Zwar können in einem marktwirtschaftlichen System Nachfrageverschiebungen oder
-rückgänge zu entsprechenden Angebotsreaktionen führen; der öffentliche Personenverkehr hat aber neben seinen betriebswirtschaftlichen Grundlagen eine un-
umstrittene gemeinwirtschaftliche Komponente.

II. Vorschläge zur Sicherung der ÖPNV-Bedienung im ländlichen Raum

Der MKRO begrüßt die Bemühungen des Bundes, der Länder und der Kreise, durch
Untersuchungen, Empfehlungen, Modellversuche und landesrechtliche Regelungen
die Verkehrsbedienung in der Fläche langfristig zu sichern und möglichst zu
verbessern. Diese Initiativen sollten in Auswertung der gewonnenen Erkenntnisse fortgesetzt werden.

Dazu macht die MKRO folgende Vorschläge für den ÖPNV:

- Alle Gebietskörperschaften - Bund, Länder, Kommunen - nehmen gemeinsame
  Verantwortung für den ÖPNV im ländlichen Raum nach Maßgabe ihrer Zuständigkeiten wahr.

- Die Möglichkeit der freiwilligen Zusammenarbeit der Konzessionsträger sowie
  die Gestaltungsmöglichkeiten für die Genehmigungsbehörden sollten zur Sicherung einer flächendeckenden regionalen Verkehrsbedienung noch stärker
  ausgeschöpft werden. Wenn sich herausstellt, daß die Sicherung des ÖPNV in
  der Fläche mit vorhandenen rechtlichen Instrumentarien nicht zu erreichen
  ist, muß auch eine Änderung des Personenbeförderungsgesetzes in Betracht
  gezogen werden.

- Die Kreise bzw. kreisfreien Städte oder kommunalen Verbände bzw. Träger der
  Regionalplanung sollten dafür Sorge tragen, daß entsprechend dem räumlich
  unterschiedlichen Bedarf Nahverkehrspläne aufgestellt werden. Dabei sollen
  Verwaltungsgrenzen überschreitende Verkehre berücksichtigt werden. Unter
  Mitwirkung aller vom Verkehr berührten Institutionen einschließlich der
  Deutschen Bundesbahn sind dabei alle Kooperationsmöglichkeiten auszuschöp-
  fen insbesondere mit den Zielen

- einer optimalen Ausrichtung des Streckennetzes und Beseitigung von konkurrierenden Parallelverkehren,
- der Fahrplanabstimmung vor allem zwecks guter Anschlüsse und kurzer
  Umsteigezeiten,
- der gegenseitigen Anerkennung von Fahrscheinen aller beteiligten Verkehrsunternehmen bis hin zur Bildung von Tarif- und Verkehrsgemeinschaften.

- Konzessionen sollten von den Genehmigungsbehörden nur dann erteilt oder
  erneuert werden, wenn sie dem Nahverkehrsplan entsprechen. Maßgeblich für
  die Konzessionserteilung sind in erster Linie Tarifgestaltung und Bedie-
  nungsstandard, die der Antragsteller auf Dauer gewährleisten kann. Bei der
  Vergabe sind außerdem die wirtschaftlichen Belange der bisher im Gebiet für
  den ÖPNV (einschließlich freigestelltem Schülerverkehr) tätigen Unternehmen
  angemessen zu berücksichtigen.

- Bei einer eventuellen unabweisbaren Verlagerung des Personenverkehrs von
  der Schiene auf die Straße sollte der Ersatzverkehr - unter Einfügung in
  die Nahverkehrsplanung - eine angemessene, dem Schienenverkehr grundsätzlich nicht nachstehende Verkehrsbedienung nach Häufigkeit, Fahrpreis und
  annähernd auch nach Reisezeit gewährleisten. Die Deutsche Bundesbahn soll
  die Wahrnehmung ihres Vorrangs bei der Ausgestaltung des Schienenersatzver-
  kehrs im Rahmen der Nahverkehrsplanung überprüfen.

- Das jeweilige Mittelzentrum, in dem die wichtigsten Einrichtungen der
  Daseinsvorsorge einschließlich der Ausbildungsplätze, aber auch eine
  größere Zahl von Arbeitsplätzen für die Erwerbspersonen vorzuhalten sind,
  sollte von den Siedlungseinheiten des betreffenden Mittelbereichs mit dem
  ÖPNV erreicht werden können.

- Für eine Verbesserung des ÖPNV im ländlichen Raum stehen bisher Mittel aus
  dem GVFG in ausreichender Größenordnung nicht zur Verfügung. Um den ländlichen Raum lebensfähig zu erhalten, sind Möglichkeiten zu eröffnen, den ÖPNV
  wesentlich stärker als bisher zu fördern.

- Besondere Maßnahmen sind für die künftige ÖPNV-Versorgung dünn besiedelter
  und verkehrsferner Gebiete erforderlich. In diesen Gebieten haben der ÖPNV
  und der Werkbusverkehr zusammen nur einen Anteil von etwa 10% des Verkehrsaufkommens. Angesichts dieses geringen und weitverstreuten Verkehrsaufkommens sollte geprüft werden, ob für solche Gebiete - neben den bekannten
  ÖPNV-Bedienungsformen einschließlich Kleinbus und Linientaxi - auch unkon-

ventionelle Lösungen und differenzierte Bedienungsmodelle im Grenzbereich
zwischen Linien- und Gelegenheitsverkehr (sog. "Paratransit") zum Einsatz
kommen können. Dabei handelt es sich um Betriebsformen mit relativ geringen
Festkosten und flexibleren Einsatzmöglichkeiten für einen zahlenmäßig begrenzten Personenkreis. Zu diesen neuen, möglichen Betriebsformen gehören
u.a. integrierte Personen- und Güterbeförderung, Einsatz von gemeindeeige-
nen Bussen für bestimmte Zwecke sowie die Taxiintegration. Dabei sollte
auch eine Personenbeförderung im Nebenerwerb in Betracht kommen können.

60. ENTSCHLIESSUNG: ENERGIEVERSORGUNGSKONZEPTE AUS DER SICHT DER RAUMORDNUNG (16.6.1983)

I. Räumliche Aspekte der Energieversorgung

Aufgabe der Raumordnung und Landesplanung ist es, auf möglichst gleichwertige
Lebens- und Arbeitsbedingungen in allen Teilräumen der Bundesrepublik Deutschland hinzuwirken und Versorgungsnachteile einzelner Teilräume zu verringern.
Die Raumordnungspolitik unterstützt somit die Ziele der Energiepolitik, eine
preiswerte, sichere und umweltgerechte Versorgung mit Energie zu gewährleisten.

Zur Verwirklichung dieser Ziele kommt es wesentlich darauf an, unter Beachtung
der Kostenaspekte Primärenergie einzusparen und den Anteil des importabhängi-
gen Mineralöls vor allem bei der Raumwärmeversorgung, auf die über 40% des
gesamten Energieverbrauchs entfallen, zu verringern.

Gegenwärtig werden die einzelnen Energieträger in den Teilräumen sehr unterschiedlich angeboten: Vor allem der ländliche Raum ist häufig in starkem Maße
vom Heizöl abhängig, weil andere Energieträger nicht oder nicht zu entsprechend günstigen Bedingungen zur Verfügung stehen. Aus der Situation in den
Teilräumen ergeben sich erhebliche Unterschiede hinsichtlich Sicherheit und
Preiswürdigkeit der Energieversorgung. Die nicht mit Fernwärme oder Gas ver-
sorgten Räume umfassen derzeit mehr als die Hälfte der Fläche des Bundesgebietes und ein Drittel der Bevölkerung.

In den Verdichtungsräumen bietet sich für die Wärmeenergieversorgung eine
stärkere Nutzung der bei der Stromerzeugung in Kraftwerken eingesetzten Energie durch Kraft-Wärme-Kopplung und durch Einkopplung industriell nutzbarer
Abwärmepotentiale an. Weitere Potentiale können erschlossen werden, wenn auch
mittlere und kleinere Kraftwerke, die zur Kraft-Wärme-Kopplung häufig beson-

ders geeignet sind, in Versorgungsgebieten mit notwendiger Abnahmedichte errichtet werden.

Der Fernwärmeausbau erfordert neben den Kosten für Erzeugungsanlagen erhebliche Investitionen für Verteilungsleitungen, Hausanschlußsysteme und ggf. die Umrüstung von Gebäuden auf Zentralheizung. Stadterneuerung und Wohnungsmodernisierung, aber auch Neubauvorhaben können vor allem in den Verdichtungsräumen Gelegenheit bieten, auf Fernwärme umzurüsten.

Auch in dichter besiedelten Bereichen des ländlichen Raumes kann Erdgas langfristig zur besseren Raumwärmeversorgung eingesetzt werden, um den dort hohen Heizölanteil zu veringern. Daneben bestehen insbesondere für die dünner besiedelten Gebiete des ländlichen Raumes Ansätze zu einer Verbesserung der Wärmeenergieversorgung, die sich u.a. aus den dort leichter nutzbaren regenerativen Energiequellen ergeben.

Auch der Einsatz von Strom zu Heizzwecken (über elektrisch betriebene Wärmepumpen oder Nachtspeicheranlagen) wird energiepolitisch an Bedeutung gewinnen.

II. Empfehlung

Die Ministerkonferenz für Raumordnung begrüßt Bemühungen, Energieversorgungskonzepte aufzustellen. Diese Konzepte sollten auch im regionalen Bereich ein sinnvolles Zusammenwirken der leitungsgebundenen Energieträger Strom, Gas und Fernwärme, ggf. auch weiterer Energieträger, unter Berücksichtigung der jeweiligen energiewirtschaftlichen, siedlungsstrukturellen und umweltpolitischen Gegebenheiten und Zielvorstellungen erreichen.

Solche Energieversorgungskonzepte könnten insbesondere dazu beitragen, regionale Versorgungsnachteile abzubauen, Umweltbelastungen zu vermeiden oder zu vermindern und die in den Teilräumen vorhandenen Eigenkräfte zur Verbesserung der Energieversorgung mehr als bisher zu nutzen. Auch könnten mit solchen Konzepten die Ziele der Raumordnung und Siedlungsentwicklung, insbesondere hinsichtlich der raumstrukturellen Gliederung, der Energiepolitik und der Umweltpolitik besser koordiniert und verwirklicht werden. Die Energieversorgungskonzepte sind auch geeignet, zu einem zielgerechten Einsatz öffentlicher Fördermittel beizutragen und dabei nicht nur Verdichtungsräume, sondern auch ländliche Räume angemessen zu berücksichtigen.

Örtliche Energieversorgungskonzepte sind unbeschadet der Zuständigkeit der Gemeinden bzw. der Versorgungsunternehmen raumordnerisch zu beurteilen, soweit sie aus der Sicht der Standorte oder der Leitungstrassen überörtliche Auswirkungen haben.

Regionale Energieversorgungskonzepte sollen in enger Abstimmung zwischen den Versorgungsunternehmen, den kommunalen Gebietskörperschaften und den Trägern der Fach-, Landes- und Regionalplanung entwickelt werden. Hinsichtlich raumbedeutsamer Aussagen sollen sie in Plänen und Verfahren der Raumordnung und Landesplanung erfaßt und gesichert werden.

Als Planungshilfe für die Erstellung von Energieversorgungskonzepten sollten Bund, Länder und kommunale Gebietskörperschaften ihre Forschungsergebnisse zur Verfügung stellen.

61. Stellungnahme zur Notwendigkeit und Umfang der im Volkszählungsgesetz vorgesehenen Erhebungen (16.6.1983)

Zum Beschluß der ständigen Konferenz der Innenminister und -senatoren der Länder vom 22. April 1983 nimmt die Ministerkonferenz für Raumordnung wie folgt Stellung:

1. Die Raumordnung ist zur Erfüllung ihres Auftrages auf ausreichende Informationen über die regionalen Lebens- und Arbeitsbedingungen angewiesen. Ein wesentlicher Teil dieser Informationen kann in der notwendigen Gliederung nur mit Hilfe von Großzählungen gewonnen werden.

Seit den letzten Großzählungen in den Jahren 1968 (Gebäude- und Wohnungszählung) und 1970 (Volks- und Arbeitsstättenzählung) haben sich erhebliche Veränderungen in der regionalen Bevölkerungsverteilung, auf dem Arbeitsmarkt und auf dem Wohnungsmark sowie in der kommunalen Gliederung ergeben. Ihr Ausmaß läßt sich derzeit nur schätzen, weil lediglich wenige und z.T. fehlerhafte Fortschreibungsdaten vorliegen.

2. Die Ministerkonferenz für Raumordnung hält daher eine Volks- und Arbeitsstättenzählung sowie eine Gebäude- und Wohnungszählung zum nächstmöglichen Zeitpunkt für dringend erforderlich. Dies gilt insbesondere für Zahlen

- zur Einwohnerentwicklung, Ausbildung und Sozialstruktur
- über Art und Verteilung der Arbeitsstätten

- zu Pendlerbeziehungen als Grundlage für viele raumbezogene Planungen, insbesondere für Verkehrsplanungen
- zu Bestand, Alter und Ausstattung von Gebäuden und Wohnungen.

62. Entschliessung: Zur Abstimmung der Verfahren nach dem Bundesberggesetz mit der Raumordnung (8.3.1984)

Die dem Bundesberggesetz unterliegende Aufsuchung, Gewinnung und Aufbereitung von Bodenschätzen sind raumbedeutsame Maßnahmen, soweit sie i.S. des § 3 Abs. 1 ROG Grund und Boden in Anspruch nehmen oder die räumliche Entwicklung eines Gebiets beeinflussen. In solchen Fällen besteht ein Bedürfnis nach frühzeitiger Abstimmung mit den Erfordernissen der Raumordnung und Landesplanung. Die aufgrund des am 1.1.1982 in Kraft getretenen Bundesberggesetzes eingetretenen Rechtsänderungen erfordern es, die rechtlichen Verknüpfungen zwischen dem Recht von Raumordnung und Landesplanung und dem Bergrecht sowie die Beteiligung der Raumordnung und Landesplanung an den Verfahren nach dem Bundesberggesetz zu klären. Nach Abstimmung mit den für das Bergrecht zuständigen Ressorts in Bund und Ländern wird dazu von der MKRO folgendes festgestellt:

1. Verknüpfungen zwischen dem Recht der Raumordnung und Landesplanung und dem Bergrecht

Nach § 5 Abs. 4 ROG sind Ziele der Raumordnung und Landesplanung von den in § 4 Abs. 5 ROG genannten Stellen bei Planungen und allen sonstigen raumbedeutsamen Maßnahmen zu beachten. Unbeschadet dessen ergibt sich auch die Pflicht zur Beachtung der Ziele und Berücksichtigung der übrigen Erfordernisse der Raumordnung[*] aus folgenden rechtlichen Verknüpfungen:

---

[*] Erfordernisse der Raumordnung und Landesplanung sind Vorgaben für das Verwaltungshandeln in Form von Grundsätzen, Zielen und sonstigen Erfordernissen der Raumordnung und Landesplanung. Ziele der Raumordnung und Landesplanung sind die verbindlichen Festlegungen in den Programmen und Plänen der Landesplanung.

1.1 Die aus raumordnungsrechtlicher Sicht wichtigsten Entscheidungen nach dem Bundesberggesetz

Es handelt sich um folgende:

- Erlaubnis, Bewilligung und Verleihung von Bergwerkseigentum (§§ 6ff. BBergG)
- Anzeige- und Betriebsplanverfahren (§§ 50 ff. BBergG)
- Beschränkungen und Untersagungen nach § 48 Abs. 2 BBergG.

Grundlage für die Aufsuchung und Gewinnung bergfreier Bodenschätze sind die Erteilung von Erlaubnissen, Bewilligungen und Verleihung des Bergwerkseigentums. Erlaubnis, Bewilligung und Bergwerkseigentum stellen eine durch Art. 14 GG geschützte Rechtsposition dar, von der nach Maßgabe der Vorschriften des Bundesberggesetzes Gebrauch gemacht werden kann. Von Bedeutung ist hierbei insbesondere, daß die Errichtung, Durchführung und Einstellung von Aufsuchungs- und Gewinnungbetrieben sowie Betrieben zur Aufbereitung von Bodenschätzen der Zulassung von Betriebsplänen bedürfen. Wesentlich ist dabei, daß die Betriebsplanverfahren keine Konzentrationswirkung haben, d.h. daß die Genehmigungspflicht nach anderen öffentlich-rechtlichen Vorschriften unberührt bleibt (vgl. § 48 Abs. 1 und 2 BBergG).

1.2 Rechtliche Ansatzpunkte für eine Beachtung bzw. Berücksichtigung der Erfordernisse der Raumordnung und Landesplanung bei den Entscheidungen der Bergbehörden

a) Bei der Erteilung von Erlaubnissen und Bewilligungen sind die Erfordernisse der Raumordnung und Landesplanung insoweit von Bedeutung, als nach § 11 Nr. 10 und § 12 Abs. 1 Satz 1 BBergG die Erlaubnis und Bewilligung versagt werden muß, soweit überwiegende öffentliche Interessen die Aufsuchung oder Bewilligung im gesamten zuzuteilenden Feld ausschließen. In diesen Fällen ist sichergestellt, daß bereits im Erlaubnis- und Bewilligungsverfahren eine Abwägung zwischen den Belangen des Bergbaus und den anderen öffentlichen Interessen vorzunehmen ist. Zu diesen öffentlichen Interessen gehören nach der amtlichen Begründung (BT-Drs. 8/1315, Seite 86) auch die Erfordernisse der Raumordnung und Landesplanung.

b) Bei der Zulassung von Betriebsplänen, die sich auf raumbedeutsame Maßnahmen beziehen, ergeben sich Anknüpfungspunkte insbesondere aufgrund folgender Vorschriften:

275

(1) Nach § 55 Abs. 1 Satz Nr. 4 BBergG ist die Beeinträchtigung von Bodenschätzen, deren Schutz im öffentlichen Interesse liegt, zu prüfen. Dies kann
beispielsweise bedeutsam sein, wenn die betreffende Fläche zugleich als Vor-
ranggebiet zur Sicherung und Gewinnung anderer oberflächennaher Rohstoffe
landesplanerisch festgelegt ist.

(2) Nach § 55 Abs. 1 Satz 1 Nr. 6 BBergG ist zu beachten, daß die anfallenden
Abfälle ordnungsgemäß beseitigt werden. Zu den Abfällen gehört z.B. Bergema-
terial. "Ordnungsgemäße Beseitigung" bedeutet Beseitigung entsprechend den
Grundsätzen des Abfallbeseitigungsgesetzes, dessen § 2 Abs. 1 Satz 2 die
Beachtung der Ziele und Erfordernisse der Raumordnung und Landesplanung vor-
schreibt.

(3) Nach § 55 Abs. 2 Satz 1 Nr. 2 BBergG in Verbindung mit § 4 Abs. 4 BBergG
wird für die Wiedernutzbarmachung die ordnungsgemäße Gestaltung der vom Bergbau in Anspruch genommenen Oberflächen unter Beachtung des öffentlichen Inte-
resses vorgeschrieben. Damit ist die Notwendigkeit der Beachtung bzw. Berücksichtigung von Erfordernissen der Raumordnung und Landesplanung bei der Wiedernutzbarmachung von Abbaugebieten oberflächennaher Rohstoffe gegeben.

c) Über die Prüfungen nach a) und b) hinaus kann die Bergbehörde nach § 48
Abs. 2 BBergG die Aufsuchung oder Gewinnung beschränken oder untersagen,
soweit hier offenkundig überwiegende öffentliche Interessen entgegenstehen und
nicht § 48 Abs. 1 BBergG Anwendung findet, d.h. daß nicht Grundstücke betroffen sind, die durch Gesetz oder aufgrund Gesetzes einem öffentlichen Zweck
gewidmet oder im Interesse eines öffentlichen Zwecks geschützt sind. Dies
könnte z.B. der Fall sein, wenn die Summe der Einzelgenehmigungen eine außerhalb der genannten Einschränkungen liegende Gesamtproblematik offensichtlich
nicht löst oder wenn nach Abwicklung aller Verfahren und bei Unmöglichkeit
einer Rücknahme von bereits erteilten Erlaubnissen und Bewilligung aus über-
wiegendem, nicht unter § 48 Abs. 1 BBergG fallendem öffentlichen Interesse
ein Abbau verhindert werden muß. Bei dieser Beurteilung können Erfordernisse
der Raumordnung und Landesplanung von erheblicher Bedeutung sein.

1.3 Rechtliche Ansatzpunkte für eine Beachtung bzw. Berücksichtigung der
    Erfordernisse der Raumordnung und Landesplanung bei den zusätzlich
    erforderlichen Entscheidungen anderer Behörden

Aus § 48 Abs. 1 und 2 BBergG ergibt sich, daß andere Rechtsvorschriften unberührt bleiben, z.B. in Fällen des § 48 Abs. 1 BBergG die des Naturschutz-

rechts. Dies bedeutet, daß die Betriebsplanverfahren keine Konzentrationswirkung haben, die Verwirklichung von Bergbauvorhaben also weiter voraussetzt,
daß sie nach den einschlägigen Fachgesetzen genehmigt werden können.

In diesen Fällen besteht zusätzlich die Möglichkeit, daß die Raumordnung und
Landesplanung über diese Fachgesetze Einfluß nimmt.

2. Beteiligung der Raumordnung und Landesplanung an den Verfahren nach dem Bundesberggesetz

2.1 Zweck der Beteiligung und Abstimmung

Aufgrund der unter 1. dargelegten rechtlichen Verknüpfungen zwischen Raumordnung und Landesplanung mit dem Bergrecht ist es geboten, daß möglichst frühzeitig in den koordinierenden Verfahren der Raumordnung und Landesplanung die
wesentlichen standortbezogenen Fragen des betreffenden Vorhabens geklärt werden. Die Ergebnisse gehen einmal ein in die Verfahren der Bergbehörden zur
Erteilung von Erlaubnissen, Bewilligungen und Betriebsplanzulasungen und zur
Entscheidung nach § 48 Abs. 2 BBergG (vgl. 1.2). Zum anderen gehen sie ein in
die nach § 48 Abs. 1 und 2 BBergG unberührt bleibenden Verfahren (vgl. 1.3)
und können dort ggf. Anpassungspflichten begründen. Auf diese Weise trägt die
koordinierende raumordnerische Abstimmung erheblich zur Beschleunigung der
Genehmigungsverfahren bei. Ferner wird weitgehend vermieden, daß bei der
Zulassung von Betriebsplänen noch offen bleibt, ob die Bergbauvorhaben nach
anderen Gesetzen grundsätzlich genehmigungsfähig sind. Darüber hinaus ist die
Möglichkeit der frühzeitigen Abstimmung der dem Bergrecht unterliegenden Vorhaben mit anderen raumbedeutsamen Vorhaben gegeben. Die Beteiligung dient
schließlich auch der Führung des Raumordnungskatasters.

2.2 Verfahren

Die nach dem Bundesberggesetz zuständige Behörde hat im Verfahren zur Erteilung von Erlaubnissen und Bewilligungen nach § 15 BBergG sowie im Betriebsplanverfahren nach § 54 Abs. 2 BBergG die zuständige Landesplanungsbehörde zu
beteiligen, wenn über eine der in Satz 1 der Vorbemerkung genannten raumbedeutsamen Maßnahmen zu entscheiden ist. Es empfiehlt sich, diese Beteiligung
so früh wie möglich einzuleiten.

Die erforderliche raumbedeutsame Klärung kann grundsätzlich in zwei Verfahren erfolgen:

(1) Durch Festlegung entsprechender Standorte bzw. Abbauflächen als Ziele in den Programmen und Plänen der Landesplanung,

(2) durch landesplanerische Überprüfung von Einzelvorhaben in förmlichen Raumordnungsverfahren oder durch eine landesplanerische Abstimmung auf andere Weise.

63. Entschliessung: Stellungnahme zu Folgerungen für die Raumordnung und Landesplanung aus dem Urteil des Bundesverfassungsgerichts vom 15. Dezember 1983 zum Volkszählungsgesetz 1983" (29.9.1984)

Mit Bezug auf den Beschluß der Innenministerkonferenz vom 12.1.1984 und im Hinblick auf das Urteil des Bundesverfassungsgerichts vom 15.12.1983 gibt die Ministerkonferenz für Raumordnung folgende Stellungnahme ab:

1. Notwendigkeit und Umfang der Erhebung

Die MKRO geht weiterhin von ihrer "Stellungnahme zur Notwendigkeit und zum Umfang der im Volkszählungsgesetz vorgesehenen Erhebungen" vom 10.6.1983 aus. Sie betont jedoch, daß das Fragenprogramm der Volkszählung 1983 aufgrund der dem Gesetz vorausgegangenen Kürzungsverhandlung aus der Sicht von Raumordnung und Landesplanung nur ein Minimalprogramm darstellen konnte. An diesem Fragenprogramm - soweit nicht vom Bundesverfassungsgericht beanstandet - muß bei den Beratungen über ein neues Volkszählungsgesetz festgehalten werden, denn eine weitere Kürzung würde die Aufgabenerfüllung von Raumordnung und Landesplanung und auch der Raumforschung treffen, die ganz besonders auf die Verfügbarkeit von sachlich und räumlich tief gegliederten Datenbeständen angewiesen sind.

2. Regelung der Weitergabe von Einzelangaben an die Behörden von Raumordnung und Landesplanung

Raumordnung und Landesplanung benötigen zur Erfüllung ihrer Aufgaben Strukturdaten von Gemeinden und - soweit Daten für das gesamte Gemeindegebiet kleinräumige Strukturen nicht mehr widerzuspiegeln vermögen - auch von Gemeindeteilen (vgl. die Entschließung der MKRO vom 14.2.1975 über die Einführung von statistischen Gemeindeteilen in die amtliche Statistik). Sie müssen in der Lage sein, Einzelangaben unter unterschiedlichen Fragestellungen sachlich und räumlich flexibel zusammenzufassen. Einzelangaben ohne Name und Anschrift müssen daher auch an die für Raumordnung und Landesplanung zuständigen Behörden für ihre statistischen Zwecke weitergeleitet werden dürfen. Dies ist nach dem Urteil des Bundesverfassungsgerichts zulässig.

Raumordnung und Landesplanung einschließlich der Regionalplanung treffen nämlich keine Festsetzungen oder gar Verwaltungsentscheidungen gegenüber dem einzelnen Bürger (§ 3 Abs. 3 und § 5 Abs. 4 i.V.m. § 4 Abs. 5 ROG) und sind deshalb nicht dem Verwaltungsvollzug zuzurechnen. Ihre Aufgabe ist vielmehr, übergeordnete und zusammenfassende Programme und Pläne aufzustellen und fortzuschreiben sowie raumbedeutsame Planungen und Maßnahmen abzustimmen.

Die Ministerkonferenz für Raumordnung hält es für erforderlich, daß im Zusammenhang mit der vom Bundesverfassungsgericht geforderten Überarbeitung des Volkszählungsgesetzes eindeutige Regelungen getroffen werden, die eine Übermittlung von Einzelangaben ohne Namen und Anschrift an die für Raumordnung und Landesplanung zuständigen obersten Behörden des Bundes und der Länder sowie an die Träger der Regionalplanung für Zwecke der Raumordnung und Landesplanung (einschließlich der Regionalplanung) ausdrücklich zulassen.

64. Entschliessung: Raumordnung und Bundesbahnpolitik (21.3.1985)

I. Vorbemerkung

Die Ministerkonferenz für Raumordnung begrüßt die mit den Leitlinien zur Bundesbahnpolitik verfolgten Bemühungen der Bundesregierung, die Deutsche Bundesbahn (DB) zu konsolidieren. Diese sind eine wesentliche Voraussetzung, um die DB in ihrer Bedeutung für die räumliche Erschließung zu stärken und um die in den Leitlinien herausgestellten Vorteile dieses Verkehrsmittels künftig nutzen zu können, insbesondere

- den vergleichsweise geringen Raum- und Flächenbedarf
- die hohe Umweltfreundlichkeit
- den vergleichsweise geringen Energieverbrauch
- die hohe Verkehrssicherheit
- die hohe Zuverlässigkeit und Pünktlichkeit
- die große Transportkapazität.

Die MKRO macht darauf aufmerksam, daß in den Leitlinien deutliche Ansätze zu erkennen sind, die Nachteile für die Standortchancen des ländlichen Raumes befürchten lassen und den raumordnerischen Bemühungen um eine geordnete Entwicklung der Verdichtungsräume zuwiderlaufen.

Die Vorteile des Schienenverkehrs müssen im Interesse einer gleichwertigen Entwicklung allen Teilräumen des Bundesgebietes zugute kommen. Die Ministerkonferenz für Raumordnung weist insbesondere auf die Gefahr hin, daß ganze Teilräume vom Schienenverkehr abgeschnitten werden könnten. Sie hält attraktive Schienenverkehrsbedingungen einschließlich Verbindungen ins benachbarte Ausland aus raumordnungspolitischen Gründen für unverzichtbar.

Investitionen der DB dürfen den Ausbau einiger weniger leistungsfähiger Strecken nicht überbetonen. Durch systematische Instandhaltung und Verbesserung muß auch das übrige Netz schneller und leistungsfähiger gemacht werden.

II. Großräumiger Schienenverkehr

Die Neu- und Ausbaustrecken sind von erheblicher Bedeutung für die schnelle Verbindung der Verdichtungsräume untereinander und für den europaweiten Schienenverkehr.

Ebenso notwendig ist eine optimale Verknüpfung des IC-Netzes mit den Schnellbahnsystemen anderer europäischer Länder.

In diesem Zusammenhang muß auch ein koordiniertes Verkehrsangebot auf den entlasteten wie auf den Zubringerstrecken geschaffen werden, mit dem eine bessere regionale Erschließung und Anbindung über die meist wenigen Haltepunkte im Zuge der Neubaustrecken erreicht werden kann.

Nach den Leitlinien ist im Personenfernverkehr mit einer wachsenden Nachfrage zu rechnen. Die Ministerkonferenz für Raumordnung hat mit ihrer Entschließung vom 12.11.1981 für den Schienenpersonenfernverkehr ein Ergänzungsnetz zum IC-Netz vorgeschlagen, durch das alle außerhalb des IC-Netzes liegenden Oberzentren und wichtige Fremdenverkehrsgebiete mit angepaßten Takten an das IC-Netz angebunden werden sollen. Die DB hat diesen Weg der Angebotsverbesserung in wichtigen Einzelschritten bereits eingeschlagen. Es ist notwendig, daß er konsequent weiterverfolgt wird.

Auch im schnellen Güterverkehr über größere Entfernungen liegt noch ein erhebliches Nachfragepotential. Analog müssen zum Konzept des IC-Ergänzungsnetzes
aus der Fläche heraus Anschlußmöglichkeiten an das neue Intercargonetz geschaffen werden, um die regionale Güterverkehrsnachfrage für die großräumigen
Verbindungen stärker auszuschöpfen. Die Ausweitung des Container- und des
kombinierten Verkehrs erleichtert den Übergang von der Straße auf die Schiene
und entlastet somit das Straßennetz. Hier ist eine Verbesserung der Grundausstattung anzustreben.

III. Regionaler Schienenverkehr

1. Schienenverkehr in den Ordnungsräumen

In den Ordnungsräumen und in einigen größeren Verdichtungsgebieten innerhalb
des ländlichen Raumes hat der Schienenverkehr als flächensparender, umwelt-
schonender und leistungsfähiger schneller Verkehrsträger bei ausreichendem bis
hohem Verkehrsaufkommen eine große Bedeutung. Grundsätzlich sollte daher dem
Schienenverkehr in diesen Räumen Vorrang vor dem Individualverkehr gegeben
werden. Raumordnungsziele sind darauf gerichtet, die bauliche Entwicklung in
den Verdichtungsräumen insbesondere auf die Schienenverbindungen auszurichten
und damit dazu beizutragen, den Schienenverkehr in diesen Räumen gegenüber dem
Individualverkehr zu stärken.

Verkehrsgemeinschaften und Verkehrsverbünde mit einer abgestimmten Netz-,
Fahrplan- und Tarifgestaltung erhöhen die Attraktivität des Schienenverkehrs.
Sie sind ein unverzichtbarer Bestandteil zur Bewältigung der Verkehrsprobleme
gerade in den Ordnungsräumen.

Bei der Bedeutung der öffentlichen Verkehrsbedienung in den Ordnungsräumen
hält die Ministerkonferenz für Raumordnung den Bau notwendiger S-Bahnen und
die Aufrechterhaltung und Fortentwicklung von Verkehrsgemeinschaften und Ver-
kehrsverbünden für erforderlich.

Die MKRO nimmt die Leitlinien zum Anlaß, an die Bundesregierung zu appellie-
ren, sich ihrer finanziellen Verantwortung nicht zu entziehen. Die Ministerkonferenz für Raumordnung erwartet aber auch von den Städten und Gemeinden, in
den Ordnungsräumen das bestehende hohe Fahrgastpotential für den ÖPNV weiter
zu erschließen.

2. Schienenverkehr im ländlichen Raum

Schienenverbindungen haben sowohl für die innere Erschließung einer Region eine große Bedeutung als auch für deren Anbindung an den Fernverkehr und sorgen somit bei hinreichender Attraktivität für ein erhöhtes Fernverkehrsaufkommen der DB.

Bestehende Schienenverbindungen im Güter- und Personenverkehr sollen deshalb vor allem zwischen den Mittelzentren und zu den Oberzentren erhalten und modernisiert werden.

Durch ein verbessertes und abgestimmtes Angebot kann der Schienenverkehr im ländlichen Raum attraktiver und wirtschaftlicher gemacht werden. Die Ministerkonferenz für Raumordnung hält deshalb vorrangig folgende Maßnahmen für erforderlich, die in Ordnungsräumen teilweise schon erreicht sind.

- Aufstellung von Nahverkehrsplänen unter Mitwirkung der Deutschen Bundesbahn und der übrigen Nahverkehrsträger
- Attraktive Fahrplangestaltung, Einrichtung von Taktverkehren, kurze Umsteigezeiten und Einsatz moderner Leichttriebwagen
- Sicherstellung von guten Übergangsmöglichkeiten zwischen Schiene und Straße; Zurückverlagerung von parallelgeführten Buslinien auf die Schiene
- Ausschöpfung aller Möglichkeiten zur vereinfachten Betriebsführung mit entsprechender Reduzierung der technischen Anforderungen.

IV. Unvermeidbare Umstellungen und Streckenstillegungen

Die Ministerkonferenz für Raumordnung begrüßt die Zusage der Bundesregierung, daß die Deutsche Bundesbahn im ländlichen Raum präsent bleibt und bei unvermeidbaren Umstellungen verkehrsschwacher Schienenstrecken auf den Busbetrieb eine sorgfältige Einzelfallprüfung vorgenommen wird. Im Rahmen dieser Einzelfallprüfung soll die Deutsche Bundesbahn nachweisen, daß auch durch eine Angebotsverbesserung und eine abgestimmte Nahverkehrsplanung die betroffene Strecke nicht zu halten ist. Die entsprechenden Prüfunterlagen müssen es den Ländern erlauben, die wirtschaftlichen und raumordnerischen Auswirkungen geplanter Maßnahmen zu beurteilen und ihrerseits Vorschläge zu entwickeln. Dabei ist auch die Übergabe des Betriebes auf der Schiene in eine andere Trägerschaft zu prüfen. Die Ministerkonferenz für Raumordnung hält eine Verbesserung der Entscheidungs- und Genehmigungsverfahren auf Bundesebene sowie eine Offenlegung der Entscheidungsgründe für notwendig.

Bei einer unabweisbaren Verlagerung des Personenverkehrs von der Schiene auf die Straße muß der Ersatzverkehr unter Einfügung in die Nahverkehrspläne eine angemessene, dem Schienenverkehr mindestens gleichwertige Verkehrsbedienung nach Häufigkeit, Fahrpreis und Reisezeit gewährleisten. Hierzu zählt auch die Einrichtung von Schnellbuslinien zwischen den Mittelzentren und der Einsatz von Fahrzeugen, die den steigenden Qualitätsansprüchen gerecht werden.

Die Ministerkonferenz für Raumordnung nimmt mit Befriedigung zur Kenntnis, daß der Deutschen Bundesbahn durch die Bundesregierung aufgetragen ist, bei Umstellungen und insbesondere bei Konzessionsfragen die Zusammenarbeit mit anderen Verkehrsunternehmen zu verbessern.

V. Schlußbemerkung

Die Ministerkonferenz für Raumordnung begrüßt die Zusage des Bundesministers für Verkehr, die Konsolidierung der Deutschen Bundesbahn in ein verkehrsmittelübergreifendes Gesamtkonzept einzubinden. Sie sieht dabei insbesondere einen hohen Abstimmungsbedarf mit der Raumordnung und Landesplanung.

65. Entschließung: Zur Raumbedeutsamkeit der neuen Übertragungsdienste und der Gebührenstruktur der Deutschen Bundespost (21.3.1985)

Die MKRO hatte mit ihrer Entschließung am 20. April 1978 im Hinblick auf die Raumbedeutsamkeit der Fernsprechgebühren eine Ausdehnung der Fernsprechnahbereiche auf die Mittelbereiche der Raumordnung gefordert.

Sie begrüßt die Entscheidung des Bundesministers für das Post- und Fernmeldewesen, ab 1. Juli 1985 allen Teilnehmern in Ortsnetzen mit weniger als 30 000 Fernsprechhauptanschlüssen monatlich 50 zusätzliche freie Gebühreneinheiten zu gewähren und die Nahbereiche im Zonenrandgebiet ohne Änderung des geltenden Zeittaktes um 5 km auszuweiten. Diese Maßnahme erfüllt zwar noch nicht die raumordnerischen Erfordernisse, trägt aber zur Minderung der Benachteiligung des ländlichen Raumes bei.

Im Hinblick auf das Ziel, gleichwertige Lebensverhältnisse in allen Teilräumen des Bundesgebietes herzustellen, kommt den Übertragungsdiensten der Post für die neuen Informations- und Kommunikationstechniken eine besondere Bedeutung zu. Sie können die Standortqualität gerade der peripheren und dünnbesiedelten

Räume verbessern, indem sie diese Regionen kommunikationstechnisch an die wirtschaftlich starken Regionen heranrücken.

Wesentliche Voraussetzung dafür ist aber, daß ein flächendeckender Zugang zu den neuen Informations- und Kommunikationstechniken eingeführt wird, und zwar ohne zeitliche Benachteiligung der peripheren und dünnbesiedelten Räume. Dies muß durch eine entsprechende Gebührenpolitik der Post unterstützt werden.

Die derzeitige Gebührenstruktur begünstigt bei den wichtigsten Übertragungsdiensten den Einsatz der neuen Techniken vor allem in jenen Teilräumen, in denen hohe Teilnehmerzahlen auf engem Raum zur Nahgebühr erreichbar sind. Demgegenüber entstehen in den peripheren und dünnbesiedelten Räumen erheblich höhere Kosten, weil in der Regel ein großer Teil der Verbindungen zu Ferngebühren abgewickelt werden muß.

Angesichts der erklärten Politik von Bund und Ländern, das weitere Zurückbleiben der schwach strukturierten und dünner besiedelten Räume zu verhindern und deren Entwicklung zu fördern sieht sich die MKRO veranlaßt darauf hinzuweisen, daß die gegenwärtige Gebührenstruktur nicht ausgewogen ist. Sie fordert deshalb für die neuen Übertragungsdienste der Post eine entfernungsunabhängige Gebührenstruktur im ganzen Bundesgebiet. Die Einführung des BildschirmtextTarifes und die Entwicklung der Gebührenstruktur im Briefdienst sind beispielhafte Ansätze für raumordnerisch ausgewogene Lösungen.

66. Entschliessung: Schutz und Sicherung des Wassers (21.3.1985)

Die Sicherung der Ressource Wasser ist Bestandteil des Auftrages der Raumordnung, die natürlichen Lebensgrundlagen zu sichern und gleichwertige Lebensbedingungen durch eine geordnete Raumentwicklung zu erhalten und zu schaffen.

Durch vielfältige Einwirkungen auf den Wasserhaushalt der Natur sind die Wasservorkommen mengenmäßig, vor allem aber in ihrer Qualität wachsender Gefährdung ausgesetzt. Hierzu tragen mit räumlich unterschiedlichem Gewicht und teilweise kumulierenden Wirkungen bei:

1. der Schadstoffeintrag

   - aus der Luft,
   - aus dem Umgang mit wassergefährdenden Stoffen,
   - aus der Überdüngung und dem Pestizideinsatz,

- aus der Einleitung unzureichend geklärter Abwässer,
- aus Klärschlamm, Deponien und Altlasten,

2. die Zunahme der überbauten Flächen einschl. der Verkehrsflächen (Versiegelung),

3. Grundwasserabsenkungen und -entnahmen.

Durch diese Beeinträchtigungen, den hohen Wasserverbrauch und die regional ungleiche Verteilung der Wasservorkommen drohen insbesondere in Gebieten mit ungünstigen hydrologischen und geologischen Voraussetzungen und hoher Siedlungsdichte Versorgungsengpässe.

Die Ministerkonferenz für Raumordnung hält es daher für notwendig, daß alle öffentlichen Planungsträger, Unternehmen und Privathaushalte dem Schutz des Wassers größere Bedeutung beimessen. Raumordnung und Wasserwirtschaft haben die gemeinsame Verpflichtung, durch ihre Ziele, Planungen und Maßnahmen für die Reinhaltung des Wassers und die Sicherung des Wasserhaushalts und der Wasserversorgung Sorge zu tragen.

Bei der Aufstellung räumlicher Entwicklungskonzeptionen ist es erforderlich, schützenswerte Wasservorkommen zu sichern. Ihnen ist bei der Abwägung mit konkurrierenden Raumansprüchen, wie Siedlungsentwicklung, landwirtschaftliche Produktion, Schutz von Natur und Landschaft, Rohstoffgewinnung und Verkehr, besonderes Gewicht einzuräumen.

I. Leitvorstellungen der Raumordnung und Landesplanung

Den Programmen und Plänen der Raumordnung sind folgende Leitvorstellungen zugrunde zu legen:

1. Alle nutzbaren Wasservorkommen sind nach Abstimmung mit anderen raumbedeutsamen Ansprüchen zu sichern.

2. Die Grundwasserneubildung in raumordnerisch gesicherten Vorkommen darf durch Versiegelung von Freiflächen oder andere Beeinträchtigungen der Versikkerung nicht wesentlich eingeschränkt werden. Insbesondere sind Feuchtgebiete, natürliche Überschwemmungsgebiete und bedeutsame Einsickerungsbereiche zu erhalten. Darüber hinaus sind Vorhaben, Maßnahmen und alle Einwirkungen (Schadstoffeintrag) zu unterlassen, die zu einer Beeinträchtigung der Grundwasser-

güte führen können. Vor allem für die Siedlungsentwicklung und die Landwirtschaft können sich daraus Restriktionen ergeben.

3. Der Nutzung verbrauchsnaher Wasservorkommen soll der Vorzug vor einer Erschließung neuer Wasservorkommen in entfernt liegenden Räumen gegeben werden. Das bedeutet, daß jeder Raum bei seiner weiteren Entwicklung zunächst von seinem eigenen Wasserdargebot ausgehen soll. Die lokale Versorgungssicherheit kann durch Leitungsverbund verbessert werden.

4. Fernwasserversorgung kann nur dann in Betracht kommen, wenn örtlich keine ausreichenden Wasservorkommen verfügbar sind oder nutzbar gemacht werden können und Einsparmöglichkeiten berücksichtigt sind. Räume mit einem Wasserüberschuß sollen diese Reserven auch für solche Räume vorhalten, deren eigenes Wasserdargebot zur Versorgung nicht ausreicht.

Verbrauchsnahe Gewinnung bzw. Sicherung und Schutz von Wasservorkommen haben folgende Vorteile:

- Nutzungskonflikte werden nicht in andere Räume verlagert.

- Das Wissen um die existenzielle Bedeutung einer gesicherten Wasserversorgung verbessert bei Bürgern, Wirtschaft und Verwaltung die Einsicht in die notwendigen Maßnahmen für den Schutz und die Sicherung der Wasservorkommen und kann somit die Bereitschaft zum sparsamen Wasserverbrauch erhöhen.

- Die Auswirkungen einer Störung bleiben räumlich begrenzt.

- Es wird der Tendenz vorgebeugt, all zu leicht auf Fernwasserversorgung zurückzugreifen, lokal und regional bedeutsame Wasservorkommen in unmittelbarer Nähe der Verbrauchsschwerpunkte nicht ausreichend zu nutzen und deren Schutz nach und nach aufzugeben.

- Es wird vermieden, daß allein aus betriebswirtschaftlichen Gründen vorwiegend ergiebige Wasservorkommen in entfernten Räumen in Anspruch genommen und damit in diesen Räumen durch Ressourcenentzug und Schutzauflagen regionale Entwicklungschancen eingeschränkt werden.

- Es entfallen die durch Fernwasserversorgung zwischen Liefer- und Verbrauchsregionen entstehenden Konflikte und damit Ausgleichs- und Koordinationsprobleme.

- Es werden damit gleichzeitig in bevölkerungsreichen Räumen besonders wichtige siedlungsnahe Freiräume gesichert.

5. Falls Grundwasserabsenkungen aufgrund von Wassergewinnung zu einer Beeinträchtigung der oberflächen- und bodenwasserbestimmten Naturschutzgebiete sowie wertvoller Biotope führen können, ist zwischen den sich widersprechenden Belangen der Wassergewinnung und des Natur- und Landschaftsschutzes besonders sorgfältig abzuwägen.

II. Planungen und Maßnahmen der Raumordnung

Bei der Festlegung und Verwirklichung der raumbezogenen Ziele und zur Sicherung der Ressource Wasser müssen Landesplanungsbehörden, Wasserwirtschaftsbehörden und andere Fachplanungsträger eng zusammenarbeiten.

Im zeitlichen Vorlauf vor der wasserrechtlichen Festsetzung von Wasserschutzgebieten sind alle raumbedeutsamen, für die Wasserversorgung in Betracht kommenden Wasservorkommen bereits durch Regional- und Landesplanung behördenverbindlich langfristig räumlich zu sichern. Dabei müssen auch die industriell genutzten Wasservorkommen guter Qualität in die Flächensicherung einbezogen werden.

Für die raumordnerische Sicherung kommen zwei Stufen in Betracht:

1. In Raumordnungsprogrammen und -plänen sollen über die bereits festgesetzten und geplanten Wasserschutzgebiete hinaus alle längerfristig zu nutzenden Wassergewinnungsgebiete dargestellt werden.

Mit der planerischen Ausweisung dieser Gebiete soll ein Vorrang der Wassersicherung vor anderen Raumansprüchen begründet werden (Wasservorranggebiete u.ä.). Nutzungen, die diesem Vorrang entgegenstehen sind auszuschließen. In diesen Gebieten ggf. noch bestehende, mit der raumordnerischen Ressourcensicherung unvereinbare Nutzungen sollen möglichst saniert oder verlagert werden, damit der Grundwasserschutz in vollem Umfang gewährleistet wird.

2. Darüber hinaus sollen in Raumordnungsprogrammen und -plänen Gebiete ausgewiesen werden, die aufgrund der dort vorhandenen Wasservorkommen langfristig für die Wassergewinnung geeignet sind (Wassersicherungsgebiete u.ä.). In diesen vorsorglich abgegrenzten Gebieten können beeinträchtigende Nutzungen nicht bsolut ausgeschlossen werden. Sie sind aber möglichst zu vermeiden. Bei der

Abwägung mit konkurrierenden Raumansprüchen z.B. im Rahmen von Raumordnungsverfahren ist dem Schutz dieser Wasservorkommen ein hoher Stellenwert beizumessen.

III. Zusammenwirken von Wasserwirtschaft, sonstigen Fachplanungen und Raumordnung

Zur Erfüllung dieser Ziele und zur Verbesserung der Entscheidungsgrundlagen
für die Durchsetzung notwendiger Sicherungsmaßnahmen bedarf es einer engen
Zusammenarbeit insbesondere von Wasserwirtschaft und Raumordnung. Die Raumordnung bedarf zur Verwirklichung ihrer Leitlinien der Unterstützung durch die
Fachplanungen vor allem in folgenden Bereichen:

1. Soweit noch nicht geschehen, sollen regionalisierte Wasserbilanzen erstellt
bzw. aktualisiert werden. Diese sollen für den jeweiligen Raum insbesondere
Eigenversorgungsgrade und Bedarf nach Qualitätsanforderungen darstellen.
Grundwassergefährdungspotentiale sind aufzuzeigen.

2. Zur Verbesserung der Grundlagen für die langfristige raumordnerische Sicherung von Gebieten für die Wasserversorgung und den Naturhaushalt insgesamt
sollen wasserwirtschaftliche Fachpläne aufgestellt werden.

3. Im Interesse der Versorgungssicherheit sollen Wasservorkommen durch Wasserschutzgebiete rechtsverbindlich geschützt werden. Das gilt auch für gewerbliche Wassernutzungen, soweit die Vorkommen schutzwürdig sind. Dies ist besonders für Wirtschaftszweige notwendig, die auf hohe Wasserqualität angewiesen
sind (z.B. Nahrungsmittelindustrie).

4. Von Industrie und Gewerbe genutzte Vorkommen, bei denen Trinkwasserqualität
gegeben, aber nicht erforderlich ist, sollten für die öffentliche Trinkwasserversorgung gesichert werden. Die Wasserversorgung der Industrie aus dem
Grundwasser soll künftig auf das unbedingt notwendige Maß schrittweise zurück-
geführt werden.

5. Zum Schutz und zur Sicherung wasserhöffiger Gebiete ist der Eintrag von
Nitrat, Chlorkohlenwasserstoffen und anderen persistenten Stoffen zu begrenzen. Umwelt- und Agrarpolitik sind verstärkt hierauf auszurichten. Die Ziele
der Grundwassersicherung werden dadurch unterstützt, daß

- Abwässer möglichst gut gereinigt werden,
- bei Produktionsprozessen Schadstoffe möglichst nicht entstehen oder zu unschädlichen Stoffen weiterverarbeitet werden,
- der Eintrag von Schadstoffen in die Umwelt drastisch verringert wird,
- bei grenzüberschreitenden Gewässern auch jenseits der Grenzen eine Verbesserung der Gewässergüte erreicht wird.

6. Alte Rechte und Befugnisse zur Wasserentnahme sollten auf ihren Fortbestand geprüft werden, um Interessenkonflikten mit der öffentlichen Trinkwasserversorgung oder ökologischen Schäden entgegenzuwirken.

7. Die Verknappung qualitativ hochwertiger Wasserreserven erfordert einen sparsamen Wasserverbrauch z.B. durch:

- Entwicklung und Anwendung verbrauchsmindernder Techniken und Preisgestaltung,
- verstärkte Verwendung von Brauchwasser,
- Mehrfachnutzung von Wasser (z.B. Kreislaufnutzung),
- Förderung der qualitätsangepaßten Verwendung hochwertigen Wassers durch marktkonforme Maßnahmen.

67. ENTSCHLIESSUNG: BERÜCKSICHTIGUNG DES UMWELTSCHUTZES IN DER RAUMORDNUNG (21.3.1985)

Im Rahmen ihres Auftrages zur Koordinierung raumbedeutsamer Planungen und Maßnahmen befaßt sich die Raumordnung und Landesplanung in ihren Gesetzen, Programmen, Plänen und Abstimmungsverfahren seit jeher mit den Erfordernissen des Umweltschutzes. Die Ministerkonferenz für Raumordnung (MKRO) hat zum Verhältnis von "Raumordnung und Umweltschutz" am 15.7.1972 eine Entschließung gefaßt (vgl. Raumordnungsbericht 1972, Bundestags-Drs. VI/3793, S. 144). Ausserdem hat die MKRO am 28. Februar 1974 den Beschluß des Hauptausschusses zur Raumordnung und Umweltverträglichkeitsprüfung bestätigt (vgl. Schriftenreihe "Raumordnung" des BMBau, Heft 06.019, S. 27). Dabei wurde festgestellt, daß die Raumordnung eine Prüfung möglicher Auswirkungen von Planungen auf die Umwelt einerseits bereits bei der Aufstellung und Fortschreibung ihrer Programme und -pläne und andererseits bei der Beurteilung raumwirksamer Planungen im Rahmen von Raumordnungsverfahren durchführt.

Der Deutsche Bundestag hat am 9. Februar 1984 entsprechend der Empfehlung des Innenausschusses zu dem Entschließungsantrag der Regierungsfraktionen zum

Thema "Unsere Verantwortung für die Umwelt" (Bundestags-Drs. 10/870 und 383)
unter 2. folgendes beschlossen:

"Die Bundesregierung sollte gemeinsam mit den Ländern prüfen, ob und wie im
gesamten Bundesgebiet das Raumordnungsverfahren als Instrument für die
frühzeitige Prüfung der Umweltverträglichkeit raumbedeutsamer Planungen und
Maßnahmen besser genutzt werden kann, ob es z.B. im Raumordnungsgesetz des
Bundes rahmenrechtlich geregelt werden sollte."

Hierzu nimmt die MKRO wie folgt Stellung:

I. Grundsätze und Ziele der Raumordnung und Landesplanung als Maßstäbe für die Prüfung der Umweltverträglichkeit raumbedeutsamer Vorhaben

Die Prüfung der Umweltverträglichkeit raumbedeutsamer Planungen und Maßnahmen
(Vorhaben) erfolgt auf der Grundlage der Grundsätze und Ziele der Raumordnung
und Landesplanung, soweit sie Belange des Umweltschutzes enthalten.

1. Aufgaben und Grundsätze der Raumordnung und Landesplanung

a) Die bundesrechtlichen Aufgaben und Grundsätze der Raumordnung enthalten
Belange des Umweltschutzes (s. Anlage).

b) Die Länder haben durch gesetzliche Regelungen oder in Programmen und Plänen
der Landesplaung Grundsätze der Raumordnung und Landesplanung aufgestellt,
die Belange des Umweltschutzes enthalten (s. Anlage).

2. Ziele der Raumordnung und Landesplanung

a) Die Länder sichern im Rahmen der Landesplanung die Verwirklichung der
Grundsätze der Raumordnung insbesondere durch die Aufstellung von Programmen und Plänen (§ 4 Abs. 3 ROG). Das bedeutet, daß die Programme und Pläne
der Landesplanung Ziele zum Umweltschutz enthalten und daß die übrigen
Ziele der Raumordnung und Landesplanung mit den Belangen des Umweltschutzes
abgestimmt sein müssen.

b) Die Integration von raumbedeutsamen Umweltplanungen in die Programme und
Pläne der Landesplanung erweist sich für die Durchsetzung von Umweltbelan-

gen   im Bereich der räumlichen Planung vor allem deshalb als vorteilhaft,
weil

- mit Hilfe der Landesplanung dem vorbeugenden Umweltschutz am besten
  Rechnung getragen werden kann,
- bei der räumlichen Planung die überörtlichen Zielsetzungen des Umweltschutzes mit den anderen raumbezogenen Fachplanungen abgestimmt werden
  und
- die Zielsetzungen des Umweltschutzes dann mit der Bindungswirkung von
  Zielen der Raumordnung und Landesplanung ausgestattet sind.

c) Die Wirksamkeit der Programme und Pläne der Landesplanung für den Umweltschutz wird beeinflußt

- durch den Konkretisierungsgrad der Ziele und
- durch das Gewicht, das den Belangen des Umweltschutzes bei der Abwägung
  mit anderen Belangen zukommt.

3. Bei der Abwägung der Grundsätze und Belange, die bei der Aufstellung und
Durchführung von Programmen und Plänen der Landesplanung vorzunehmen ist (vgl.
§ 2 Abs. 2 ROG), ist den Belangen des Umweltschutzes Vorrang vor anderen
Belangen einzuräumen, wenn eine wesentliche und langfristige Beeinträchtigung
der natürlichen Lebensgrundlagen droht (vgl. Nr. 13 der Entschließung der MKRO
vom 15.6.1972 und Nr. 7 der zustimmenden Kenntnisnahme zum Beschluß des Hauptausschusses der MKRO vom 28.2.1974).

II. Raumordnerische Prüfung der Umweltverträglichkeit raumbedeutsamer Einzelvorhaben

Der Forderung nach einer möglichst frühzeitigen Prüfung der Umweltverträglichkeit raumbedeutsamer Vorhaben wird das Raumordnungsverfahren (in Rheinland-
Pfalz: Raumplanerisches Verfahren) in besonderer Weise gerecht.

1. Zweck des Raumordnungsverfahrens

Das Raumordnungsverfahren dient der Beurteilung, ob ein Vorhaben mit den
Erfordernissen der Raumordnung übereinstimmt, und wie es unter Gesichtspunkten
der Raumordnung mit anderen Planungen und Maßnahmen verträglich ist. Das

Raumordnungsverfahren soll vor der abschließenden Entscheidung in den fachge-
setzlich vorgeschriebenen Genehmigungs- oder Planfeststellungsverfahren die
raumordnerische Verträglichkeit des Vorhabens klären.

Die raumordnerische Prüfung von Einzelvorhaben öffentlicher und sonstiger Planungsträger schließt die Überprüfung der Vorhaben auf ihre Verträglichkeit mit
den raumbedeutsamen und überörtlichen Belangen des Umweltschutzes ein (raumordnerische Umweltverträglichkeitsprüfung).

2. Anforderungen an die raumordnerische Umweltverträglichkeitsprüfung

a) Die raumordnerische Prüfung der Umweltverträglichkeit muß auf der Grundlage
   einer Beschreibung des Vorhabens durch den Projektträger erfolgen, welche
   die tatsächlichen Voraussetzungen für eine Beurteilung des Vorhabens aus
   der Sicht des Umweltschutzes erfüllt. Entsprechend der Bedeutung des Vorhabens und den davon möglicherweise ausgehenden Umweltbelastungen wird darin
   vielfach die Angabe zweckmäßig sein, welche Alternativen in Betracht kommen
   und welche Überlegungen bei der Auswahl der vorgeschlagenen Alternative
   auch unter Umweltschutzgesichtspunkten maßgebend waren (ggf. erforderliche
   Ausgleichsmaßnahmen).

b) Zur raumordnerischen Bewertung der Umweltverträglichkeit bedarf es häufig
   ergänzender Daten und Kriterien, die teilweise bereits im Vorfeld durch den
   Projektträger, im wesentlichen aber im Raumordnungsverfahren von den Landesplanungsbehörden bzw. auf deren Veranlassung von den für den Umweltschutz zuständigen Stellen zu beschaffen und einzubringen sind. Umfang und
   Intensität dieses Materials müssen für eine dem Verfahrensstand entsprechende raumordnerische Beurteilung und Abwägung der Umweltverträglichkeit
   ausreichen. Neben den Belangen der einzelnen Umweltbereiche ist das Zusammenwirken mehrerer Umweltbelastungen und ihrer langfristigen Auswirkungen
   zu berücksichtigen. Die Landesplanungsbehörden müssen davon ausgehen, daß
   die von den fachlich zuständigen Behörden gelieferten Angaben dem letzten
   Stand der Erkenntnisse entsprechen.

c) Zur Beteiligung der Öffentlichkeit hat die MKRO in ihrer Entschließung
   "Bürgerbeteiligung in der Raumordnung und Landesplanung" vom 1. Januar 1983
   Stellung genommen (vgl. Schriftenreihe "Raumordnung" des BMBau, Heft
   06.049, S. 24).

3. Stufung des Verfahrens zur Umweltverträglichkeitsprüfung

Die MKRO hält es für zweckmäßig und für notwendig, die Umweltverträglichkeitsprüfung nach der geplanten EG-Richtlinie in Form eines gestuften Prüfungsverfahrens durchzuführen. Eine solche Verfahrensweise entspricht dem gestuften Planungs- und Entscheidungssystem für die Bestimmung von Standorten und Trassen. Das Raumordnungsverfahren bzw. eine landesplanerische Abstimmung auf andere Weise ist als 1. Stufe zur Überprüfung der raumbedeutsamen und überörtlichen Standort-(bzw. Trassen-)Voraussetzungen besonders gut geeignet. Die darauffolgende Stufe ist dann das jeweilige Vorhabenzulassungsverfahren (Planfeststellungsverfahren, Genehmigungsverfahren usw.). Die Einführung eines eigenständigen, zusätzlichen Verfahrens zur Umweltverträglichkeitsprüfung ist nicht erforderlich. Die institutionelle Einbettung der Umweltverträglichkeitsprüfung in die Verfahren der Landesplanung, die ohnehin in einem frühen Verfahrensstadium notwendig sind, trägt weiter dem Anliegen Rechnung, die Umweltverträglichkeitsprüfung außerhalb der fachlich betroffenen Ressorts anzubinden, um eine neutrale Ausgangsposition zwischen ökologischem und ökonomischem Anliegen herzustellen.

Ein solches abgestuftes Konzept der Umweltverträglichkeitsprüfung setzt die bundesweite Durchführung von Raumordnungsverfahren voraus.

III. Rahmenrechtliche Regelung des Raumordnungsverfahrens im Raumordnungsgesetz

Die MKRO hält die landesplanerischen Instrumente (landesplanerische Programme und Pläne, Raumordnungsverfahren und andere landesplanerische Abstimmungsverfahren) in der Form, wie sie in den Ländern bereits jetzt praktiziert werden, für besonders gut geeignet, auch die Umweltverträglichkeitsprüfung im Sinne der geplanten EG-Richtlinie hinsichtlich der raumbedeutsamen Auswirkungen eines Vorhabens auf die Umwelt durchzuführen. Das gilt vor allem für das Raumordnungsverfahren. Die MKRO spricht sich deshalb für eine in den Grundzügen einheitliche Ausgestaltung des Raumordnungsverfahrens in allen Flächenländern aus.

Die Ministerkonferenz empfiehlt aus diesen Gründen, das Raumordnungsverfahren im Rahmenrecht des Raumordnungsgesetzes zu verankern. Sie schlägt dazu folgende Leitlinie vor:

Das Raumordnungsgesetz sollte um eine Regelung ergänzt werden, nach der die Länder die Rechtsgrundlagen für ein Verfahren zur Abstimmung raumbedeutsamer Vorhaben von überörtlicher Bedeutung mit den Erfordernissen der Raumordnung und Landesplanung schaffen sollen (Raumordnungsverfahren), das gleichzeitig auch eine Überprüfung der Verträglichkeit des Vorhabens mit den raumbedeutsamen und überörtlichen Belangen des Umweltschutzes einschließt.

Anlage

Zusammenstellung der Fundstellen der bundes- und landesrechtlichen Aufgaben und Grundsätze der Raumordnung und Landesplanung, die Belange des Umweltschutzes enthalten

1. Aufgaben und Grundsätze der Raumordnung des Bundes

Die bundesrechtlichen Aufgaben und Grundsätze der Raumordnung enthalten in § 1 Abs. 1 Satz 2 und § 2 Abs. 1 Nrn. 1, 2, 3, 5, 6 und 7 ROG Belange des Umweltschutzes.

2. Aufgaben und Grundsätze der Raumordnung und Landesplanung der Länder

Baden-Württemberg

Landesentwicklungsplan Baden-Württemberg 1983, Verordnung vom 12. Dezember 1983 (GB1. 1984 S. 37)

Plansatz 1.1.3, 1.3.2, 1.3.3; Plankapitel 1.7; Plansatz 1.8.2; Plankapitel 2.1

Raumordnungsgrundsätze, die Belange des Umweltschutzes enthalten, sind auch im Rahmen der Plankapitel 2.2, 2.3, 2.4, 2.5, 2.6, 2.7 und 2.9 aufgestellt worden.

Bayern

Bayerisches Landesplanungsgesetz (BayLplG) i.d.F. der Bekanntmachung vom 4. Januar 1982 (GVB1. S. 2), geändert durch Gesetz vom 3. August 1982 (GVB1. S. 500) Art. 2 Nr. 1, 9, 10, 11, 12, 13 und 14

Hessen

Hessisches Landesplanungsgesetz (HLPG) i.d.F. der Bekanntmachung vom 1. Juni 1970 (GVBl. I S. 360), zuletzt geändert durch Gesetz vom 15. Oktober 1980 (GVBl. I S. 377) § 1 Abs. 1

Hessisches Landesraumordnungsprogramm (HLROP) gemäß dem Hessischen Feststellungsgesetz vom 18. März 1970 (GVBl. I S. 265), geändert durch Gesetz vom 24. Juni 1978 (GVBl. I S. 396) und vom 15. Oktober 1980 (GVBl. I S. 377) Teil A 1 Abs. 1 und 5; 3 Abs. 1; 4 Abs. 1; 5; 6; 7 Abs. 2; 8 Abs. 2 und 8; 9 Abs. 2 und 4; 10 Abs. 2; 11 Abs. 2, 11 und 12; 12 Abs. 4; 14 Abs. 3, 4 und 7; 17 Abs. 2

Niedersachsen

Niedersächsisches Gesetz über Raumordnung und Landesplanung (NROG) i.d.F. vom 10. August 1982 (GVBl. S. 340) §§ 1 und 2 Abs. 2 Satz 3

Landes- Raumordnungsprogramm Niedersachsen, Teil I festgestellt durch Gesetz vom 1. Juni 1982 (GVBl. S. 123) A 1, A 3, A 4, A 9, A 10, A 11, A 12

Nordrhein-Westfalen

Gesetz zur Landesentwicklung (Landesentwicklungsprogramm) vom 19. März 1974 (GV.NW. S. 96) §§ 1, 2, 7, 15, 16, 17 und 18

Rheinland-Pfalz

Landesgesetz für Raumordnung und Landesplanung (Landesplanungsgesetz - LPlG) i.d.F. vom 8. Februar 1977 (GVBl. S. 6), zuletzt geändert durch Gesetz vom 14. Mai 1982 (GVBl. S. 129) § 1 Abs. 1 Satz 2, § 2 Nr. 1, 2, 4, 5, 7, 8, 9, 10, 11 und 12

Saarland

Saarländisches Landesplanungsgesetz vom 17. Mai 1978 (ABl. S. 588) § 1 Abs. 1, § 2 Nr. 1, 2, 4, 5, 7, 10, 11, 12, 13, 14 und 15

Schleswig-Holstein

Gesetz über die Landesplanung (Landesplanungsgesetz) i.d.F. vom 24. Juni 1981 (GVOBl. S. 117) § 1 Abs. 1 Buchst. a

Gesetz über Grundsätze zur Entwicklung des Landes (Landesentwicklungsgrundsätze) i.d.F. vom 22. September 1981 (GVOBl. S. 180) § 2 Abs. 2; §§ 4, 5 und 6 Abs. 2.

68. STELLUNGNAHME ZUM REFERENTENENTWURF EINES GESETZES ÜBER DAS BAUGESETZBUCH (11.11.1985)

Die Ministerkonferenz für Raumordnung nimmt in Ergänzung zu ihrer Beratung vom 21. März 1985 zum nunmehr vorliegenden Referentenentwurf für ein Baugesetzbuch wie folgt Stellung:

Die Ministerkonferenz für Raumordnung begrüßt die in dem Entwurf erkennbaren Bemühungen, die Innenentwicklung in den vorhandenen Siedlungsflächen zu fördern, eine Zersiedlung des Außenbereichs zu vermeiden und generell die natürlichen Lebensgrundlagen nachhaltig zu schützen. Dies entspricht den Zielsetzungen der Landesplanung und dem Beschluß der Umweltministerkonferenz vom 24. April 1985. Im Zusammenspiel mit der Landesplanung kann somit der Entwurf für ein Baugesetzbuch einen wesentlichen Beitrag für die Wirksamkeit des vorsorgenden Umweltschutzes leisten.

Aus der Sicht der Raumordnung ist es wichtig, die Geschlossenheit des Planungssystems und seine Stufigkeit beizubehalten bzw. noch zu verbessern. Dies erfordert, daß das Baugesetzbuch die Beachtung landesplanerischer Zielsetzungen immer dann sicherstellt, wenn überörtlich raumbedeutsame Planungen oder Vorhaben auf örtlicher Ebene zur Entscheidung anstehen, also sowohl im durch Bauleitplanung geregelten Bereich als auch bei "planersetzenden" Baurechten nach §§ 34 und 35.

Dies wird bei der Bauleitplanung durch die weiterhin bestehende Anpassungspflicht nach § 1 Abs. 4 gewährleistet und durch die Beibehaltung der Zweistufigkeit in der Bauleitplanung erleichtert. Die Ministerkonferenz für Raumordnung hält es jedoch darüber hinaus für folgerichtig und notwendig, die Beachtung landesplanerischer Ziele auch bei Entscheidungen nach den §§ 34 und 35 immer dann sicherzustellen, wenn es sich um überörtlich raumbedeutsame Vorhaben handelt. Es ist offensichtlich, daß ein großflächiger Verbrauchermarkt mit regionaler Kaufkraftabschöpfung oder ein Fremdenverkehrsgroßprojekt im unbeplanten Innenbereich die gleichen landesplanerischen Probleme aufwirft wie im Geltungsbereich eines Bebauungsplanes. Ein Kiesabbauvorhaben im Außenbereich muß dann auch landesplanerisch in ein überörtliches Gefüge integriert sein, wenn diese Nutzung nicht in einem Bebauungsplan festgesetzt ist. Es überzeugt nicht, einerseits zu postulieren, daß mit Grund und Boden sparsam umzugehen ist, diesem Grundsatz aber andererseits im Bereich planersetzender Baurechte eine generelle überörtliche Perspektive abzuerkennen.

Ein Verweisen auf eine aus § 1 Abs. 4 abgeleitete Pflicht zur Erstplanung ist kein Äquivalent, weil dies die Einleitung eines Planaufstellungsverfahrens auf Weisung bedeutet. Das Baugesetzbuch bietet die Möglichkeit zur Klarstellung. Die Ministerkonferenz für Raumordnung hält es daher für geboten

1. in § 34 Abs. 1 als Satz 3 anzufügen:

   "Raumbedeutsame Vorhaben dürfen den Zielen der Raumordnung und Landesplanung nicht widersprechen",

2. in § 35 Abs. 3 als Satz 3 anzufügen:

   "Raumbedeutsame Vorhaben nach den Absätzen 1 und 2 dürfen den Zielen der Raumordnung und Landesplanung nicht widersprechen."

Nur mit diesen Ergänzungen ist sichergestellt, daß sowohl bei der Aufstellung von Bauleitplänen als auch bei der Zulassung überörtlich relevanter Einzelvorhaben die Ziele der Landesplanung gleichermaßen berücksichtigt werden. Gegenüber der bisherigen Formulierung stellt der Vorschlag für § 35 sogar klar, daß die Ziele der Raumordnung und Landesplanung nur bei raumbedeutsamen Vorhaben greifen, also nur in den wenigen Fällen mit überörtlichen Auswirkungen bei konkret formulierten Zielen der Raumordnung und Landesplanung.

Darüber hinaus empfiehlt die Ministerkonferenz für Raumordnung:

- Die Voraussetzungen, unter denen ein Flächennutzungsplan nur für Teile einer Gemeinde aufgestellt werden darf, sollten präzisiert werden.

- Eine gemeinsame Flächennutzungsplanung sollte auch aus Gründen der Raumordnung gefordert werden können.

- In der Begründung sollte an geeigneter Stelle klargemacht werden, daß eine fehlende Anpassung der Bauleitpläne an Ziele der Landesplanung ein Rechtsverstoß im Sinne des § 11 Abs. 3 ist.

- Es sollte in jedem Fall bei der Genehmigung von Bauleitplänen bleiben. Die bloße Anzeige eines Bebauungsplans und die Fristsetzung führen weder zu geringerem Arbeitsaufwand noch zu einer Beschleunigung der Entscheidung.

- § 35 sollte für privilegierte Vorhaben im Außenbereich, die schon in landesplanerischen Zielen festgelegt sind (z.B. Standorte von Kraftwerken), sicherstellen, daß öffentliche Belange, soweit sie bei der Zielfestlegung bereits abgewogen worden sind, nicht zu prüfen sind.

- Bei § 36 sollte klargestellt werden, daß die Gemeinde ihr Einvernehmen nicht versagen kann, soweit das Vorhaben bereits landesplanerisches Ziel ist.

69. Entschliessung: Anforderungen an das Bundesstatistikgesetz und das 2. Statistikbereinigungsgesetz aus raumordnerischer Sicht (1.4.1986)

Das Urteil des Bundesverfassungsgerichts vom 15.12.1983 zum Volkszählungsgesetz bestätigt ausdrücklich die Zulässigkeit der Übermittlung statistischer Daten, die auch Einzelangaben enthalten, zur weiteren Aufbereitung und Auswertung an oberste Bundes- und Landesbehörden, soweit die gesetzliche Ermächtigung dafür vorliegt.

Die MKRO hat in ihrer Entschließung vom 29.9.1984 zum Volkszählungsgesetz die Notwendigkeit der Weitergabe dieser Daten an die für Raumordnung und Landesplanung zuständigen Behörden dargelegt. Raumordnung und Landesplanung müssen zur Erfüllung ihrer gesetzlichen, breit gefächerten Aufgaben aus verschiedenen Bereichen der Statistik Daten nach folgenden Gesichtspunkten flexibel zusammenfassen können:

- sachlich (Kombination von Merkmalen aus verschiedenen Statistiken, z.B. Altersstrukturdaten mit Infrastrukturdaten oder Flächennutzungsdaten mit Umweltdaten),
- räumlich (Bildung von Aggregationsstufen sowohl aus der Verwaltungsgliederung - z.B. Landkreise, Regierungsbezirke - als auch nach landesplanerischen Gebietskategorien, wie etwa Regionen, Verflechtungsbereiche zentraler

Orte, Verdichtungsräume, strukturschwache und andere problemspezifische Gebiete),
- zeitlich (z.B. Betrachtung zeitlicher Entwicklungen in ein- oder mehrjährigen Abständen und Bilanzierung).

Hierzu werden Strukturdaten auf Gemeindeebene und - soweit Daten für das gesamte Gemeindegebiet kleinräumige Strukturen nicht mehr widerzuspiegeln vermögen - auch von Gemeindeteilen benötigt, die Einzelnennungen in statistischen Tabellen enthalten können oder die nur auf der Grundlage von Einzelangaben (Pendler- und Wanderungsdaten) ausgewertet werden können.

Die Ministerkonferenz für Raumordnung hält es daher für erforderlich, daß bei der Neufassung des Bundesstatistikgesetzes und der anstehenden Erarbeitung des 2. Statistikbereinigungsgesetzes eindeutige Regelungen getroffen werden, die eine Übermittlung entsprechender Daten - jedoch ohne Namen und Anschrift - an die für Raumordnung und Landesplanung zuständigen Behörden des Bundes und der Länder ausdrücklich vorsehen.

VIII. Übersicht über die Ergebnisse der Ministerkonferenz für Raumordnung bis zum 1.4.1986

Thema	Sitzung	Entschließung	Empfehlung	Beschluß	Stellungnahme	Zustimmende Kenntnisnahme	Fundstelle
1. Fragen der Finanzreform	-	23.10.1967[1])	-	-	-	-	Schriftenreihe "betrifft" des BMI, Heft 11, Bonn 1971
2. Raumordnung und Fernstraßenplanung	2.	08.02.1968	-	-	-	-	Schriftenreihe "betrifft" des BMI, Heft 11, Bonn 1971; ROB 1968 der Bundesregierung, BT-Drucksache V/3958, S. 149
3. Berücksichtigung der Erfordernisse der Raumordnung und Landesplanung bei der Volkszählung 1970	2.	08.02.1968	-	-	-	-	Schriftenreihe "betrifft" des BMI, Heft 11, Bonn 1971; ROB 1968 der Bundesregierung, BT-Drucksache V/3958, S. 151
4. Zentrale Orte und ihre Verflechtungsbereiche	2.	08.02.1968	-	-	-	-	Schriftenreihe "betrifft" des BMI, Heft 11, Bonn 1971; ROB 1968 der Bundesregierung, BT-Drucksache V/3958, S. 149
5. Stellungnahme zum verkehrspolitischen Programm der Bundesregierung	2.	-	-	-	08.02.1968	-	Schriftenreihe "betrifft" des BMI, Heft 11, Bonn 1971; ROB 1968 der Bundesregierung, BT-Drucksache V/3958, S. 150

1) Im Umlaufverfahren verabschiedet.

Thema	Sit-zung	Ent-schließung	Empfehlung	Beschluß	Stellung-nahme	Zustimmen-de Kennt-nisnahme	Fundstelle
6. Frage der Ver-dichtungsräume §2 Abs.1 Nr.6 ROG	3.	21.11.1968	-	-	-	-	Schriftenreihe "betrifft" des BMI, Heft 11, Bonn 1971; ROB 1968 der Bun-desregierung, BT-Drucksache V/3958, S. 151
7. Gesetzentwürfe über die Gemein-schaftsaufgaben nach Art.91a GG - Regionale Wirt-schaftsstruktur, Verbesserung der Agrarstruktur und des Küstenschutzes, Hochschulbauför-derung	3.	21.11.1968	-	-	-	-	Schriftenreihe "betrifft" des BMI, Heft 11, Bonn 1971
8. Förderung des Gleisanschluß-verkehrs	3.	21.11.1968	-	-	-	-	Schriftenreihe "betrifft" des BMI, Heft 11, Bonn 1971; ROB 1968 der Bun-desregierung, BT-Drucksache V/3958, S. 152
9. Raumordnerische Gesichtspunkte zur Frage des Sitzes und Zu-ständigkeits-bereiches von größeren Verwaltungs-dienststellen	3.	21.11.1968	-	-	-	-	Schriftenreihe "betrifft" des BMI, Heft 11, Bonn 1971; ROB 1968 der Bun-desregierung, BT-Drucksache V/3958, S. 152
10. Berücksichti-gung raumord-nerischer Ge-sichtspunkte beim kommunalen Finanzausgleich	4.	16.04.1970	-	-	-	-	Schriftenreihe "betrifft" des BMI, Heft 11, Bonn 1971; ROB 1970 der Bun-desregierung, BT-Drucksache VI/1340, S. 145

Thema	Sit-zung	Ent-schließung	Empfehlung	Beschluß	Stellung-nahme	Zustimmen-de Kennt-nisnahme	Fundstelle
11. Verbesserung der regionalstati-stischen Infor-mationen	4.	16.04.1970	-	-	-	-	Schriftenreihe "betrifft" des BMI, Heft 11, Bonn 1971; ROB 1970 der Bun-desregierung, BT-Drucksache VI/1340, S. 145
12. Beitrag des Ver-kehrsausschusses der MKRO, Fragen der Raumordnung zur Verbesserung der Verkehrsver-hältnisse in den Gemeinden	4.	-	-	-	-	16.04.1970	Schriftenreihe "betrifft" des BMI, Heft 11, Bonn 1971; ROB 1970 der Bun-desregierung, BT-Drucksache VI/1340, S. 147
13. Zur Frage der in ihrer Entwicklung zurückgebliebenen Gebiete (§2 Abs.1 Nr. 3 ROG) unter Berücksichtigung der Bildung von Schwerpunkten im ländlichen Raum - als erste Ar-beitsgrundlage für künftige Abgren-zungen -	4.	-	16.04.1970	-	-	-	Schriftenreihe "betrifft" des BMI, Heft 11, Bonn 1971
14. Beschluß des Hauptausschusses zum Ausbauplan für die Bundesfern-straßen in den Jahren 1971-1985	4.	-	-	-	-	16.04.1970	Schriftenreihe "betrifft" des BMI, Heft 11, Bonn 1971
15. Berufsbild und Ausbildung des Raumplaners für den höheren Dienst	4.	-	-	-	16.04.1970	-	Schriftenreihe "betrifft" des BMI, Heft 11, Bonn 1971

Thema	Sit-zung	Ent-schließung	Empfehlung	Beschluß	Stellung-nahme	Zustimmen-de Kennt-nisnahme	Fundstelle
16. Bindungswirkung der Ziele und der Erfordernisse der Raumordnung und Landesplanung nach dem ROG	4.	-	-	-	-	16.04.1970	nicht ver-öffentlicht
17. Raumordnung und Regionalluft-verkehr	5.	16.06.1971	-	-	-	-	Schriftenreihe "betrifft" des BMI, Heft 11, Bonn 1971; ROB 1972 der Bun-desregierung, BT-Drucksache VI/3793, S. 142
18. Raumordnung und Rohrfernleitungen	5.	16.06.1971	-	-	-	-	Schriftenreihe "betrifft" des BMI, Heft 11, Bonn 1971; ROB 1972 der Bun-desregierung, BT-Drucksache VI/3793, S. 143
19. Raumordnung und Landschafts-ordnung	5.	-	16.06.1971	-	-	-	Schriftenreihe "betrifft" des BMI, Heft 11, Bonn 1971; ROB 1972 der Bun-desregierung, BT-Drucksache VI/3793, S. 149
20. Stellungnahme des Hauptausschusses zur Standortbe-stimmung von Kernkraftwerken	5.	-	-	-	-	16.06.1971	Schriftenreihe "betrifft" des BMI, Heft 11, Bonn 1971; ROB 1972 der Bun-desregierung, BT-Drucksache VI/3793, S. 152

Thema	Sit- zung	Ent- schließung	Empfehlung	Beschluß	Stellung- nahme	Zustimmen- de Kennt- nisnahme	Fundstelle
21. Raumordnung und Umweltschutz	6.	15.06.1972	-	-	-	-	Schriftenreihe "Raumordnung" des BMBau, Heft 06.019, Bonn 1978; ROB 1972 der Bundesregie- rung, BT- Drucksache VI/3793, S. 144
22. Berücksichtigung der Richtfunk- verbindungen der DBP in der Re- gional- und Bau- leitplanung	6.	15.06.1972	-	-	-	-	Schriftenreihe "Raumordnung" des BMBau, Heft 06.019, Bonn 1978; ROB 1972 der Bun- desregierung; BT-Drucksache VI/3793, S. 146
23. Zentralörtliche Verflechtungs- bereiche mitt- lerer Stufe in der Bundesre- publik Deutsch- land	6.	15.06.1972	-	-	-	-	Schriftenreihe "Raumordnung" des BMBau, Heft 06.019, Bonn 1978; ROB 1972 der Bundesregierung BT-Drucksache VI/3793, S. 146
24. Aufgabenabgren- zung und Zusam- menarbeit von Raumordnung und Umweltpolitik	7.	30.05.1973	-	-	-	-	Schriftenreihe "Raumordnung" des BMBau, Heft 06.019, Bonn 1978; ROB 1974 der Bundesregierung BT-Drucksache 7/3582, S. 164
25. Das Verhältnis zwischen den Verdichtungs- räumen und anderen Räumen	7.	-	-	30.05.1973	-	-	Schriftenreihe "Raumordnung" des BMBau, Heft 06.019, Bonn 1978; ROB 1974 der

Thema	Sit-zung	Ent-schließung	Empfehlung	Beschluß	Stellung-nahme	Zustimmen-de Kennt-nisnahme	Fundstelle
							Bundesregierung BT-Drucksache 7/3582, S. 165
26. 1. Die Kenn-zeichnung von Gebieten, denen bestimmte Funk-tionen vorrangig zugewiesen werden sollen. 2. Ausgleich für Nachteile, die einzelne Räume aus Gründen des Umweltschutzes oder anderer höherrangiger Zwecke hinnehmen sollen.	7.	-	-	30.05.1973	-	-	Schriftenreihe "Raumordnung" des BMBau, Heft 06.019, Bonn 1978; ROB 1974 der Bundesregierung BT-Drucksache 7/3582, S. 165
27. Beschluß des Hauptausschusses der MKRO: Raum-ordnung und Um-weltverträglich-keitsprüfung	8.	-	-	-	-	28.02.1974	Schriftenreihe "Raumordnung" des BMBau, Heft 06.019, Bonn 1978
28. Sicherung bzw. Wiedergewinnung kleinräumiger In-formationen bei der Bevölkerungs-fortschreibung	8.	28.02.1974	-	-	-	-	Schriftenreihe "Raumordnung" des BMBau, Heft 06.019, Bonn 1978; ROB 1974 der Bundesregierung BT-Drucksache 7/3582, S. 164; Schriftenreihe "Raumordnung" des BMBau, Heft 06.040, Bonn 1979 (ROB 1978)

Thema	Sit-zung	Ent-schließung	Empfehlung	Beschluß	Stellung-nahme	Zustimmen-de Kennt-nisnahme	Fundstelle
29. Stückgutverkehr	-	16.01.1975[1]	-	-	-	-	Schriftenreihe "Raumordnung" Heft 06.019, Bonn 1978; ROB 1974 der Bundesregierung, BT-Drucksache 7/3582, S. 166; Schriftenreihe "Raumordnung" des BMBau, Heft 06.040, Bonn 1979 (ROB 1978)
30. Bundesraumord-nungsprogramm	11.		verabschiedet am 14.02.1975				Schriftenreihe "Raumordnung" des BMBau, Heft 06.002, Bonn 1975
32. Einführung von statistischen Ge-meindeteilen in die Amtliche Statistik	11.	14.02.1975	-	-	-	-	Schriftenreihe "Raumordnung" des BMBau, Heft 06.019, Bonn 1978; ROB 1974 der Bundesregierung, BT-Drucksache 7/3582, S. 166; Schriftenreihe "Raumordnung" des BMBau, Heft 06.040, Bonn 1979 (ROB 1978)
32. Zur Netzplanung der Deutschen Bundesbahn	-	16.01.1976[1]	-	-	-	-	Schriftenreihe "Raumordnung" des BMBau, Heft 06.019, Bonn 1978; Heft 06.040 (ROB 1978)

1) Im Umlaufverfahren verabschiedet.

Thema	Sit-zung	Ent-schließung	Empfehlung	Beschluß	Stellung-nahme	Zustimmen-de Kennt-nisnahme	Fundstelle
33. Grundsätze und Kriterien zur Festlegung von Entwicklungszentren nach dem BROP 1975	12.	–	–	09.06.1976	–	–	nicht veröffentlicht
34. Neue Netzkonzeption der Deutschen Bundesbahn	–	11.05.1977[1]	–	–	–	–	Schriftenreihe "Raumordnung" des BMBau, Heft 06.019, Bonn und Heft 06.040, Bonn 1979 (ROB 1978)
35. Gestaltung der Ordnungsräume (Verdichtungsräume und ihre Randgebiete)	13.	31.10.1977	–	–	–	–	Schriftenreihe "Raumordnung" des BMBau, Heft 06.019, Bonn 1978 und Heft 06.040, Bonn 1979 (ROB 1978)
36. Abstimmung von Programmen und Plänen der Landesplanung mit den Behörden des Bundes	13.	31.10.1977	–	–	–	–	Schriftenreihe "Raumordnung" des BMBau, Heft 06.019, Bonn 1978 und Heft 06.040, Bonn 1979 (ROB 1978)
37. Anforderungen der Raumordnung an die Großzählungen im Jahre 1981	13.	31.10.1977	–	–	–	–	Schriftenreihe "Raumordnung" des BMBau, Heft 06.019, Bonn 1978 und Heft 06.040, Bonn 1979 (ROB 1978)
38. Beteiligung der Länder an den Europäischen Raumordnungsministerkonferenzen	13.	31.10.1977	–	–	–	–	Schriftenreihe "Raumordnung" des BMBau, Heft 06.019, Bonn'78 und Heft 06.040,

1) Im Umlaufverfahren verabschiedet.

Thema	Sit-zung	Ent-schließung	Empfehlung	Beschluß	Stellung-nahme	Zustimmen-de Kennt-nisnahme	Fundstelle
							Bonn 1979 (ROB 1978)
39. Bericht des Bayer. Staats-ministers für Lan-desentwicklung und Umweltfragen zum Voll-zug des Beschlusses der Ministerpräsiden-tenkonferenz vom 27./ 29.10.76 zur Bevölke-rungsentwicklung	13.	-	-	-	-	31.10.1977	Schriftenreihe "Raumordnung" des BMBau, Heft 06.019, Bonn 1978
40. Einführung der Fernsprechnah-bereiche	-	20.04.1978[1]	-	-	-	-	Schriftenreihe "Raumordnung" des BMBau, Heft 06.019, Bonn'78 und Heft 06.040, Bonn 1979 (ROB 1978)
41. Abstimmung raum-bedeutsamer Planungen und Maßnahmen der Deutschen Bundespost mit den Erfordernissen der Raumordnung	-	19.09.1978[1]	-	-	-	-	Schriftenreihe "Raumordnung" des BMBau, Heft 06.040, Bonn 1979 (ROB 1978)
42. Abstimmung raum-bedeutsamer Planungen und Maßnahmen der Deutschen Bundesbahn mit den Erfordernissen der Raumordnung	-	17.07.1979[1]	-	-	-	-	Schriftenreihe "Raumordnung" des BMBau, Heft 06.049 1983
43. Ländlicher Raum	14.	12.11.1979	-	-	-	-	Schriftenreihe des BMBau
44. Öffentlicher Per-sonennahverkehr im ländlichen Raum	14.	12.11.1979	-	-	-	-	"Raumordnung" Heft 06.049 1983

1) Im Umlaufverfahren verabschiedet.

Thema	Sit-zung	Ent-schließung	Empfehlung	Beschluß	Stellung-nahme	Zustimmen-de Kennt-nisnahme	Fundstelle
45. Grundlagen der Ausweisung und Ge-staltung von Ge-bieten für Freizeit und Erholung	14.	12.11.1979	-	-	-	-	Schriftenreihe "Raumordnung" des BMBau, Heft 06.049, 1983
46. Stellungnahme zum Ausbau der Fachinfor-mationssysteme							
47. Stellungnahme zum Fachinformations-system 8	14.	-	-	-	12.11.1979	-	Schriftenreihe "Raumordnung" Heft 06.049 des BMBau 1983
48. Erste Stellung-nahme zu den Auswir-kungen eines langfri-stigen Bevölkerungs-rückganges auf die Raumstruktur in der Bundesrepublik Deutschland	14.	-	-	-	12.11.1979	-	Schriftenreihe "Raumordnung" Heft 06.049 des BMBau 1983
49. Berücksichtigung der Raumordnung bei Planungen und Maßnahmen der Europä-ischen Gemein-schaft	15.	-	-	12.11.1981	-	-	GMBL vom 26.2.1982, Nr. 7, S. 96 und Bundesbau-blatt, Heft 2 (1982), S. 99
50. Zur Fortschrei-bung des Bundesraum-ordnungsprogrammes	15.	-	-	12.11.1981	-	-	GMBL vom 26.2.82, Nr.7, S. 90 und Bun-desbaublatt, Heft 06.049, S. 97
51. Zweite Stellung-nahme zu den Auswir-kungen eines langfri-stigen Bevölkerungs-rückganges auf die Raumstruktur in der Bundesrepublik Deutschland	15.	-	-	-	12.11.1981	-	Schriftenreihe "Raumordnung" des BMBau, Heft 06.049, Bonn 1983

Thema	Sit-zung	Ent-schließung	Empfehlung	Beschluß	Stellung-nahme	Zustimmen-de Kennt-nisnahme	Fundstelle
52. Zur Situation und regionalpolitischen Be-deutung der neuen Hochschulen	15.	12.11.1981	-	-	-	-	GMBL vom 26.2.1982, Nr. 7 S. 90 und Bun-desbaublatt, Heft 06.049,S.97
53. Standortpolitik für Behörden bei Bund und Ländern	15.	12.11.1981	-	-	-	-	GMBL vom 26.2.1982, Nr.7 S. 91 und Bun-desbaublatt, Heft 2, S. 98 sowie Sonderheft des BMBau "Ent-scheidungshilfen für die Behörden-standortwahl bei Bund und Ländern" Heft 06.049(1981)
54. Zum Intercity-Ergänzungsnetz der Deutschen Bundesbahn	15.	12.11.1981	-	-	-	-	GMBL vom 26.2.82 Nr.7, S. 92 und Bundesbaublatt, Heft 06.049,S.99
55. Berücksichtigung der Raumordnung und Landesplanung bei Planungen und Maßnahmen der Euro-päischen Gemeinschaften	15.	12.11.1981	-	-	-	-	GMBL vom 26.2.1982, Nr.7 S. 96 und Bun-desbaublatt, Heft 06.049,S.99
56. Energieversor-gungskonzepte	15.	-	-	12.11.1981	-	-	Schriftenreihe "Raumordnung" des BMBau, Heft 06.049, Bonn 1983
57. Bürgerbeteiligung - in der Raumordnung und Landesplanung		01.01.1983[1]	-	-	-	-	Schriftenreihe "Raumordnung" des BMBau, Heft 06.049, Bonn 1983

1) Im Umlaufverfahren verabschiedet.

Thema	Sit-zung	Ent-schließung	Empfehlung	Beschluß	Stellung-nahme	Zustimmen-de Kennt-nisnahme	Fundstelle
58. Oberzentren	16.	16.06.1983	–	–	–	–	Schriftenreihe "Raumordnung" des BMBau Heft 06.049 Bonn 1983
59. Zur Sicherung des öffentlichen Per-sonenverkehrs im ländlichen Raum							
60. Energieversor-gungskonzepte aus der Sicht der Raumordnung	16.	16.06.1983	–	–	–	–	Schriftenreihe "Raumordnung" des BMBau, Heft 06.049 Bonn 1983
61. Zur Notwendigkeit und Umfang der im Volkszählungsgesetz vorgesehenen Erhebungen	16.	–	–	–	16.06.1983	–	
62. Abstimmung der Verfahren nach dem Bundesberg-gesetz mit der Raumordnung	–	08.03.1984[1]	–	–	–	–	nicht veröffentlicht
63. Stellungnahme zu Folgerungen für die Raumordnung und Landesplanung aus dem Urteil des Bundesverfassungs-gerichts vom 15.12.83 zum Volkszählungs-gesetz 1983	–	29.09.1984[1]	–	–	–	–	nicht veröffentlicht
64. Raumordnung und Bundesbahn-politik	17.	21.03.1985	–	–	–	–	nicht veröffentlicht
65. Zur Raumbedeut-samkeit der neuen Übertragungsdienste und der Gebühren-struktur der Deutschen Bundespost	17.	21.03.1985	–	–	–	–	nicht veröffentlicht
66. Schutz und Sicherung des Wassers	17.	21.03.1985	–	–	–	–	nicht veröffentlicht

1) Im Umlaufverfahren verabschiedet.

Thema	Sit- zung	Ent- schließung	Empfehlung	Beschluß	Stellung- nahme	Zustimmen- de Kennt- nisnahme	Fundstelle
67. Berücksichtigung des Umweltschutzes in der Raumordnung	17.	21.03.1985	–	–	–	–	nicht veröffentlicht
68. Stellungnahme zum Referentenentwurf eines Gesetzes über das Baugesetzbuch	–	11.11.1985[1]	–	–	–	–	nicht veröffentlicht
69. Anforderungen an das Bundesstatistik- gesetz und das 2. Statistikbereinigungs- gesetz aus raumord- nerischer Sicht	–	01.04.1986[1]	–	–	–	–	Raumforschung und Raumord- nung, Heft 6 (1986), S. 272

1) Im Umlaufverfahren verabschiedet.

IX. Sachregister

Die Buchstaben und Zahlen hinter den Stichwörtern verweisen auf den entsprechenden

Teil – Kapitel – Abschnitt.

Die halbfett hervorgehobenen Stichwörter sind zugleich Titel selbständiger Abhandlungen, Aussagen oder Beiträge.

Daten zur Raumplanung

Übersicht über das Gesamtwerk

Auslieferung

Curt R. Vincentz Verlag Hannover